U0661115

基于"标准"的教师教育课程改革新编教材系列

教育学基础

第二版

●主编 傅 岩 吴义昌

南京大学出版社

图书在版编目（CIP）数据

教育学基础 / 傅岩，吴义昌主编. —2 版. —南京：南京
大学出版社，2019.8（2020.1 重印）
ISBN 978 - 7 - 305 - 21556 - 8

Ⅰ. ①教… Ⅱ. ①傅… ②吴… Ⅲ. ①教育学—高等师范院校
—教材 Ⅳ. ①G40

中国版本图书馆 CIP 数据核字（2019）第 013545 号

出版发行　南京大学出版社
社　　址　南京市汉口路 22 号　　　邮　编　210093
出版人　金鑫荣

书　　名　教育学基础
主　编　傅　岩　吴义昌
责任编辑　钱梦菊　　　　　　　　　编辑热线　025 - 83592146

照　　排　南京理工大学资产经营有限公司
印　　刷　南京人民印刷厂有限责任公司
开　　本　787×1092　1/16　印张 18　字数 415 千
版　　次　2019 年 8 月第 2 版　2020 年 1 月第 2 次印刷
ISBN　978 - 7 - 305 - 21556 - 8
定　　价　45.00 元

网　　址：http://www.njupco.com
官方微博：http://weibo.com/njupco
官方微信号：njupress
销售咨询热线：(025)83594756

修订说明

　　本教材自 2014 年出版以来,被国内多所高校作为师范专业"公共课教育学"和"教育概论"等课程的教材使用。本教材所具有的适用性、简明性和实用性特点,得到广泛认可与好评。在本教材再版之际,原教材编写人员征求各方意见,从三个方面对本教材进行了修订。

　　一是调整部分章节内容。首先,增加"教育功能"作为新的第二章(熊岚执笔),删除原第八章"学校教育发展"等有关内容。其次,补充一些阅读材料,以"链接"的形式穿插在正文中。再次,对一些章节的文字做了适当的调整与修改。此外,将每章的"学习目标"改为"内容提要",补充"思维导图""本章小结",以利于学习者更好地从整体上把握教学内容,更好地形成完整的知识体系框架。

　　二是充实若干"案例分析"。新充实的案例分析穿插在正文中或放在"复习参考题"中,供学习者思考解答。所选用的供分析的案例具有典型性,富有教育意义且生动形象。

　　三是增加教师资格考试内容。根据教师资格考试最新改革要求,本教材按照笔试考试大纲《教育知识与能力》所涵盖的内容,在相关考点或重点难点部分设置"真题链接",帮助学习者在学习相关内容的同时,进行巩固练习,以利于加深印象,加强理解。

编　者

2019 年 6 月

前　言

百年大计,教育为本;教育大计,教师为本。要促进教师专业化发展,就必须提高教师教育专业化水平,而教材建设是保证教师教育质量的重要基础性工作。为此,江苏师范大学教育科学学院组织编写了高等师范院校教育学公共课教材《教育学基础》。

2011 年,教育部颁布了《教师教育课程标准(试行)》,指出该标准体现了国家对教师教育机构设置教师教育课程的基本要求,是制定教师教育课程方案、开发教材与课程资源、开展教学与评价,以及认定教师资格的重要依据。2012 年,教育部颁布了《中学教师专业标准(试行)》,指出该标准是国家对合格中学教师的基本专业要求,是中学教师开展教育教学活动的基本规范,是引领中学教师专业发展的基本准则,是中学教师培养、准入、培训、考核等工作的重要依据。上述文件必将对我国教师教育发展产生重要影响,这也是本教材编写的直接政策背景。

基于新课改精神、《教师教育课程标准(试行)》和《中学教师专业标准(试行)》,本教材具有以下三个特点:

首先,调整教育学课程结构。课程开设旨在培养学生热爱教育事业,树立正确的教育观和从事教育教学的基本技能。本教材编者以《教师教育课程标准(试行)》和《中学教师专业标准(试行)》为指导,对公共课教育学课程结构进行优化组合,走出知识体系建构的误区,实现教育理论知识的整合。本教材不再涉及一些传统的章节,如不再把经典的教育学内容"教育制度""教育的社会制约性"等列为专章或专节,而是把其渗透到"教育的历史演进"等相关内容中。另一方面,新增部分章节,如增加"教师专业发展""课程目标""学校课程领导""教师教育研究"等内容。

其次,更新教育学课程具体内容。本教材在具体内容方面注意渗透、融合新课程理论及改革重点。例如,以《教师教育课程标准(试行)》为指导,本教材在"课程"部分着力阐述"课程设计与开发"方面的内容,帮助师范生更好地把握"校本课程开发""综合实践活动课程开发"等课程改革的重点和难点。根据《中学教师专业标准(试行)》,本教材在"教师专业素质"部分一改传统教育学的叙述套路,以教师专业发展为视角,从专业道德、专业知识和专业能力等方面对教师专业素质结构及具体内容进行了重新阐释。

再次,为新的教学行为和学习方式提供支撑。本教材在内容中灵活穿插"案例分析""研究性学习""讨论"等板块,并链接一些供学生讨论和延伸学习所需要的文献资料片断,为教学中运用案例教学、研究性学习、合作学习等教学方式和方法提供支撑,力求让参与教学的师范生在师生互动、合作探究、民主平等的氛围中感受新课程改革的目标和理念。

本教材由傅岩、吴义昌担任主编,各章的编写者如下:刘月芳(第一章),佟雪峰(第二章),吴义昌(第三章),安瑞霞(第四章),师远贤(第五章),傅岩、何勤(第六章),高田钦(第七章),赵峻岩(第八章)。初稿完成后,由傅岩、吴义昌负责统稿。

在本教材编写过程中,我们参考了许多研究者的成果,并得到了南京大学出版社编辑的大力支持。在此,谨向该教材引用的有关成果的原作者、南京大学出版社的编辑及参与本教材编写提纲讨论并提出宝贵意见的江苏师范大学教育科学学院院长段作章教授和副院长代建军教授,表示诚挚的感谢。

由于编者水平有限,加之时间仓促,本教材难免存在不足之处,恳请批评指正。

编 者
2013 年 7 月

目 录

第一章 教育与教育学

内容提要

教育具有与其他事物相区别的本质属性,是有目的地培养人的一种社会活动,是传承社会文化、传递生产生活经验的基本途径。教育的构成要素有教育者、受教育者、教育中介。关于教育的起源问题,有三种比较典型的看法,即:生物起源论、心理起源论、劳动起源论。纵观教育的发展历史,可划分为原始教育、古代教育、近代教育、现代教育四个阶段。教育学是研究教育现象和教育问题,从而揭示教育规律的一门社会科学。教育学的产生和发展大体上可划分为三个阶段:教育学的萌芽期、教育学的形成期、教育学的发展期。当代西方教育思潮主要有:实验主义教育、进步主义教育、要素主义教育、永恒主义教育、改造主义教育、新托马斯主义教育、结构主义教育、存在主义教育、人本主义教育、建构主义教育、后现代主义教育。

思维导图

```
                            ┌ "教育"的词源
               ┌ 教育的概念 ┤ "教育"的含义
               │            └ 教育的要素
               │            ┌ 教育的起源
教育与教育学 ──┤ 教育的产生与发展 ┤
               │            └ 教育的发展
               │                 ┌ 什么是教育学
               └ 教育学的形成与发展 ┤ 教育学的产生与发展
                                 └ 当代西方主要教育思潮
```

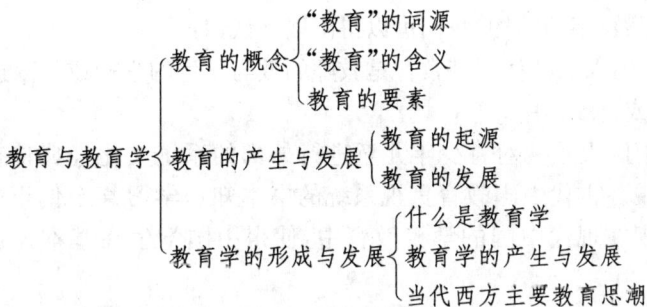

第一节 教育的概念

教育是人们普遍熟悉的社会活动,每一个教育者和受过教育的人都会对什么是教育有切实的感受,都会从不同的角度看待教育、理解教育。有的人会说,教育是一项事业,事业的意义在于奉献;有的人会说,教育是一门科学,科学的价值在于求真;有的人会说,教育是一种艺术,艺术的生命在于创新。由于不同教育活动所处的特定的、具体的文化背景不同,因而教育的参与者就会对教育有着不同的理解。作为一种社会现象,教育活动具有客观性,具有与其他事物相区别的本质属性。

一、"教育"的词源

"教""育"这两个字在甲骨文中都是象形文字。"教"字写作 𣪊。其左上边为"爻",是构成《易》卦的基本符号,这里代表文化经典,是教育内容;其左下边代表受教育的孩子。"教"字右边好像手举小棒或执鞭教习,意思是孩子的言行不得越轨,否则会遭到惩罚。"教"被理解为施教者通过示范和强制性的手段向受教育者传授系统的文化经典。这正如东汉许慎在《说文解字》中所解释的:"教,上所施,下所效也。"甲骨文的"育"字为 𠫓。左边意为怀孕待产的妇女,右边所表现的是由母腹中生出的倒立的孩子。《说文解字》解释为:"育,养子使作善也。""作善"就是通过对受教育者进行人格熏陶、品质感化,使之怀善心、行好事、做仁人。

孟子曾把"得天下英才而教育之"看作人生的快乐之一。这里的"教育",应看作"教""育"两个词的连用。在中国古代文献中,多以"教"或"学"表示教育活动,很少使用"育"字,也很少将"教""育"二字连用。

链接

"夏、楚二物,收其威也。""师严然后道尊,道尊然后民知敬学。"[1]

"师者,所以传道、授业、解惑也。"[2]

"养不教,父之过。教不严,师之惰。""玉不琢,不成器;人不学,不知义。"[3]

根据甲骨文"教"字的结构,我们可以得出以下认识:

第一,古代中国人已经认识到教育是教师的教与学生的学构成的双边活动;重视教师在教育中的主导或支配作用。

第二,古代中国人重视对青少年儿童进行外部的系统文化经典传授,含有"学而知之"的朴素唯物观。古代中国教育重视系统的书本知识学习甚至偏于书本理论掌握的特点,至今仍体现在现代中国的学校教育中,使得中国学生在基本知识方面具有比较扎实的基础。

第三,古代中国教育重视施教者的权威性、教育过程的严肃性乃至强制性。

在西方,"教育"一词的英、法、德文都来自拉丁文 Educare。词首 E 意思为"出"的使动意义,词干 ducare 意思为"导"的能动意义。"教育"含有"引出"之意,即教育者引导受教育者使其完善发展。"教育"被理解为采用一定的手段,把某种本来就潜藏于人身的东西引导出来,从一种潜质转变为现实。

古希腊哲学家柏拉图认为,人是由肉体与灵魂构成的,但灵魂先于肉体存在且认识"理念世界"。出生是获得肉体的过程,但出世时的"震骇"又使灵魂或多或少地有所丢

---

① 杨天宇:《礼记译注》下册,上海古籍出版社 2004 年版,第 458、463 页。

② 韩愈著,孙昌武选评:《韩愈诗文选评》,上海古籍出版社 2002 年版,第 45 页。

③ 李逸安译注:《中华大字经典:三字经、百家姓、千字文、弟子规》,中华书局 2010 年版,第 6—7 页。

失,但是人们的后天作为一个"完人"又必须是肉体与灵魂俱全。因此,必须依靠教育来"找回"失去的灵魂(知识),教育就为必需。他甚至进一步提出,"学习只不过是回忆而已"。这种观点认为智慧的种子早已埋藏在人的灵魂中,把存在于灵魂、心灵中的智慧回忆、引导出来,使其成为完人的活动,则为教育。这正如苏格拉底的形象比喻:新思想的助产。

链接

苏格拉底的"产婆术"

苏格拉底是用问答的方法来和他的学生讨论各种人生问题的。人们又把他的方法称为"谈话法"。他和别人谈话,总是以一种对所讨论问题表示无知的态度向人请教,请人们谈出有关美德、正义、勇敢等的定义。在对方说出有关问题的定义以后,苏格拉底就举出一些事例以证明对方的定义是不恰当的,迫使对方发现自己思想中的矛盾,于是不得不提出新的定义。苏格拉底紧追不舍,继续揭露对方新定义的错误,使对方进一步看到自己认识中的错误。这样,苏格拉底用一步步的反诘来使对方的认识深入,使得对方放弃自己原以为是的观点,承认自己的无知。

．．．．．．．．．．．．

苏格拉底把他的方法称之为"产婆术"。……在他看来,事物的意义是在人出生以前已存在于人的心中;但在人出生时,由于肉体受到干扰而使他忘记了它们。现在通过谈话的方法,使人们逐步地认清原来早已存在于心中的知识。这种方法就像助产婆把胎儿从母亲的肚里催生出来一样……[①]

法国思想家、教育家卢梭认为,人类由于上帝的恩赐,生而具有理性和良心,教育应脱离社会文化的樊笼而使人的天性得到发展。教育应当按照儿童自然发展的程序,培养儿童所固有的观察、思维和感受的能力。瑞士教育家裴斯泰洛齐认为:"为人在世,可贵者在于发展,在于发展各人天赋的内在力量,使人经过锻炼,使人能尽其才,能在社会上达到他应有的地位。"[②]这两位自然主义教育家对教育的看法,与拉丁文 Educare 一词的含义一致,与柏拉图等人的自然主义哲学思想一脉相承。

根据拉丁文"教育"的本意,我们可以得出以下认识:

第一,教育即为施教者对受教者的引导,教师的作用在于启发。

第二,智慧的种子存在于人的心灵,因此学生应是教育中的真正主体。

二、"教育"的含义

教育是有目的地培养人的一种社会活动,是传承社会文化、传递生产生活经验的基本

---

① 滕大春主编:《外国教育通史》第一卷,山东教育出版社 1989 年版,第 257—258 页。
② 张焕庭主编:《西方资产阶级教育论著选》,人民教育出版社 1979 年版,第 173 页。

途径。教育概念可分为广义的教育和狭义的教育两种。从教育的对象来看,广义教育既包括对青少年儿童的教育,也包括对成年人的教育;从教育的组织形式来看,广义教育包括社会教育系统、家庭教育系统、学校教育系统、自学成才系统、在职培训系统。广义的教育指能增长人的知识技能、影响人的思想品德、提高人的认识能力、增强人的体质、完善人的个性的一切活动,它包括有计划的和偶然的教育、有组织的和无组织的教育、有固定场所和无固定场所的教育,等等。

真题链接

1. 教育的本质特点是(　　)。
   A. 影响人的身心发展　　　　　　B. 促进社会发展
   C. 有目的地培养人　　　　　　　D. 完善人的自身生产
   【答案】 C.

2. 教育活动与其他社会活动最根本的区别在于(　　)。
   A. 是否有目的地培养人　　　　　B. 是否促进人的发展
   C. 是否促进社会发展　　　　　　D. 是否具有组织性和系统性
   【答案】 A.

讨论

《美利坚百科全书》"教育"条中写道:"从最广泛的意义说来,教育就是个人获得知识或见解的过程,就是个人的观点或技艺得到提高的过程。"

试比较这一定义与上一定义的角度。

狭义的教育主要指学校教育。学校教育是由专职人员和专门机构承担的有目的、有系统、有组织的,以影响入学者的身心发展为直接目标的社会活动。学校教育是社会发展到一定历史阶段的产物。在学校教育产生以后,广义教育与狭义教育一直是交织在一起的。广义教育包含了狭义教育,而狭义教育也要以广义教育为基础。这正如杜威所说:"我相信一切教育都是通过个人参与人类的社会意识而进行的。这个过程几乎是在出生时就在无意识中开始了。它不断地发展个人的能力,熏染他们的意识,形成他们的习惯,锻炼他们的思想,并激发他们的感情和情绪。由于这种不知不觉的教育,个人便渐渐分享人类曾经积累下来的智慧和道德的财富,他就成为一个固有文化资本的继承者。世界上最形式的、最专门的教育确实不能离开这个普遍的过程。教育只能按照某种特定的方向,把这个过程组织起来或者区分出来。"①

教育的概念是对教育活动的概括,它的内涵不是一成不变的,而是随着社会活动的变化、发展而不断改变,而且也随着人们对教育活动认识的不断深化而变化。

---

① [美]杜威著,赵祥麟,王承绪编译:《杜威教育论著选》,华东师范大学出版社1981年版,第1页。

链接

教育定义的方式

美国分析教育哲学家谢弗勒(I. Scheffler)在《教育的语言》(*The Language of Education*,1960)一书中探讨了三种定义的方式,即"规定性定义"(the Stipulative Definition)、"描述性定义"(the Descriptive Definition)和"纲领性定义"(the Programmatic Definition)。所谓规定性定义即作者自己所创制的定义,其内涵在作者的某种话语情境中始终是同一的。也就是说,不管其他人是如何定义某个词的,"我"就是这么定义的,并且"我"将始终在"我"定义的意义上来使用这个词。所谓描述性定义是指对被定义对象的适当描述或对如何使用定义对象的适当说明。所谓纲领性定义是一种有关定义对象应该是什么的界定。谢弗勒有关定义方式的区分为我们研究纷繁多样的教育定义提供了一个逻辑的视角。但事实上,任何一个"教育"的定义往往同时具备"规定性""描述性"和"纲领性",凸显了"教育"定义的复杂性、多样性和歧义性。①

三、教育的要素

教育是一种相对独立的社会子系统。这个子系统包括三种基本要素:教育者、受教育者和教育中介。深入认识这三种要素,一方面是对"教育"概念认识的深化,另一方面也为教育形态的认识提供思想基础。

(一) 教育者

凡是对受教育者在知识、技能、思想、品德等方面起到教育影响的人,都可称为教育者。家庭是一个人受教育的重要场所,父母是子女的第一任教师,是子女最初的和最经常的教育者。社会教育中的师傅以及起到教育作用的新闻记者、作家、政治家等人员,都是教育者。自从学校教育产生以后,学校成为受教育者接受教育的专门场所,教师和学校中的其他教育人员成为学校教育者。

教育者是根据一定的目的对受教育者发挥作用的。教育作为一种以培养人为目的的活动,就是教育者以其自身活动来引起和促进受教育者的身心按照一定的方向去发展。教育者在教育活动中的这种主导作用,主要表现在两个方面,即指导与管理。在一定意义上说,管理也是一种指导,是对受教育者行为方式等方面进行指导。指导更多是从教育的内容层面上来说的,而管理更多是从教育的形式层面上来说的。在教育活动中,教育者的"指导"作用,一方面表现在"定向"上,即为受教育者的努力提供方向,为整个教育活动提供方向,因为教育毕竟是一种有目的的培养人的活动,目的性是教育赖以区别于其他社会影响的基础,教育者为教育活动规定的目的,左右着教育活动的开展;另一方面表现在"选

---

① 瞿葆奎主编:《教育学文集·教育与教育学》,人民教育出版社1993年版,第32页。

择"上,即确定教育的内容、方法等。"管理"是教育者发挥主导作用的另一重要方面。管理在一定意义上是为指导服务的,也就是说,通过管理使得教育者的指导更有成效。

(二) 受教育者

受教育者是指在各种教育活动中接受教育影响的人,包括在学校中学习的儿童、少年和成年人,家庭教育中的子女,也包括在各种形式的社会教育中接受教育影响的人。学校教育中的受教育者主要指从事学习的学生。受教育者是教育的对象,是学习的主体,也是构成教育活动的基本要素。缺少这一要素,就无法构成教育活动。

伴随着教育的现代化和教育概念的延伸,教育对象也扩大了,受教育者不受年龄限制,可以从胎教开始,可以活到老,学到老,终身接受教育。随着科技的进步、社会的发展,作为社会成员的个体越来越离不开教育。为了学会生存,适应发展,人们不仅必须接受基础教育和专业教育,而且要不断地接受继续教育。教育活动就是使受教育者将一定的外在教育内容和活动方式内化为自己的智慧、才能、思想、观点和品质的过程。如果没有受教育者的积极参加,发挥其主观能动性,教育活动是不会获得好的效果的。受教育者一旦获得相应的知识和能力,其主观能动性在教育活动中会更明显地表现出来,他们可以在越来越大的程度上主动地吸取知识、操习技艺和加强品德修养。

(三) 教育中介

教育中介是教育者与受教育者进行教育活动时所依赖的一切事物的总和,主要包括教育媒介、教育材料、教育手段、教育组织形式和活动方式、教育场地和设备等。

"教育媒介"即教育过程中传播文化信息的载体,即物化的知识形态,如书本、广播、录音、录像、电影、电视、报刊、电子信息存储器及多媒体软件等。

"教育材料"即教育内容,它是教育者与受教育者进行教育活动的共同依据。教育者通过特定的教育内容对受教育者施加影响,使其达到预期的教育目的。学校特别是基础教育阶段学校的教育内容,是根据一定的教育目的以及学习者身心发展规律和需要,从人类浩如烟海的文化宝库中精心选择、组织和呈现的,具有丰富的发展价值。在不同的社会历史发展阶段,有着不同的科技水平和不同的教育对象,因此教育内容永远在变化之中。

"教育手段"是指进行教育活动时所运用的一切物质条件,如实验手段、现代电化教育手段等。

"教育组织形式与活动方式"是指教育者和受教育者在教育活动中所采用的教和学相互联系的方式和方法,如个别教学、班级授课制、程序教学、小组讨论、讲授、实验等。

随着社会生产力的发展和科学技术的进步,教育中介呈现出由简单到复杂,又从复杂到简单的演变过程。如在采用电化教育手段之前,教育活动比较简单;而在采用电化教育手段如无线电广播、录音、录像、电影、电视、电脑多媒体等以后,教育过程逐渐复杂,同时使教育过程的复制成为可能,继而昭示了简化教育过程的前景。在广播学校、电视学校,教师本人只在录制、摄制的场合是教育要素,而在学习现场便不再是教育要素。在采用电脑多媒体进行教学的场合,多媒体软件的设计和程序编制未必都由教师承担。在这些场合,专门的教育场地不再是教育的要素。可见,随着教育过程的复杂化,教育要素也在不断变动。

没有教育者,教育活动就不可能展开,受教育者也不可能得到有效的指导;没有受教育者,教育活动就失去了对象,无的放矢;没有教育中介,教育活动就成了无米之炊、无源之水,再好的教育意图、再好的发展目标,也都无法实现。因此,教育是由上述三个基本要素构成的一种社会实践活动系统,是上述三个基本要素的有机结合。各个要素本身的变化,必然导致教育系统状况的改变。不同教育要素的变化及其组合,最终形成了多样的教育形态。

案例分析

找出下列案例中所涉及的教育要素并分析它们之间的规律性联系。

河北赵昌芝老师叙述了她的一段教学活动:课前,我在黑板上画好一幅美丽的春景图(先遮上),让学生按组分别扮成小鸡、小兔、小狗、小猫、小羊、小猴等6种小动物。上课开始(这时露出黑板上的图景),我说:"今天我们到野外去玩,好吗?"孩子们高兴极了,齐声说:"好!"我弹起琴来,让他们随着欢快的乐曲做着种种动作来到"野外"(当然只是在座位上模拟)。看到五颜六色的"野花",绿油油的"小草",他们更是乐得合不拢嘴。这种情绪,为下一步的学习创造了良好的心理条件。

"猜",最能激发学生的兴趣。我抛开"我们先复习一下得数是6的加法"的套话,很神秘地说:"老师这里有一个得数是6的算式,你们猜是几加几?"孩子们开始一愣,接着一个个小脑袋歪起来了:1+5、2+4、3+3……得数是6的算式接连不断地出来了。

新课讲授开始,我说:"中午到了,小动物们都饿了吧。你们看,老师给你们带来了许多好吃的东西。"我把"装有"榛子、青草、骨头、小鱼、麦穗、萝卜等食物的"花篮"贴上黑板时,"小动物"们高兴得拍起手来。"先不忙吃,看谁先数出第一篮食物的个数。"这个要求刚一出口,教室里立刻活跃起来,孩子们一个个睁大眼睛,认真点数,都想第一个数出来。"这篮食物的个数是几呀?""6!"——孩子们异口同声。我在这个"花篮"的下面板书"6"。接着说:"其他篮里食物的数量和第一篮同样多,请几位小动物,把个数分别写到各篮的下面。"于是各篮下面都出现了数字"6"。接下去是"吃午餐"。我让"小动物"按指定的数目取走自己喜欢吃的食物,再让他们把取食情况叙述出来,于是,"花篮"下面便出现了6-1=5、6-2=4、6-3=3……6个算式。

吃完"午餐",紧接着以"猜拳"的游戏进行算理分析。每人按老师的要求拿上6个豆豆,分别握在两只手中。然后同桌一边说"两个好朋友,猜拳数豆豆,张开这只手,请猜那只手"的儿歌,一边从分解组成加、减等各个角度进行算理分析。于是,教室里异常活跃——"因为4和2组成6,这只手是4,所以那只手是2。""因为3+3=6,这只手是3,所以那只手一定是3"。

最后以"接力赛"的游戏巩固练习。一种"动物"一组题,每人一道,相继到黑板上去做(老师把事先出好题的小黑板挂起来),做得又对又快的组为优胜组,发给红花奖。

通过"吃午餐""猜拳""接力赛"三个游戏,学生们把6的减法从实物分解到算理分析再到巩固练习,非常轻松愉快地学完了,正确率达到100％。①

第二节 教育的产生与发展

列宁曾告诫人们:"为了用科学的眼光观察这个问题,最可靠、最必需、最重要的就是不要忘记基本的历史联系,要看某种现象在历史上怎样产生,在发展中经历了哪些阶段,并根据它们这种发展去考察它现在是怎样的。"②要深刻认识什么是教育,认识教育与社会发展的关系,就离不开对教育的产生和发展的历史考察。

一、教育的起源

关于教育的起源问题,人们的看法很不一致。其中比较典型的看法有三种:生物起源论、心理起源论、劳动起源论。

(一) 教育的生物起源论

生物起源论者认为人类的教育起源于动物界中各类动物的本能活动,代表人物有法国社会学家利托尔诺和英国教育家沛西·能。利托尔诺在其所著的《动物界的教育》中认为,教育是一种生物现象,起源于一般的生物活动。他从生物学的观点出发,把动物生存竞争和天性本能看成是教育的基础。按照他的观点,动物是基于生存与繁衍的天性本能而产生了把经验、技巧传给小动物的行为,这种行为便是教育的最初级形式与发端。沛西·能也认为教育从它的起源来说是一个生物学的过程。生物起源论否定了人与动物的区别,否定了教育的社会性。

> **真题链接**
>
> **3.** 人类的教育活动与动物的所谓教育活动存在本质区别。它主要表现
> 为人类的教育具有(　　)。
> 　A. 延续性　　　B. 模仿性　　　C. 社会性　　　D. 永恒性
> 【答案】 C。

(二) 教育的心理起源论

心理起源论者认为教育起源于儿童对成人世界的无意识的模仿,代表人物是美国教育史学家孟禄。孟禄在其所著的《教育史教科书》中,从心理学的观点出发,根据原始社会

---

① 傅道春编著:《教师行为访谈》(一),黑龙江教育出版社1996年版,第166页。
② 中共中央马恩列斯著作编译局译:《列宁全集》第29卷,人民出版社1957年版,第230页。

没有学校、没有教师、没有教材的史实,评定教育应起源于儿童对成人世界无意识的模仿。无意识模仿是人类学习的一种重要方式,但把人类教育都归于无意识模仿则否定了人类教育的本质。

真题链接

> **4.** 美国学者孟禄根据原始社会没有学校、没有教师、没有教材的史实,断言教育起源于儿童对成人的无意识模仿。这种观点被称为(　　)。
> A. 交往起源论　　　　　　　　　B. 生物起源论
> C. 心理起源论　　　　　　　　　D. 劳动起源论
> 【答案】　C。

(三) 教育的劳动起源论

马克思主义教育学者认为,教育起源于劳动,起源于劳动过程中社会生产需要和人的发展需要的辩证统一。教育产生于劳动过程中保存和传递生产经验、生活经验的实际需要以及个体自身发展的需要,教育是人的发展和社会生活延续与发展不可或缺的手段,教育与人类社会共始终。

要正确认识教育的起源,离不开对教育本质的正确认识。教育的本质是传递人类经验,着眼于人的培养,是促进人社会化的过程。教育是一种人类特有的社会现象,这是认识教育产生与起源问题应遵循的基本观点。社会不断发展变化,对培养人的要求也不断提出新的标准,从而在根本上影响教育的走向。从教育发展变化的轨迹中,我们可以进一步认识教育与社会发展之间的密切联系。

真题链接

> **5.** 教育是新生一代成长和社会生活的延续与发展不可缺少的手段,为一切人和一切社会所必需,并与人类社会共始终。这说明教育具有(　　)。
> A. 永恒性　　　B. 历史性　　　C. 阶级性　　　D. 生产性
> 【答案】　A。
>
> **6.** 教育是人类社会特有的现象,任何社会进步与个人发展都离不开教育,这表明教育具有(　　)。
> A. 永恒性　　　B. 依附性　　　C. 时代性　　　D. 独立性
> 【答案】　A。

二、教育的发展

教育是人类特有的社会现象,也是人类永恒的社会现象,教育随人类社会的产生而产生,也随人类社会的发展而发展。纵观教育的发展,可将之划分为四个阶段。

（一）原始教育

原始社会是人类历史的最初形态，原始社会生产力低下，生产资料公有，没有阶级，没有剥削。原始教育具有原始性。原始形态的教育有以下特点：

1. 教育对象的全民化

在原始社会的早中期，没有私有财产，没有阶级的分化，没有等级的差别，因而在群体的生活中，人们"不独亲其亲，不独子其子"[①]。在群体内部，人们对于所有的活动都有平等的参与权，教育活动自然也不例外。

2. 教育内容的生活化

由于教育是生存斗争的一种手段，所以教育的内容与生活的内容密不可分。人类的生存活动有物质、精神和生物三个层面，在每个层面中，又可分解出多项内容。只要是生活所需要的，就必定是教育所采纳的。

3. 教育场所的社会化

人们活动的空间，即是施行教育的场所。教育活动不受空间的限制，凡可进行劳作、战争、祭祀、婚配的地点，均可作为无墙的校舍。原始社会的"学校"是整个世界或整个社会。

4. 教育价值的实用化

教育的目的是为了生活条件的改善和生活质量的提高，而非为了任何虚悬的教条。正因为生产劳动是人类赖以生存的基石，所以征服自然的经验的传递和技能的训练，必定是此期教育的重心。至于道德的说教和对自然物的崇拜之类，也是生存所必需。但是，生存的第一需要是生活资料的获取。原始先民在采集、渔猎、耕种、饲养等活动中，必然是以实用和有效作为教育价值的选取准则。

（二）古代教育

古代教育包括奴隶社会与封建社会的教育，这一时期是以农耕文明和农业经济为主的农业社会。古代教育呈现以下特点：

1. 学校出现并成为基本的教育形式

在奴隶社会，伴随着生产力的发展和社会分工的实现，教育逐渐从生产实践、宗教、艺术等活动中分化出来，并产生了专门进行教育、组织教学的机构——学校。进入阶级社会以后，随着国家的建立，一部分人脱离体力劳动，专门掌管国事。在公共事务大增、统治者的命令要加以记录和传递的迫切需要中，专门的脑力劳动集团创造了文字，使社会进入文明时代。从此，人类有了更便利的学习工具和更丰富的学习内容。人类某些重要经验以文字这种复杂的规范性符号系统记载下来。人们若要继承这些经验，就不能仅仅依靠原始形态的教育形式。农业和手工业的发展，也使得社会能负担得起极少数人从事专门的教育活动。社会发展为专门教育的产生提出了客观需要并准备了条件。教育与生产劳动

---

① 杨天宇：《礼记译注》上册，上海古籍出版社 2004 年版，第 265 页。

和社会生活的原始结合被逐渐撕裂,生发出学校这种专门的教育机构。学校教育的出现是社会的一大进步。教育形成独立形态,意味着人类与蒙昧、蛮荒时代挥手告别,并大大加快了文明的进程。据考证,母系氏族社会时,欧洲就曾出现过一种公共教育机构——"青年之家"。中国古代学校教育不仅起源较早,而且非常发达。大约在原始社会后期,已产生学校教育的萌芽。经夏、商、西周,形成比较定型的学校,并建立了初步的学校教育制度。秦汉以后学校教育继续发展,学校教育制度进一步完善和系统化,直至清末建立新式学堂,逐步过渡到近代教育制度。

2. 学校教育具有鲜明的阶级性和等级性

在原始社会末期,构成社会结构的基本单位是氏族。由于氏族是以血缘为纽带的共同体,因此在氏族内部,直系血缘受到重视,血统意识根深蒂固,权力的转移和承接基本上限于近亲之间。在私有制产生以后,氏族时代开始转入家族时代,权力转移逐渐形成严格的世袭制度。从此以后,权力只在一个个严格血统系谱的家族内传承,这个家族也就历史地成了贵族。与世袭制相配合,学校教育的对象只限于贵族。我国夏、商、西周三代所实行的文教政策是学在官府,官守学业,"庠""序""校""学"等施教机构都是官吏培训所。贵族子弟在学校学习治国经验及相应的学术,以为将来世袭官职做准备。平民被剥夺了受教育权。古代印度曾在法律中明文规定:谁若让低贱的首陀罗种姓的人接受文化教育,立即将其处以死刑。即便在统治阶级内部,在入学条件、入学年龄、修业年限等方面,也有鲜明的等级性。如我国东汉的太学,只有从大将军到俸禄六百石以上的官家子弟才能入学。唐代设立的国子学限于文武三品以上官员的子弟入学,太学限于文武五品以上官员的子弟入学,四门学限于文武七品以上官员的子弟入学,律学、书学和算学限于八品以下官员子弟及通其一学的庶族地主子弟入学。弘文馆和崇文馆则只许皇亲国戚和宰相大臣的子弟入学。

3. 学校教育与生产劳动相脱离

在奴隶社会,脑力劳动逐渐从体力劳动中分化出来并与体力劳动相对立,这种分离与对立的状况,集中体现在学校教育与生产劳动的脱离,并持续到近代教育出现之前。统治阶级高高在上,占有丰富的优质生活资源。他们一方面享用劳动人民创造的劳动成果,一方面却又看不起甚至鄙视劳动人民及其生产劳动。例如:中国古代蒙学教材《神童诗》中,有所谓"万般皆下品,唯有读书高"的名句;《论语》中,孔子骂"请学稼"的樊迟为小人。欧洲有位考古学家发现了一份公元前 1100 年左右的古埃及纸草书,上面写着一位父亲劝儿子读书的话:"要用心学习书写,这会使你摆脱一切艰苦劳动,成为一位有名望的官员。"[①]

在古代,生产技术只是作为一种直接的生产经验被劳动者本人所掌握,体现在直接的生产方法中,而这种生产方法完全可以靠师傅带徒弟来传授,靠直接从事生产劳动来探索。因此,在以传授间接经验、书本知识为主的学校教育内容中很少反映这种生产技术。

---

① [英]梅森著:《自然科学史》,上海人民出版社 1977 年版,第 13 页。

真题链接

7. 学校教育与生产劳动相脱离始于(　　)。

　　A. 原始社会　　B. 奴隶社会　　C. 封建社会　　D. 资本主义社会

【答案】 B。

链接

　　樊迟请学稼,子曰:"吾不如老农。"请学为圃,曰:"吾不如老圃。"樊迟出,子曰:"小人哉,樊须也!上好礼,则民莫敢不敬;上好义,则民莫敢不服;上好信,则民莫敢不用情。夫如是,则四方之民,襁负其子而至矣,焉用稼?"①

真题链接

8. 孔子曰:"上好礼,则民莫敢不敬。上好义,则民莫敢不服。上好信,则民莫敢不用情。夫如是,则四方之民襁负其子而至矣。焉用稼?"这段话表明孔子的施教内容(　　)。

　　A. 具有灵活性　　　　　　　　B. 脱离社会生产

　　C. 具有全面性　　　　　　　　D. 结合社会生产

【答案】 B。

4. 教育内容以人文学科为主

　　古代的学校教育主要涉及政治、哲学、伦理、宗教、音乐等人文学科的一部分内容及语言、文字等工具性课程。即使安排某些自然科学内容也往往是为了形成学生一定的思想观念,把它看作人文学科的一部分。如我国古代周朝的教育内容是礼、乐、射、御、书、数等所谓六艺教育。在欧洲封建社会中,掌握着国家政权的宗教阶层垄断了学校教育。他们以宣扬基督教教义的《圣经》作为主要教育内容。所设的三科(文法、修辞、辩证法)四学(算术、几何、天文、音乐)号称"自由七艺",其中浸透了宗教精神,是为理解和信奉基督教教义服务的。欧洲中世纪世俗封建主的长子从7岁起就被送入高一级的封建领主宫堡接受"近侍教育",12岁起接受"侍从教育",以培养对封建领主忠诚、勇武善战、娴熟封建礼仪的骑士。这种所谓的教育被统称为骑士教育。骑士教育的主要内容是骑士七技,即骑马、游泳、投枪、击剑、打猎、下棋、吟诗。

(三) 近代教育

　　近代教育一般指工业革命后到第二次世界大战前的教育,这段时期教育具有以下特点:

1. 国家加强对教育的重视与干预,公立教育兴起

　　19世纪以前,欧美国家的学校教育多为教会和行会主持,国家并不重视。工业革命

---

① 金良年:《论语译注》,上海古籍出版社2004年版,第147页。

的兴起与发展对国家公共教育的发展提出了新的要求,政府认识到公共教育的重要性,工业化国家逐渐建立了公共教育系统,普遍加强了对教育的干预、监督与管理。

2. 普遍实施初等义务教育

义务教育是指国家以法律的形式规定的适龄儿童、少年都必须接受的,国家、社会、家庭、学校都必须予以保证的带有强制性的国民教育。大工业生产的发展对国家实施初等义务教育提出了现实要求,也为初等义务教育的实施提供了物质条件。进入近代社会,欧美早期工业化国家率先颁布法律,实施义务教育。德国最早立法实施义务教育,英国1880年实施5年制义务教育,随后义务教育年限不断延长。美国19世纪中叶开始推进普及初等义务教育。19世纪中叶以后,越来越多的国家建立起了义务教育制度。

3. 职业教育获得发展

近代社会以来,为适应工业革命和科技革命发展的需要,职业教育获得发展。18世纪德国出现了实科中学,这是一种进行职业技术教育的新型学校,与以往的文科中学相对应,成为德国中等教育的重要组成部分。19世纪初,英、法等国也建立实科中学,学校教育实现了职业技术教育与基础文化教育并重。

4. 自然科学教育与人文学科教育并重

随着生产力的发展,人们对自然界的认识不断深化,自然科学逐步从生产过程中分化出来,取得了许多重大的科学研究成果,催生了工业文明。大量科学技术知识不可避免地渗透到学校教育内容中,逐渐形成自然科学教育与人文学科教育并重的局面。

(四) 现代教育

第二次世界大战以后,世界政治、经济格局发生了很大变化,人类社会进入新的历史发展时期。当前学术界一般将第二次世界大战后的社会称为现代社会,现代教育一般指第二次世界大战以后资本主义社会与社会主义社会的教育。20世纪中叶以来,科学技术迅猛发展,尤其是知识经济的到来,教育成为现代化发展的重要基石。无论是发达国家还是发展中国家,都把教育的发展作为促进国家发展的关键方略。世界教育在数量、规模上均有很大的发展,教育制度、教育结构、教育内容、教育形式等均在发生深刻的变化。世界现代教育发展呈现的基本特征可以概括为以下几点:

1. 教育的终身化

传统教育把人的一生分两个部分,前半生用于学习,后半生用于工作。然而,在现代社会,从学校获得的大量知识,不再经得起时间的检验,而且这些知识已不是终身享用。如果说传统的教育模式在过去社会变化缓慢的时期尚能发挥一定作用的话,那么,到了社会飞速发展的今天,需要一种全新的教育思想来改造原来教育的不合理之处,这就是终身教育。终身教育思想虽然古已有之,但比较系统的现代终身教育理论是法国成人教育家保罗·朗格朗提出的,他在1965年于巴黎召开的第三届国际成人教育会议上提交的报告中正式提出"终身教育"的设想,并给了"终身教育"(Lifelong Education)一个明确的现代内涵。1968年,联合国教科文组织发布了《终身教育宣言》。1972年,联合国教科文组织组织出版了《学会生存——教育世界的今天和明天》,确认了朗格朗提出的终身教育思想。

终身教育具有以下基本特征：一是时间上的连续性。终身教育观认为，教育不只限于某个年龄阶段，而是贯穿于整个人生。教育是一个从婴幼儿、儿童、青少年一直到老年的连续不断的过程，在每个人需要的时候，随时以最好的方式提供必要的知识。二是空间上的整体性。终身教育观坚信教育是一个整体，它既包括在学校、家庭、社区等不同场所进行的教育，也包括以正规、非正规和非正式等不同形式进行的教育。三是教育对象的广泛性。终身教育观主张教育的大门应向社会的全体成员敞开，实现教育机会均等，对每个人进行适合其自身特点的教育。四是教育目标的个别性。终身教育以人的全面发展为核心，承认人的个性因素，遵循人的个性发展规律，让所有的人根据自己的需要，在人生的各个阶段都能得到学习机会。五是教育内容及形式的灵活多样性。终身教育观倡导打破传统教育体系中不合理的规定与限制，采取有利于学习的各种组织形式以及灵活多样的教育内容和方法，建立富有弹性的学习制度。在学习内容、方式、进度、时间与地点等方面都可以因人而异，由学生本人自行计划、自主选择，尽最大可能减少人为的学习障碍，最大限度地发挥学生学习的主动性和创造性，同时使校内外的教育资源得到合理而有效的利用。

终身教育思想确立以来，受到各国的普遍重视。许多国家的政府把终身教育作为本国教育改革的目标，努力把终身教育纳入规范化渠道，并以终身教育的原则来设计、改组自己的国民教育体系，试图建立一个从幼儿园到老年大学、从家庭教育到企业教育的全面的终身教育大系统。终身教育的提出和实施，对于当代世界教育改革和发展具有十分重要的意义：一是使教育获得全新的诠释。教育对象不仅仅是青少年，主张教育应该贯穿于人的一生，彻底改变了过去将人的一生截然划分为学习期和工作期两个阶段的观念。二是促进了教育社会化和学习型社会的建立。教育超越了学校教育的局限，从而扩展到人类社会生活的整个空间。三是引发了教育内容和师生关系的革新。教育不是单纯的知识传递，而应贯彻人的全面发展精神；学习者不仅要学习已有的文化，更要培养个人对环境变化的主动适应性。

链接

> "仅仅几年的工夫，世界各地的人民就认清了这样一个事实，即大多数人还没有做好充分准备去应付 20 世纪后半叶这样的生活条件和社会变迁。千百万的成人需要受教育，这不仅是像过去一样为了使自己的能力日趋完善和对自己的发展有所贡献而得到幸福，而且也是因为 20 世纪全部社会的、经济的和文化方面的发展，都要求每一个受教育的公民尽可能地发挥他的潜力。"[①]

2. 教育的全民化

1948 年《世界人权宣言》宣告："人人享有受教育的权利。"20 世纪 80 年代以来，世界

---

① 联合国教科文组织国际教育发展委员会编著：《学会生存——教育世界的今天和明天》，教育科学出版社1996 年版，第 180 页。

总体教育水平虽有了大幅度的提高,但发达国家和发展中国家共同面临教育状况的恶化,如世界范围内还有 1 亿多儿童文盲,9.6 亿成人文盲,尤其是女性文盲,还在不断地出现。信息时代的到来和深化,导致大量的功能性文盲的产生。还有更多的人虽然能上学,但未能掌握基本的知识与技能。在教育外部,经济衰退、环境恶化、人口膨胀、战争、暴力等问题阻碍了教育的发展,而教育的落后也制约了社会问题的解决。这些因素的共同作用促使国际社会提出全民教育的主张,以通过提高所有人的受教育水平来应对社会的危机。1990 年 3 月 5 日至 9 日,由联合国教科文组织、儿童基金会、开发计划署和世界银行发起和组织的世界全民教育大会在泰国宗迪恩召开,讨论并通过了《世界全民教育宣言》和实施宣言的《满足基本学习需要的行动纲领》。以此为标志,世界迎来了一个全民教育时代。全民教育主要表现在教育对象不再像传统的英才教育模式那样受到限制,而是所有人都有接受教育的权利和机会,并且人人都要求必须接受一定程度的教育。全民教育思想的主要主张是:满足所有人的基本学习需要;全民教育是普及教育的继续与发展;全民教育是解决当代人类困境的基本手段;加强国际间的联合行动,推动全民教育运动发展。

发展全民教育已成为世界绝大多数国家向国际社会做出的政治承诺,成为这些国家教育发展的重要目标,并作为制定国家教育政策的指导原则。当今世界大多数国家都不遗余力地致力于对"人人都受教育"这一全民教育目标的追求。1986 年,我国颁布《义务教育法》,规定凡年满 6 周岁儿童都有接受义务教育的权利与义务;1993 年,我国颁布《中国全民教育行动纲领》,提出到 2000 年全民教育目标及实现这些目标的措施;2006 年,我国修改了义务教育法,提出逐步实现免费义务教育的目标并制定了时间表。

链接

全民教育的目的

1. 每一个人——儿童、青年和成人——都应能获得旨在满足其基本学习需要的受教育机会。

2. 满足基本学习需要可以使任何社会中的任何人有能力并有责任去尊重和依赖他们共同的文化的、语言的和精神的遗产,促进他人的教育,推动社会正义事业,保护环境,宽容与自己不同的社会、政治和宗教制度,从而确保坚持为人类所普遍接受的人道主义价值观念和人权,并为这个互相依存的世界建立国际和平与团结而努力。

3. 教育发展的另一个但更基本的目的就是传递并丰富共同的文化和道德价值观念。正是从这些价值观念中,个人和社会发现了自己的特性和价值。

4. 基础教育本身不仅仅是目的。它是终身学习和人类发展的基础,而各国可以在这一基础上系统地建立其他层次、其他类型的教育和结构。[1]

---

[1] 赵中建编:《教育的使命——面向二十一世纪的教育宣言和行动纲领》,教育科学出版社 1996 年版,第 15—16 页。

3. 教育的国际化

随着信息技术的飞速发展,世界的一体化、政治的多极化、经济与文化的全球化不断地对教育提出面向世界、面向国际的要求,教育的国际化趋势日益明显,程度不断加深。教育国际化是指一个国家将本国置于世界教育发展的系统中确定发展的方向,并通过与其他国家进行教育交流与合作,从而使本国教育成为世界教育体系的有机组成部分的过程。教育的国际化主要表现为以下四方面:一是国际性的教育组织的出现及其行动纲领的颁布,如联合国教科文组织、国际教育局以及《学会生存——教育世界的今天和明天》《世界全民教育宣言》报告等;二是教育目标国际化,教育要面向国际培养人才;三是教育内容中增加国际理解教育,注重国际精神的培养;四是全球范围内国际合作的扩大,合作方式多样化。

当然,在教育国际化的宏大浪潮中,要注意处理好教育的国际化与教育的民族性之间的关系。

4. 教育的民主化

教育民主化是对教育的等级化、特权化和专制化的否定。教育民主化首先是指教育机会均等,包括入学机会的均等,教育过程中享有教育资源机会的均等和教育结果的均等;其次是指师生关系的民主化;再次是指教育活动、教育方式、教育内容等的民主化,为学生提供更多的自由选择的机会。教育民主化就是以民主的精神去改造教育,重建学校。教育民主化既是世界各国制定教育政策的一项中心课题,也是各国教育改革的一项固有目标,已成为许多国家主要的教育政策。

5. 教育的人性化

工业化推动了教育的发展,也给教育带来了许多问题。尤其是随着知识社会的到来,"人"的问题日渐突出,人们开始不断反思以工业化为主体的现代化给教育带来的种种消极影响。因此,扭转学校工厂化、课堂车间化的不良现象逐步成为当前教育界的共识,教育人性化成为人们的共同追求。教育的人性化首先表现为教育目的的人性化,强调教育所要培养的是人,是一个个具体的、活生生的人,然后才是公民,才是各种专门的人才,即社会各阶层、各行业的从业人员。其次,教育的人性化必然要求从教育内容到教育方法乃至教育制度都要体现以人为本的精神。譬如,以人的成长为核心构建课程,科学与人文并重的教育内容反映在各国基础教育阶段课程标准之中;人本主义的教学理论为教育界推崇;小班化教学在许多国家和地区得到推广和运用;教育管理则围绕保障人的基本权利的实现进行改革与调整。

6. 教育的一体化

教育一体化主要指教育者的一体化,即强调学校、家庭、社会的一体化,其目的在于构建学校、家庭、社会共同承担教育责任的新型教育模式。学校、家庭、社会教育的一体化之所以被提出,是为了解决学校教育存在着的诸如教育对象的局限性、教育空间的封闭性、教育形式的单一性、教育时限的阶段性、教育内容的滞后性等问题。随着社会政治民主程度的增强、经济的发展、科技的进步等,单一的由学校承担教育责任的做法的弊端日益暴露,教育预期和教育效果的矛盾也更加突出,从而导致人们对学校教育的批评日益强烈。现代社会生活的丰富多彩及复杂多变,使得学校仅凭自己单一的力量很难达到培养学生的预期目标。作为影响青少年儿童成长的家庭及社会环境,必然会越来越多地或直接、或通过日益广泛起作用的各种传播媒体参与到学校教育中来,成为学校教育的重要补充力量并扩充和提高学校教育的效果;或抵消、削弱学校教育的良好作用,从而使学校教育与社会环境影响发生冲突。为了使教育的理想成为现实,学校、家庭、社会必须联合共同承担起教育的责任。基于这样一种认识和事实,学校教育系统必须有意识地把虽不具有像学校这样系统教育的职能但却具有公共教育影响的家庭及社会机构,例如图书馆、广播电台、电影院、报社、博物馆、青少年宫、文化馆等社区文化活动组织及场所和企业事业单位等,都纳入教育系统内。人们自觉地、有计划地、有组织地利用社会上各种具有教育价值的公共资源和设施,来培养适应社会的劳动者、建设者。

7. 教育技术现代化

20 世纪三四十年代期间,幻灯、投影、电影、无线电广播等先后被应用到教学领域,创造了视觉媒体、听觉媒体与视听觉媒体,逐步形成了"视听教学"系统。20 世纪 80 年代以来,计算机技术飞速发展,并日益成为重要的教学技术之一,作为一种高度交互的媒体,它在教学领域中正发挥越来越大的作用。多媒体计算机技术把文字、图形、图像、视频、动画和声音等多种信息进行集成,通过对各种媒体信息的变换、加工,自由展现各种动态图像,大大丰富了信息的表现力,增强了动态效果。进入 20 世纪 90 年代以后,人类文明之车驶上了信息高速公路。网络将各种不同的信息技术组合在一起,卓有成效地为全社会提供信息资源和服务,以前所未有的速度覆盖着全球的各个角落,教育的"工业化"模式在网络的冲击下受到了极大的震荡,教育实践活动正面临着脱胎换骨的改造,新的教育观念层出不穷。

一是网络学习的观念。网络学习是指通过网络进行学习。网络时代的学习,应是一种主动的学习,一种基于信息的学习,一种以多媒体为主要手段的学习,一种建立在网络之上的学习。网络这个"教室"超越了时空的界限,能够覆盖全球,没有教师与学生的区分,没有区域与时间的差别。只要你愿意,你可以在任何时间、任何地点,向任何人学习。同样的,你也可以成为他人的老师。

二是个性化教学的观念。网络技术给学生创造了一个能自主安排的学习环境,学生在网上可以自由驰骋,不必受统一教材、统一进度、统一知识获取方式的制约。每位学生都可以根据自己的兴趣爱好、学习习惯而自由地调用所需要的信息资源;都可以根据自己的知识基础与学习速度自定学习步调,主动参与网上讨论和实验,提出自己的看法与建议;都可以根据自己的理解和相关知识去重组或建构新的知识。这种方式增强了教学的个性化色彩,赋予了每个个体在学习时空、内容、方式、数量等各方面的自主权和调控权。网络教学打破了传统的教学模式,注意到了人的感情、兴趣、爱好等个体需求,在价值观上体现出对群体的公平和对个体的个性解放。

三是开放互动的教学组织观念。网络拓展了传统教学的物理时空,飞越了课堂的围墙,使学习不仅可以在教室内进行,还可以在家庭、社会机构甚至飞机、火车上进行。网络中,不同国家、不同地区、不同种族的人都可能在一起上学,任何人只要遵守一定的协议,随时随地都可以根据自己的学习需求和意愿而自由、平等地参与网上学习。在新的网络环境中,世界各地的学习者可以在同一时间段内共同学习某一门网络课程,新的网络技术可以同时实现一名教师与多个学生的互动,多名学生可以随时向一名教师提问。网络最终打破了传统的教学组织形式和活动方式,也消解了师生之间、学生之间原有的信息交流的时空限制,从而实现了教与学、学与学以及教学与实践之间的自由的多向互动。

四是平等参与教育的观念。网络信息技术提供的交流是双向的、平等的,而且既能同步交换信息,又能跨地域交流。网络信息技术可以提供多主体共享的沟通形式,它使教师与多个学生主体间围绕共同问题能够进行协作、讨论和对话。在网络教室中,没有高高在上的信息主宰者,没有独一无二的非接受不可的权威,网上没有垄断性学说,也没有垄断性的教师或领导。在信息的广阔世界里,每个人都有发表自己见解的权利。

五是创新能力为本的观念。网络学习环境中的学生只有具备获取信息、更新知识的能力,才能控制和掌握所需信息。因而,学生的学习更需要的不是机械地记忆,而是具有审视判断和创新能力,学会根据任务去获得信息,分析、综合、评价和使用信息,并使信息经过加工后成为有用知识,成为可再生的资源。

链接

> 网络教学虚拟现实的效果将大大增强。新一代网络运用了高速实时视频传输技术,任何一位在网上的学习者可以随意地进入世界各地的任何真实的课堂之中,他可以使用网络所提供的"幻觉"服务与异地的某一课堂的师生处在相同的课堂环境中,可以从不同的角度去观摩一堂课,也可以虚拟地把自己置入课堂之中,参与这堂课的教学。当教学内容涉及某一场景时,利用网络地理信息系统技术,学习者便可虚拟地置身于这一场景之中,与千里万里之外的当地人群处于同样的三维空间之中,可以感觉到当地的阳光、雨露、鸟语、花香。利用网络远程教育系统,网上学习者可以方便地寻找或确定一位自己需要的虚拟教师,这位栩栩如生的教师将如同学校中的教师一样,担当"导航"和"解惑"的重任,指导和帮助学习者获取所需要的学习资源,并根据网络教学资源回答学生有关的问题。虚拟教师的出现有利于增加教学的趣味性和人性化色彩,从而改善教学效果。以后的科学研究将搬到互联网上进行,科学技术的研究手段将发生重要的变化。学习者在实验室内可以完成全部实验步骤,系统向实验者提供一个观察实验过程的视频窗口,学习者可以一边操作、一边观察实验现象。实验室可提供图文并茂的实验预备知识、丰富多彩的实验相关资料、操作灵活的实验交互过程、即时方便的实验操作指导,使实验者在完成实验的过程中获得真实的感受。例如学生可以重新回到历史中去参加长城的建设或参观唐代的盛典;还可以通过仿真热带雨林来了解和研究生态学。[①]

---

① 段作章等:《基础教育课程改革透视与展望》,安徽教育出版社 2003 年版,第 148 页。

第三节 教育学的形成与发展

一、什么是教育学

教育是培养人的一种社会活动,它广泛地存在于人类社会生活中。人们为了有效地进行教育工作,需要对教育现象进行研究,总结教育经验,认识教育规律。关于教育学的研究对象,研究者历来存有分歧。有人认为教育学研究"教育现象",有人认为教育学研究"教育事实",有人认为教育学研究"教育问题",有人认为教育学研究"教育规律",有人认为教育学研究上述几者中的两项、三项或四项,还有人相对笼统地认为教育学研究"教育"或"人"。一般认为,教育学是研究教育现象和教育问题,从而揭示教育规律的一门社会科学。研究教育学的目的是深化人们对教育的认识,形成科学的教育观念,并为教育的发展和改进提供依据,为提高教育管理水平和教学水平提供指导。

教育现象是存在于教育活动中的事件和过程,包括各种各样的教育实践活动以及与教育有关的各种思潮、观念、条件、要求等。教育问题是指反映到人们大脑中的、需要探明和解决的教育实际矛盾和理论疑难。对同一问题的不同回答形成了不同的教育思想、教育观念及其派别。教育规律是教育活动内在的、本质的和必然的联系,包括教育内部诸因素之间、教育与其他事物之间的具有本质性的联系,以及教育发展变化的必然趋势。教育学既不同于教育方针政策解读,也不同于教育经验汇编。

二、教育学的产生与发展

教育学与其他许多社会科学一样,有一个漫长而又短暂的历史。说它漫长,是因为早在几千年前我们的先哲就有对教育问题的专门论述和精辟见解。说它短暂,是因为作为一门规范的学科,它只有二百多年的历史。教育学的产生和发展,大体上可分为三个阶段。

(一) 教育学的萌芽期

大致在我国的春秋战国时期和西方的古希腊城邦时期,人类就开始了最早期的教育认识活动。古代的一些哲学家、思想家在研究各种社会现象的同时,对各种教育问题也进行了研究,提出了许多关于教育的看法以及各种教育思想和观点。这些看法、思想和观点大都散见于各类著作中。在教育学的萌芽期,我国著名的教育家有孔子、孟子、荀子、墨子、韩愈、朱熹等,西方著名的教育家有柏拉图、亚里士多德、昆体良等。

记载孔子教育思想的主要著作是《论语》。在《论语》中,孔子提出"有教无类"的早期普及教育的思想。在教育内容上,孔子施行"六艺"(诗、书、礼、乐、易、春秋)教育。在教学方法上,孔子倡导启发式教学,提出"因材施教""学思结合"等原则。孔子的教育思想非常丰富,既涉及许多教育理论问题,又包括许多教育、教学的实际经验。《学记》是我国也是世界教育史上第一部教育专著,它是《礼记》中的一篇,写作年代约为战国末期。《学记》总结了儒家的教育理论和经验,较为系统地阐述了有关教育的基本原理,对我们现在的教育学的研究范畴基本上都已涉及,对教育的作用和目的、教育制度和学校管理、教学的原则和方法、教师的作用和条件等都做出了概括性的总结,如"化民成俗,其必由学""建国君民,教学为先""藏息相辅""教学相长""道而弗牵,强而弗抑,开而弗达""不陵节而施",等等,在一定程度上都达到了规律性的认识水平。

真题链接

9. 我国先秦时期,主张"有教无类",倡导"因材施教"的教育家是
( )。
A. 孔子　　　　B. 孟子　　　　C. 荀子　　　　D. 庄子
【答案】 A。

10. 在人类历史上,最早专门论述教育问题的著作是( )。
A.《学记》　　　　　　　　B.《论语》
C.《论演说家的教育》　　　D.《理想国》
【答案】 A。

在西方,追溯教育学的思想渊源,必推古希腊先哲苏格拉底。苏格拉底以其"产婆术"闻名于世。他在与青年人交谈时首先佯装无知,然后通过巧妙的诘问暴露出对方观点的破绽和违背逻辑之处,从而帮助他们发现问题,得出结论。其弟子柏拉图在其传世巨著《理想国》中虚构了一个理想的国度,他把国家公民分为三个阶级,即统治者、战士、农工商者。统治者必须是充满理性、充满智慧的哲学家。富有激情和勇敢精神是军人的品质。而欲望则是人灵魂的低劣部分,主要存在于农工商身上,这些人要学习的就是节制自己的私欲,懂得服从。这样柏拉图就为所有人各安其位,并着力设计相应课程来培养他们。亚里士多德的教育主张也在他的著作《政治学》中有充分的反映。而古罗马著名教育家昆体良所著《论演说家的教育》,则是西方最早的教育专著。在此书中,昆体良提出学校教育应该考虑每个学生的个别特性,使学业适应于学生的特性;紧张的智力劳动应当与休息轮流调节,而最好的休息乃是游戏;教师应处处给学生做榜样,应爱护学生。

真题链接

11. 国外最早的教育学著作是( )。
A.《理想国》　　　　　　　B.《政治学原理》
C.《论雄辩家》　　　　　　D.《论演说家的教育》
【答案】 D。

在萌芽时期,教育学的主要特征如下:① 以习俗的认识为主,更多的是一种教育经验的描述和总结,缺少理论分析;② 以机械类比、比喻、寓言等思维方式为主,缺乏抽象的理论概括和提升;③ 没有专门的教育学语言,有关教育论述包含于哲学或道德论述之中,没有形成完整的体系,没有提出"教育学"这一概念。但是,作为人类早期的教育智慧,这一时期的教育思想为以后的科学教育理论的产生奠定了基础。

(二) 教育学的形成期

欧洲文艺复兴以后,在西方,随着生产力的发展、社会的进步、科学文化的繁荣,教育有了相应的发展。教育实践的丰富、教育经验的积累,使人们对教育现象、教育问题的认识逐步深入,许多教育专著相继问世,教育学开始从哲学和其他学科中分化出来,逐渐形成一门相对独立的学科。作为一种独立形态的知识领域,教育学创立的主要标志大致可以体现在以下几个方面:在对象方面,教育问题已经成为一个专门的研究领域;在概念方面,这一时期形成了专门的教育概念或概念体系,标志着理论体系的形成;在方法方面,有了科学的研究规范和程序;在结果方面,出现了系统的教育学著作;在组织方面,产生了专门的教育研究机构。这些标志并不是同时出现的,而是在较长的历史时期内逐渐形成的。因此,教育学的创立不是在某一瞬间完成,而是有一个历史过程,前后经历了二百多年的时间。

1623年,英国哲学家培根发表了《论科学的价值和发展》一文,在科学的分类中,首次将"讲授与传授的艺术"作为一个独立的研究领域提了出来,使教育学在科学的分类中占有了一席之地。

17到18世纪是文化和思想的启蒙时代,教育上也出现了重视自然、遵循自然的科学精神。捷克著名教育家夸美纽斯的《大教学论》、英国哲学家洛克的《教育漫话》、法国思想家卢梭的《爱弥儿》、瑞士教育家裴斯泰洛齐的《林哈德与葛笃德》等著作,都在一定程度上反映出了这种时代精神。他们都强调教育活动必须注重感性、直观,必须遵循儿童的自然本性;强调用广博而有用的知识教育儿童,注重自然环境及社会环境对儿童发展的影响,提倡根据儿童的个性特点及其发展规律实施教育。

真题链接

12. 法国启蒙思想家卢梭于1762年发表了小说体的教育名著,系统地阐述了他的自然主义教育思想。这部教育名著是(　　)。
A.《理想国》　　B.《巨人传》　　C.《教育论》　　D.《爱弥儿》
【答案】 D。

人们一般认为,教育学形成独立学科开始于夸美纽斯的开拓性工作。其代表作《大教学论》(1632)是西方第一部教育学著作。在这本书中,夸美纽斯开宗明义地指出,大教学论就是"把一切事物教给一切人们的全部艺术",从而提出了一个比较完整的教育理论体系。书中对课程、学科教学法、教学组织形式——班级授课制、教学原则(直观性、系统性、巩固性和量力性)的论述十分详尽、丰富,对后世的教育实践产生了重大影响。

真题链接

13. 提出"泛智"教育思想,探讨"把一切事物教给一切人类的全部艺术"的教育家是(　　)。
A. 夸美纽斯　　B. 赫尔巴特　　C. 赞可夫　　D. 布鲁纳
【答案】 A。

教育学作为一门学科在大学里讲授,最早出现在德国。1776 年康德在哥尼斯堡大学开始讲授教育学,是最早的大学教育学教师之一。在其著作《康德论教育》(1803)中,他明确提出"教育必须成为一门科学方法"。最早构建起教育学体系的是德国哲学家兼教育学家赫尔巴特。他的著作《普通教育学》(1806)的出版,被认为是使教育学成为一门独立的规范性学科的标志,他也因此被誉为"现代教育学之父"。赫尔巴特是第一个提出要使教育学成为科学的人。他认为,教育学要成为一门独立的科学,必须形成教育的基本概念和独立的教育思想。而要形成这样的概念和思想,就必须把教育学建立在相关的基础学科之上。"教育学作为一种科学,是以实践哲学和心理学为基础的。前者说明教育的目的;后者说明教育的途径、手段与障碍。"①他试图把教学理论建立在心理学的基础上,把道德教育理论建立在伦理学的基础上。赫尔巴特认为,"教学永远具有教育性"。赫尔巴特的教育思想对教育理论与实践都产生了极大的影响,并因其强调教师的主导作用而被杜威称为传统教育学的代表。

从夸美纽斯到赫尔巴特,独立形态的教育学初步形成。

> **真题链接**
>
> **14.** 最早在大学里讲授教育学的学者是(   )。
>
>   A. 梅伊曼   B. 赫尔巴特   C. 洛克   D. 康德
>
> 【答案】 D。
>
> **15.** 明确提出"教学永远具有教育性"的教育家是(   )。
>
>   A. 夸美纽斯   B. 赫尔巴特   C. 杜威   D. 赞可夫
>
> 【答案】 B。

(三) 教育学的发展期

从 19 世纪中叶起,教育学的理论基础更为多样,哲学、心理学、社会学、伦理学,甚至一些如数学、生物学等自然科学也成为研究教育的视角和方法。教育学的各种学派纷纷出现,并逐渐分化出许多二级学科,如德育理论、教学理论、美育、课程论等,这标志着教育学作为一门学科逐渐走向成熟。这一时期具有代表性的学派是实验主义教育学和进步主义教育学。

19 世纪末 20 世纪初,美国出现了实用主义教育学说,这种教育学说为杜威所创立,其代表作是 1916 年出版的《民主主义与教育》。杜威反对传统的教育以学科教材为中心和脱离实际生活,主张让学生在实际生活中学习,提出"教育即生活""教育即生长""学校即社会"和"从做中学"。他的教育学说以经验为基础,以儿童活动为中心。其教育思想的基本主题是:以生活为中心的科学教育与民主教育的结合,就是用科学的方法与态度来达成民主的生活方式。

---

① ［德］赫尔巴特著:《普通教育学·教育学讲授纲要》,人民教育出版社 1989 年版,第 190 页。

真题链接

16. 以美国教育家杜威为代表的现代教育派倡导的三中心是（　　）。

　　A. 儿童、教材、活动　　　　　　B. 教师、活动、经验

　　C. 儿童、活动、经验　　　　　　D. 教师、经验、教材

【答案】　C。

19世纪中叶，马克思主义的诞生为教育学的发展提供了科学的世界观和方法论基础。具有重要影响的是苏联教育家凯洛夫主编的《教育学》(1939)，该书系统地总结了苏联在20世纪20至30年代的教育经验，试图运用马克思主义的基本原理探讨社会主义教育规律，并继承了17到19世纪欧洲的传统教育思想，重视系统知识的教学，强调课堂教学和教师的主导作用，对苏联和我国的教育理论和实践都产生了重要影响。杨贤江于1936年撰写的《新教育大纲》是我国最早试图以马克思主义观点编写的教育学著作。

真题链接

17. 苏联凯洛夫主编的，力图以马克思主义为指导，系统研究教育问题，总结苏联20世纪20—30年代教育正反两方面经验，并对我国有着广泛影响的教育专著是（　　）。

　　A.《普通教育学》　　　　　　B.《大教学论》

　　C.《民主主义与教育》　　　　D.《教育学》

【答案】　D。

20世纪50年代以来，科学技术迅猛发展，世界进入新技术革命时代。为适应经济和社会发展，教育改革的浪潮不断涌现，多学科的渗透融合以及控制论、信息论、系统论的产生和发展，共同促进了教育学理论研究的不断深化。一方面教育学分化出来的教育学科得以进一步发展，另一方面又不断出现许多分支学科。其中，较有代表性的教育家及其教育思想如下：美国当代著名的教育家、心理学家布卢姆出版了《教育目标分类系统》(1956)，他将教育目标分为三大类，即认知目标、情感目标、动作技能目标，每类目标又由低到高分成不同的层次。美国教育心理学家、教育家布鲁纳的教育代表作《教育过程》(1963)被称为划时代的著作，他提出了结构课程及发现学习理论。苏联教育家赞可夫在其代表作《教学与发展》(1975)一书中提出了发展性教学理论。苏联教育家巴班斯基在其著作《教学过程最优化——一般教学论方面》(1972)中系统阐述了教学最优化思想。另外，德国的根舍因提出了范例式教学思想。

真题链接

18. 在教育理论著述中，强调学科的基本结构要与儿童认知结构相适应，重视学生能力培养，主张发现学习的专著是（　　）。

　　A.《普通教育学》　　　　　　B.《大教学论》

　　C.《教育过程》　　　　　　　D.《教学过程最优化》

【答案】　C。

19. 在教育目标的分类中,美国教育心理学家布鲁姆就学生学习结果划分的三大领域是(   )。
A. 知识、技能和技巧   B. 知识、理解和应用技能
C. 认知、情感和动作技能   D. 认知、应用和评价技能
【答案】 C。

三、当代西方主要教育思潮

(一) 实验主义教育

德国教育家梅伊曼和拉伊是实验教育学的代表人物。拉伊 1903 年出版了《实验教育学》,完成了对实验教育学的系统论述。他们坚持科学主义的研究传统,把实验心理学的观察、实验、统计等方法引入教育学的研究当中。此外,实验教育学还强调要让学生学习系统的、具有实用价值的科学知识,强调教学过程要考虑儿童的实际情况等。这些论述都对教育学如何从研究方法到具体内容上走向科学化,提供了可资后人借鉴并且影响深远的见解。

(二) 进步主义教育

19 世纪末至 20 世纪初,在欧洲出现了"新教育"思潮,在美国则出现了以杜威的实用主义教育思想为代表的"进步教育运动"。其共同特点是反对以知识为中心,主张以儿童为中心,强调儿童的自主性与创造性,以及教育与社会生活相联系,等等。杜威 1916 年出版《民主主义与教育》一书,对 20 世纪以来的教育和教育学产生了深刻的影响,有人评价说:"美国未来的思想,必定会超越杜威……可是很难设想在前进中怎样才能够不通过杜威。"① 杜威的主要主张是"儿童中心论",核心思想体现在他所提出的有关教育的四个基本命题中,即"教育即生长""教育即生活""教育即经验的不断改造""学校即社会"。

(三) 要素主义教育

要素主义教育是 20 世纪 30 年代末作为实用主义教育和进步教育的对立面出现的一种教育思想,其代表人物有巴格莱、科南特。要素主义教育主张把人类文化的"共同要素"作为学校教育的核心,教学过程必须是一个训练智慧的过程,强调学生在学习上必须努力和专心,强调教师在教育和教学中的核心地位。要素主义教育对美国乃至世界学校教育都产生过很大的影响,其教育理论和策略曾被采纳为国家的教育政策。但由于其忽视学生自己的兴趣和身心特点以及能力水平,片面强调系统的、学术性的基本知识学习,加上所编教材脱离学校教育实际,因而受到一些社会和教育界人士的抨击。

(四) 永恒主义教育

永恒主义教育是一种提倡复古的教育理论,它形成于 20 世纪 30 年代,其主要代表人

---

① Rothrj: *John Dewey and Self-realizalion*, New York: Prentice-Hall Inc. 1962:1.

物有美国的哈钦斯、阿德勒,英国的利文斯通和法国的阿兰等。永恒主义教育理论认为,教育的性质永恒不变,教育的目的是要引出人类天性中共同的要素,永恒的古典学科应该在学校课程中占有中心地位,提倡通过教学进行学习。永恒主义教育在教育理论上虽有一定影响,但在教育实践中的影响范围不大,主要限于大学和上层知识界中的少数人。由于复古态度和缺乏实践意义,永恒主义教育遭到了许多人的批判。

(五) 改造主义教育

改造主义教育是在 20 世纪 30 年代从实用主义教育和进步教育中逐渐分化出来,到 50 年代形成的一种教育思想,其代表人物是布拉梅尔德。与实用主义教育和进步教育不同的是,改造主义教育更加强调教育是"社会改造"的工具,认为教育应该以"改造社会"为目标,教育要重视培养"社会一致"的精神,强调行为科学对整个教育工作的指导意义,教学上应该以社会问题为中心,教师应进行民主的、劝说的教育。改造主义教育也批判了与它同一时期出现的要素主义教育和永恒主义教育,并吸取了它们所阐述的某些教育观点。在 20 世纪 50 年代,改造主义教育虽然在教育理论上有一定的影响,但在美国教育中始终未成气候。

(六) 新托马斯主义教育

新托马斯主义教育形成于 20 世纪 30 年代的意大利、法国等西欧国家,第二次世界大战后也曾在美国流行。它是一种提倡宗教教育的教育理论,主要代表人物是法国的马里坦。新托马斯主义教育理论主张教育应以宗教为基础,教育的目的是培养真正的基督教徒和有用的公民,实施宗教教育是学校课程的核心,教育应该属于教会。新托马斯主义在欧美国家的一些学校里,特别是在天主教会的学校里曾产生了一定的影响。

(七) 结构主义教育

结构主义教育是 20 世纪中期在西方产生的一种以皮亚杰的认知心理学为基础的影响广泛的教育理论,其主要代表人物是美国心理学家布鲁纳。从 20 世纪 60 年代起,布鲁纳把皮亚杰关于儿童认知结构发展的理论应用到教学和课程改革上,创立了结构主义教育理论。结构主义教育侧重研究教学改革问题,强调教育和教学应重视学生的智能发展,注重教授各门学科的基本结构,提倡"发现学习法",认为教师是结构教学中的主要辅助者。结构主义教育思想是 20 世纪 60 年代美国课程改革的指导思想。

(八) 存在主义教育

存在主义教育是一种以存在主义哲学为基础的教育思潮,20 世纪 50 年代产生于美国,代表人物为布贝尔、奈勒等。存在主义教育具有一种极端个人主义的倾向,以人的存在为研究对象,强调人的自我实现,提倡个人自由选择,重视人文学科教育,注重品格教育,推崇师生之间形成对话关系,20 世纪 70 年代后,其影响逐渐减弱。

(九) 人本主义教育

人本主义教育于 20 世纪六七十年代盛行于西方,代表人物有马斯洛、罗杰斯、奥尔波特、弗洛姆等。人本主义教育以人本主义心理学为理论基础,吸取了传统人文主义教育思想和存在主义教育思想,强调人的价值、尊严、潜能和整体性,主张教育应培养整体的自我实现的、创造性的人,倡导人本化的课程和注重人际关系的教学方式,它对当代美国的教育实践和世界教育产生了巨大影响。

(十) 建构主义教育

20 世纪 80 年代,建构主义教育思想风靡欧美,建构主义教育采用非客观主义哲学立场,认为学习是学习者通过与周围社会环境交互、自主建构内在心理表征的过程,强调要发挥学习者在学习过程中的主动性与建构性,重视情境、协助、会话、意义建构四大要素,建立一系列以学为中心的教学策略,倡导支架式教学、抛锚式教学和随机进入教学三种教学模式。

(十一) 后现代主义教育

后现代主义教育思潮产生于 20 世纪 70 年代以后,主要代表人物有利奥塔、威廉姆·多尔、格里芬等人。后现代主义教育思想强调多元,崇尚差异,主张开放,重视平等,推崇创造,否定中心和等级,漠视本质和必然。后现代主义者认为,现代教育的目的是培养“完人”,这种教育目的往往是为了培养优势文化的支持者。他们强调教育具有一种“文化中立性”,以此来推演一套民主和平等的理念。在他们看来,世界的本质是以无序为主导的,只有在差异中承认差异,才是与世界和人类的天性相符的。学校教育的目的不应强求每个受教育者都得到“全面发展”,也可以培养“片面发展”的人,即符合学生自己的特质和他生活中的特殊性的人。教育的目标就是促进学生对社会的认识和了解,建立各种社会责任感。教育目标应求得一种内部和平,并且能够把家庭中的和平、安定及各社会成员之间的和平相处扩充到整个社会乃至国家,从而避免利益的冲突,使整个社会充满和谐。课程目标不应是预先确定的,课程内容不应是绝对客观的和稳定的知识体系,课程实施不应注重灌输和阐释,所有课程参与者都是课程的开发者和创造者,课程是师生共同探索新知识的发展过程。教师是作为学习者团体的一个平等的成员,是“平等中的首席”。教师的作用不在于传授真理,而在于激发学生的想象力。

本章小结

作为一种社会现象,教育活动具有客观性,具有与其他事物相区别的本质属性。人们对教育概念的认识随着社会活动的变化和教育实践的改变而不断深化。通过对教育产生与发展的历史考察,有助于更好地认识教育与社会发展的关系。研究教育现象和教育问题的科学是教育学。在教育学萌芽期,教育思想和经验主要以零碎、片断的形式散记于各种著作中,理论上抽象概括的层次比较低。到了 17 世纪,教育学从其他学科中分离出来,逐渐形成了一定的理论体系和逻辑框架。19 世纪中叶以后,人们跨学科地研究教育学,用实证的方法研究教育学,以不同的方法论为指导研究教育学,教育理论逐渐深化,学派林立,出现了许多分支,形成了诸多教育思潮。

复习参考题

1. 什么是教育?

2. 教育的构成要素有哪些?

3. 教育的本质属性是什么?

4. 教育的发展可划分为哪几个阶段? 各发展阶段有哪些特点?

5. 什么是教育学?

6. 教育学的发展经历了哪些基本阶段? 各阶段出现了哪些著名的教育家及其代表作?

7. 西方当代有哪些教育思潮? 你是怎样看待后现代主义教育观的?

第二章 教育功能

　　教育一方面受社会发展制约,另一方面表现出对社会发展的作用。教育通过开发人的潜能、提高人的素质、促进人的社会化,引导人的社会实践,不仅使人能适应社会的发展,而且能够推动社会的变革与进步。教育的经济功能主要体现在:教育能够使可能的劳动力为转化为现实的劳动力,是劳动力再生产的重要途径;教育能够增强劳动者的素质,是提高劳动生产效率的重要因素;教育是科学技术知识再生产的重要手段,对科技知识进行扩大再生产,进而促进经济增长。教育的政治功能主要体现在:教育维系社会政治稳定;教育促进社会政治变革;教育促进社会政治民主化。教育的文化功能主要体现在:教育能够传递与保存文化;教育能够促进文化交流与融合;教育能够选择与提升文化;教育能够创造与更新文化。教育对个体发展的促进功能主要体现在对个体心理发展的影响方面,即促进个体社会化的功能和促进个体个性化的功能。

思维导图

教育功能
- 教育的社会功能
  - 教育的经济功能
  - 教育的政治功能
  - 教育的文化功能
- 教育的个体功能
  - 教育促进个体社会化
  - 教育促进个体个性化

　　教育功能是教育活动和系统对社会和个人所产生的各种影响和作用。教育是培养人的社会实践活动,这一本质决定了教育既是一个复杂开放的系统,又是一个相对独立的系统,教育的功能在整个社会系统中表现为对社会发展的影响和作用,在系统内部表现为教育对个体发展的影响和作用。

第一节 教育的社会功能

　　教育的社会功能包括教育的人口功能、文化功能、经济功能、政治功能、生态功能、社会变迁功能、社会流动功能等。本章仅讨论教育的经济功能、政治功能、文化功能。

一、教育的经济功能

教育的经济功能是指教育对现代社会的经济发展所起的作用。在传统社会，由于受到社会条件的限制，教育的经济功能没有得到充分的显现，教育被误认为是一种单纯的消费事业、福利事业。在现代社会中，教育的经济功能得以不断显现。人们逐渐认识到，作为劳动力的人是社会生产力的最重要构成因素，其整体素质的高低直接影响到一个国家生产力发展水平和劳动生产率的高低。教育承担着培养劳动力的任务，是劳动力再生产的重要手段之一，因此也是发展社会生产力、保持和促进经济增长的重要基础。现代社会生产力的不断发展，特别是现代科学技术的迅猛发展，有力地推动了现代教育的发展与变革，而教育的发展与变革又反过来进一步促进现代社会经济的发展。

(一) 教育通过培养和提高劳动力素质，促进经济增长

在古代社会，人们劳动能力的生成与发展，主要表现为农业和手工业技艺的掌握和提高。这个过程是子承父业方式的世代相传和劳动实践经验之积累过程。也就是说，古代社会对劳动者的训练，主要是在生产过程中进行的。从近代资本主义社会开始，由于劳动过程和技能的复杂化、知识化对劳动者的素质要求不断提高，要求学校教育要直接为培养未来的劳动者服务。人只有通过教育掌握了相应的科学知识和生产技术之后，才能适应现代生产的需要，由可能的劳动力变为现实的劳动力。劳动力指劳动能力，劳动能力是由体力和智力组成的。按照现代生产要求，劳动力是指具有一定科学知识、生产经验和劳动技能的使用生产工具、实现物质资料生产的人。今天，现代科学技术进步日新月异，导致生产设备的更新、生产工艺的变革都非常迅速，劳动者只有具备较高的科学文化水平、较高的生产经验和先进的劳动技能，才能在现代化生产中发挥更大作用。科学技术是知识形态的生产力，是一种生产的精神潜力。要使人的天然潜在能力变成现成的劳动能力，要使科技知识摆脱潜在状态，成为直接现实的生产能力，必须靠教育对未来的劳动者进行有意识的培养。在科学技术迅猛发展的今天，不仅人们科学文化知识的掌握、生产技能的形成离不开教育的系统传授与训练，就是劳动经验的传递也要靠教育才能实现周转的高速度与高效率。所以马克思在考察生产劳动过程及其发展规律时，盛赞教育对生产力的重大作用，认为复杂劳动等于倍加的简单劳动，指出"教育会生产劳动能力"，认为"要改变一般的人的本性，使他获得一定劳动部门的技能和技巧，成为发达的和专门的劳动力，就要有一定的教育和训练"[①]。马克思所说的"改变一般的人的本性"，主要是指发掘人的自然潜能。

> **真题链接**
>
> **1.** 马克思认为，复杂劳动等于倍加的简单劳动。这主要说明教育具有哪种功能？（ ）
>   A. 经济功能　　B. 政治功能　　C. 文化功能　　D. 人口功能
> 【答案】 A。

---

① ［德］马克思、恩格斯著，中共中央马克思恩格斯列宁斯大林著作编译局译：《马克思恩格斯全集》26卷第1分册，人民出版社1972年版，第210、195页。

对于劳动者个体来说,通过教育和训练,其劳动能力的增强主要表现在下列几个方面:

(1) 提高生产者劳动技能的熟练程度。据苏联的一些经济学家统计,一个熟练工人接受一年的科技文化教育,平均能提高工作效率1.6倍。

(2) 提高生产者对生产过程的理解程度。只有懂得生产工具和机器原理与性能的人,才能合理地使用它们。教育为劳动者提供了这方面的基础知识或专门技术,至少是培养了劳动者用理智的态度来对待工具的使用,懂得不科学地使用工具可能带来的危害。因此,一般地说,工人的文化训练程度与工具的损坏率成反比。1983年,有人曾对长春第一汽车制造厂底盘分厂做有关调查,调查数据表明,在损坏工具的工人中,高中程度的占9%,初中程度的占了91%。在当前我国农业生产中,能够操作现代农业机械的技术农民,至少要具有初中文化水平。在合理使用化肥等与科学文化知识有关的问题上,也表现出劳动者文化程度带来的差异。此外,生产的文明程度,包括生产活动的生态平衡、减少污染等意识与行为,也与劳动者的文化程度密切相关。

(3) 提高生产者学习新科技知识的能力。通过教育,个人获得的不只是具体的知识、技能、技巧,而且提高了人的一般学习能力。越是成功的教育,在提高一般学习能力上的作用越大。在当代社会,提高人的一般学习能力尤为重要,它能使人较快地掌握新技术、新工艺、新工种,以适应生产快速发展变化带来的职业或工种变换的需要。

(4) 提高生产者创新能力。据国外一些企业统计,劳动者受教育年限每增加1年,所提出的合理化建议就平均增加6%。受过完全中等教育的工人在技术创造上的积极性,比没有受过同等教育而工龄相同的工人要多4~5倍。

(5) 提高生产者参与管理的愿望与能力。现代社会生产率的提高需要生产者对管理的参与。受教育程度的提高能使生产者对自己的力量更富有信心,希望劳动安排得更合理和个人有更多的管理、自主权。

真题链接

2. 教育能够把潜在的劳动力转化为现实的劳动力,这体现了教育的( )。
A. 经济功能　　B. 育人功能　　C. 政治功能　　D. 文化功能
【答案】 A。

世界上许多国家近几十年的经济发展史证明,在现代化生产中,推动经济发展的不再是仅仅靠增加劳动力的数量、靠人海战术或延长劳动时间和增加劳动强度,而主要是靠提高工人运用科学技术的程度。事实证明,这方面的作用已超过了物的资本和劳动力数量增加所带来的经济效益。具备自然属性的人只是潜在的可能的生产力,要通过教育的培养和训练才能转化为现实的直接的生产力。教育对经济增长的贡献主要是通过再生产劳动者实现的。这种作用在现代社会显得特别重要。

链接

人力资本理论

20 世纪 60 年代,以美国舒尔茨为代表的一些西方经济学家提出了人力资本理论。所谓人力资本是指凝聚在劳动者身上的知识、技能及其所表现出来的可以影响从事生产性工作的能力。人力资本是相对于物力资本而提出的,它是人的资本形态。它体现在人身上,属于人的一部分,同时它又是未来薪金、收益的源泉。人力资本理论认为人力资本也是一种生产要素资本,对生产起促进作用,是经济增长的源泉。

倡导人力资本理论的学者,尤其重视教育投资的作用,认为教育的财政支出是国民生产的要素之一,是人力资本的投资。它通过提高受教育者的生产能力,成为重要的生产性投资,具有促进经济增长的巨大经济效益。人力资本理论的创立者舒尔茨经过科学测算认为,美国 1929—1957 年间经济增长中有 33% 是教育的贡献率。1998 年世界银行的报告也指出:"美国 1929—1982 年间人均 GDP 的增长中,25% 可以由受教育年限的增长来解释。"从国际教育发展的一般情况看,小学教育的社会收益率和个人收益率都是所有教育层次中最高的。一般来说,提高小学教育入学率和成人识字率与提高人均收入和经济上更加平等之间有着密切的联系。研究表明,在所有各级教育中(相对于费用而言),小学教育具有最高的经济效益。在发展中国家,小学教育的投资收益率在 25% 左右,而高等教育的投资收益率则为 12%;在相同环境下,接受过教育的农民的生产力比没有接受过教育的农民高。[①]

劳动能力的再生产,不仅为社会提供一定数量的合格劳动力去满足社会生产的扩大和发展,更为重要的是以质量的不断提高去促进社会生产的不断跃进和革新。伴随社会生产的这种发展与要求,当今的教育已摆脱古代教育一次性培养受益终生的传统模式,而代之以继续教育、终身教育。借助这些新的教育形式,不仅可以保证劳动力与生产部门对人才数量需求的平衡,而且也可以不断更新、完善、提高人的劳动能力,满足生产不断进步对人才质量的需要。教育对劳动力的再生产,可以不断地重新构建人的知识结构,提高劳动者对现代生产的适应性。

真题链接

3. 在当代,教育被人们视为一种投资,一种人力资本,这是因为教育具有(　　)。

  A. 政治功能　　B. 经济功能　　C. 文化功能　　D. 人口功能

【答案】 B。

(二)教育通过科技知识的再生产和知识创新,促进经济发展

教育是传播科技知识的最为有效的途径。教育对科技知识的作用主要表现在两个方

---

① 阮成武编著:《小学教育概论》,华东师范大学出版社 2011 年版,第 61 页。

面：一是对科技知识进行再生产，二是生产新的科技知识。

教育对科技知识的再生产具有三个特点。首先，它是一种无限永恒的再生产，它源源不断地对一代代劳动者进行科技知识的传递。其次，它是一种扩大的再生产，使原来由少数人所掌握的科技知识为更多的人所掌握，不断扩大传播范围，形成原子裂变式的辐射。再次，它是一种简捷、高效的再生产。科技知识通过学校教育的有效组织缩短了其传递时间。学校中的知识传授是在教师的精心安排下，对浩如烟海的科技知识进行反复筛选，从中挑选出人类经验的精华，通过有效的教育形式、科学的教学方法和先进的教学手段，在特定的教育过程中完成这种再生产的任务。它避免了人类在获得这些知识时所经历的漫长而曲折的道路，以最短的时间、最高的效率、最简便的途径去使年轻一代完成认识的任务。可以说，由教育所进行的科技知识再生产的效率是任何其他活动形式都无可比拟的。

教育不仅承担着传授知识的任务，在进行知识创新生产新的科技知识方面也发挥着重要的作用。世界著名高校拥有雄厚的理论储备，集聚高级科研人才，研究梯队强大，学科较为齐全，实验室条件优越，具有较强的科学研究的能力和优势，是从事科学研究和进行科学实践的重要基地。高等院校一方面生产出新的科学知识，发挥精神生产方面的作用，一方面形成科学—技术—生产体系，在实验室里研制创造出许多新的生产工艺，直接参与物质生产过程，推进生产力的发展。

高等院校集中了一批第一流的专家教授，构成了良好的专业结构，又有年轻的精力充沛的博士、硕士研究生作为人才梯队，这就使大学有条件进行一些高水平的研究，尤其是对于基础理论的研究，可望在科学前沿取得重大突破。在美国、日本等国，基础研究主要在大学里进行。如美国加利福尼亚大学，有2万名大学生和8 400名研究生，以基础研究闻名，在原子核科学、化学、地震、激光、病毒等方面研究水平与社会声望很高。麻省理工学院有4 600名大学生和4 000名研究生，在1 732名教学人员中专职科研人员就有650名，拥有诺贝尔奖奖金获得者5名。在1970～1978年，全校经费3.2亿美元，其中科研经费2.2亿美元。

（三）教育影响劳动力收入分配

不同的人有不同的劳动收入和不同的生活水平，教育是决定劳动力收入差异的非常重要的因素。一般来说，劳动者的收入分配状况与劳动者的受教育水平具有一定的相关性，受教育水平影响劳动者的有形收入和无形收入。劳动者所获得的以货币形式表现出来的"有形收入"，同他们所提供的劳动数量和质量密切联系。劳动者受教育的程度影响他们的劳动生产效率，从而影响他们的个人收入。劳动者的收入分配与受教育年限呈正比例关系。劳动者的受教育水平还能通过改变其生活方式、改善其生活质量，从而影响他们的"无形收入"。例如，由于受教育水平的不同引起人们消费行为和家居管理方式的改变、理财能力和工作环境的改善、子女学习的收益变化，等等。人们受教育程度的高低除了与个体的智力水平相关外，往往与家庭的社会、经济背景有关。如果政府能够扩大受教育的机会，提供给社会各阶层民众均等的教育机会，将有助于改善社会底层人民所处的不利状况，提高他们的收入水平，缩小社会收入分配的差异。

二、教育的政治功能

教育由一定的政治经济制度所决定，对政治经济也有积极的反作用，这主要体现在以下几个方面：

（一）教育维系社会政治稳定

教育是维护社会统治、维系社会稳定的基本途径，其维护社会政治稳定的功能主要通过两方面体现。

首先，教育通过为社会培养各种政治人才、领导人才，直接为社会政治服务。任何一个社会政治秩序的稳定或社会政治的变革，除了通过学校教育使受教育者形成一定共同的政治观点、政治原则和政治态度以外，还需要培养一批专门的政治人才、领导人才。古往今来，各种政治人才、领导人才绝大多数都是通过学校教育培养造就的。学校教育传授给受教育者统治经验以及参与国家政务的知识和经验，使其具备治人之术和领导才能，以维护国家的稳定和巩固社会统治。例如我国古代教育就是典型的"养士"教育，东汉时期的太学、唐代所办的各级各类学校培养了从朝廷到地方的大大小小的官员。在现代社会，科技的发展和政治活动的日趋复杂，要求专门从事政治活动的人必须具备较高的科学文化水平和政治素质，通过系统的学校教育来培养政治人才的趋势日益明显。相关资料显示，世界各国领导人，普遍具有较高的学历，并且许多毕业于名牌大学。例如：英国历史上 50 多位首相中有 30 位以上毕业于牛津大学、剑桥大学；美国历代的高级政治领导人中的绝大多数毕业于哈佛、耶鲁等名校；我国的清华大学、上海交通大学、中国人民大学等名校培养了无数的高层领导人。他们的思想意识、政治观点的形成受到学校教育潜移默化的影响。

其次，教育通过培养具有一定政治态度和思想意识的社会公民以维持社会的稳定，通过宣传统治阶级的思想意识和制造一定的社会舆论为政治服务。教育是宣传思想的工具。教育既可以通过学校这块阵地，通过师生的言论和行动，利用教材内容，向受教育者灌输一定的政治、哲学、道德等思想，形成一定的阶级意识与品质。同时，教育也能够利用社会上的一切宣传机构和媒介，宣传统治阶级的思想，造成一定的社会舆论，对社会风尚、道德面貌以及政治思潮产生影响，借以影响群众，争取群众，从而达到维护社会政治经济制度的目的。在任何阶级社会中，统治阶级总是要通过学校教育向受教育者传播一定的政治观点、意识形态和法律规范，促使他们形成社会所需要的人生观、世界观和政治观，从而自觉地维护社会统治。实质上，这一过程就是促进年轻一代政治社会化的过程，即个人逐步学会适应现有社会的政治制度和规范，并表现出相应的态度和行为的过程。个体政治社会化的状况直接关系到一定社会政治制度和政治秩序的稳定。从这一意义上讲，学校教育在建设一个社会特定的政治文化和政治意识形态的过程中，发挥着特殊的作用。

（二）教育促进社会政治变革

随着社会经济的发展，社会政治变革也必然发生，这是社会进步的趋势。教育对社会政治变革具有促进作用，表现在以下两个方面。

首先，通过教育的普及推进社会政治变革。现代社会教育的普及化是推进现代社会政治变革的重要力量。教育的普及作为一种社会教育意识，表明社会政治的平等与开放，蕴涵着一种变革社会的力量。因此，可通过教育普及化程度的不断提高推进社会政治的变革。

其次，通过教育传播先进的思想、宣扬优良的道德促进社会政治变革。在现代社会，教育通过传播先进的思想、宣扬优良的道德，形成正确的社会舆论和政治观念来促进社会政治变革的作用日益明显。教育在这个过程中的能动作用，表现在它能宣扬社会政治、思想、道德领域中的积极的、正面的因素，尽量抵制与排除消极的、负面的因素，为推进先进的社会政治服务。

(三) 教育促进社会政治民主化

民主是现代政治的核心与实质，是社会进步和文明程度的重要标志，政治民主化是现代社会政治发展的必然趋势。一个国家的政治民主程度直接取决于国家政体，也依赖国民受教育程度，因此教育是推进政治民主化的重要力量。教育促进社会政治民主化的功能，主要表现为以下两个方面。

第一，传播科学真理，启迪人们的民主意识和培养人们的民主观念。在现代社会，教育起着传播科学、启迪人们的民主意识、提升人们的民主观念的作用。人们的民主意识和民主观念与人们的科学意识、科学观念密切联系。在一个国民愚昧、文盲充斥的国家，很容易形成专制独裁政治、个人崇拜和官僚主义的氛围。教育的普及和国民文化素质的提高，是推进政治民主化的重要前提与保障。

第二，教育的民主化是社会政治民主化的重要组成部分。教育不仅通过提高国民的科学文化素质来保障政治民主化，而且还通过教育自身的民主化来培养国民的民主意识和民主观念。教育民主化是现代教育改革所追求的目标，主要表现为教育制度的民主化、受教育权利的民主化、教育决策与管理的民主化、教育资源分配的民主化和师生关系的民主化等。在教育过程中创设平等、自由、合作的民主氛围，对形成和发展学生的民主意识与民主观念将产生潜移默化的影响。

链接

西方"民主教育"的宗旨在于通过对学生进行民主意识的教育与民主生活的训练，使学生适应资本主义民主体制下的社会生活，即实现个人政治社会化。其实施有：

(1) 政治意识的培养。如设置"公民课"，在"社会课"中实施公民教育，把宪法、历史、国旗、国歌等国家政治象征性质的内容纳入必修课。

(2) 政治教养。如在社会科学教学中组织学生考察经济、政治、文化、社会生活中的问题。

(3) 政治社会化。在家庭、学校、社会生活中潜移默化地使学生在无形中形成一定的政治价值观念。

在这三种实施中，"政治意识的培养"即独立设置的政治教学，可谓直接的政治教育；"政治教养"为间接的政治教育；"政治社会化"则是自觉或不自觉地从政治氛围中发生的影响。[①]

---

① 陈桂生著：《教育原理》，华东师范大学出版社 1993 年版，第 147—148 页。

三、教育的文化功能

文化是指人类社会在一定的物质资料生产方式基础上进行的创造精神财富的活动及其成果，包括人类已创造的精神产品、创造和传播精神产品的活动及其手段，以及蕴涵于其中的价值观、哲学观。

教育的文化功能是教育社会功能的另一表现。教育作为社会文化的重要组成部分，受到社会文化的制约。社会文化是教育生长的土壤和条件，教育只有适应社会文化环境才能生存与发展。在受制于社会文化的同时，教育又反作用于社会文化，具有传承文化、交流与融合文化，以及创新文化的功能。

（一）教育的文化传承功能

文化传承是文化在时间上的延续、空间上的扩展和代际间的承接。人类文化的传承有两种途径：一是以物的载体传承，如物质文化和制度文化可以借助物质实体，以外在化的方式保存。二是以人的载体传承，即通过人的活动形式、心理和行为方式保存文化。这是因为精神文化独立于人体之外，不能靠生物遗传方式获得，而只能通过"社会遗传"，特别是教育的方式使其得到延续和发展。教育承担着传递文化特别是精神文化的任务，是文化传承的重要手段。

教育通过教育者和受教育者的共同活动实现文化的传承。在教育活动中，教育者将人类积累起来的文化，经过选择、加工成语言文字以及影像等形式，在与受教育者的共同活动中传递给受教育者。于是，上一代的文化被传递到下一代，为他们所继承、接受、理解、掌握，成为他们知识经验的新成分。由于学校教育是有目的、有计划、有组织的活动，因此教育过程中的文化传递具有系统化、集中化、高效化等特点。与各种文化创造和传播有关的活动形态的文化、人的心理与行为形态的文化、民族的文化传统与思维方式等精神文化，是不能以物化的形式直接体现的，而只能以人的活动形式、心理和行为方式存在。人类文化尤其是精神文化的传承，需要以人对文化的理解为中介，而人对文化的理解离不开教育者对受教育者文化理解能力的培养。

通过教育活动的文化传递以及家庭与社会的文化影响，受教育者从无文化内涵的"自然人"逐渐发展成为具有摄取、鉴赏、创造文化的"文化人"。教育将人类文化传递给一代又一代，使人类文化得以保存、积累与发展。尤为重要的是，教育传递社会文化，把人类的精神文化内化为个体的精神文化财富，使之成为个体生命的一部分，使人类文化找到了最安全和具有再生性功能的"保险库"，卓越地发挥其文化保存的功能。人类通过教育不仅可以获得文化、继承文化，而且教育亦可使受教育者掌握获得文化的工具和手段。通过教育，受教育者首先掌握了语言和文字，这是获得文化的基本工具，也是创造和发展文化的重要手段。伴随着社会的前进和科学技术的进步，各种新的文化传媒不断涌现，教育既利用这些传媒高质高效地进行文化传播，同时也把使用这些传媒的方法教给了学生，使他们具备更强大的文化吸收能力。

真题链接

4. 教育可以"简化"文化,吸取其基本内容;教育可以"净化"文化,清除其不良因素。这体现了教育对文化具有(   )。

A. 选择功能   B. 发展功能   C. 传递功能   D. 保护功能

【答案】 A。

(二) 教育的文化交流、融合功能

文化交流是将文化从一个区域向另一个区域扩散,是文化在空间上的流动。社会文化是一定时期特定地域人们的思想、行为的共同方式,具有地域性特点。不同地域文化间的传播和交流是促进文化发展的动力。这是因为不同文化的交融和碰撞不仅可以开阔人们的视野,增进对不同文化的理解。同时,在文化的交流中会诞生新的观点、智慧、理论,从而推动文化的创新和发展。所以,文化的交流与传播是吸收异域文化精华,借助异域文化梯度发展自身文化的一条捷径。历史上,文化交流与传播的途径有迁徙、贸易、教育、战争等,教育是其中一个十分重要的途径。人们通过教育的交流活动,吸收其他民族文化的精华,进行文化选择、重构和创造,既引起本民族文化的变化发展,也促进了各民族文化的交流与融合。

在古代社会,各地域各民族文化之间有着频繁的相互交流、吸收与融合。今天,世界已变为"地球村",人类文化已打破封闭的地域性走向开放、交流与融合。在各民族文化的交流与融合过程中,教育是其中最积极有效的方式。教育通过多种途径使各民族文化实现交流与融合,主要表现在:(1) 校际的文化交流与传播。主要方式有专家讲学、学术互访、参观考察、资料交流、毕业生工作等。(2) 互派留学生。招进来、派出去是各国文化交流的重要方式。例如,中国从清朝末年开始派遣留学生,学习西方国家先进的知识与技术。今天,中国派往世界各地的留学生,汲取了世界各国的先进文明,在中国建设现代化的事业中做出了突出的贡献。(3) 国际的文化教育交流与传播。主要方式有客座教授、专门考察、合作研究、学术会议、专家讲学、人员培训、资料互赠等。(4) 信息高速公路。信息高速公路即国际间传递学术信息的电子计算机网络系统。随着信息高速公路在区域间、国际间的开通,异地同时接收教学信息和学术交流信息成为可能,也使上述文化交流活动更为便利。

(三) 教育的文化创新功能

教育作为文化结构中一个能动的要素,不仅具有传递、选择和交流文化的功能,还具有创造、更新文化的功能。主要表现在以下两个方面。

首先,教育培养了文化建设的生力军,为文化的创造提供了可能性。人是文化的主体,不仅是文化的承担者,同时又是文化的创造者。文化一旦为人们所掌握,就会成为人们解释自然、社会现象,进行各种社会实践活动的方法与手段,成为创造新文化的动力。教育作为形成人、发展人的手段,就是利用人类已有的文化成果去影响人,塑造人的个性,把社会文化转化为个体文化,外在文化转化为内在文化,使人由愚昧的野蛮人成为开明的文化人。从这

个意义上说,教育无限地发掘了人创造文化的潜能,增强了人创造文化的力量。

其次,以科学研究为主要形式的文化创造活动正成为现代教育不可缺少的组成部分。之所以如此,是因为高等教育具有充分的条件进行科学研究。高等教育的目标是培养符合社会需要的高级专门人才,创造性是这种人才应当具备的素质。高等教育的内容是高级专门知识,其中包含了许多有争议和尚待进一步探讨的问题和领域。高等学校的学生是具有一定创造潜力的优秀人才,他们思想活跃,富于创造精神。高等学校的教师是某一专业或领域的专家,兼有教学和科研的双重任务。高等学校是国内、国际文化和学术交流的中心。科学研究是高等教育的主要职能。有科学研究就有科技成果,有科技成果就有其在实际中的应用,就有新文化的不断产生。因此,从教育与文化发展的历史来看,高等教育创造新文化是积极的、推动社会发展的。可以说,没有中世纪大学的产生和它所创造的新文化与培养出来的人才,欧洲的文艺复兴就有可能滞后;没有近代大学担负起科学研究的职能,西方科技乃至社会的发展就会变得缓慢。在中国,没有近代高等教育的产生与发展,中国社会和文化近代化的到来就要推迟。在建设社会主义现代化的进程中,同样离不开高等教育创造的文化和培养的具有现代观念与素质的人才。

链接

　　王思明,男,48 岁,陕西省延长县罗子山乡下西渠小学教师。1968 年起担任下西渠乡村小学民办教师。他所在的下西渠村距离延安市 160 km,距离延长县也有 80 km。人们常常说这里是"十里同村,隔山为邻",自然条件十分恶劣,经济非常落后。全村只有 47 户村民,176 口人,20 个劳动力。直到 80 年代,这里的交通还是靠毛驴进出。下西渠小学是个多级复式小学,学校七个年级只有王思明一个教师。每堂课 45 分钟,一个年级平均只能讲 6 分钟,加之这里的学龄儿童因缺乏良好的文化环境,近亲结婚,先天素质不好,其教学难度是城市教师无法想象的。27 年来,他扎根山区,献身教育,自己动手,艰苦创业,创造性地开展勤工俭学活动,改善办学条件,使下西渠小学由最初两孔破窑洞发展到一座两层 12 间,340 平方米的现代"小洋楼",而且从 1970 年起,就实现了免费教育,全村适龄儿童入学率、巩固率、合格率、按时毕业率均实现 100%,比延安市规划整整提前 15 年。从 1971 年算起,这所学校 18 届 91 名毕业生,全部升入了初中,后来,30 名取得了大中专文凭,其余的也都成了当地经济建设的带头人。王思明在为下西渠新一代办学的同时,充分利用学校这块文化阵地积极地向当地群众渗透现代文明。70 年代初,他用学校勤工俭学得来的 50 元钱,给学校买回一台自鸣钟,全村人都跑来看稀罕,觉得挂钟很神秘。接着,他又给学校买回了可以对讲、收音、扩音和电唱的四用机。接通各户的有线广播,把学生琅琅的读书声,传到每家每户。1976 年,他用学校种土豆收获的 50 元钱,买回高音喇叭,第一次使下西渠人听到了大山外的声音。随着勤工俭学收入的增加,1989 年,他又亲自跑到西安买回一台风力发电机,使在小煤油灯昏暗的光线下生活了多少辈的下西渠人,终于见到了人类文明的象征——电灯。王思明把 20 英寸彩电带回学校后,小山村更热闹了,每当夜幕降临,村民们就争先恐后地聚集在学校看电视,以享受现代文明带来的幸福。①

---

① 傅道春编著:《中国杰出教师行为访谈录》,上海教育出版社 1995 年版,第 26 页。

第二节　教育的个体功能

教育的个体功能主要是指教育对个体发展的促进功能。个体发展通常是指个体从出生到成人期身心不断完善的变化过程,包括身体的发展和心理的发展两大方面。教育对个体发展的促进功能更多体现在对个体心理发展的影响方面,即主要表现为促进个体社会化的功能和促进个体个性化的功能。

一、教育促进个体社会化

人在初生时是嬴弱无能的,只是一个自然实体,主要依靠后天的学习逐渐成为能有效参与社会生活的主体。这种变化是通过个体社会化过程实现的。个体的社会化是指,个体学习所在社会的生活方式,通过与社会环境的相互作用,将社会所期望的价值观及行为规范内化,获得社会生活必需的知识、技能以适应社会需要的过程。社会化是人生存和参与社会生活的必要途径,是人之为人的根本。对人类社会而言,社会化使社会能够在生物学意义和社会学意义上生存、延续和发展下去。个体社会化的过程是一个延续终身的过程。影响个体社会化的因素包括学校、家庭、同伴群体、大众传播媒介等,学校是青少年社会化的主要场所。学校对青少年的社会化,是通过有目的、有计划、有组织的教育完成的。教育促进个体社会化的功能主要表现为以下两个方面。

(一) 教育促进个体观念的社会化

人们的行为是一种有意识的行为,观念是支配人们行为的内在力量。而个体的观念是个体对于社会事物的看法和在社会活动中形成的思想,既是个体思维活动的结果,也是社会的产物。人的观念的形成受到社会文化背景和现实的社会实践活动的制约,正如马克思所说:"意识一开始就是社会的产物,而且只要人们还存在着,它就仍然是这种产物。"[1]从本质上讲,个体的思想观念是社会的价值规范在个体头脑中的反映。教育代表一定社会的要求,有计划、有目的地向学生传播社会的主流文化和价值观念。学生受这种文化和价值观念的影响,易于形成社会所需要的思想观念,从而自觉地维护现存的社会关系。并且由于教育所传播的文化价值观念的系统性和深刻性、教育活动的有计划和有组织以及形式的多样性,较易于被学生接受,从而形成相应的思想观念。

教育促进个体观念的社会化,主要表现为促进个体政治观念的社会化和道德观念的社会化。

政治观念社会化是指个体接受一定社会的意识形态,形成适应一定社会政治制度的政治态度、政治认同感的过程。从低层次来说,政治观念社会化的任务是使个人形成与主

---

① ［德］马克思、恩格斯著,中共中央马克思恩格斯列宁斯大林著作编译局译:《马克思恩格斯全集》第3卷,人民出版社1972年版,第34页。

流社会文化要求相一致的思想意识和价值追求，成为一名合格的社会成员。从中层次来说，政治观念社会化包括形成对祖国的忠诚感，形成共同的政治意向。从高层次来说，政治观念社会化是实现某种共同政治理想的基础。

道德观念社会化是指个体接受道德教育和社会影响，将社会道德规范逐步内化，以形成一定的个人道德品质的过程。个体道德观念社会化与人的社会关系的发展密不可分。儿童在共同的社会生活中与其他人发生错综复杂的关系，依次是家庭关系、同学关系和师生关系、家庭和学校以外的社会关系，它们都要求儿童必须依据社会标准处理好，否则难以适应社会。

（二）教育促进个体智力和能力的社会化

个体的智力、能力发展离不开教育，教育在人的智力、能力适应需要不断发展的过程中的功能主要表现在：(1) 教育指导或规范个体智力、能力的社会化。教育对个体智力、能力的开发是按照社会的要求进行的，作为开发人的智力、能力的教育内容是社会实践经验的概括和总结，是人类在长期的实践活动中积累的智慧的结果。个体的智力、能力发展，离不开社会的需要，同时又需要教育的指导和规范。首先，个体的智力、能力发展从总体上受社会条件的制约，但不同阶段和不同类别的教育又指导和规范着个体智力、能力发展的方向；其次，教育以它特定的目的、内容和方法、途径规范着个体智力、能力发展可能达到的水平和方向。(2) 教育加速个体智力、能力的社会化。学校教育所传授的人类科学文化知识具有简便、浓缩的特点，对个体的智力、能力发展起着催化与加速的作用，而且大大提高了个体认识的起点。个体由"自然人"向"社会人"转化的过程实质上就是个体的智力、能力不断发展的过程，这种发展过程的速度和状况主要取决于教育作用的发挥。

（三）教育促进个体职业、身份的社会化

职业是社会化的集中体现。社会职业分工是社会发展的必然要求，也是社会发展的重要标志。个体生活在社会中，总要以一定职业为生，这就决定了为就业和生活做准备的教育必须促进个体职业和身份的社会化。进入近现代社会以来，社会分工的发展与科技教育的发展紧密相连。科技推动社会生产变革，客观上要求现代教育要担负促进人的职业社会化的使命。在现代社会中，个体谋求某种社会职业，通常是以接受相关的教育和训练为前提的。培养个体的职业角色意识和相应的职业技能，是对职业技术教育、高等教育和成人教育的核心要求。基础教育作为全面实施素质教育的一个重要构成部分，也承担着职业指导和职业定向的重要职责。在教育过程中，应根据学生的兴趣、爱好和能力，结合社会的需要，帮助学生尽早确立并实现自己的职业理想。

教育也是促进个体身份社会化的重要手段。个体身份是指个体在整个社会结构中的地位。身份社会化与职业社会化有相联系的一面。人们所从事的职业与人们在社会中所处的地位（即人的身份）往往相一致。在这种意义上，个体身份社会化也是以接受相关的教育与训练为前提的。个体身份社会化与职业社会化也有相区别的一面。个体在社会结构中所处的地位或所具有的身份与从事的职业并非是统一的，身份是一种更具广泛性的概念。在现代社会中，个体的非职业性的身份与地位也是与其所具备的教育素养分不开

的。任何社会身份都程度不同地蕴含着对教育的需求,教育对促进个体身份的社会化起着至关重要的作用。

二、教育促进个体个性化

人与人之间既有相同的一面也有不同的一面。相同的一面为人的社会性,不同的一面为人的个性。个性是每个个体在实践活动中形成的独特性,包括能力、特长、独立自主性、自觉能动性和创造性等方面。人的个性化是与社会化相对应的,是一个尊重差异性的追求过程,它的核心是个体在社会实践活动中促进自主性、独特性和创造性的形成和发挥。在社会化过程中,个体总处于矛盾中。个体一方面要使自己的行为、态度符合社会的要求,与社会保持一致,另一方面又要随时表现自己的个性,因此在社会化过程中必然伴随着人的个性化同时也要求个性化。个性化的形成与实现依赖于教育作用的发挥。教育对个体个性化的促进功能主要表现在促进人的主体意识的发展、人的个体特征的发展和个体价值的实现等方面。

(一) 教育促进个体主体意识的形成和主体能力的发展

主体意识是人们作为认识和实践活动的主体的自觉意识,它包括主体的自我意识和对象意识,是主体性的观念表现。主体能力是主体认识和改造外部对象世界的能力,是主体性的外在表征。主体意识的形成和主体能力的发展必须通过教育。因为人的自然属性是所有生物中最无能最脆弱的,人要成为认识和实践的主体必须接受教育,获得相应的知识技能,从而获得改造客观世界的能力。教育过程对于个体来讲,是一个提高自身素质、增强自我能力的过程,教育对于人的主体意识的发展起着重要的促进作用。从某种意义上讲,教育是通过对人的智力、能力和道德品质的培养而提高人对自我的认识的。对个体而言,教育的过程是一个不断提升自我、激发并张扬人的主体意识的过程。人们通过接受教育形成道德观念、增进知识能力,而达到能动地适应客观世界并变革客观世界的目的。

(二) 教育促进个体特征的发展

人的个体特征是指人的个体差异性,主要表现在人的个性心理方面,如性格、气质、能力、兴趣、爱好、信念、世界观等方面。人的先天遗传素质的差异蕴涵着个体个性心理的差异性,如气质类型的差异、能力表现早晚的差异等。人的个体差异性的发展、个体特征的形成更多地取决于后天的因素,其中主要是教育的作用。教育虽然按照社会的要求作用于个体的发展,但社会化本身也包含着对人的个体特征的充分发展的需求。教育应该是尊重个体差异的教育。教育帮助个体开发内在的潜力并充分地发展自己的特长。即使具有相同或相似的遗传素质,但由于个体后天所处环境和所受教育的不同,也会有不同的发展结果。教育促进人的个体特征的发展主要是通过不同的教育内容和教育形式来实现的。人在受教育的过程中产生兴趣、爱好的分野,同时又造成个体的人在专业领域或技能领域的分野,继而造成人的职业分野,人的个体特征因而也突出地表现为专业或职业特征。当然,人的个体特征不止于专业或职业特征,它还包括人的情感、性格、气质等方面,而人的这些方面特征的形成在很大程度上都是后天教育的结果。学校教育作为一种有目的、有计划的活动,应该根据个体不同的个性心理,帮助他设计、选择合适的发展方向并对其发展方向进行引导。应尊重个体差异,使每个个体都能充分发掘其潜能,形成自己的独特性,发挥自己的特长。

(三) 教育促进个体价值的实现

个体的生命价值是针对人对社会的贡献和作用而言的,个体人生价值的展现是通过他在社会生活中发挥的作用以及作用的大小来衡量的。爱因斯坦曾说过:"一个人的价值,应该看他贡献什么,而不应当看他取得什么。"教育使人意识到生命的存在并努力寻求生命的价值与意义,教育给予了人创造生命价值的信心和力量,因此教育对于个体生命价值的实现具有特别重要的意义。一个人应该成为对他人、对社会有益的人。一个人有益于他人、有益于社会是离不开他的道德水准和智力、能力状况的。人们愈有道德、愈有知识、愈有才能,便愈能展现生命的价值并创造生命的辉煌。教育使人们意识到生命的存在并努力追求生命的价值与意义,赋予人们创造生命价值的信心与力量。当然,人的个体价值的实现不是教育之力能完全达到的,还必须依赖于人的社会实践。

本章小结

教育的功能问题是教育学的一个基本理论问题,它主要回答"教育有什么作用"。教育的功能是教育活动、教育系统对社会和个体所产生的各种实际作用和影响。教育是培养人的社会实践活动,这一本质属性决定了教育既是一个复杂开放的系统又是一个相对独立的系统。教育的功能在整个社会系统中表现为对社会发展的影响和作用,在系统内部表现为教育对个体发展的影响和作用。教育对社会发展的功能,主要表现在对社会的各子系统,即经济、政治、文化等的促进作用上;教育对个体发展的正向功能,主要表现为教育对个体的社会化、个性化的促进作用。

复习参考题

1. 试述教育的经济功能。
2. 试述教育的政治功能。
3. 试述教育的文化功能。
4. 试述教育的个体发展功能。
5. 联系自身实际阐述人的社会化与个性化的关系。

第三章 教育目的

内容提要

　　教育目的是社会对教育所要培养出的社会个体的质量规格的总要求,它规定了通过教育要把受教育者培养成什么样质量和规格的人。教育目的是制定各级各类学校培养目标的基础,培养目标是教育目的的具体体现。教育方针是教育目的的政策性表达。个体本位论与社会本位论是历史上两种主要的教育目的的价值取向。马克思主义关于人的全面发展学说是我国社会主义教育目的的理论基础。明确的指导思想、坚定的政治方向、全面发展的素质要求、鲜明的时代特征这四个方面构成了我国教育目的的基本精神。积极推进素质教育、各级各类学校培养目标的合理化、改革教师评价制度、加强对教师的培训以努力提升教师的教育目的意识,是促进我国教育目的贯彻落实的基本策略。

思维导图

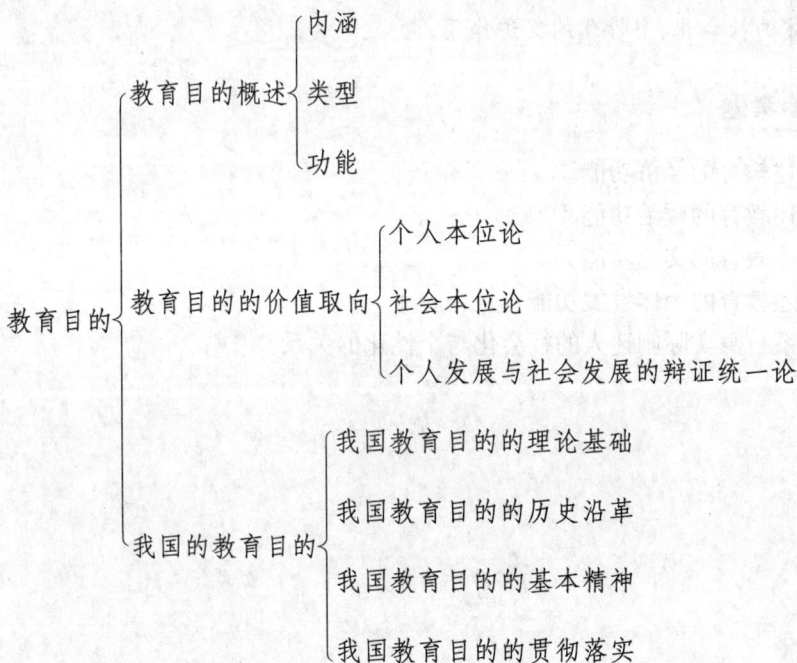

教育目的
- 教育目的概述
  - 内涵
  - 类型
  - 功能
- 教育目的的价值取向
  - 个人本位论
  - 社会本位论
  - 个人发展与社会发展的辩证统一论
- 我国的教育目的
  - 我国教育目的的理论基础
  - 我国教育目的的历史沿革
  - 我国教育目的的基本精神
  - 我国教育目的的贯彻落实

第一节　教育目的概述

一、教育目的的内涵

(一) 教育目的的含义

1. 什么是教育目的

目的是人"想要达到的地点或境地,想要得到的结果"。目的性是人类实践活动的本质特征。是否具有明确的目的,是人类实践活动与动物本能活动的本质区别。有了目的,人类的活动就不再是一种无反省的动物性本能,而是一种追求理想和完美的创造性实践活动。有了目的,即有了活动的目标,有了反思活动成败得失并使之趋于完善的标准。马克思曾经说过:"蜘蛛的活动与织工的活动相似,蜜蜂建筑蜂房的本领使人间的许多建筑师感到惭愧。但是,最蹩脚的建筑师从一开始就有比最灵巧的蜜蜂高明的地方,是他在用蜂蜡建筑蜂房以前,已经在自己的头脑中把它建成了。劳动过程结束时所要得到的结果在这个过程开始时就已经在劳动者的表象中存在着,即已经观念地存在着。"[①]

教育作为人类的一种实践活动当然也有自己的目的。教育目的是社会对教育所要培养出的社会个体的质量规格的总要求,它规定了通过教育要把受教育者培养成什么样质量和规格的人。

2. 教育目的与培养目标、教育方针

教育目的是一定社会对培养人才的质量规格的总要求,适用于各级各类学校。而培养目标则是各级各类学校所要完成的具体任务,甚至可以是某一个具体的教育活动的具体目标。教育目的反映的是一定时代、一定社会对教育的总体要求,反映了教育的一种理想状态,是战略性的、总体性的。培养目标是具体的,是各种具体的教育活动的努力方向,因学校、专业、教育阶段、教育对象的不同而不同。教育目的是制定各级各类学校培养目标的基础,培养目标是教育目的的具体体现。

教育方针是教育目的的政策性表达,是由国家确定的教育工作的总方向。教育目的有时是由某个个人或社会团体提出的,虽对教育工作有一定的指导作用,但不一定具有强制性;而教育方针一般都是由国家或政党来规定,反映了一定时期内国家或政党对教育发展的基本指导思想,对教育实践具有约束力和强制作用。

---

① ［德］马克思、恩格斯著,中共中央马克思恩格斯列宁斯大林著作编译局译:《马克思恩格斯全集》第23卷,人民出版社1972年版,第202页。

（二）教育目的的构成及其特性

1. 教育目的的构成

教育作为人类社会一种维系自身生存、发展的活动，是通过培养一定质量和规格的人来实现的。而人又总是具体的人，总是生活在一定的社会历史条件下，抽象的"人"是不存在的。对具体的人而言，一方面自身必然要具有一定的素质，另一方面也必然生活在一定的社会中，与社会结成一定的关系。因此，教育所要培养的人的质量和规格必然要涉及个人素质以及个人与社会的关系两方面的因素。反映在教育目的上，就必然包含两方面相互联系的内容，即人才价值和人才素质。

所谓人才价值，指所培养的人才应符合什么样的社会需求，主要是指所培养人才的政治方向和政治价值。这一部分内容指明了教育应当培养出具有何种社会功能的成员，反映了教育所培养的人与外部社会的联系。例如，我国教育目的就规定，把学生培养成"社会主义建设者和接班人"。教育所要培养的人才的价值规定，随社会政治经济制度的变化而变化，也随着民族、文化传统的不同而不同。例如，公元5世纪末到14世纪上半叶是欧洲封建社会形成和发展时期，史称中世纪，这是宗教意识形态占统治地位的蒙昧时期。这个时期，教会学校的教育目的在于培养"思想虔诚、谈吐文雅、行为端正、语言流利"的传教士和其他神职人员，宫廷学校的教育目的在于培养治理封建国家的官员，骑士教育的目的则在于培养维护封建统治的武夫。

所谓人才素质，是指人才身心发展的要求，这是指受教育者在品德、智能、审美、体质诸方面发展的规定，即人才的心理素质规定。这一部分内容规定了教育所要形成的人的素质及其结构，如我国的教育目的就规定把学生培养成"德智体美全面发展"的人，这就是对学生素质及其关系的具体规定。

链接

> 斯巴达地处伯罗奔尼撒半岛南部，北部多山，南临大海，海边多礁石，不利航行。但国土大部分为平原，土壤肥沃，适于农业生产，是古希腊最大的农业城邦国家。斯巴达是一个典型的奴隶制国家，土地全部归奴隶主国家所有。居于统治地位的奴隶主斯巴达人是外来的征服者，人数总共不到3万人，都是斯巴达的正式公民。原有的居民希洛人被征服后，全面沦为奴隶，人数将近30万，没有任何地位和人身自由。在这样一个统治者与被统治者人数极为悬殊的国家里，斯巴达人对希洛人进行着非常残酷的剥削和压迫，阶级斗争非常尖锐。希洛人频频起义、造反。为了镇压奴隶的反抗与暴动，全体斯巴达人无一例外地都被编入军队。这种状况决定了斯巴达人的教育状况。斯巴达教育的唯一目的就是通过严酷的军事体育训练把斯巴达人培养成体格强壮的武士，即忠于国家、服从命令，又能残酷镇压敌人反抗的士兵。因此，斯巴达人只重视军事体育训练，文化知识方面的学习被视为无关紧要。

雅典地处阿提卡半岛,全境多山,不宜耕种,手工业发达,尤其是其海岸多优良海港,利于航行,航海业尤其发达。雅典的阶级关系相对复杂些,在雅典的全盛时期,自由公民的总数,包括妇女和儿童,大约9万人,而奴隶的总数为36万多人。统治阶级中的农业贵族占有大量奴隶。随着工商业的发展,出现了新兴的工商业奴隶主。除此之外,还有大量的属于"自由民"的农民和手工业者。在雅典社会中,一方面奴隶主与奴隶的斗争从来没有停止过,另一方面农业贵族与工商业贵族争夺权利的斗争也很激烈。在奴隶主争夺权利的斗争中,争得农民、手工业者的支持具有决定性的意义,因此,在雅典,自由民具有特殊的政治地位。这种复杂多样的社会关系是产生雅典奴隶主民主政治的现实根源,而这种政治上的争夺与斗争对当时的教育具有很大的影响和制约作用。总的说来,雅典的教育目的是一方面要把统治阶级的子弟培养成强悍的军人,同时更要求把他们培养成具有多种才能、能言善辩、善于通商和交往的政治家。

真题链接

1. 教育目的的制定受到诸多因素的影响,其中决定教育目的的性质、方向和内涵的因素是(　　)。
   A. 受教育者的身心发展特点　　　B. 哲学思想和教育思想
   C. 生产力水平和政治经济制度　　D. 文化传统和教育传统

【答案】　C。

教育目的的构成除了以上所说的内容构成横向维度外,也包含不同的纵向层次。有论者认为,教育目的系统包括三个层次:第一层次是教育目的。这是国家对人才培养质量的总体要求,是对所有教育的一般要求,具有一般性和抽象性,同时也具有强制性。第二层次是培养目标。培养目标又称为教育目标,是教育目的的具体化,是指某一特定的学校培养人才的质量规格标准。教育目的与培养目标的关系是一般与特殊的关系。不同级别、不同类型的学校的培养目标是不一样的,即使是同一所学校,不同专业、不同时期的培养目标也未必相同。第三层次是教学目标,指每门学科、每个单元或每一节课所要达成的目标。一方面,上一层次的教育目标制约着下一层次的教育目标;另一方面,下一层次的教育目标又是对上一层次教育目标的落实和具体化。[①]

2. 教育目的的特性

(1) 主观性与客观性的统一

教育目的的表述形式是主观的。教育目的是由人来制定的,无论是国家的、社会的教育目的,还是个人的教育目的,都是用一定的话语来表达的,都体现了特定人群的主观意志,反映了特定人群的价值追求,因此教育目的具有主观性的特点。教育目的的内容是客观的。教育目的的制定不可能是自由意志、任意想象的产物,它只能是特定的国家、地区

---

① 冯建军:《现代教育学基础》,南京师范大学出版社2003年版,第121页。

或社会在一定的历史时期的政治经济状况和文化传统的反映,是特定时代人才观、教育观、质量观的反映。任何一种教育目的的提出都不可能完全脱离其所在的特定社会历史条件,因此教育目的又具有客观性的特点。教育目的是主观性与客观性的统一。

(2) 理想性与现实性的统一

教育目的表达的是特定社会或个人对教育对象未来发展状况的理想追求,所展现的是一种理想的状态,反映了特定社会或个人对教育者和受教育者未来发展状态的理解、追求,具有理想性的显著特点。一般而言,这种理想是很难轻易达到的,否则的话,就不可能对教育活动起到方向性的指导作用。但是教育目的的制定又不能脱离两大方面的现实,即客观存在的社会政治、经济、文化等社会历史条件和受教育者身心发展的规律。任何教育目的的制定都必须遵循受教育者身心发展的规律,都必须符合其所在社会的政治、经济、文化等的要求。所以教育目的既是理想的,又是现实的,是理想性与现实性的统一。

(3) 理论性和实践性的结合

教育目的的制定既要依据现实的需要,又要考虑现实的可能,如社会为人的发展提供条件的可能、人的发展的可能等,这样才能有实现的可能。可以说,教育目的是在实践中得出,又在实践中运用的。但是,教育目的并不是仅仅凭借实践中的各种感性经验而产生的,它的形成还必须以哲学、人类学、教育学、社会学等多种理论为基础,而且教育目的本身,如它的形式、内容等也都是理论思考的产物。因此,教育目的一方面具有实践的特征,另一方面也具有理论的特征。

二、教育目的的类型

在古今中外的教育理论和实践中,存在过多种多样的教育目的。从不同的标准看,大致有以下几种分类:

从教育目的的制定者角度看,教育目的可以分为国家、政府或社会团体、个人提出的教育目的。国家或政府制定的教育目的通常以政策的形式颁布,具有法定的约束力,是在教育实践中必须贯彻执行的。社会团体或个人提出的教育目的只是代表了某一集团或个人的利益和观点,一般通过各种传播媒介为世人所了解,除非被认可为国家或政党的教育目的,否则仅仅是"一家之言",对教育实践没有强制性的约束力。

从教育目的是否能够落实看,可分为理想的教育目的和实际的教育目的。理想的教育目的表达了一种价值追求,反映了特定社会历史条件下特定群体对教育的设想。实际的教育目的指的是现实中被人们所实际遵奉的教育目的。这二者在许多时候并不一致,理想的教育目的尽管代表了人们对于美好未来的追求,也具有深厚的理论基础,但由于各种各样的现实原因,并不一定为现实中的人所全盘接受。同时教育实践的丰富性、复杂性,也使得实际的教育目的在内容上远远大于理想的教育目的,这也是造成二者之间差异的原因之一。

从教育目的的表现形态看,可分为外显的教育目的和内隐的教育目的。前者是成文的教育目的,是明确表述出来的,如国家、政府颁布的教育目的,社会团体或个人以理论的形式提出的教育目的。而后者是未成文的教育目的,是隐藏的、没有明确表述出来的,如在现实教育活动中被教师和家长所实际遵奉的教育目的。这两者在一定程度上是不统一的。

从教育目的的持有者看,可分为学生的教育目的、教师的教育目的、家长的教育目的、政府的教育目的、社区的教育目的。目的是人类实践活动的第一要素,参与教育活动或者与教育活动有关的人,在教育目的上都有自己的理解和看法,这些理解和看法不仅相互之间不尽相同,而且与法定的或者权威的教育目的也不尽相同。

链接

教育目的的基本类型

(一)价值性教育目的和操作性教育目的

价值性教育目的,是指具有价值判断意义的教育目的,即含有一定价值观实现要求的教育目的,表示人才培养所具有的某种价值取向,是指导教育活动的最根本的价值内核。

操作性教育目的,是指具有实践操作意义的教育目的,即实现要达到的具体教育目标,表示实际教育工作努力争取实现的某些具体目标,一般是由一系列短期、中期、长期的具体教育目标所组成……

(二)终极性教育目的和发展性教育目的

终极性教育目的,也称理想的教育目的,是指具有终极结果的教育目的,表示各种教育及其活动在人的培养上最终要实现的结果,它蕴含着人的发展要求具有"完人"的性质。

发展性教育目的,也称现实的教育目的,是指具有连续性的教育目的,表示教育及其活动在发展的不同阶段所要实现的各种结果,表明对人培养的不同时期、不同阶段前后具有衔接性的各种要求。每一种目的都不带有终极性,在每一个阶段向另一个阶段的发展过渡中,具有承前启后的不可或缺性,既表示某一阶段的目标,又表示对先前阶段目标的续接性和对以后阶段目标的奠基性……

(三)正式决策的教育目的和非正式决策的教育目的

正式决策的教育目的,指被社会一定权力机构确定并要求所属各级各类教育都必须遵循的教育目的。它一般是由国家作为主体提出,其决策的过程要经过一定的组织程序,常常体现在国家或地区重要的教育文本或有关的法令之中……

非正式决策的教育目的,指蕴含在教育思想、教育理论中的教育目的,它不是被社会一定权力机构正式确立而存在的,而是借助一定的理论主张和社会根基而存在的。主要有两类:一类是以思想理论为根基而存在,其大多是一些政治家、思想家、教育家基于自己的社会见解和教育见解而提出的……另一类则是基于一定社会单纯的功利观念而存在,它虽没有明确的阐述,但常常借助一定的社会功利心理和观念而起作用,如片面或单纯升学的教育目的……[1]

---

[1] 全国 12 所重点师范大学联合编写:《教育学基础》,教育科学出版社 2002 年版,第 57—58 页。

三、教育目的的功能

(一) 教育目的对教育活动的导向功能

目的是人类任何一种实践活动的前提条件。教育目的规定了教育所要培养的人才的质量规格,实际上也就规定了教育活动的基本方向。无论是教育制度的设立、教育规划的制定以及教育活动的内容、形式、方法等的选择,都是按照教育目的的规定来确定的。例如,教育目的强调自由发展,教育体系必然带有灵活多样和自由活泼的倾向;教育目的强调培养国家公民,教育体系必然强调基础教育和重视培养民族情感。

(二) 教育目的对教育活动过程的调控功能

在教育活动的进行过程中,教育目的应贯穿和体现在每一种具体的教育活动中。教育目的对具体教育内容的安排、教育活动的形式、教育手段、教育方法和技术的选择,都具有支配、协调和控制、调节作用。有了教育目的,就全方位地规范了教育方方面面的活动,教育活动的每一个层面都应该有利于教育目的的实现。教育目的规范了人才培养的目标和学校的教育方向;规范了课程的设置和教学内容;规范了教育管理工作,是健全管理制度、做好服务工作的依据;规范了教师的教学行为,使教育者的言行更具有自觉性和目的性。正是因为有了明确的教育目的,学校教育才是一种有目的、有计划的自觉行动,这也是学校教育区别于其他教育形式的关键所在。

(三) 教育目的对教育活动过程和结果的评价功能

教育评价是教育活动的一个重要组成部分,教育活动进行得是否顺利,教育活动完成以后是否达到了预期的目的,都需要通过评价环节来考量。而评价必须以一定的标准为依据,没有标准的评价既不可能,也不可信。对教育活动而言,这个标准之一就是教育目的。教育目的一旦确立,一切的教育过程就都是实现教育目的的过程,教育过程的每一步都应该是走向教育目的的一步。判断教育过程是否遵循了合理的发展路线,判断教育过程是否达到了要求,都必须依据教育目的来进行评估。一切活动都是实现特定目的的过程,教育是否完成了自己的使命,就看它是否达到了预期的目的。

链接

> 如果建筑师在为一座新建筑物奠基时,连要建筑什么东西都回答不出来,那你将对他说什么呢?同样,如果一个教育者不能明确说出他的教育活动的目的,那你将会说出对建筑师同样的话来。因此,当我们把儿童纯洁和易感的心灵托付给教育,任其在这些心灵中刻画最初的,因而也是最深刻的轮廓时,我们完全有理由去问教育者,他将在他的工作中追求什么目的,并要求他对这个问题做出明确而断然的答复。①

---

① [苏联]乌申斯基:《人是教育的对象》,人民教育出版社 1989 年版,第 6—7 页。

第二节　教育目的的价值取向

　　教育目的的价值取向,是指教育目的的提出者或从事教育活动的主体依据自身的需要对教育价值做出选择时所持的一种倾向。教育目的的价值取向与人的世界观有密切联系,由于人们的世界观不同,教育目的的价值取向也不同。

一、个人本位论

　　个人本位论的主要观点是,教育目的应当主要根据人的自身发展和完善的需要来制定。

　　以卢梭为代表的个人本位论认为,人生来具有良心、理性、自由,具有善良的天性,而社会则是一个令人天性沦丧的污秽之地,希望教育按照人的自然本性进行。卢梭的最著名的观点之一就是:"出自造物主之手的东西都是好的,而一到人的手里,就全变坏了。"[①]因此,最好的教育是远离社会的自然教育。卢梭主张教育要尊重儿童的本性,顺乎儿童的自然天性,把儿童培养成"自然人",而不是培养成社会的"公民"。这种个人本位论具有明显的反社会的性质,认为自然的个人与现实的社会是完全对立的,不相容的。颂扬个人就意味着反对社会,颂扬社会就意味着压制个人,个人利益和社会利益不可兼得。这种反社会的个人本位论通常出现在社会处于急剧变化,社会的精神、道德处于新旧交替的混乱状态的历史时期。其实,这种个人本位论严格地说反对的只是它所不满的那个现实社会,而不是抽象地反对一切社会。当然,这种理论在特定的历史时期也有一定的进步意义,尤其对于揭露和抨击现实社会的腐朽面和促进人们的思想启蒙具有积极意义。

　　以瑞典教育家爱伦·凯为代表的个人本位论,主要热衷于颂扬儿童真善美的天性和自主个性,强调在教育过程中不能对儿童进行压制,而应该促进他们自由自主地发展。教育过程应是使儿童自由发展的过程。爱伦·凯是自由教育的拥护者,认为理想的学校应放任儿童自由,主张废除班级制度和教科书,教师只作为儿童的伴侣,一切活动以儿童为中心。可见,这种个人本位论在很大程度上是教育过程意义上或师生关系意义上的个人本位论。它反对的主要是以教师为中心的传统教育,主张建立以儿童为中心的"新教育"。尽管教育过程中教师与学生的关系也包含着社会与人的关系,但这种个人本位论并不过多地去直接攻击和反对社会,它所攻击的只是那些有碍于儿童自由发展的社会因素。

　　新人文主义的个人本位论并不拒绝社会的教育目的,也不把教育的个人目的同社会的教育目的对立起来,而只是认为,个人的价值高于社会的价值,社会价值要以个人的价值来实现,社会的完善要通过个人的完善才能实现,因此教育必须以培养理性的人为主要目的。这种个人本位论所反对的社会目的,主要是那种过分功利的社会目的,认为如果教育以满足功利性的社会需要为主,就会使教育误入歧途,这样就把人的发展从而也把社会的发展导入歧途了。对于合理的社会目的,它并不反对,只是认为这种目的的实现必须以

---

　　① ［法］卢梭:《爱弥尔》(上卷),人民教育出版社 2001 年版,第 1 页。

人的自身完善为前提。由此可见,这种个人本位论并没有把教育的个人目的与教育的社会目的完全对立起来。

个人本位的教育目的观一般认为教育的目的就是使受教育者的本性、本能获得自然发展,教育要为儿童本身的生活需要服务。一般来说,从儿童本性自然发展出发与从儿童生活需要出发的目的观是一致的。个人本位的目的观一般关心个人价值,关心人的身心健康发展和生活的完满幸福。自然和谐发展、健全的人格、个性培养等,往往是这种目的观所特别强调的。典型的个人本位目的观在教育史上主要以卢梭、福禄倍尔、裴斯泰洛齐、斯宾塞等人为代表。卢梭主张以儿童本性的自然发展为目标。裴斯泰洛齐则认为儿童生来就蕴藏有各种能力和力量的种子,教育就是促使儿童的各种天赋才能的种子得到和谐发展,使儿童成为一个幸福的人。福禄倍尔采取了与裴斯泰洛齐类似的目的观,而斯宾塞则完全是从儿童个人的未来幸福生活需要出发来考虑教育的目的。

真题链接

> 2. 在教育史上,重视实科教育,主张学生学习的自觉性,强调教育为完满生活做准备的教育家是( )。
>   A. 夸美纽斯　　B. 赫尔巴特　　C. 斯宾塞　　　D. 杜威
> 【答案】 C。
>
> 3. 在近代教育史上,反对思辨,主张用实证方法研究知识价值,提出教育的任务是教导人们为完美生活做准备的教育家是( )。
>   A. 夸美纽斯　　B. 赫尔巴特　　C. 斯宾塞　　　D. 卢梭
> 【答案】 C。

总之,个人本位论主张:教育目的应当根据受教育者的自身发展的本性出发,而不是从社会的要求出发;教育的目的在于把受教育者培养成人,充分发展受教育者的个性;评价教育的价值应当依据其对个人的发展所起的作用来衡量。

真题链接

> 4. 在教育目的的价值取向上,主张教育是为了使人增长智慧、发展才干,生活更加充实幸福的观点属于( )。
>   A. 个人本位论　　　　　　　　B. 社会本位论
>   C. 知识本位论　　　　　　　　D. 能力本位论
> 【答案】 A。

二、社会本位论

社会本位论认为,教育目的应当主要根据社会发展的需要来制定,代表人物有法国社会学家涂尔干、那笃尔普等。中国古代社会的教育目的也基本上具有社会本位论倾向。中国古代社会教育虽然强调修身,但这种修身的最终标准与目的还是满足社会的要求,即

"治国平天下"。

以涂尔干为代表的"社会学派"认为,社会才是真正的存在,"人实际上因为生活在社会中才是人",因此,社会的价值高于个人的价值,教育应以满足社会发展需要为首要目的,教育的一切都应服从于社会的意志。他认为,教育的目的在于塑造"社会我"而不是"个体我"。在他看来,个体各方面的素质的发展都依赖于社会、受制于社会,"正如我们的身体凭借外来的食物而营养,我们的心理,也凭借从社会来的观念、情感和动作而营养,我们本身最重要的部分,都是从社会来的"①。其他社会学派的代表人物也表达了与涂尔干类似的观点。孔德就认为:"真正的个人是不存在的,只有人类才存在,因为不管从哪方面看,我们个人的一切发展,都有赖于社会。"②那笃尔普认为:"在事实上个人是不存在的,因为人之所以为人,只是因为他生活在人群之中,并且参加社会生活。"③因此,个人的存在只是为了社会的存在,也必须依靠社会而存在。教育目的必须也只能以社会的需要为根据。"在教育目的的决定方面,个人不具有任何价值,个人不过是教育的原料,个人不可能成为教育的目的。"④

这种观点打破了人生来就天然地具有真善美的品质的神话,认为个人的发展都是后天社会化的结果。但同时,这种社会本位论在某些方面也割裂了人的发展与社会的内在联系,它只是一味强调个人发展是社会化的结果,而忽视了社会要求还必须通过个体的认知和内化才能真正转化为个体的社会素质。这种所谓的社会化,实际上只是社会塑造个人或个人顺应社会的单向过程,而不是个人与社会之间的互动。这样的社会化,一是难以真正实现,二是即便真正实现了,也必定是以摧残个人主体性为代价的。

德国教育家凯兴斯泰纳的社会本位论是比较极端的,他认为国家的教育只有一个目的,那就是造就公民。在其"公民教育"和"劳作学校"的思想中,他主张把国民学校从读书学校的性质改组为劳作学校,对劳动人民子女施以劳作训练和沙文主义教育,使他们成为具有一定生产技术、绝对服从国家利益的工人和士兵。这似乎已经具有了国家主义的倾向。

真题链接

5. 德国教育家凯兴斯泰纳曾提出过"造就合格公民"的教育目的,这种教育目的属于(　　)。
A. 个人本位论　　　　　　B. 社会本位论
C. 集体本位论　　　　　　D. 阶层本位论
【答案】 B。

总之,社会本位论主张:教育目的要根据社会的需要来制定;教育的目的在于把受教育者培养成符合社会准则的公民,使受教育者社会化,保证社会生活的稳定与延续;评价教育的价值只能以其实现的社会效益来衡量。

---

① 转引自吴俊升:《教育哲学大纲》,商务印书馆1943年版,第146页。
② 转引自吴俊升:《教育哲学大纲》,商务印书馆1943年版,第146页。
③ 转引自吴俊升:《教育哲学大纲》,商务印书馆1943年版,第149页。
④ 转引自吴俊升:《教育哲学大纲》,商务印书馆1943年版,第146页。

6. 在教育目的价值取向上,存在两种典型对立的理论主张是(　　)。

A. 个人本位论与社会本位论　　B. 国家本位论与社会本位论

C. 全面发展论与个性发展论　　D. 国家本位论与个人本位论

【答案】　A。

链接

在极端的个人本位目的观和社会本位目的观之间有一种中间形式的目的观,这种教育目的观试图平衡考虑个人需要和社会需要,不主张教育目的完全从个人需要或完全从社会需要来设计,而认为教育应同时为这两种需要服务。这种教育目的观还认为,教育是通过发展个人来影响社会发展的,教育在满足个人需要的同时就是对社会需要的满足。持这种目的观的主要代表有欧文、夸美纽斯和杜威等人。空想社会主义者欧文一方面强调教育的目的就是要形成工人良好的性格,并通过教育与生产劳动相结合改善工人的生活条件,另一方面他又将教育看作是改变不合理的社会制度的主要手段。夸美纽斯的教育目的观也有这种特点。作为有强烈的社会责任感和爱国精神的夸美纽斯,为了消除社会黑暗、拯救危难中的捷克民族而献身于教育事业,他寄希望于教育来实现他的社会理想;同时,他的目的观又强调教育要为个人的永生幸福做准备,教育要帮助个人解脱生活的苦难。也许这种目的观的最典型代表是约翰·杜威博士。杜威认为,教育过程的基础有两个方面,一是心理学的,一是社会学的。他主张教育应"使个人特性与社会目的和价值协调起来"。杜威的教育目的观既有鲜明的个人本位色彩,又有浓厚的社会中心意味。因为他一方面主张儿童中心论,认为教育要从儿童本性的自然发展出发,"教育就是生长,在它自身以外,没有别的目的";另一方面,他又主张社会中心,强调要把"教育的社会方面放在第一位",要求教育"成为民主观念的仆人"。总的看来,历史上已出现的形形色色的教育目的观,除了极少数是属于较极端的个人本位目的观和社会本位目的观外,绝大部分人走的是中间道路,他们的目的观既包括了从个人需要考虑的东西,也有从社会需要考虑的东西,只不过不同的人各有所侧重而已。

……

教育目的既是特定时代的产物,同时也是个人选择的产物,总体来讲,就是处于一定社会历史条件下的人们对社会发展、对个人身心发展所提出的要求的主观选择。时代要求和个人选择是决定教育目的及其变化的基本因子和

"变量",教育目的是由时代要求和个人选择这两种基本因子决定的"因变量"。这样,教育目的与其决定因子之间的关系就是一种"函数关系"。进一步的分析使我们得知,无论是时代要求还是个人选择,本身又是由多种因素决定的。前者包括政治、经济、科技和文化等因素,后者包括个人的社会政治观、哲学观和教育价值观。教育目的之所以是多种多样的,是因为教育目的受到多种因素的影响,且这些因素本身又是"变量"。但不能因此认为教育目的的变化和差异是无规则的。相反,我们认为,在教育目的变化与其决定因子的变化之间的"函数关系"中,我们很容易从特定的时代要求和特定的个人选择中去理解某个特定的目的,也就是说,我们可以具体地从时代背景中的政治、经济、科技、文化的要求和个人社会政治观、哲学观以及教育价值观去理解某种特定的教育目的观,某种教育目的观是提出该种目的观的人所处的时代的要求及由其社会政治观、哲学观和教育价值观所决定的个人选择共同决定的。我们可以这样去解释历史上的教育目的观的种种差异,比如个人本位目的观与社会本位目的观的差异,强调某一方面发展的目的观与主张全面发展的目的观的差异,等等。①

三、个人发展与社会发展的辩证统一论

(一) 个人本位论与社会本位论的对立及其根源

教育所面临的基本矛盾是人的发展与社会发展的矛盾。在对教育目的的理论探讨中,不可避免地要涉及个人与社会的关系问题,以及个人发展与社会发展究竟谁更重要的问题。

个人本位论和社会本位论的提出各有其特定的社会历史根源。个人本位论的全盛时期是在18世纪和19世纪上半叶,正值资本主义与封建主义的矛盾十分尖锐的时期。启蒙运动思想家卢梭,他在教育方面的批判矛头直接指向封建社会和封建教育。面对理想的个人与现实的社会的矛盾,他只能用抽象的个人去反对他所处的那个具体的社会,只能以颂扬个人的价值去反对社会的价值,只能以顺乎人的天性的主张去反对压制人的天性的社会,其实质是从教育的角度为它所向往的社会鸣锣开道。卢梭的许多主张表面上看是教育主张,实质上却是社会主张。他用个人去反对社会,只不过是他批判当时社会的一个手段罢了。当时,在个人与社会的矛盾十分尖锐且具有对抗性的情况下,从反封建的角度看,进步思想家肯定个人价值、贬低社会价值是必然的也是合理的。

社会本位论盛行于19世纪下半叶,社会状态已与卢梭时代有了很大不同。当时资本主义制度已经确立,资本主义社会日益繁荣,但其矛盾也日渐显露。社会本位论肯定社会需要与社会价值,主张教育所培养的人应与社会合作,应为社会服务,其实质是从教育的

---

①　陈佑清:《教育目的论》,湖北教育出版社1994年版,第69、第97—98页。

角度寻求资本主义社会秩序的稳定与巩固。在当时社会与个人矛盾虽也存在但在维护现存社会制度的人看来并不具有对抗性的情况下,资产阶级思想家肯定社会价值,反对个人主义,也是必然的、合理的。

个人本位论与社会本位论的产生以及争论的理论根源,即他们都没有真正理解个人和社会以及个人发展与社会发展的内在关系。个人本位论者强调个人价值,强调个人能动性,强调具体的社会现实对个人的压抑和残害,是有道理的。但是,他们没有如实地把个人看作具体社会中的现实的人,没有看到人的社会制约性,而是从人的抽象的先天本性去解释人的发展和人的教育,企图通过顺应和发展人的先天本性的教育去抵抗和改变不合理的社会现实,这就片面夸大了人的能动性和教育的社会改造功能。社会本位论者强调人的发展和人的教育对社会的依赖性,强调社会的价值和社会秩序的稳定性,强调教育应使个人认同社会、服务社会,一般来说,这也是有道理的。但是,他们不愿承认社会还有待变革和超越,忽视个人能动性在社会变革中的巨大作用,企图通过维护社会陈规的教育使个人消极适应现存社会,从而否定了个人能动性和教育的社会改造功能。

笼统地讲,个人发展与社会发展、个人价值与社会价值并没有孰重孰轻的问题,个人本位论与社会本位论也没有谁对谁错的问题,二者具有同等的合理性与局限性。在不同的社会历史条件下,个人发展与社会发展谁更优先,只是一个选择问题,是一个根据特定的社会历史条件来决定谁更急迫的问题。因此,教育目的中个人价值与社会价值的权衡与选择,要受具体的社会历史条件的制约,是随社会历史条件的变化而变化的。

(二) 个人发展与社会发展的辩证统一

马克思主义吸收了历史上关于人性和人的本质的相关研究成果,历史地考察了个人发展与社会发展的关系,提出了个人发展与社会发展是对立统一的历史过程的观点,从而科学地解决了个人发展与社会发展的关系问题。

1. 个体发展与社会发展是相互制约的

一是个体发展对社会发展的制约。首先,个体发展是社会发展的动力。社会是由人构成的,社会系统中的每个人的发展状况决定了整个社会的发展状况,离开了人的发展,社会的发展是不可想象的。其次,个体发展构成了社会发展的内容。社会发展包括物质文明和精神文明两大方面。物质文明中包括生产力的提高,而人是生产力的主要因素之一。精神文明的一个重要方面是人的科学文化素质和思想道德水平的提高。所以人的发展与社会中的政治、经济、文化等的发展一道构成了社会发展的重要内容。没有个人的发展,社会的发展无从体现。

二是社会发展对个体发展的制约。首先,社会发展的要求制约了个体发展的方向性。对个人而言,社会环境作为一种"先在"的存在,是个人发展的既定环境。个人如何发展、发展到何种程度,很大程度上要受到社会发展所提出的要求的制约。其次,社会发展所能提供的条件制约了个体发展的现实可能性。在一定的社会历史条件下,个体最终能够获得的发展必然要受到社会所能提供的各种条件的制约。在生产力水平不高和生产关系落后的情况下,只有一少部分人才能获得相对充分和自由的发展,大多数人只能充当这些人发展的条件和代价。只有到了生产力和生产关系高度发展以后,社会才能为每一个人的发展提供充分的条件。

2. 个体发展与社会发展的一致性

一方面,个体发展是社会发展的条件,社会的发展有赖于个体的发展,个体发展对社会发展有促进作用;另一方面,社会发展为个体的发展提供了条件和方向。个体的发展依赖于社会的发展,社会的发展促进了个体的发展。个体发展与社会发展是一种双向互动的关系,互动的结果是个体发展与社会发展的相互一致。教育只有既从个体发展的需要出发,又从社会发展的需要出发,才能既促进个体发展又促进社会发展,从而使个体发展与社会发展之间形成良性循环。

研究性学习

阅读以下材料,在确定教育目的的依据方面提出自己的看法。

教育目的的内容是客观的,它是我们这个时代人才观、教育观、质量观的某种反映,也是我们这个时代青少年的努力方向和奋斗目标。一般说来,教育目的的制定,必须依据以下几点:

1. 社会物质生活条件是确定教育目的的依据

社会物质生活条件对确定教育目的的制约,主要是指生产力与生产关系对制定教育目的的制约。

任何教育,都需要生产力提供所需要的物质条件,同时,它又需要根据生产力发展对人才的要求,为促进生产力发展做出积极贡献。所以,离开了生产力谈教育目的,就不能把教育目的说清楚。

生产关系对教育目的的制约主要表现于由一定生产关系所体现的阶级关系,以及代表一定生产关系的占统治地位的阶级对教育目的的决定作用。任何统治阶级,为了加强统治,都有一套政治观点和政治措施,而教育又往往是他们政治措施的重要组成部分。因此,生产关系对教育目的的制约,往往是从阶级关系和政治上表现出来。

因此,生产力对教育目的的制约,主要是从教育的发展水平和人才素质上表现出来;生产关系对教育目的的制约,主要是从教育目的的政治素质和人才的社会价值上表现出来。

2. 社会需要是制定教育目的的出发点

所谓人才的社会需要,从大的方面说,包括物质文明建设的需要和精神文明建设的需要。具体来说,有生产发展的需要、社会发展的需要、政治发展的需要……任何一个社会,都处在不断发展之中,教育的发展是与社会的发展密切联系的,没有社会的发展就没有教育的发展,反之也一样。所以,必须从社会发展需要出发提出对人才的要求。

3. 个体需要是制定教育目的的要求

资本主义工业的发展,造成人们片面的、畸形的发展,所以,人的和谐发展问题成为思想家、教育家十分关注的问题。现代科学认为,人的遗传素质是多方面的,而且可以得到和谐全面的发展。人的和谐全面的发展,使人具有健全的思考力、创造力,充分发挥人的潜力,使他能更好地为社会谋福利。所以,人的和谐全面的发展,不仅是社会的需要,而且是个体素质充分发展的需要。教育目的的制定应体现这一点。

4. 未来需要是制定教育目的应体现的目标

教育是一种周期长的社会活动,它不仅影响到当代,而且影响到第二代、第三代。所以,教育应有预见性,确立未来观念……所谓"未来学",亦称"预测学",它是用定性或定量分析来探索科学技术和社会发展前景,揭示按照人类所做的各种选择走向未来的可能性的一门综合性科学。其特点是将过去、现在和未来的科学技术和社会作为一种不断发展变化的动态来进行研究,其目的不仅是预测未来的发展,更重要的是探索、选择、控制甚至改变和创造未来的途径。当前教育所培养的人才都将在21世纪发挥作用,所以,制定教育目标,不仅要着眼当前,而且要面向未来。瞄准21世纪,研究21世纪的发展及其向我们提出的问题,探讨解决新问题的办法,使培养的人才能适应21世纪的需要。因此,我们认为未来需要是制定教育目的应体现的目标。①

第三节　我国的教育目的

一、我国教育目的的理论基础

中华人民共和国成立后,马克思列宁主义成为指导我们思想的理论基础。作为社会主义事业领导核心的中国共产党及其领导下的人民政府,坚持用马克思列宁主义确定社会主义国家教育事业的发展方向。这样,马克思主义关于人的全面发展学说,必然成为我国社会主义教育目的的理论基础。

真题链接

7. 确立我国教育目的的理论基础是（　　）。

A. 素质教育理论　　　　B. 马克思关于人的全面发展理论

C. 创新教育理论　　　　D. 生活教育理论

【答案】　B。

① 陈正夫:《教育目的论的哲学思考》,载《江西师范大学学报》(哲社版),1995年第2期。

（一）马克思主义关于人的全面发展学说的基本观点

马克思主义创始人所说的全面发展的人，是指体力和智力获得充分自由发展和运用的人，是脑力劳动与体力劳动相结合的人，是全面发展了自己一切才能的人。马克思主义关于人的全面发展学说的基本观点主要有五个方面。

1. 人的发展同生产的发展相一致

作为一个具体的人，总是生活在一定的社会历史条件下。人的生存与发展一方面离不开自身的素质，另一方面也离不开社会所提供和能够提供的条件和机遇。"个人怎样表现自己的生活，他们自己也就怎么样。因此，他们是什么样的，这同他们的生产是一致的——既和他们生产什么一致，也和他们怎样生产一致。因此，个人是什么样的，这取决于他们进行生产的物质条件。"①人的发展从根本上说，决定于人们生活在其中的社会物质生活条件。人们在社会生产、生活中，在社会关系中的地位不同，得到的发展机会就不同，发展的结果也会不同。"人的本质并不是单个人所固有的抽象物。在其现实性上，它是一切社会关系的总和。"②具体来说，不同历史条件下的人所能获得的发展是不同的。同一社会条件下，不同的生产、生活条件也会影响人的发展。

2. 人的片面发展是由旧的社会分工造成的

人的发展一般来说包括身体的发展，智力和技能的发展，道德、志趣和意向的发展等。所谓人的片面发展指的是只在某一方面获得发展，其他方面没有或者只得到很少的发展。社会分工是人类社会发展的进步和必然，但在阶级社会中，这种分工却导致了人的片面发展。一方面广大劳动人民只能从事体力劳动，在智力方面得不到发展；而另一方面少数剥削阶级分子垄断了政治、文化活动，智力方面得到了较为充分的发展，但由于不从事体力劳动，其体力和劳动技能也得不到发展。从人的身心发展来说，这两种发展都是片面的。

这种片面的畸形发展在资本主义手工工场里达到了前所未有的程度。恩格斯指出："工场手工业把一种手艺分成各种精细工序，把每种工序分给个别工人，作为终生职业，从而使他们一生束缚于一定的工具和一定的操作之上。"③农民被土地所束缚，单纯从事农业劳动，其他的能力都被牺牲了。手工业者被某种手艺所束缚，同样也牺牲了其他方面的能力的发展。这种片面发展主要是由于资本主义的生产目的即单纯追求剩余价值所决定的。

3. 人的全面发展是大工业生产的必然要求

人的全面发展指人的素质的多方面、多层次和多样化的发展。全面发展学说对全面发展的理解是智力、体力获得充分自由发展，脑力、体力劳动结合的发展。除此之外，还包

---

① ［德］马克思、恩格斯著，中共中央马克思恩格斯列宁斯大林著作编译局译：《马克思恩格斯全集》第3卷，人民出版社1972年版，第24页。

② ［德］马克思、恩格斯著，中共中央马克思恩格斯列宁斯大林著作编译局译：《马克思恩格斯全集》第1卷，人民出版社1972年版，第18页。

③ ［德］马克思、恩格斯著，中共中央马克思恩格斯列宁斯大林著作编译局译：《马克思恩格斯全集》第3卷，人民出版社1972年版，第331页。

括了道德、志趣和意向等方面的发展。

现代大工业生产对人的全面发展提出了必然要求。现代大工业生产的基础是革命性的,新的科学技术在生产上的应用带来了机器设备的不断更新,生产工艺的不断改革,使得一些行业迅速消失了,而另一些行业又不断涌现或进一步发展,造成了大量的工人不断地从一个生产部门流向另一个生产部门。马克思说:"大工业的本性决定了劳动的变换、职能的更动和工人的全面流动性。"①而这种全面的流动性在人的身上就体现为对工人全面发展的要求。

现代大工业生产也为人的全面发展提供了可能性。现代生产是以科学技术为基础的,自然科学和工艺学的发展揭示了大工业生产各个环节的共同之处,也为劳动者提供了通晓整个生产过程和系统的基本原理和基本技能的条件。只要劳动者掌握了生产和工艺的一般原理,就能够比较顺利地从一个生产部门流动到另一个生产部门。同时,生产效率的提高使得人有能力、有闲暇去学习新知,也为人的发展提供了大量的物质财富,从而促进了人的全面发展。

4. 共产主义社会使人的全面发展得以实现

共产主义社会也存在分工,不过这种分工与剥削阶级社会条件下的分工有本质的不同。在资本主义社会,分工的唯一目的是提高生产效率,不断扩张剩余价值的数量。在这种分工环境下,劳动者的全面发展固然是一种需要,但由于这种发展的需要是从属于资本家提高生产效率的要求的,不可能得到应有的满足。换句话说,资本主义社会条件下的大工业生产提出了全面发展的要求,却没有提供全面发展的现实可能性。

在共产主义社会,由于社会生产的高度发展,迫使个人奴隶服从分工的状况已经消失,体力劳动和脑力劳动的差别也不再存在,分工已经不再是为了追求利润,而纯粹成为一种需要、一种兴趣。社会成员能够自由和全面地发挥他们所拥有的各方面的才能。这种人通晓整个生产系统,可以根据社会的需要和个人的爱好,轮流从一个部门转换到另一个部门。同时,社会物质的极大丰富也为人的全面发展提供了现实可能性。

马克思和恩格斯曾这样描述过共产主义社会全面发展的理想人生:"在共产主义社会里,任何人都没有特定的活动范围,每个人都可以在任何部门内发展。社会调节着整个生产,因而使我有可能随我的心愿,今天干这事,明天干那事,上午打猎,下午捕鱼,傍晚从事畜牧,晚饭后从事批判,但并不因此就使我成为一个猎人、渔夫、牧人或批判者。"②

5. 培养全面发展的人的方法是教育与生产劳动相结合

马克思在《资本论》中指出:"未来教育对所有已满一定年龄的儿童来说,就是生产劳动同智育和体育相结合,它不仅是提高社会生产的一种方法,而且也是造就全面发展的人

---

① [德]马克思、恩格斯著,中共中央马克思恩格斯列宁斯大林著作编译局译:《马克思恩格斯全集》第23卷,人民出版社1972年版,第535页。

② [德]马克思、恩格斯著,中共中央马克思恩格斯列宁斯大林著作编译局译:《马克思恩格斯选集》第1卷,人民出版社1972年版,第37—38页。

的唯一方法。"[①]

8. 马克思主义认为,实现人的全面发展的根本途径是(　　)。

A. 教育与生产劳动相结合　　　　B. 知识分子与工人农民相结合

C. 普通教育与职业教育相结合　　D. 学校教育与社会教育相结合

【答案】 A。

(二) 马克思主义关于人的全面发展学说的教育学意义

1. 确立了科学的人的发展观

历史上许多哲学家、教育家都曾经探索过人的发展的奥秘,建立了形形色色的有关人的发展的理论。在这种种理论中虽包含合理、正确的内容,但从总体上来看,都不是建立在科学的基础之上的。他们之中有的人如夸美纽斯、卢梭、裴斯泰洛齐、福禄培尔等,从生物学上的人的观点或抽象的人性论出发,往往把人的发展看作一种与社会无关的人本身所固有的需要,一种内在素质、本能的自然外露。他们中的另一些人如18世纪的唯物主义者爱尔维修和19世纪的空想社会主义者,虽然也看到社会和环境在人的发展中的作用,但看不到在各种环境因素中,生产和经济因素对人的发展所起的决定性作用,因此他们所提出的关于人的发展学说,从根本上来说也不是科学的。

马克思主义关于人的全面发展学说通过对分工的历史考察,得出了人的发展最终是由社会经济和生产所决定的科学结论。我们应当承认,能够对于人的发展发生作用的社会因素是十分复杂和繁多的,但是,如果不能从中正确分离出第一性的根本性动因,看不到物质资料生产方式对于其他各种能够影响人发展的因素所起的决定作用,也就必然不能正确认识人的发展的客观规律。那么,作为一门关于培养人、发展人的学问的教育学当然也不可能建立在科学的基础之上。

2. 指明了人的发展方向

历来不少的哲学理论和教育理论也都曾特意描绘过人的发展的种种理想模式。但是,这种种模式往往都是脱离历史发展的具体,特别是脱离了生产发展的具体所做出的抽象的规范,因此他们不能向我们科学地展示出人的发展方向。

马克思、恩格斯从大工业生产发展的具体历史中看到了"工人尽可能多方面的发展是社会生产的普遍规律"。这也就是说,人的全面发展并非个别人的美好理想、主观期望,而是一种生产发展的普遍规律的自然历史过程。全面发展的人,是在智力和体力两方面获得全面的充分的发展的人,是在生产中"能够全面发展发挥各方面才能的人"。马克思、恩格斯所讲的全面发展的内容主要是由生产发展所规定的,它所反映的是大工业生产的要求。当然,我们还应当看到作为一个社会的人,社会的其他各方面

---

① ［德］马克思、恩格斯著,中共中央马克思恩格斯列宁斯大林著作编译局译:《马克思恩格斯全集》第23卷,人民出版社1979年版,第530页。

因素也必然会通过各种途径反映在人的发展的内容和要求中,看不到这一点也是错误的。但是由于生产发展在社会发展中起着支配作用、对人的发展起着基础性的作用,因此由生产所提出的要求和内容,构成了人的发展的核心要求和内容。特别是在当代,迅猛发展着的高水平的生产力对人的才能的实际发展所起的推动作用日益强大,它不以人的意志为转移地要在人的身心中留下日益深刻的痕迹,组成为人的发展最本质的基础。

因此,培养全面发展的人必然成为社会主义教育目的的一个重要组成部分。只有全面发展的人才能适应大工业生产本性的需要,推动社会生产的发展,并使人的其他方面的发展具有一种切实的基础。从这个意义上说,马克思主义全面发展学说,为制定社会主义教育目的指明了根本的方向。

当然我们也应该看到,在全面发展理论中,马克思、恩格斯是把人的发展规律主要作为一种经济发展规律来进行分析的,是把人作为一种生产力要素,作为生产过程中的人来加以考察的,着重解剖了在这一过程中人所具有的属性和特征及其发展的历史,也即人的劳动生产能力(体力和脑力的总和)及其发展的问题。很显然,马克思主义关于人的全面发展理论,并不着意于去分析作为一个社会人的全部特征和属性。马克思、恩格斯在其他的一些著作和理论中,曾涉及不属于生产领域的人的一些属性和特征,这种属性与特征尽管与生产过程中的属性、特征具有这样或那样密切的联系,但我们却不能把马克思主义各种有关人的论证笼统归纳到全面发展理论之中。这样做就混淆了不同概念的内涵和外延,会使全面发展理论失去其原有的特定的意义。

二、我国教育目的的历史沿革

一个合理的教育目的对教育工作的意义自不待言,但一个合理的教育目的的确立却可能需要一个长期的探索过程,需要许多来自实践和理论的不断修正和完善。新中国成立以后我国社会主义教育目的的制定与表述有一个演变的过程,大致情况如下:

1957 年,毛泽东在最高国务会议上提出:"我们的教育方针,应该使受教育者在德育、智育、体育几方面都得到发展,成为有社会主义觉悟的有文化的劳动者。"1956 年,我国生产资料所有制的社会主义改造已基本完成。当时中共中央、国务院提出这个教育方针和教育目的,无疑是正确的。

把毛泽东的论断同马克思主义创始人所说的共产主义社会里的全面发展的人联系起来,是 1958 年的事。中共中央、国务院颁布的《关于教育工作指示》指出:"教育工作必须在党的领导之下,才能很好地为社会主义革命和社会主义建设服务,为消灭一切剥削阶级和一切剥削制度的残余服务,为建设消灭城市与乡村的差别和消灭脑力劳动与体力劳动的差别的共产主义社会服务,共产主义社会的全面发展的新人,就是既有政治觉悟又有文化的、既能从事脑力劳动又能从事体力劳动的人,而不是旧社会的只专不红,脱离生产劳动的资产阶级知识分子。党所提出的'培养有社会主义觉悟的有文化的劳动者'的口号,正确地解释了'全面发展'的含义。"这是我国"教育的目的"。

在"文化大革命"期间,新中国成立后 17 年里积累起来的教育经验都遭到了批判。在教育目的方面虽然仍用毛泽东在 1957 年提出的培养"有社会主义觉悟的有文化的劳动者"的提法,但在对其内涵的解释上已做了实质性的篡改。在把知识分子打成"臭老九"的情况下,强调各级各类学校都培养普通劳动者,而讳言教育负有培养知识分子、专家、技术人员的任务。根据"文化大革命"的需要,强调青年要成为"无产阶级革命派""无产阶级革命事业接班人""反修战士""反潮流"的英雄,等等。

研究性学习

根据你对教育目的的理解,分析"文化大革命"期间的一首"教育革命"诗。

咱们学校课堂大,　　山山水水都容下。

咱们学校老师多,　　贫下中农都上课。

要问课程学的啥?　　学习大寨绘新画。

要问成绩怎么记?　　伸出手来比茧花。

十一届三中全会以后,党中央拨乱反正,要求对到底什么是社会主义的教育目的做出明确的回答。《中国共产党中央委员会关于建国以来党的若干历史问题的决议》写道:"要加强和改善思想政治工作,用马克思主义世界观和共产主义道德教育人民和青年,坚持德智体全面发展、又红又专、知识分子与工人农民相结合、脑力劳动与体力劳动相结合的教育方针,抵制腐朽的资产阶级思想和封建残余思想的影响,克服小资产阶级思想的影响,发挥祖国利益高于一切的爱国主义精神和为现代化建设贡献一切的艰苦创业精神。"

1982 年,第五届全国人民代表大会第五次会议通过的《中华人民共和国宪法》提出:"国家培养青年、少年、儿童在品德、智力、体力等方面全面发展。"这是对教育目的做出的明确规定。

1985 年,中共中央《关于教育体制改革的决定》指出:教育要为我国的经济和社会发展培养各级各类合格人才。"所有这些人才,都应该有理想、有道德、有文化、有纪律,热爱社会主义祖国和社会主义事业,具有为国家富强和人民富裕而奋斗的献身精神,都应该不断追求新知,具有实事求是、独立思考和勇于创造的科学精神。"

1986 年通过的《中华人民共和国教育法》规定:"教育必须为社会主义现代化建设服务,必须同生产劳动相结合,培养德、智、体等方面全面发展的社会主义事业的建设者和接班人。"

1993 年 2 月 26 日,中共中央、国务院颁发的《中国教育改革和发展纲要》指出:"教育改革和发展的根本目的是提高民族素质,多出人才,出好人才。各级各类学校要认真贯彻'教育必须为社会主义现代化建设服务,必须与生产劳动相结合,培养德、智、体全面发展的建设者和接班人'的方针,努力使教育质量在九十年代上一个新台阶。"

三、我国教育目的的基本精神

从上面我国关于教育目的的规定可以看到,我国的教育目的具有以下基本点:

第一,明确的指导思想——马克思主义关于人的全面发展学说。我国历次教育目的的表述始终坚持德智体等方面的全面发展,始终强调教育要与生产劳动相结合。这实际上是马克思主义关于人的全面发展学说在现阶段的实际应用。

第二,坚定的政治方向——教育必须为社会主义现代化建设服务。我国的教育目的始终强调社会主义教育所要培养的人必须符合无产阶级的根本利益和社会主义建设的基本要求,始终强调教育要为社会主义现代化建设服务。这一基本点明确了教育的社会主义方向,指明了通过教育所要培养的人的社会价值。这一点在各个时期所提出的教育目的的表述中均有体现,如"有社会主义觉悟有文化的劳动者""社会主义人才""社会主义建设者和接班人"等。

第三,全面发展的素质要求——德智体等方面的全面发展。构成教育目的的一个重要组成部分是培养规格问题,即人才的素质结构和质量标准。我国的社会主义教育始终强调所培养的人才的规格质量是"德智体等方面的全面发展",要求所培养的人才必须是品德、智能、体质等几方面全面发展,必须是有理想、有道德、有文化、有纪律的社会主义人才。全面发展一方面是社会发展对人的要求,另一方面也是人自身发展的需要。全面发展的要求在新中国成立以后历次提出的教育目的中都有确切的表述。

第四,鲜明的时代特征——以提高全民素质为根本。尤其是在近年关于我国教育目的的表述中,非常重视人才的时代特征,对现代人的素质提出了明确的要求,强调应不断追求新知,实事求是,独立思考,勇于创新;强调教育要提高全民族的素质,要具有为国家富强和人民富裕而奋斗的献身精神。

四、教育目的的贯彻落实

教育实践活动是一种有目的的活动,教育目的体现在教育实践的方方面面。而每一个方面的进程和结果都与教育目的的最终实现密切相关。

链接

影响教育目的实现的因素

教育目的的实现与课程有关。教育目的首先在课程目标上得到体现,然后是课程内容、课程设计理念等。没有课程支持的教育目的是空洞的,谈不上实现问题。

教育目的的实现与教学有关。教学是教育目的规范下的、教师的教与学生的学共同组成的活动,是学校教育的基本途径。可以说,教育目的主要是在教学过程中实现的。

教育目的的实现与教育评价有关。教育目的是教育评价的标准,教育目的的实现首先要体现在评价体系与内容上。

教育目的的实现与教育督导有关。教育目的是政府督导的依据,看一所学校好不好,评价一个地区教育状况,主要是看实现教育目的的程度。做好督导工作,也是教育目的实现的一种方式。

> 教育目的的实现与教育法制建设有关。建立系统完善的法律体系,强化法律意识,依法管理教育,依法办学,用法律来规范政府、学校、教育者、家长的行为。应试教育的问题,实际上也一个侵犯儿童权利,违反教育政策法规的问题。如果能够做到依法开展教育活动,教育目的的实现就有了保障。
>
> 教育目的的实现,与教育教学、师资建设、升学制度、教育经费的投入、学校后勤和治安,等等,都有关系。在教育中基本上找不出跟教育目的实现没有关系的事,即使没有直接关系,也会有间接关系。跟教育目的实现没有关系的,就不属于教育。[①]

影响教育目的落实的因素,大致可以归结为两大类,即制度因素及人的因素。相应的教育目的的实现或落实也应该从这两大方面考虑。制度方面主要包括推进素质教育、完善教师评价制度以及合理地细化教育目的。人的方面主要是加强对教师的教育和培训。

(一) 积极推进素质教育

在当前,讨论教育目的的实现,必然涉及应试教育与素质教育问题。应试教育的问题实质就在于学校教育工作者及家长所遵从的实然的教育目的背离了应然的教育目的。而素质教育就是对这种背离的纠正。虽然不能把教育目的的实现完全寄托于推行素质教育,但是对于中国现阶段基础教育而言,教育目的的实现与素质教育的实施有着极其密切的关系。

1. 素质教育的含义

"素质教育"的提出以 1988 年第 11 期《上海教育》(中学版)刊载的言实所撰写的《素质教育是初中教育的新目标》为标志。这篇文章的发表,在教育理论界引发了有关素质教育问题的讨论。

素质教育可以理解为以提高民族素质为宗旨的教育。素质教育是依据国家教育方针,着眼于受教育者及社会长远发展的要求,以面向全体学生、全面提高学生的基本素质为根本宗旨,以注重培养受教育者的态度、能力,促进他们在德智体等方面生动、活泼、主动地发展为基本特征的教育。素质教育要使学生学会做人、学会求知、学会劳动、学会生活、学会健体和学会审美。

从内涵来看,素质教育是依照社会发展和人的发展的需要,发掘和发挥学生身心发展的潜能,弘扬其主体性和主动精神,促使全体学生的身心得到全面和谐发展的教育;素质教育是一种面向全体学生,促使学生获得全面的、主动的、生动活泼发展的教育。

2. 素质教育的特征

根据目前学术界的研究,关于素质教育的基本特征,主要有以下几个方面:

---

① 熊华生:《为了儿童的幸福与发展——教育目的的新论》,华中师范大学硕士学位论文,2006。

素质教育的全体性。素质教育是面向全体学生的教育。一方面,它必须使每个学生在原有的基础上得到应有的发展;另一方面,它必须使每个学生通过教育获得社会需要的基本素质,它强化教育尤其是基础教育的普及意识,淡化其选拔功能。

素质教育的全面性。素质教育是为人生奠定基础的教育,它应促进受教育者的素质得到全面和谐的发展。它主要是针对应试教育只重视知识技能的教育、只重视智育而忽视人的全面素质的培养的弊端而提出和实施的。与"应试教育"不同,素质教育不只是重视学生"智"的发展,而是要求学生"德智体美劳"等全面发展。但这种全面发展不是均衡发展,而是一种"一般发展"和"特殊发展"的统一,这才是素质教育的全面性的准确含义。

链接

> 素质教育当是促进学生身心素质全面发展并以此提高全民族素质的教育。它不同于"应试教育"以应付考试为焦点,教师与行政人员的许多精力都用于确定在教育计划的每个重要阶段应淘汰的学生、用于预测或选拔英才;素质教育注重学生在个性和个体潜能上的差异,注重全体学生在适合自己的学习进度、气质类型的发展,强调每个人都有独特的价值,教育即要促成"人尽其才",从而使每一个学生在其天赋允许的范围内都能得到充分发展——
>
> 如果他是一只鸟,就让他尽情歌唱;
>
> 如果他是一朵花,就尽力实现花的芬芳。
>
> 素质教育以提高儿童及青少年的全面素质为价值取向,它不仅注重知识的掌握,更重视培养学生对学习的兴趣及学习的能力,尊重学生的主体性及主动精神,注重发展学生的公民意识、现代意识与思维方式,鼓励他们积极参与社会生活和国家建设,使自身的学习过程与家庭、社会、国家、世界休戚相关,促进学生生动活泼地成长并倡导完善的人生。[①]

素质教育的主体性。培养学生的主体性是素质教育的核心和灵魂。它强调以学生为本,教育教学活动以学生为中心,教师的主要作用是为学生创造良好的外部条件,激发学生的学习兴趣和学习动机,调动学生积极参与教学活动的主动性,引导学生朝预定的教学目标发展。

素质教育的普遍性。素质教育既不是"为升学做准备",也不是"为就业做准备",而是指导学生形成独立的人格、具有现代思想意识、思维方式和公民意识的公民教育。这种教育不具有专门定向的性质,而是适应未来社会广泛需要的教育,因此注重基础性和普遍性。

---

① 向蓓莉:《现代人的教育——应试教育与素质教育的比较研究》,http://www.xmsonger.net。

链接

　　由苏联著名教育家苏霍姆林斯基担任校长的帕夫雷什中学,是苏联公认的教学质量高、真正使学生得到全面发展的学校。该校下午不排课,而是组织学生参加多种多样的课外活动。苏霍姆林斯基认为:"午后不进行紧张学习的脑力劳动,这是一个具有决定性作用的条件。在这个条件下,不仅可以增强体质,而且可以为丰富精神生活、为全面发展创造条件。"他还指出:"下午不进行紧张的脑力劳动,并非为了完全摆脱智力劳动,而正是为了让学生能过上富有意义的丰富多彩的精神生活。只有当孩子每天按自己的愿望随意使用5～7小时的空余时间,才有可能培养出聪明的、全面发展的人来。离开这一点去谈论全面发展,谈论培养素质、爱好和天赋才能,只不过是一些空话而已。"苏霍姆林斯基强调,课外活动基本上应在户外进行。帕夫雷什中学学生课后自愿选择的课外小组活动,如做游戏、旅行参观、徒步行军、阅读文艺和科普书籍、进行文娱活动等,90%以上都在户外进行。再如,在美国,学校也很重视学生参加课外活动。人们普遍认为,丰富多彩的课外活动,有助于培养学生的竞争意识、责任感和领导能力等。美国学校的课外活动可谓五花八门,有学术性的、娱乐性的、健身性的,也有社区服务性的。美国各州的首府每年暑假都要为高二学生举办为期1周的模拟竞选活动。每所高中推荐1名学生参加,每个参加者要加入1个模拟的政党,然后展开州长、市长、众议员、参议员的竞选活动。谁有幸当上"州长",谁就可以与真正的州长一起办公1天。现在,美国高中生在课外活动中的表现越来越受到重视,一些名牌大学已将其作为总分的20%计入录取成绩。那些学科成绩优良、课外活动表现突出的学生往往成为各大学竞相录取的对象。[①]

3. 素质教育的内容

　　1993年中共中央、国务院颁布的《中国教育改革和发展纲要》,提出素质教育要培养学生六方面的素质,分别是:① 思想品德素质。对学生进行品德教育、思想政治教育,用马列主义、毛泽东思想和中国特色社会主义理论教育学生,培养有理想、有道德、有文化、有纪律的社会主义新人。② 文化科学素质。要让学生掌握必要的现代科学、技术、文化的发展成果,发展学生的智能,培养学生的创造力。③ 身体素质。要提高青少年的体质和健康水平,使学生具有良好的运动机能和抵御疾患的素质,加强对生活条件、自然环境、学习和工作环境的身体承受能力和适应能力。④ 心理素质。要使学生具备心理方面的初步知识,保持心理健康,克服心理障碍,防止心理疾病。⑤ 劳动技能素质。要对学生加强劳动观点和劳动技能的教育,帮助学生掌握参加社会主义建设的必要技能,尤其是掌握现代科技产品的运用和操作技能。⑥ 审美素质。要培养学生健康的审美观点和审美能

---

① 萧宗六:《推进素质教育应澄清的几个认识问题》,http://www.xmsonger.net.

力,陶冶高尚的情操,按照美的要求来塑造自身和客观世界。

素质教育的内容可归结为三个方面:

一是生理素质教育。生理素质是指在遗传基础上形成和发展起来的生理解剖特征和生理机能特征,是人的整个素质赖以生长的基质和载体。生理素质教育要把人的体格、体型、体质的训育,各种感官的训练,人脑的开发作为重要内容。要促进受教育者身体发育成熟;要提高受教育者身体活动机能,提高力量、耐力和速度,增加机体的灵敏性、协调性和应激能力;要养成其健身的技能和卫生习惯。要提高其大脑的神经系统功能,增强神经系统的联系性,调节兴奋抑制的平衡性。

二是心理素质教育。心理素质指认识、兴趣、社会适应与情感调控能力,自我意识与意志品质。心理素质是人的素质结构的核心部分。这不仅是因为心理品质直接控制着人体的生理活动,调节着活动能量的释放,增进人体的生理机能,而且人类科学的、道德的、生活的、身体的等各方面的社会文化成果也必须经过心理过程这一中介。各类不同素质也只有转化为心理素质之后,才能立得稳、扎得深、树得牢。心理素质教育要注意开发受教育者的智力,重视情感、意志等非智力因素的培养,培养良好的心理品质,维护心理健康。

三是社会文化素质教育。社会文化素质是以人的生理组织结构为物质载体,经过内在心理过程而形成的社会文化素养。社会文化素质一般由精神素质(指政治思想素质和道德品质素质)、科学文化素质和审美素质组成。政治思想素质在受教育者的整个素质结构中占据着统帅地位,具有定向和动力作用。道德品质则是整个素质教育结构的核心和灵魂。科学文化素质教育有三个方面的任务:① 使受教育者掌握语言、数学等工具性基础知识、自然和社会科学基础知识,了解科学文化的发展动向;② 要使受教育者具有读、写、算技能,有应用自然科学知识进行实验以及解决实际问题的能力,具备应用现代化仪器、电脑及计算工具的技能;③ 使受教育者具有良好的学习习惯,能掌握科学的学习方法,具有较为合理的知识结构和能力结构。审美素质教育就是使受教育者掌握审美的基础知识,培养审美观念,形成鉴赏美、创造美的能力。

链接

我看到的美国小学教育

高钢在《华声》今年第 3 期上撰文说,当我把 9 岁的儿子带到美国,送他进了那所离公寓不远的美国小学的时候,我就像是把自己最心爱的东西交给了一个我并不信任的人去保管,终日忧心忡忡。

这是一种什么学校啊!学生可以在课堂上放声大笑,每天最少让学生玩两个小时,下午不到 3 点就放学回家,最让我开眼界的是根本没有教科书。那个金发碧眼的女教师看了我儿子带去的中国小学四年级的数学课本后说:"我可以告诉你,六年级以前,他的数学是不用再学了!"面对她的充满善意的笑脸,我就像挨了一闷棍。一时间,真怀疑把儿子带到美国来是不是干了一件蠢事。

　　不知不觉一年过去了,儿子的英语长进不少,放学之后也不直接回家了,而是常去图书馆,不时就背回一大书包的书。问他一次借这么多书干什么,他一边看着那些借来的书一边打着计算机,头也不抬地说:"作业。"

　　这叫作业吗? 一看儿子打在计算机屏幕上的标题,我真有些哭笑不得——《中国的昨天和今天》,这样天大的题目,即便是博士,敢去做吗? 于是严声厉色问儿子谁的主意,儿子坦然相告:老师说美国是移民国家,让每个同学写一篇介绍自己祖先生活的国度的文章。要求概括这个国家的历史、地理、文化,分析它与美国的不同,说明自己的看法。我听了,连叹息的力气也没有,只觉得一个10岁的孩子如果被教育得不知天高地厚,以后恐怕是连吃饭的本事也没有了。

　　过了几天,儿子完成了这篇作业。没想到,打印出的是一本20多页的小册子。从丝绸之路到五星红旗……热热闹闹。我没有赞扬,也没有批评,因为我自己有点发懵,一是我看到儿子把这篇文章分出了章与节,二是在文章最后列出了参考书目。我想,这是我读研究生之后才动用的写作方式。那年,我30岁。

　　不久,儿子的另一个作业又来了。这次是《我怎么看人类文化》。如果说上次的作业还有边际可循,那这次真可谓不着边际。儿子很真诚地问我:"饺子是文化吗?"为了不误后代,我只好和儿子一起查阅权威的工具书。真是费了番气力,我们才总算完成了从抽象到具体又从具体到抽象的反反复复的折腾,儿子又是几个晚上坐在计算机前煞有介事地做文章。在美国教育中已经变得无拘无束的儿子,无疑是把文章做出来了,这次打印出来的是10页,文章后面又列着那一本一本的参考书。他洋洋得意地对我说"你说什么是文化? 其实特简单——就是人创造出来让人享受的一切。"那自信的样子,似乎他发现了别人没能发现的真理。后来,孩子把老师看过的作业带回来,上面有老师的批语:"我布置本次作业的初衷是让孩子们开阔眼界,活跃思维,而读他们作业的结果,往往是我进入我希望孩子们进入的境界。"问儿子这批语是什么意思,儿子说,老师没为我们骄傲,但是她为我们震惊。"是不是?"儿子问我。我无言以对,我觉得这孩子怎么一下懂了这么多事? 再一想,也难怪,连文化的题目都敢去做的孩子还有不敢断言的事情吗?

　　儿子六年级快结束的时候,老师留给他们的作业是一串关于"二次大战"的问题:"你认为谁对这场战争负有责任?""你认为纳粹德国失败的原因是什么?""如果你是杜鲁门总统的高级顾问,你将对美国投放原子弹持什么意见?""你是否认为当时只有投放原子弹一个办法去结束战争?""你认为今天避免战争的最好办法是什么?"……看着12岁的儿子为完成这些作业兴致勃勃地看书查资料的样子,我不禁想起当年自己学二战史的样子:按照年代、事件死记硬背,书中的结论明知迂腐也当成《圣经》去记,不然,怎么通过考试呢?

　　儿子小学毕业的时候,已经能够熟练地在图书馆利用计算机和缩微胶片系统查找他所需要的各种文字和图像资料了。有一天我们俩为狮子和豹的觅食习性争论起来,第二天,他就从图书馆借来了美国国家地理学会拍摄的介绍这两种动物的录像带,拉着我一边看,一边讨论。孩子面对他不懂的东西,已经知道到哪里去寻找答案了。

儿子的变化促使我重新去看美国的小学教育。我发现,美国的小学虽然没有在课堂上对孩子们进行大量的知识灌输,但是,他们想方设法把孩子的眼光引向校园外那个无边无际的知识的海洋,他们要让孩子知道,生活的一切时间和空间都是他们学习的课堂,他们没有让孩子们去死记硬背大量的公式和定理,但是,他们煞费苦心地告诉孩子们怎样去思考问题,教给孩子们面对陌生领域寻找答案的方法;他们从不用考试把学生分成三六九等,而是竭尽全力去肯定孩子们的一切努力、去赞扬孩子们自己思考的一切结论、去保护和激励孩子们所有的创造欲望和尝试。

儿子的研究报告给我出了一个新题目。我不由得在想,我们民族的文明的确有着辉煌的历史,但是面对需要每个人都发挥创造力的现代社会,我们或许需要反思这种孕育了我们自身的文明。①

4. 素质教育的推进策略

(1) 制定明确的素质教育政策目标

2006 年颁布的《中华人民共和国义务教育法》规定:"国务院教育行政部门根据适龄儿童、少年身心发展的状况和实际情况,确定教学制度、教学内容和课程设置、改革考试制度,并改进高级中等学校招生办法,推进实施素质教育。"这些政策目标都以定性的描述为主,缺乏一个定量的指标。应该将目标明确化,在目标可以量化的地方进行量化。在期限的规定上,也要考虑有一定的弹性。应该把这个大的阶段,分成若干个小的阶段,每个阶段都有独立的特点和目标。

(2) 完善素质教育的评估政策和监督制度

政府制定的政策在引导学校自愿推进素质教育的过程中,开展严格的素质教育评估体制,并给予适当的奖励。要相应地改革升学考试制度,因为在升学考试的压力下是不能有效开展素质教育的。

(3) 合理配置教育资源

我们应该随着国情的发展,不断调整和修订教育政策体系的规范和依据,努力实现教育资源的合理分配,缩小差距,尽量使每一个受教育者都有平等接受教育的机会以及平等接受优质教育资源的机会。因此,应该建立公平的教育财政制度,完善教育经费投入的保障机制,为全社会提供更多的优质资源,为实施素质教育创造更好的条件。

链接

体验教育:为素质教育带来生机

据权威统计,少年儿童在一年中除去学校正规教育外,有 170 多天是在家中和社会上度过的。因而家庭和校外社会环境直接影响着少年儿童的思想和行为。青少年校外教育,是素质教育的重要内容。目前,在全国少年中广泛开展的以"新世纪我能行"为主题的体验活动,较好地培养了少年的创新精神与实践能力,开辟了素质教育的新领域。

① 高钢:《我看到的美国小学教育》,载《报刊文摘》,1996 年 5 月 30 日。

体验教育：校外素质教育的好园地。在位于北京朝阳区东南部的垡头小区，记者看到无论是在超市、在孤寡老人的家中，还是在花房苗圃中，都有少先队员活跃的身影。垡头一小学生李秋然告诉记者，他体验的岗位是超市收银员助理，实践使他改变了以前认为在有空调的商场里收钱挺轻松的想法，在这儿站一会儿腿就酸了，可阿姨们要站上一天，还不能找错钱，多辛苦啊。垡头二小的"爱心小队"在帮助社区内孤寡老人胡奶奶的活动中，体验到尊敬帮助老人的快乐。与苗圃员工一起往花盆中移栽花卉的一位同学说，在这里他学到了种植花卉的一些常识，也体验到干一行就要懂一行的道理。上海崇明县实验小学"happy"假日小队的队员们前一段时间抓住 APEC 会议在上海召开的时机，选择教爷爷奶奶学英语的体验活动。他们在小区开办了"迎 APEC 会议，帮爷爷奶奶学百句英语"辅导班，当上了英语小老师。每到星期六下午准时上课，他们都精心准备，老人们也学得特别认真。几周下来，老人们学会了怎样问候、道别、致谢、自我介绍及谈论天气等。少年们从中体验到做教师的辛苦和成功的喜悦。大连市"小鬼当家"活动，使队员们体会到父母劳作的不易；"环保小卫士""少年志愿者""快乐小信鸽"等活动也都让队员们感受到自己的劳动给别人带来的愉悦。还有 9 名少先队员到农村体验果农的生活，他们跟果农上山摘桃，天不亮就推着小车去镇上批发桃子，体验到了果实的来之不易。体验是置身其中的心灵感受，是在实践活动中的自我教育、自我管理、自我规范和自我超越，这种体验是直接的、深刻的。在体验活动中，一棵棵幼苗在茁壮成长。

体验教育：为素质教育注入活力。体验教育活动转变了许多家长对孩子的看法，也得到了居民的称赞。大家说，如今很多孩子娇生惯养，缺少自立、自理能力，不会体贴父母，不知道做人做事的基本道理。让孩子们从小多参加体验活动，既利于孩子们德智体全面发展，又会对他们今后步入社会，了解社会，服务社会起到积极的作用。垡头一小王雨歌的妈妈说，原来总觉得孩子小，只是百般呵护，家务活从不让她干。在孩子眼中照顾她是理所当然的，而她却根本不知道为爸爸妈妈做些事。"我帮妈妈做件事"体验活动开展后，孩子的变化很大，懂事多了，一天她爸爸出差，我忙了一天疲惫地回到家后，惊喜地看到桌子上摆着做好的饭菜，我深受感动。"体验活动，使我学到了很多课堂上学不到的知识。""我从体验活动中感受到为他人服务的光荣与快乐。""通过亲身体验获得的快乐才是真正的快乐，通过亲身经历挫折、战胜困难之后取得的成功，才是真正的成功。"这是记者暑假期间采访时少先队员们所言。实践证明，丰富多彩的体验活动，使少年在亲身实践中，增长了知识，掌握了一定的生活技能，在潜移默化中将做人做事的道理转化为良好的行为习惯，为素质教育带来生机。正如南京市北京东路小学一位家长所说的，"普通的教育方法，只能让我们知道孩子会不知不觉地长大，而体验教育活动却让我们听到了孩子成长的脚步声"。

体验教育：需要社会各界的理解支持。社会是一个大舞台，它给少年提供了最广阔的体验领域，让少年获得最丰富的人生感受。大自然也是少年体验家园美好、保护珍稀动植物及保护生态环境的好去处。体验活动注重的是让少年动手动脑，亲身体验，因而不受时间、地点和形式的局限，而寒暑假更是开展体验活动的好时机。上海市的少先队员在社区开展了多种多样的体验活动。他们在"小餐馆"里学习烹饪，在"小医院"里学习护理,在"小银行"里学习理财,在"小马路"上学习交通安全知识,还在社区里开展了清洁楼道、宣传法律、敬老助残等活动。卢湾区合一居委会的少先队员们通过每周二夜间巡逻的体验,感受到居委会工作的辛劳,认识到社会稳定需要每个人都有爱心和社会责任感。北京朝阳区劲松社区少先队"我能行"体验活动中,孩子们组成一支支小队,自主选择去做一件有意义的事情:去社区的干洗店学习熨烫衣服、在居民楼前学习修整草坪、到电脑培训中心操作电脑、学医疗救护、体验当社区幼儿园小朋友的老师等,社区的各个地方都成了孩子们体验生活、提高素质的好去处。

事实说明,少年的体验活动,与社会各界、方方面面都会有所接触,因而在活动开展过程中需要社会各界的理解、支持和帮助。全社会都要给孩子们创造一个广阔的体验空间,营造良好的社会环境,使他们健康成长。[①]

(二) 各级各类学校培养目标的合理化

培养目标是各级各类学校对受教育者身心发展所提出的具体标准与要求。教育目的是各级各类学校确立培养目标的依据,培养目标是在教育目的的基础上制定出来的。因此,培养目标是教育目的的具体化,教育目的与培养目标是一般与特殊的关系。由于各级各类的学校所担负的任务不同,学生年龄、文化知识水平等方面的差异,学校应当在同一教育目的的指导下,结合各自教育对象的不同特点和学校的教育任务,制定具体的培养目标。否则,不仅统一的教育目的无从落实,而且在实际工作中也容易发生各种偏差。

各级各类学校培养目标的合理化,主要包括:学校培养目标的制定要与国家的教育方针相一致;学校培养目标要体现不同等级和种类学校之间的合理差异;学校培养目标要适应受教育者身心发展的规律和年龄特点,尽可能适应家长和学生对教育的需求。同时,培养目标内容的制定要符合以下基本原则:

第一,德才并重。学校培养目标是教育目的的具体化。无论学校培养哪一种人才,都应该是为社会主义现代化建设服务的,有德没有才,或者有才没有德,都不符合我国教育目的所规定的规格要求。学校培养目标的制定应该体现德才兼备。

第二,身心统一。学校培养目标的确立,还要考虑受教育者身体素质与心理素质的统一。一方面,身体健康是心理健康的前提,身体为心理的发展提供坚实的物质基础。另一方面,心理健康状况又会影响身体的健康。所以学校培养目标的制定要考虑受教育者身体素质的发展,还要考虑心理素质的发展,做到身心统一。

第三,知识与能力的协调发展。传统教育以"教师、知识、课堂"为中心,在培养目标的确立上偏重对理论的接受和掌握,忽视创新能力和实践操作能力,导致师生在教育理念以及行为上偏重文化知识的表述、讲授,忽视学生实践能力的训练与培养。因此,确立培养目标时,要突出知识与能力的协调发展。

---

① 李海秀:《体验教育:为素质教育带来生机》,载《光明日报》,2001 年 10 月 31 日。

链接

我国中小学的培养目标

国家教育委员会于 1992 年颁布的《九年义务教育全日制小学、初级中学课程计划》中,明确规定了我国中小学的培养目标:

小学教育的培养目标:

1. 初步具有爱祖国、爱人民、爱劳动、爱科学、爱社会主义的思想感情,初步形成关心他人、关心集体、认真负责、诚实、勤俭、勇敢正直、合群、活泼向上等良好品德和个性品质,养成讲文明、讲礼貌、守纪律的行为习惯,初步具有自我管理以及分辨是非的能力。

2. 具有阅读、书写、表达、计算的基本知识和基本技能,了解一些生活、自然和社会常识,初步具有基本的观察、思维、动手操作和自学的能力,养成良好的学习习惯。

3. 初步养成锻炼身体和讲究卫生的习惯,具有健康的身体,具有较广泛的兴趣和健康的审美情趣。

4. 初步学会生活自理,会使用简单的劳动工具,养成爱劳动的习惯。

初中阶段的培养目标:

1. 热爱集体,热爱家长,热爱中国共产党,热爱社会主义祖国;讲究文明,遵纪守法,了解公民的权利、义务和基本的国情、国策。

2. 具有语文、数学、外语和其他文化科学的基础知识,有阅读、表达、计算的能力和初步的实验、自学能力;努力学习,善于提出问题,有良好的学习习惯和学习方法。

3. 具有健康的体质和良好的卫生习惯,有一定的兴趣爱好和审美能力,初步具有自制、自理能力,有积极进步的精神。

4. 具有正确的劳动态度,养成良好的劳动习惯,掌握简单的劳动技能,初步了解社会职业分工和择业知识。

(三) 改革教师评价制度

教师评价是对教师工作的现实或潜在价值进行价值判断的活动。教师评价制度是教育评价制度的重要组成部分,它直接影响甚至决定着教师的日常教育和教学行为的倾向性。由于各种因素的影响,现实中的教师评价制度对教育目的的落实具有一定的消极影响,主要表现在:

首先,评价标准的单一性。现行教师评价制度把学生的考试成绩作为评价教师工作的核心依据,助长了教师分数至上的心态,使得教师忽略了除考试成绩之外的学生的其他方面的发展。

其次,评价结果的功利性。评价结果与职务、职称和物质回报密切相关,而与教师的专业发展、促进教师的专业成长渐行渐远。鉴于评价结果的重要性,教师们不得不为了学生的考试成绩绞尽脑汁,各种急功近利的教学方法和手段层出不穷,既损害了学生的身心发展,也损害了教师的身心健康。

再次,评价主体的单一性。对教师的评价往往由学校领导主导,家长、学生和教师自己在教师评价方面的影响较小,教师在这种评价制度面前缺乏话语权,教师难以对这种评价制度进行反思和干预。

鉴于教师评价制度对当前教育目的落实的消极影响,改革教师评价制度已经成为当务之急。但教师评价制度的改革,需要更大的社会背景的变革作为基础,如用人制度、高考制度、传统文化观念,等等。在这些社会背景没有得到根本性变革之前,这种改革只能体现在微观的技术层面,例如:增加评价内容,把学生的其他方面的发展成果内容纳入评价标准体系;增加评价主体,由学校领导、教师、家长和学生共同参与对教师的评价;等等。

(四)加强对教师的培训,努力提升教师的教育目的意识

教师作为落实教育目的的重要主体,与教育内容和教育对象直接关联,教育目的的最终落实与否与教师的知识、能力和价值观念具有直接关系。而在诸种因素中,教师正确的教育目的意识是落实教育目的的关键。教师的教育目的意识是教育目的在教育者头脑中的反映,是教育目的在教育者意识中的具体化。是否具有明确、合理的教育目的意识直接决定了教育目的的实现程度。

就教师而言,影响教师教育目的意识的因素包括:其一,国家教育目的;其二,学校的实然教育目的及其与此相适应的教育评价制度;其三,家长与学生的教育需求;其四,教师自身的道德素养和教育理念。教师教育目的的形成并不完全是被动的,许多教师也具有自己对教育的认识和对学生的看法,这些因素在形成他们的教育目的意识中起着重要的作用。

如果教育者对教育目的缺乏正确认识,职业道德素养较差,就可能会放大现行教育制度的漏洞。相反,教育目的意识强的教师,可以在制度尚不完善的情况下,有意识地弥补制度的缺陷,努力贯彻教育方针,把教育目的落到实处。

对教师的相关培训是提升教师教育目的意识的重要途径。这些培训主要包括:思想道德教育——培养教师对学生的积极情感;专业发展提升——努力提高教师对教育目的的理解和认同。

本章小结

教育目的影响着教育的整体面貌。不同教育样态之间的差异,大都可以归因于教育目的的不同。教育目的包含两个问题:一是为谁培养人,二是培养什么样的人。在教育目的的价值取向上,人们争论的最根本的问题是:教育活动是应注重满足人的个性发展需要,还是应注重满足社会发展的需要?由此形成了教育目的选择上的两种典型的价值取向,即个人本位论和社会本位论。马克思主义理论指导下提出的个人发展与社会发展的辩证统一论,是制定社会主义教育目的的正确的价值取向。马克思主义关于人的全面发展学说是我国制定社会主义教育目的的理论基础。我国社会主义教育目的的基本精神体

现在:培养社会主义建设人才,坚持德智体美劳等全面发展,培养独立个性。切实推进素质教育,是贯彻落实社会主义教育目的的基本途径。

复习参考题

1. 什么是教育目的?
2. 教育目的可分为哪些类型?
3. 确定教育目的有哪些价值取向?
4. 试述制定我国教育目的的理论基础。
5. 简述教育目的的意义。
6. 简述我国教育目的的内涵。
7. 试述实现我国教育目的的基本策略。
8. 案例分析:

据教育进展国际评估组织对世界21个国家的调查,中国孩子的计算能力是世界上最强的。调查同时显示,中国的中学生在学校用来做数学题的时间是每周307分钟,而其他国家孩子学数学的时间仅为217分钟。令人痛心的是,中国学生为这个"计算能力世界第一"付出的不仅仅是时间,而且还牺牲了孩子的创造力。中国孩子的创造力在所有参加调查的国家中排名倒数第五。中小学生中,认为自己有好奇心和想象力的只占4.7%,而希望培养想象力和创造力的只有14.9%。

读了这一案例,你有什么感触? 请从素质教育的角度来分析。

第四章 教师与学生

内容提要

教师劳动的主要特点是复杂性、示范性、创造性、长期性和专业性。教师的专业素质主要分为专业道德、专业知识和专业能力三个维度。教师专业发展主要是指教师个体专业素质不断提升的过程。教师专业发展的主要途径包括职前教师教育、入职教师教育、在职教师教育和教师自我教育。影响学生发展的主要因素包括遗传素质、环境、教育和主观能动性。学生发展的一般规律主要有发展的阶段性、发展的顺序性、发展的不平衡性、发展的互补性、发展的整体性和发展的个别差异性，这些规律分别对教师的教育工作提出了特定的要求。

思维导图

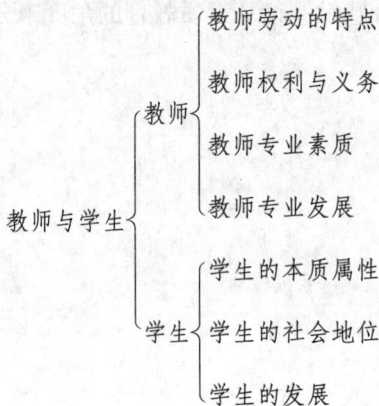

教师与学生
- 教师
  - 教师劳动的特点
  - 教师权利与义务
  - 教师专业素质
  - 教师专业发展
- 学生
  - 学生的本质属性
  - 学生的社会地位
  - 学生的发展

第一节 教 师

教师概念有广义和狭义之分。广义的教师与教育者同义，是指有意识地利用某种影响使人的身心发生某种变化的人。狭义的教师是指接受社会委托，在学校中通过对学生施加特定影响，以促进学生身心发展为主要职责的人。本章中的教师指的是狭义的教师。

一、教师劳动的特点

在社会分工中，由于劳动主体、劳动目的、劳动对象和劳动手段等方面的不同，任何一种劳动都有其自身的特点。作为未来的教师,全面而深刻地认识教师劳动特点,不仅有助于理解教师的职责和作用,而且有助于增强养成教师专业素质的自觉性。关于对教师劳动特点的认识,不同的学者往往见仁见智。概括来说,教师劳动主要有以下特点:

(一)教师劳动的复杂性

教师劳动的复杂性主要是指教师劳动是一项艰巨的脑力劳动。德国哲学家康德曾说,在人类的种种发明中,有两件事是最困难的:一是政治的艺术,二是教育的艺术。教师劳动的复杂性主要是由以下因素决定的:

首先,教师劳动的对象是复杂的。教师劳动的对象是学生。学生是有思想、有感情、有主观能动性的人。每个学生都有不同于其他学生的自身特点,不仅如此,每个学生还处于发展变化之中。

其次,教师劳动的任务是繁杂的。社会、家长、学校对学生发展的要求是多方面的,他们要求学生在身体、品德、智慧、知识、心理等方面全面发展。无论任教什么学科,教师都应该不仅促进学生在学科方面的发展,而且要以学科为中介,促进学生全面发展。

最后,影响学生发展的因素是多方面的。学生虽然是教师劳动的对象,但其发展却不仅仅是教师影响的结果。除教师外,家庭、同伴、社区、大众传媒等因素也对学生的发展产生不同程度的影响。从性质上说,这些影响既可能与教师的影响一致,也可能与教师的影响相悖。因此,在劳动过程中,教师还必须经常关注、沟通和协调其他方面的影响,甚至需要弥补和纠正其他方面对学生发展造成的不良影响。

(二)教师劳动的示范性

教师劳动的示范性主要是指教师要做出榜样或示范,供学生学习,从而促进学生发展。德国教育家第斯多惠指出,教师本人是学校里最重要的师表,是直观的最有教益的模范,是学生最活生生的榜样。俄国教育家乌申斯基也认为,教师个人的范例,对于青年人的心灵,是任何事物都不可能代替的最有用的阳光。教师劳动的示范性主要是由以下两方面因素决定的:

一方面,身教重于言教。美国心理学家班杜拉等人创立了社会学习德育模式,他们通过实验证明,在成人与儿童的交往过程中,当成人的言与行不一致时,其行为对儿童的影响更大,儿童更认可成人的行为,并加以模仿。

另一方面,学生具有模仿性和向师性。作为未成年人,学生的心理发展还不够成熟,他们尚缺乏独立意识和判断能力,这使得他们表现出很强的模仿性。事实上,模仿也正是青少年儿童学习的一种重要方式。教师在学生心目中具有特殊地位。由于工作需要,教师不仅对学生拥有一定的权力,而且对学生又有着仅次于父母的关心。事实上,在学校中,教师在很大程度上扮演着学生的"替代父母"角色。因此,学生具有向师性,对教师具有一种特殊的倾向性。在许多情况下,学生总是自觉或不自觉地对教师的思想、语言、行为习惯等方面进行模仿。

链接

我国现代著名作家魏巍在《我的老师》一文中对学生的模仿性和向师性进行了以下生动的描述：

"最使我难忘的,是我小学时候的女老师蔡老师……今天想来,她对我的接近文学和爱好文学,是有着多么有益的影响！像这样的老师,我们怎么会不喜欢她,怎么会不愿意和她接近呢？我们见了她不由得就围上去。即使她写字的时候,我们也默默地看着她,连她握笔的姿势都急于模仿。"①

（三）教师劳动的创造性

教师劳动的创造性主要是指教师不是按照既定程序进行劳动的技术操作工,而是根据不断变化着的具体情境,灵活、机智地从事劳动的反思性实践者。教师劳动的创造性主要表现在以下两个方面：

一方面,教师劳动的创造性表现在因材施教上。这主要是从教师劳动对象角度来说的,主要表现为教师对教育方案的预设上。首先,由于每个学生都有不同于其他学生的特点,教师就不能期望用一成不变的方法教育每个学生。其次,由于学生处于发展变化之中,教师也不能期望在很长时间内用一成不变的方法教育某一个学生。最后,随着社会的发展,不同届别的学生也会打上时代的"烙印",教师也不能循环往复地采用相同的方法教育每届学生。以上方面意味着教师要根据学生的不同特点对自己已有的教育方案进行调整,即使该教育方案已被证明成效显著。

另一方面,教师劳动的创造性表现在教育机智上。这主要是从教师劳动过程角度来说的,主要表现为教师对教育方案的灵活实施上。教育机智是教师在教育过程中根据现场情境(尤其是意外情境)迅速做出正确判断,随机应变地采取及时而恰当的措施,从而有效解决问题的能力。教育过程需要预设,但它更具有生成性。古希腊哲学家赫拉克里特说过："一个人不能两次踏入同一条河流。"对于存在众多影响因素的教育过程来说,其变化性更为显著。

有学者认为,影响教学的因素有间接和直接之分,直接因素可分为物质因素和心理因素。物质因素包括自然条件(季节,天气,星期几,上、下午等)和教室条件(空间,空气流通度,光线的亮度,室内布置,洁净状态,设施功能,物品有序态,教学用品配置量,座位排列方式,周边噪音程度等)。心理因素又分为个体稳定性因素(在学生方面,包括学习成绩,学习兴趣,习惯,获奖情况,在班级中的地位,期望,与教师的关系,认同程度,个性等;在教师方面,包括业务水平,教学能力,自信度,准备状态,对班级的态度,师生关系,个性,期望等)、个体不稳定因素(师生即时心态,身心疲劳状态,外界临时性强刺激的效应等)和群体因素(包括班风和师生关系等)。因此,"课堂上可能发生的一切,不是都能在备课时预测

---

① http://blog.sina.com.cn/s/blog_5663d69301011eim.html.

到的。教学过程的真实推进及最终结果,更多地是由课的具体行进状态,以及教师当时处理方式决定的。从这个意义上可以说,一个教师尽管教同一门课,但他(她)在每节课上所处的具体情况和经历的过程并不相同,每一次都是唯一的、不可重复的、丰富而具体的综合。教师的创造才能、主导作用,正是在处理这些活的情境中发挥出来"[①]。

(四) 教师劳动的长期性

教师劳动的长期性主要是指学生的培养需要教师付出长期的劳动,教师劳动的成果需要较长时间才能得到显现。正如我国春秋时期著名的政治家、军事家管仲所说的那样,"一年之计,莫如树谷;十年之计,莫如树木;终身之计,莫如树人"。

教师劳动的长期性主要是由以下两个因素决定的:

一方面,从学生的整体发展角度来说,要把一个学生培养成才,需要一个较长的过程。学生成才的主要标志是其能够独立生活,能够为社会做出一定贡献。在当今社会,我国学生需要接受的义务教育年限为 9 年。在高等教育大众化的今天,如果以本科毕业作为学生成才的学历标志,再加上接受学前教育的年限,那么,学生成才需要接受的教育年限则可能长达 19 年。

另一方面,从学生的身心发展的某一方面来说,教育过程也往往需要一个较长的时间。学生的发展容易受到多种因素的影响,学生在成长过程中具有不稳定性和反复性。因此,无论是学生确立一种信念、养成一种品质、掌握一项技能、提高一种能力,还是学生克服一种缺点、纠正一种陋习,都很可能需要教师付出较长时间的努力。

链接

教育是慢的艺术

秋风、秋菊,晚风、晚霞,忙碌的大学校园开始寂静下来。年轻的妈妈带着蹒跚学步的孩子,年轻的情侣相拥着漫步林间小道,步履稳健的金婚夫妇相伴缓行,好一首舒缓的小夜曲。

在蹒跚学步的孩子旁边,我停下了脚步。只见年轻的妈妈放开学步的孩子,在几步之遥蹲下来,拍着双手,面带微笑望着颤巍巍的孩子说:"宝宝,过来!"孩子面露惧色,双腿发颤,双手打开,试着迈开脚步,却又难以挪动。年轻的妈妈没有上去搀扶,依然在原处微笑着、等待着、鼓励着孩子的勇敢和尝试。孩子几次努力之后,终于大胆地挪动脚步,扑向妈妈的怀抱。年轻的妈妈一把把孩子搂进怀里,在孩子粉嫩的脸蛋上留下一个幸福的吻,尽情地享受着孩子的成长。从孩子迈开第一个脚步的时候,成长就开始了,教育也就开始了。

教育恰如教孩子学步。对待学生的成长,来不得半点儿急躁,不需要越俎代庖。放手是必要的、尝试是必要的、等待是必要的。孩子还没有迈开第一个脚步,你就去牵引他,甚至一会儿捉住他的右腿,一会儿抓住他的左腿,帮他迈步,那孩子也许永远也学不会独立迈步。

[①] 叶澜:《让课堂焕发出生命活力——论中小学教学改革的深化》,载《教育研究》,1997 年第 9 期。

教育,是一种慢的艺术。慢,需要平静和平和;慢,需要细致和细腻;慢,更需要耐心和耐性。在对待孩子的态度上,我们很多教师和家长有太多的恨铁不成钢、太多的急功近利、太多的急躁冒进和揠苗助长、太多的高期待和不理解。

教育,作为一种慢的艺术,尤其需要合理地对待学生的不足、缺陷甚至错误。每个人的成长过程,就是点滴错误、点滴成绩、点滴感悟积累而至质变的过程。这个过程中充满着跌下去和爬起来。他一跌倒,你就去惩罚他,而不是等待他、鼓励他自主地站起来,那他也许会耍性子,干脆不起来,等着你来拉扯他。对学生来说,错误是什么? 错误是一种经历,错误是一种行为,错误是一种认识的暂缓,错误是一种履历性的成长资源。学会使用这种不可再生的资源,需要教师发挥慢的艺术。

教育,作为一种慢的艺术,需要留足等待的空间和时间,需要有舒缓的节奏。高频率、快节奏、大梯度,不利于学生的有序成长和发展。①

(五)教师劳动的专业性

在社会分工中,根据职业的复杂程度和重要程度,职业可以分为普通职业和专门职业两大类。专门职业简称为专业。"专业"的定义多种多样。一般认为,专业是基于专门知识和职业道德而建立起来的职业群体,它提供不可或缺的社会服务。

根据专业的定义,教师劳动的专业性主要是由以下两方面的因素决定的。一方面,教师劳动不可或缺。教育是随着人类社会的产生而产生的。教育具有永恒性,只要人类社会存在,教育就会存在。不仅如此,随着社会的不断发展,教育对于社会的作用愈来愈重要。另一方面,教师劳动需要专门知识。教育工作非常复杂,教师要高质量地开展教育工作,就必须掌握和运用精湛的专业知识。

关于教师劳动的专业标准,学术界并未取得共识。

美国学者利伯曼提出的专业标准是:① 范围明确,垄断地从事于社会不可缺少的工作;② 运用高度的理智性技术;③ 需要长期的专业训练;④ 从业者无论个人、集体,均具有广泛的自律性;⑤ 在专业的自律性范围内,直接负有做出判断、采取行为的责任;⑥ 非营利,以服务为动机;⑦ 形成了综合性的自治组织;⑧ 拥有应用方式具体化了的伦理纲领。②

美国学者奥斯汀提出的专业标准是:① 服务于社会的意识,终生献身于职业的志向;② 仅为本行业的人所掌握的明确的知识技能体系;③ 将研究成果和理论知识运用于实践;④ 长时间的专门职业训练;⑤ 控制职业证书的标准或资格的认定;⑥ 拥有选择工作范围的自主权;⑦ 对所做出的专业判断和行为表现负责,设立一套行为标准;⑧ 致力于工作和为当事人服务,强调所提供的服务;⑨ 安排行政人员是为方便专业工作,而非事无巨细的岗位监督;⑩ 专业人员组成自我管理组织;⑪ 专业协会或特权团体对个人的成就给予认可;⑫ 一套伦理规范以帮助澄清与所提供服务有关的模糊问题或疑难点;⑬ 从业

---

① 郭元祥:《教育是慢的艺术》,http://teacher. yqedu. com. cn/tresearch/a/1479389904cid00048。
② 教育部师范教育司组织编写:《教师专业化的理论与实践》(修订版),人民教育出版社2003年版,第34页。

中高度的公众信任和自信;⑭ 较高的社会声誉和经济地位。奥斯汀进一步指出,在这些标准中,最为重要的标准是有完善的专门知识和技能体系作为专业人员从业的依据;对证书的颁发标准和从业条件有完整的管理和控制措施;对于职责范围内的事情有自主决策的权力;有相当高的社会声望和经济地位。①

我国学者刘捷提出的专业标准是:① 运用专门的知识和技能;② 强调服务的理念和职业伦理;③ 经过长期的培养和训练;④ 需要不断的学习和进修;⑤ 享有效的专业自治;⑥ 形成坚强的专业团体。②

我们认为,从劳动过程角度说,专业最为核心的标准有三个:一是从业者掌握了外行人所不了解的高深的专门知识和技能。二是从业者拥有专业自主权,能够运用自己所掌握的专业知识和技能自主地进行专业判断,做出专业抉择。三是从业者具有高尚的专业道德,能够将专业服务对象的利益放在第一位,确保自己将专业知识和技能首先用于为他人和社会服务,而不是用于为自己谋利。

当前,教师劳动的专业性已经得到国际和国内政策法规的确认。

1966 年,联合国教科文组织和国际劳工组织在联合发表的《关于教师地位的建议》文件中指出:"教育工作应被视为专门职业,这种职业是一种要求教员具备经过严格而持续不断的研究才能获得并维持专业知识及专门技能的公共业务;要求对所辖学生的教育和福利具有个人的及共同的责任感。"③

1986 年,我国国家统计局和标准局发布的《中华人民共和国国家标准职业分类与代码》把各级各类教师划归"专业技术人员"一类。

1993 年,《中华人民共和国教师法》正式颁布,该法对教师的界定是:"教师是履行教育教学职责的专业人员。"

2012 年,我国教育部颁布的《中学教师专业标准(试行)》对中学教师的界定是:"中学教师是履行中学教育教学工作职责的专业人员。"

教师劳动的专业性是一种应然诉求,当前我国教师劳动的专业性还有待提升。

二、教师权利与义务

权利与义务是一对法律范畴。依法治国就是依照法律来治理国家,它是党领导人民治理国家的基本方略,是发展社会主义市场经济的客观需要,是社会文明进步的重要标志,是国家长治久安的重要保障。具体到教育领域,依法治国体现为依法治教。社会的发展和教育的现代化需要依法治教。全面认识教师权利与义务,是落实依法治教的需要,是教师管理民主化的需要,也是保障教师权益和提高教师自身素质的需要。

(一) 教师权利

教师权利是指教师依法应当享有的各种权力和利益。它表现为教师作为权利享有者

---

① 陈永明:《现代教师论》,上海教育出版社 1999 年版,第 173 页。
② 刘捷:《专业化:挑战 21 世纪的教师》,教育科学出版社 2002 年版,第 62—64 页。
③ [日]筑波大学教育学研究会编,钟启泉译:《现代教育学基础》,上海教育出版社 1986 年版,第 443 页。

可以做出一定的行为,也可以要求他人或组织做出或不做出一定的行为。

根据行使权利范围的不同,教师权利大致分为一般权利和特殊权利。教师的一般权利是指教师作为公民所享有的国家法律所赋予的权利。教师的特殊权利是指教师在履行教育教学职责时所享有的权利。此处所说的教师权利主要指教师的特殊权利。

链接

《中华人民共和国教师法》明确规定,教师享有下列权利:

1. 进行教育教学活动,开展教育教学改革和实验;

2. 从事科学研究、学术交流,参加专业的学术团体,在学术活动中充分发表意见;

3. 指导学生的学习和发展,评定学生的品行和学业成绩;

4. 按时获取工资报酬,享受国家规定的福利待遇以及寒暑假期的带薪休假;

5. 对学校教育教学、管理工作和教育行政部门的工作提出意见和建议,通过教职工代表大会或者其他形式,参与学校的民主管理;

6. 参加进修或者其他方式的培训。

(二) 教师义务

教师义务是指教师依法应当承担的各种职责。它是法律对教师行为的约束,表现为教师作为义务承担者必须做出一定行为或不做出一定行为。没有无义务的权利,也没有无权利的义务,权利与义务对等是法律的基本原则之一。

根据承担义务范围的不同,教师义务大致分为一般义务和特殊义务。教师的一般义务是指教师作为公民所应承担的法律规定的义务。教师的特殊义务是指教师在履行教育教学职责时应该承担的法律所规定的义务。此处所说的教师义务主要指教师的特殊义务。

链接

《中华人民共和国教师法》明确规定,教师应当履行下列义务:

1. 遵守宪法、法律和职业道德,为人师表;

2. 贯彻国家的教育方针,遵守规章制度,执行学校的教学计划,履行教师聘约,完成教育教学工作任务;

3. 对学生进行宪法所确定的基本原则的教育和爱国主义、民族团结的教育,法制教育以及思想品德、文化、科学技术教育,组织、带领学生开展有益的社会活动;

4. 关心、爱护全体学生,尊重学生人格,促进学生在品德、智力、体质等方面全面发展;

5. 制止有害于学生的行为或者其他侵犯学生合法权益的行为,批评和抵制有害于学生健康成长的现象;

6. 不断提高思想政治觉悟和教育教学业务水平。

(三)与教师的特殊权利和义务相关的法律责任

法律责任是指公民或组织因为做出违反法律的行为而应承担的带有强制性的法律后果。它一般包括行政责任、民事责任和刑事责任三种类型。行政责任主要包括行政处分和行政处罚两类;民事责任是一种以财产为主要内容的责任;而刑事责任是一种处罚最为严厉的法律责任,它适应于达到犯罪程度的违法行为。权利与义务必须以法律责任做保障,否则,它们就可能泛化为缺乏约束力的道德号召。

链接

关于与教师的特殊权利和义务相关的法律责任,《中华人民共和国教师法》做出了以下明确规定:

第三十五条 侮辱、殴打教师的,根据不同情况,分别给予行政处分或者行政处罚;造成损害的,责令赔偿损失;情节严重,构成犯罪的,依法追究刑事责任。

第三十六条 对依法提出申诉、控告、检举的教师进行打击报复的,由其所在单位或者上级机关责令改正;情节严重的,可以根据具体情况给予行政处分。

国家工作人员对教师打击报复构成犯罪的,依照刑法第一百四十六条的规定追究刑事责任。

第三十七条 教师有下列情形之一的,由所在学校、其他教育机构或者教育行政部门给予行政处分或者解聘:

(一)故意不完成教育教学任务给教育教学工作造成损失的;

(二)体罚学生,经教育不改的;

(三)品行不良、侮辱学生,影响恶劣的。

教师有前款第(二)项、第(三)项所列情形之一,情节严重,构成犯罪的,依法追究刑事责任。

第三十八条 地方人民政府对违反本法规定,拖欠教师工资或者侵犯教师其他合法权益的,应当责令其限期改正。

违反国家财政制度、财务制度,挪用国家财政用于教育的经费,严重妨碍教育教学工作,拖欠教师工资,损害教师合法权益的,由上级机关责令限期归还被挪用的经费,并对直接责任人员给予行政处分;情节严重,构成犯罪的,依法追究刑事责任。

第三十九条　教师对学校或者其他教育机构侵犯其合法权益的,或者对学校或者其他教育机构做出的处理不服的,可以向教育行政部门提出申诉,教育行政部门应当在接到申诉的三十日内,做出处理。

教师认为当地人民政府有关行政部门侵犯其根据本法规定享有的权利的,可以向同级人民政府或者上一级人民政府有关部门提出申诉,同级人民政府或者上一级人民政府有关部门应当做出处理。

三、教师专业素质

教师劳动对于学生发展和社会发展的重要意义、教师劳动的特点以及教师应当承担的义务都要求教师应该具有水平较高、结构合理的专业素质。教育部于 2012 年颁布的《中学教师专业标准(试行)》(见附录一)对合格中学教师应该具有的专业素质进行了详细的规定。该标准具有全面性、权威性和条目性。所谓全面性,是指该标准几乎涵盖了教师专业素质的所有方面。所谓权威性,是指该标准是国家最高教育行政部门以政府文件的形式颁布的,并要求各级教育行政部门、教师教育机构、学校和教师个人必须遵照执行。所谓条目性,是指该标准是以条目形式表述的对教师专业素质的基本要求。

因为《中学教师专业标准(试行)》是国家对合格中学教师的基本专业要求,是中学教师实施教育教学行为的基本规范,是引领中学教师专业发展的基本准则,是中学教师培养、准入、培训、考核等工作的重要依据,所以本部分阐述的教师专业素质以该标准为重要参照。我们还认为,《中学教师专业标准(试行)》对于教师专业素质的养成虽然具有重要意义,但它不能代替有关教师专业素质的理论研究,原因在于该标准只是强调教师应该具有哪些专业素质,或强调教师在教育工作中应该如何做,而没有也不可能深刻阐述教师为什么应该具备这些专业素质,或为什么教师在教育工作中应该这样做。"知其然"固然必需,"知其所以然"更加重要。所以本部分阐述的教师专业素质主要是基于《中学教师专业标准(试行)》的理论研究成果。

概括来说,教师专业素质结构由专业道德、专业知识和专业能力三部分构成。在这三者之间,专业道德是根本指导,专业知识是内在基础,专业能力是直接表现。

(一) 专业道德

与专业道德相近的概念是专业伦理和职业道德。在此选用专业道德,主要基于以下考虑。

一方面,道德与伦理的共同之处在于它们都是指调节人与人、人与社会以及人与自然关系的行为规则。二者的区别主要在于:伦理属于外在的社会规范范畴,主要指一定社会所规定的调节人与人、人与社会以及人与自然关系的行为规则;而道德属于内在的个人品质范畴,主要指个人所具有的用以调节自己与他人、与社会以及与自然关系的行为规则。二者的联系在于:道德是伦理的个人内化结果,伦理是道德的外在社会来源。因为此处所探讨的教师专业素质属于个人品质范畴,所以我们在此使用专业道德概念。

另一方面,虽然我国传统的教育学多用职业道德这一概念,甚至《中学教师专业标准(试行)》也提出教师"应该具有良好的职业道德",但是,鉴于专业性是教师劳动的重要特点,教师专业化已经成为世界基础教育领域的时代潮流。因此,我们在此处选用专业道德概念,目的是彰显教师劳动的专业性。我们认为,专业道德不同于职业道德的特别之处,在于它强调的是专业工作者由于拥有专业知识和专业能力而应该具有的道德。

教师专业道德可以简称为"德",教师专业知识和专业能力可以概括为"才"。德才兼备,谓之人才。在德与才关系问题的认识上,我国具有重"德"的文化传统。司马光认为:"才者,德之资也;德者,才之帅也""才德全尽谓之'圣人',才德兼亡谓之'愚人';德胜才谓之'君子',才胜德谓之'小人'。凡取人之术,苟不得圣人,君子而与之,与其得小人,不若得愚人。"[①]该传统在我国当今社会得到了继承和发扬。《中学教师专业标准(试行)》把"师德为先"作为首要的基本理念。2011年教育部颁布的《关于大力推进教师教育课程改革的意见》也明确指出,教师教育机构要加强教师职业道德教育,将《中小学教师职业道德标准》(见附录二)列为教师教育的必修课程。

一般来说,教师应该具有的专业道德主要包括以下四个部分:

1. 对待教育工作的专业道德:具有敬业精神

《中学教师专业标准(试行)》关于教师对待教育工作的专业道德的主要要求是:贯彻党和国家教育方针政策,遵守教育法律法规;理解中学教育工作的意义,热爱中学教育事业,具有职业理想和敬业精神。我们认为,教师对待教育工作的上述专业道德集中体现为具有敬业精神。

敬业精神是教师基于对教育工作意义的深刻认识和对教育工作的热爱而产生的一种对教育工作的全身心忘我投入的精神境界,其本质是奉献精神。教师具有敬业精神主要表现为:能够树立主人翁责任感和事业心,追求崇高的职业理想;培养认真踏实、恪尽职守、精益求精的工作态度;摆脱单纯追求个人和小集团利益的狭隘眼界,具有积极向上的劳动态度和艰苦奋斗精神;保持高昂的工作热情和务实苦干精神,把对社会的奉献和付出看作无上光荣。

提出教师具有敬业精神这一专业道德的主要依据有以下两个方面:

一方面,教师劳动具有长期性特点。该特点意味着教师劳动的成果具有迟效性,即教师劳动成果需要较长时间才能够显现出来。因此,教育管理者难以及时评价教师的劳动质量。很多中小学管理者往往用学生的学科考试成绩作为评价教师劳动质量的主要手段。然而,考试分数是较难客观真实地反映学生的发展状况的。教师只有具有敬业精神,才能切实为学生的发展着想,着力提升学生的素质,特别是涵养学生的学力,夯实学生发

① 沈志华、张宏德主编:《白话资治通鉴》第1册,中华书局1993年版,第7页。

展的基础,为他们的一生负责。如果缺乏敬业精神,教师就有可能为了个人或本单位利益,而热衷于追求学生眼前的考试分数。在一定程度上说,教师的这种急功近利的做法是不道德的,是在误人子弟,违背教育真谛。

另一方面,教师劳动具有专业性特点。几乎所有的学者都认为,专业工作者必须具有服务意识,强调服务质量,把他人和社会的利益放在首位。任何职业的从业者都希望本职业能成为专业。教师若要促进本职业的专业化进程,就必须具有敬业精神。不仅如此,教育工作的神圣性和教育工作的困难度也要求教师在敬业精神方面应高于其他专业工作者。因此,教师应该成为全社会各专业工作人员高扬敬业精神的一面旗帜。

2. 对待学生的专业道德:热爱学生

《中学教师专业标准(试行)》关于教师对待学生的专业道德的主要要求是:关爱中学生,重视中学生身心健康发展,保护中学生生命安全;尊重中学生独立人格,维护中学生合法权益,平等对待每一个中学生;不讽刺、挖苦、歧视中学生,不体罚或变相体罚中学生;尊重个体差异,主动了解和满足中学生的不同需要;信任中学生,积极创造条件,促进中学生的自主发展。该标准关于教师对学生的专业道德主要是"关爱学生、尊重学生、信任学生"。在此,我们将其概括为"热爱学生"。

热爱学生是千百万教师总结出来的最基本的专业道德。提出该专业道德的主要依据是教师劳动的对象具有复杂性。作为教师劳动对象的学生,不是无生命的物质材料,而是有思想、有感情、有能动性的活生生的人。

首先,人人生而平等,每个人都有自己的人格尊严,都有获得尊重的愿望和权利。因此,教师应该热爱学生。

其次,学生是有感情的能动主体。教师对学生的关爱、尊重和信任会激发学生的学习热情和学习主动性,从而促使其获得更大发展。这也就是教育心理学中所说的"罗森塔尔效应"。

链接

　　"罗森塔尔效应"来自美国著名心理学家罗森塔尔的一次实验。他和助手来到一所小学,声称要进行一项"未来发展趋势测验",并煞有介事地以赞赏的口吻,将一份"最有发展前途者"的名单交给了校长和相关教师,叮嘱他们务必保密,以免影响实验的准确性。其实罗森塔尔撒了一个"权威性谎言",因为名单上的学生是随机挑选出来的。8个月后,再次进行测验,奇迹出现了,凡是上了名单的学生,个个成绩都有了较大的进步,且各方面都很优秀。

　　显然,罗森塔尔的"权威性谎言"发生了作用,这个谎言对教师产生了暗示,左右了教师对名单上学生能力的评价。而教师又将自己的这一心理活动通过情绪、语言和行为传染给了学生,使他们强烈地感受到来自教师的热爱和期望,进而变得更加自尊、自信和自强,从而使自己在各方面都取得了异乎寻常的进步。[①]

① http://cache.baiducontent.com/c? m=9f65cb4a8c8507ed4fece76310。

真题链接

1. 罗森塔尔效应说明,能对学生产生巨大影响的是(　　)。
   A. 教师的人格特点　　　　　　B. 教师的教学水平
   C. 教师对学生的期望　　　　　D. 教师的威信

【答案】　C。

2. 罗森塔尔效应强调哪种因素对学生发展具有重要影响?(　　)
   A. 教师的知识　　　　　　　　B. 教师的能力
   C. 教师的人格　　　　　　　　D. 教师的期望

【答案】　D。

另外,教师对学生的热爱还可以促进学生健全人格的养成。长时间地感受教师对自己的情感,学生可以体验到人世间的冷暖。从教师那里获得持续关爱的学生,可以萌发出热爱他人、热爱人生的积极态度。

链接

如果一个孩子生活在批评之中,他就学会了谴责。

如果一个孩子生活在敌意之中,他就学会了争斗。

如果一个孩子生活在恐惧之中,他就学会了忧虑。

如果一个孩子生活在怜悯之中,他就学会了自责。

如果一个孩子生活在讽刺之中,他就学会了害羞。

如果一个孩子生活在嫉妒之中,他就学会了嫉妒。

如果一个孩子生活在耻辱之中,他就学会了负罪感。

如果一个孩子生活在鼓励之中,他就学会了自信。

如果一个孩子生活在忍耐之中,他就学会了耐心。

如果一个孩子生活在表扬之中,他就学会了感激。

如果一个孩子生活在接受之中,他就学会了爱。

如果一个孩子生活在认可之中,他就学会了自爱。

如果一个孩子生活在承认之中,他就学会了要有一个目标。

如果一个孩子生活在分享之中,他就学会了慷慨。

如果一个孩子生活在诚实和正直之中,他就学会了什么是真理和公正。

如果一个孩子生活在安全之中,他就学会了相信自己和周围的人。

如果一个孩子生活在友爱之中,他就学会了这世界是生活的好地方。

如果一个孩子生活在真诚之中,他就会头脑平静地生活。[①]

---

① ［美］珍妮特·沃斯、戈登·德莱顿著,顾瑞荣译:《学习的革命》,上海三联书店1998年版,第76页。

3. 对待集体的专业道德:团结协作

《中学教师专业标准(试行)》关于教师对待集体的专业道德的要求是:具有团队合作精神,积极开展协作与交流。

提出该专业道德的依据主要有以下两个方面:

一方面,学生的发展是教师集体劳动的结果。在现代班级教学制度中,学校对教师的工作安排主要采取科任制的形式,即安排若干位教师分科负责某一个班级中的学生发展,每位教师以个人所负责的学科教学为主,兼顾学生的全面发展。因此,学生的全面发展是多位教师团结协作的结果。整体大于部分之和,教师团结协作开展教育的效果要超出单个教师的努力之和。不仅如此,教师之间的团结协作还会对学生集体主义精神的养成起到潜移默化的重要作用。

另一方面,教师工作是一项需要权威的工作。法国社会学家涂尔干认为,从本质上说,教育必须是一种权威性活动,教师只有在学生面前有权威,或自己感觉到有权威,才能有效地开展教育工作。"亲其师,信其道。"学生只有在亲近、尊敬教师时,才会相信和学习教师所传授的知识和道理。而教师之间的团结协作是维护每个教师在学生面前的权威的重要前提条件。社会学家贝克尔研究发现,教师认为,如果他们要维护在学生面前有能力和权威的形象,校长就必须站在教师的立场上来处理教师与学生以及家长之间的矛盾;教师还认为,同事不应该在学生面前否决其他教师的意见,否则,学生就会立即对该教师产生轻视。一些国家的教师专业道德规范对此还提出了非常明确的要求。例如,美国全美教育协会制定的《教育专业伦理守则》指出:教师"如非出于令人信服的专业目的或者出于法律的要求,不得泄露专业服务过程中获得的有关同事的信息";"不得故意发表关于同事的虚假信息或恶意的言论"。英国教师工会制定的《专业伦理守则》指出:"除了在适当程序的情况下,教师不应在第三者面前诽谤同事,也不应在别人面前恶意批评同事。"

4. 对待自己的专业道德:为人师表

《中学教师专业标准(试行)》关于教师对待自己的专业道德的要求是:富有爱心、责任心、耐心和细心;乐观向上、热情开朗、有亲和力;善于自我调节情绪,保持平和心态;勤于学习,不断进取;衣着整洁得体,语言规范健康,举止文明礼貌。

一般来说,教育学将教师对待自己的专业道德概括为为人师表,即教师为了更好地开展教育工作,必须不断地加强自身修养,严于律己,以身作则,率先垂范,以自己的实际行动为学生树立榜样。提出该专业道德的依据主要有以下两个方面:

一方面,教师劳动具有示范性。教师自身的言行会对学生产生重大影响。学生具有向师性和模仿性,他们既会模仿教师的优秀品质,也会模仿教师可能具有的不良品质。因此,教师必须要严于律己,为人师表。正如我国现代教育家陶行知所说的那样,"学校无小事,事事是教育;教师无小节,处处是楷模"。

另一方面,教育活动的本质是培养人,是引导学生求真、向善、趋美的社会实践活动。为此,教师只有为人师表,才能为学生树立良好的榜样,才能引导学生健康发展,从而体现教育活动的本质。

教师具有为人师表这一专业道德，意味着教师不能把自己仅仅定位于合格公民的修养水平，而应该努力做一个优秀公民。

（二）专业知识

教师所从事的职业不仅是专业，而且是双专业。此处的"双专业"主要是从专业知识角度来说的。作为专业工作者，教师不仅应该具有所教学科的专业知识，而且应该具有教育专业知识。前者为教师"教什么"而必需，后者为教师"怎么教、为什么教"而必需。当代教育学对教师专业知识的研究更为丰富和深入。概括来说，教师专业知识主要包括以下三个部分。

1. 学科专业知识

这里所说的学科专业知识是指教师任教学科方面的专业知识。与小学教师需要执教多门课程教学不同，当前我国中学教师一般任教一门学科。

苏联教育家苏霍姆林斯基认为，教师拥有丰富的学科专业知识的意义在于：① 讲课时，教师可以把注意力更多地放在学生身上；② 教师可以为学生指出本学科的发展方向，从而激发学生的求知欲、好奇心和探索精神；③ 教师可以挥洒自如，更能够触动学生的心灵和情感。在他看来，如果一位数学教师勉强应付当天的教学内容，他的班级里是绝对出不了数学天才的。

中学教师的学科专业知识未必愈高深愈好，关键在于教师的学科专业知识要具有合理的不同于同学科的非教师专业人员的结构。《中学教师专业标准（试行）》对中学教师的学科专业知识的具体要求是：理解所教学科的知识体系、基本思想与方法；掌握所教学科内容的基本知识、基本原理与技能；了解所教学科与其他学科的联系；了解所教学科与社会实践的联系。

理解所教学科的知识体系，有助于教师深刻认识所任教的某一年级的学科知识在本学科知识体系中的位置与作用，从而帮助教师了解本年级学生在本学科知识方面的已有基础和未来发展要求。

理解所教学科基本思想与方法，有助于教师引导学生进行探究性学习，并在获得本学科知识和技能的同时，了解和掌握获得知识的过程的方法。有学者指出，教师掌握了本学科独特的认识世界的视角、域界、层次及思维的工具与方法，熟悉本学科科学家的创造发现过程和成功原因，以及在他们身上所展现的科学精神和人格力量，这对于增强学生的创造意识具有远远超出学科知识所提供的重要价值。①

掌握所教学科内容的基本知识、基本原理与技能，有助于教师保证所教内容的准确性，并促使教师在教学过程中把更多的注意力放在关注学生和整个教学的进展状态上。

了解所教学科与其他学科的联系，有助于教师与任教其他学科的教师协调工作。

了解所教学科与社会实践的联系，有助于教师在教学过程中理论联系实际，这不仅会

---

① 叶澜：《新世纪教师专业素养初探》，载《教育研究与实验》，1998年第1期。

促进学生对学科知识的理解,而且会更好地调动学生学习学科知识的自觉性。

链接

有一次,老师给这些高中生讲了数论之中的一道著名的难题。

1742 年,德国数学家哥德巴赫发现,每一个大偶数都可以写成两个素数的和。他对许多偶数进行了检验,都说明这是确实的。但是这需要证明。从此这成了一道难题,吸引了成千上万数学家的注意。两百多年来多少数学家企图给这个猜想做出证明,都没有成功。

老师又说,自然科学的皇后是数学,数学的王冠是数论。哥德巴赫猜想,则是王冠上的明珠。

同学们都惊讶地睁大了眼睛。

老师说,你们都知道偶数与奇数,也都知道素数与合数。我们小学三年级就教这些了。这不是很容易的吗?不,这道题是最难的呢。这道题很难很难。要是谁能够做了出来,不得了,那可不得了啊!

青年人吵起来了。这有什么不得了,我们来做,我们做得出来,他们夸下了海口。

老师也笑了。他说:"真的,昨天晚上我还做了个梦呢。我梦见你们中间的一位同学,他不得了,他证明了哥德巴赫猜想。"

高中生们轰的一声大笑了。

但是陈景润没有笑,他被老师的话震动了。[①]

2. 教育专业知识

教育工作要求教师不仅应该具有"教什么"的知识,而且应该具有"怎么教、为什么教"的知识,这种知识即是教育专业知识。有研究表明,作为一位合格教师,其学科专业知识必须要达到一定水平。然而,一旦教师的学科专业知识达到某一基本水平,那么,决定教师教育实践质量及其教育水平的关键因素就是教师所具有的教育专业素养,其中包括先进的教育理念、娴熟的教育技巧、高超的教育艺术等。而这些教育素养的形成与优化,都必须以教育专业知识为基础。

《中学教师专业标准(试行)》关于教师教育专业知识的具体要求是:掌握中学教育的基本原理和主要方法;掌握班集体建设与班级管理的策略与方法;了解中学生身心发展的一般规律与特点;了解中学生世界观、人生观、价值观形成的过程及其教育方法;了解中学生思维能力与创新能力发展的过程与特点;了解中学生群体文化特点与行为方式。

我们认为,从学科角度说,《中学教师专业标准(试行)》关于教师教育专业知识的要求,主要表现为教师应该掌握普通教育学知识、班级管理知识、普通心理学知识、教育心理

---

① 徐迟著:《哥德巴赫猜想》,人民文学出版社 1978 年版,第 52—53 页。

学知识和学科教学知识。

现代教育学研究表明,学科教学知识是教师特别重要的一种知识。美国学者舒尔曼认为,学科教学知识确定了教学与其他学科不同的知识群,体现了学科内容与教育学科的整合,因而是最能区分学科专家与教师不同的一个知识领域。[①]《中学教师专业标准(试行)》对学科教学专业知识非常重视,以至于把它与学科专业知识、教育专业知识相提并论,并认为它主要包括以下方面:掌握所教学科课程标准;掌握所教学科课程资源开发的主要方法与策略;了解中学生在学习具体学科内容时的认知特点;掌握针对具体学科内容进行教学的方法与策略。我们认为,学科教学知识实质上即学科教育学知识,该知识虽然特别重要,但从逻辑上说,它应该属于教育专业知识的一部分。

3. 通识知识

《中学教师专业标准(试行)》把通识知识单独作为教师专业知识的一部分加以强调,并明确指出,教师应具有相应的自然科学和人文社会科学知识;了解中国教育基本情况;具有相应的艺术欣赏与表现知识;具有适应教育内容、教学手段和方法现代化的信息技术知识。由此可见,《中学教师专业标准(试行)》对教师应该掌握的通识知识也具有特殊规定,这也能体现教师工作的专业性。毋庸讳言,当前我国教师在通识知识方面存在比较明显的不足,这与职前教师培养对教师通识知识结构设计不合理有直接关系。

上述通识知识对于教师开展教育教学工作的意义主要表现在以下几个方面:

首先,培养全面发展的学生需要有全面发展的教师,而上述通识知识有助于教师个人全面和谐发展。对于教师来说,这些知识不仅具有工具性价值,而且具有自我享受的本体性价值,即这些知识可以使教师感到更加充实和幸福。

其次,作为未成年人的学生,兴趣广泛,求知欲强,往往希望从教师那里获得超越教师任教学科的多方面知识。因而通识知识有助于教师更好地为学生释疑解惑,并增强自己在学生心目中的威信。

再次,通识知识符合基础教育课程改革的要求。我国正在深入实施的基础教育课程改革的重要举措之一是课程的综合化。课程的综合化既包括学科性的课程综合(如设置科学课、社会课、艺术课等课程),又包括实践性的课程综合(即设置综合实践活动课),还包含着在某一门学科课程中渗透其他学科的内容。课程的综合化要求教师扩大知识面,具有结构合理的通识知识。

最后,通识知识还会提高教师的教育能力,增强教育效果。譬如,在对学生进行思想品德教育的过程中,运用文学艺术方面的知识会使教师更容易打动学生,运用科学方面的知识会使教师更容易说服学生,运用哲理性的知识会使教师更容易启迪学生。例如一位小学语文教师如果具有绘画和音乐方面的才艺,便会赋予其语文课堂教学以极大的感染力,这对于调动学生的学习兴趣具有显著的作用。

---

① 教育部师范教育司组织编写:《教师专业化的理论与实践》,人民教育出版社 2003 年版,第 55 页。

案例分析

　　这是一节公开课,内容是《北大荒的秋天》。当学到北大荒的小河这一段时,突然有一个学生站起来问:"老师,'明镜一样的小河'能换成'明净的小河'吗?"我愣了一下,这个问题多少让我觉得有些突然。我没有直接说不能。于是,我给了大家一个"提示",在黑板上写了"明镜"和"明净"。果然,一个孩子说:"不能,因为两个词虽然读音相同,但意思并不相同。"我为顺利解决难题而沾沾自喜。下课了,一位有丰富语文教学经验的老师对我说:"现在,你看这两个词可不可以换呢?"我仔细一想,真的能换!"其实,这两个词的确可以换,但你可以提醒学生注意当'明镜一样的'换成'明净',才读得通。当然,用'明镜'更形象一些。"我惭愧极了,原来我最精彩的地方竟然是自己失误的地方。

　　问题:这位年轻教师的失误给我们带来的启示是什么?

(三) 专业能力

　　与教师专业道德和专业知识的研究相比较,教育学界对于教师专业能力的研究明显落后。其落后一方面表现在不同的研究者所提出的教师专业能力的条目数量往往不同,如有的研究者认为教师专业能力有 4 项,有的认为有 5 项,有的认为有 6 项。在行为主义心理学影响下,美国佛罗里达州在 20 世纪 70 年代开展的一项教师能力的研究,居然提出教师的能力有 1 276 项。[①] 另一方面表现在即使不同的研究者所提出的教师专业能力的条目数量相同,但他们所提出的教师专业能力的具体内容又存在显著差异。另外,教育学界对于教师专业能力和专业技能概念的使用还存在分歧,譬如,《中学教师专业标准(试行)》在"基本内容"部分使用的是"专业能力"概念,而在前言部分使用的是"专业技能"概念。

　　参照《中学教师专业标准(试行)》对教师专业能力的规定,我们认为,教师专业能力主要包括以下几个方面:

1. 教学设计能力

　　教学是学校教育中一项最基本、最经常、最重要的工作,也是教师最主要的工作。凡事预则立,不预则废。教师要做好教学工作,必须以恰当地进行教学设计为前提。因此,教师应该具有教学设计能力。《中学教师专业标准(试行)》对教师教学设计能力的具体要求是:科学设计教学目标和教学计划;合理利用教学资源和方法设计教学过程;引导和帮助中学生设计个性化的学习计划。我们认为,教师的教学设计能力主要包括以下方面:

(1) 设计教学目标的能力

　　教学目标包含在课程标准中。虽然教育行政部门制定了绝大多数学科的课程标准,

---

　　① 教育部师范教育司组织编写:《教师专业化的理论与实践》,人民教育出版社 2003 年版,第 59 页。

但是,具体的教学目标,尤其是单元目标、课时目标,还需要教师进行科学设计。教师必须能够根据所教学生的特点、具体教学内容的特点以及教学内外环境的特点,对课程标准进行一定的调整,灵活设计教学目标。

（2）开发教学资源的能力

教师与教学资源的关系有三种类型。一是"教教科书"。在该关系中,教师是"教书"者,"目中无人",主要对教科书负责,对学生的发展重视不够。二是"用教科书教"。在该关系中,教师以学生发展为本,树立了教科书为学生发展服务的理念,只要有利于学生发展,教师就可以对教科书进行必要的剪裁和调整。三是教学资源开发。随着基础教育课程改革的推进,"用教科书教"的理念又得到进一步发展。因为仅仅用教科书中的内容教学生是不够的,教师必须以教科书为基础,积极开发并合理利用各种教学资源,为学生发展服务。《基础教育课程改革纲要（试行）》指出:教师"应充分发挥图书馆、实验室、专用教室及各类教学设施和实践基地的作用;广泛利用校外的图书馆、博物馆、展览馆、科技馆、工厂、农村、部队和科研院所等各种社会资源以及丰富的自然资源;积极利用并开发信息化课程资源"。

（3）设计教学过程的能力

设计教学过程主要是指在确定教学目标和教学资源的基础上,对教学过程展开的程序、方法、手段等方面进行计划和安排。德国教育家第斯多惠说:"教育艺术不在于传授本领,而在于激励、唤醒、鼓舞。"对教学过程的良好设计能够使教学过程产生激励、唤醒和鼓舞作用。

2. 教学实施能力

教学实施能力主要包括以下三个方面:

（1）语言表达能力

这里所说的语言主要指口头语言。语言是教师从事教学工作的最为重要的工具,教师必须具有良好的语言表达能力。其具体要求是:① 准确、简练,具有科学性。教师要发音规范,用词恰当,表述确切,通俗易懂。② 清晰、流畅,具有逻辑性。教师的语言要条理清晰,脉络分明,推理严密。③ 生动、形象,具有启发性。教师要善于将抽象的概念形象化,将深奥的道理具体化,将枯燥的内容生动化。④ 善于借助肢体语言。教师要善于借助姿态、表情和手势等肢体语言传递信息,配合口头语言,增强传递效果。

（2）信息技术应用能力

《中学教师专业标准（试行）》明确要求教师"将现代教育技术手段整合应用到教学中"。生产工具代表生产力发展水平,将先进的现代信息技术运用于教学过程能够显著提高教学质量。基础教育课程改革也要求教师在教学过程中大力推进信息技术在教学过程中的普遍应用,促进信息技术与学科课程的整合,逐步实现教学内容的呈现方式、学生的学习方式、教师的教学方式和师生互动方式的变革,充分发挥信息技术的优势,为学生的学习和发展提供丰富多彩的教育环境和有力的学习工具。

（3）教学组织能力

这里所说的教学组织能力,是指教师有效处理影响教学过程的因素,从而使教学过程顺利开展的能力。对于新手教师来说,他们最缺乏的教学能力可能就是教学组织能力。关于该能力,《中学教师专业标准(试行)》的具体要求是:有效调控教学过程,合理处理课堂偶发事件。

3. 班级管理与教育能力

这里的班级管理能力与教育能力主要是对班主任而言的。在当前我国中小学实行班主任制度的现实状况下,所有教师,尤其是年轻教师都有担任班主任工作的义务,因而都必须具有班级管理与教育能力。因此,《中学教师专业标准(试行)》把该能力作为对所有中学教师的要求。

《中学教师专业标准(试行)》对班级管理能力的具体要求是:有效管理和开展班级、共青团、少先队活动。我们认为,班级管理能力主要包括两个方面。一方面,教师应该具有制定合理的班级管理目标和班级计划的能力。另一方面,教师应该具有引导学生积极参与班级管理及班级活动的能力。

这里所说的教育能力在本质上是指对学生进行思想品德教育、生理和心理教育以及进行学习生活指导等方面的能力。《中学教师专业标准(试行)》提出的有关该能力的主要要求是:根据中学生世界观、人生观、价值观形成的特点,有针对性地组织开展德育活动;针对中学生青春期生理和心理发展特点,有针对性地组织开展有益身心健康发展的教育活动;指导学生理想、心理、学业等多方面发展;注重结合学科教学进行育人活动。

4. 沟通能力

从一定意义上说,教育是师生之间的交往活动。在影响学生发展的因素中,除了教师之外,还有家长和社区等相关人员。为了有效提高培养学生的质量,教师不仅应该善于与学生沟通,善于唤起学生的积极主动性,而且应该善于与同事、家长和社区相关人员沟通,从而协调和凝聚教育力量。因此,教师必须具有良好的沟通能力。

《中学教师专业标准(试行)》对该能力的具体要求是:了解中学生,平等地与中学生进行沟通交流;与同事合作交流,分享经验和资源,共同发展;与家长进行有效沟通合作,共同促进中学生发展;协助中学与社区建立合作互助的良好关系。

良好的沟通能力固然需要一定的沟通技巧,但它更需要正确的沟通心态。要培养良好的沟通能力,教师需要具有以下沟通心态。① 平等的心态。交流双方地位平等,更容易使沟通顺利进行。学生与同伴之间的沟通要比与教师或家长之间的沟通更通畅,重要原因之一就是学生与同伴之间在地位上更为平等。② 信任的心态。信任即相信、敢于托付。信任他人,意味着相信他人会对自己有帮助,或相信他人至少不会有害于自己。当对他人抱有信任心态时,教师就会产生与他人积极交往的愿望。我们不能幼稚地信任所有人,也不能盲目地怀疑所有人。③ 互惠的心态。如果教师树立了与他人交往会有助于双方共赢的互惠心态,那么,教师就更容易形成与他人积极沟通的愿望。单方付出的交往行为是高尚的,但双方共赢的交往行为更能够持续。

5. 研究能力

"教师成为研究者"是当今世界基础教育领域最为流行的理念之一。在传统教育中，"研究"是理论工作者的专利，理论工作者是研究的主体，是研究成果的生产者；教师是研究的对象，是研究成果的"消费者"和"遵照执行者"。"教师成为研究者"理念的创始人、英国课程论专家斯腾豪斯认为："教师是教室的负责人，而从实验主义者的角度来看，教室正好是检验教育理论的理想的实验室。对那些钟情于自然观察的研究者而言，教师是当之无愧的有效的实际观察者。无论从何种角度来理解教育研究，都不得不承认教师充满了丰富的研究机会。"[①]

苏霍姆林斯基认为，教师开展研究具有多方面的意义。首先，它是教育实践的必然要求。"教师的职业就是要研究人，长期不断地深入人的复杂的精神世界。""就其本来的基础来说，教师的劳动就是一种真正的创造性劳动，它是很接近于科学研究的。"[②]其次，它是教师提高教育才能的重要途径。"凡是感到自己是一个研究者的教师，则最有可能变成教育工作的能手。"再次，它是教师工作富有乐趣的前提条件。苏霍姆林斯基在与青年校长谈话时指出："如果你想使教育工作给教师带来欢乐，使每天的上课不致变成单调乏味的义务，那就请你把每个教师引上进行研究的幸福之路吧。"[③]一般来说，机械重复会导致无聊和厌倦，而研究和创造会产生更多的新奇和趣味。[④]

《中学教师专业标准（试行）》对教师的研究能力提出了比较明确的要求：主动收集分析相关信息，不断进行反思，改进教育教学工作；针对教育教学工作中的现实需要与问题，进行探索和研究。我们认为，该标准要求教师进行的研究主要有以下两种形式：

（1）实践反思

该研究形式是对"主动收集分析相关信息，不断进行反思，改进教育教学工作"的概括。实践反思也被称为反思或教学反思，它虽无"研究"之名，却是一种重要的研究形式。有学者指出，反思不仅具有研究性质，而且是校本研究最基本的力量和最普遍的形式，也是开展校本研究的基础和前提。[⑤] 实践反思的对象是教师自己的实践。根据实践效果，实践反思既包括对失败实践的反思，也包括对成功实践的反思。前者吸取教训，弥补失败；后者总结经验，发扬优点。

（2）行动研究

该研究形式是对"针对教育教学工作中的现实需要与问题，进行探索和研究"的概括，主要理由是该要求中的"研究"具有比较鲜明的"为了行动""对行动"和"在行动中"的意蕴。行动研究的过程一般包括"计划""行动""观察""反思"等步骤，多数行动研究往往需要经过如此步骤的多次循环。

---

① 高慎英：《教师成为研究者："教师专业化"问题探讨》，载《教育理论与实践》，1998年第3期。

② ［苏联］苏霍姆林斯基著，杜殿坤编译：《给教师的建议》，教育科学出版社1984年第二版，第506页。

③ ［苏联］苏霍姆林斯基著，蔡汀，王义高，祖晶主编：《苏霍姆林斯基选集》第4卷，教育科学出版社2001年版，第670页。

④ 吴义昌：《苏霍姆林斯基的教师研究思想》，载《外国教育研究》，2003年第8期。

⑤ 余文森：《论以校为本的教学研究》，载《教育研究》，2003年第4期。

教师开展的教育研究与理论工作者开展的教育研究在研究目的方面存在明显不同。理论工作者开展教育研究的目的是创新知识，发展理论，而教师开展教育研究的目的主要是解决问题，改进实践，并促进自身专业发展。

四、教师专业发展

(一) 教师专业发展的内涵

教师专业发展有广义和狭义之分。广义的教师专业发展包括教师群体的专业发展和教师个体的专业发展两个方面。教师群体的专业发展指的是教师职业不断成熟，逐渐达到作为一门专业所要求的标准，并获得相应的专业地位的过程。教师个体的专业发展指的是教师个体在专业素质方面不断成熟，并逐渐从新手教师成长为专家型教师的过程。本部分论述所涉及的教师专业发展概念作狭义使用。

根据美国分析教育哲学家谢弗勒对定义方式的分类，上述教师专业发展的定义属于纲领性定义，即对教师专业发展应该是什么的一种界定。事实上，有关教师专业发展阶段的研究表明，教师专业发展的过程未必总是积极的或正向的，也有可能出现停滞甚至倒退。

(二) 教师专业发展的阶段

有关教师专业发展阶段的研究主要采用观察、访谈、问卷调查、测量等方法。研究者通过这些方法获得大量事实性的资料，从中归纳出教师专业发展的阶段，并描述每个阶段所具有的特点。因此，教师专业发展阶段的划分具有实然性。由于研究者并不特别关注教师发展的应然目标，因此，有关教师专业发展阶段的研究多以中性的"教师发展阶段"概念来指称。

研究与了解教师专业发展阶段理论的意义主要有以下三个方面：一是有助于教师管理部门制定不同发展阶段的教师专业标准；二是有助于教师教育机构有针对性地开展教师培养或培训工作；三是有助于教师深入认识自己的专业发展状况，并科学设计和实施自己的专业发展规划。

我国对教师专业发展阶段问题的研究相对滞后。下面介绍西方几种较有代表性的教师专业发展阶段理论。

1. 富勒的"关注"发展阶段理论

1969 年，美国学者富勒从"教师关注的问题"角度对教师专业发展阶段进行了开创性的研究，拉开了有关教师发展阶段研究的序幕。富勒通过调查研究发现，在职教师发展大致分为以下三个阶段：

(1) 关注生存阶段

在该阶段，教师关注的重点是自己的生存。他们特别关注自己对课堂的控制、自己是否被学生喜欢、同事和学校领导对自己的评价等方面的问题。在此阶段，教师有相当大的压力。

（2）关注教学情境阶段

在该阶段，教师关注的重点是教学任务的完成。教师特别关注诸如教学时间、教学内容、班级大小等与教学情境有关的问题。

（3）关注学生阶段

在该阶段，教师关注的重点是学生的发展。教师关注学生的学习、情感需要和社会生活等各个方面，关注如何通过自己的努力使学生发展得更好。

需要强调的是，教师在发展的各个阶段可能会同时关注上述三个方面，只不过在不同阶段所关注的重点或关注的中心并不相同。

真题链接

3. 每学期开学前，王老师总是根据自己所教班级的人数、课时量以及备课资料是否充分等来安排自己的教学方式与教学进度。根据富勒的观点，王老师处于教师成长的哪个阶段？（　　　）

A. 关注生存　　B. 关注情境　　C. 关注学生　　D. 关注自我

【答案】 B。

2. 伯利纳的"能力"发展阶段理论

美国学者伯利纳从教师的"能力"角度，把教师发展分为以下阶段：

（1）新手教师（入职 1～3 年）

新手教师是指经过系统的职前教师教育，刚刚走上教学工作岗位的教师。新手教师主要有以下特征：① 他们通常是理性的，在分析和思考的基础上处理问题；② 他们处理问题缺乏灵活性，刻板地依赖特定的规范和计划。

（2）熟练新手教师（入职 3～4 年）

随着知识和经验的积累，新手教师逐渐成为熟练新手。熟练新手的主要特征是：① 实践经验和书本知识逐渐整合，开始掌握教学过程的内在联系；② 教学方法和策略方面的知识和经验有所提高，处理问题表现出一定的灵活性；③ 经验对教学行为的指导作用提高，但是，还不能很好地区分教学情境中的重要信息和无关信息；④ 对自己的教学行为还缺乏一定的责任心。

（3）胜任型教师（入职 5 年左右）

大部分教师经过 5 年左右的时间就能够成为胜任型教师，其特征是：① 他们的教学行为有明确的目的性；② 能够区分出教学情境中的重要信息，并选择有效的方法或手段，达到教学目标；③ 他们对自己的行为结果表现出更多的责任心，对于成功或者失败表现出强烈的情绪反应。

（4）业务精干型教师（入职 10 年左右）

有相当部分的胜任型教师在工作第 10 年左右会成为业务精干型教师，其特征如下：① 具有较强的直觉判断能力。由于在长期的教学实践中积累了丰富经验，他们对教学中出现的与以往教学情境类似的情况能够根据直觉进行观察和判断，并做出适宜的反应。

② 教学技能接近了认知自动化的水平。在教学活动中,他们无须太多的意识努力,就能够对教学情境做出准确判断和有效处理,但尚未达到完全认知自动化的水平。③ 他们的教学行为已经达到快捷、流畅、灵活的程度,这是积累了丰富的知识和经验的结果。

(5) 专家型教师

部分业务精干型教师经过若干年不等的时间会发展成为专家型教师,其主要特征是:① 观察教学情境和处理问题是非理性的。从新手教师到胜任型教师,处理问题都是理性的,业务精干型教师处理问题是直觉的,而专家型教师处理问题的直觉水平更高,非理性成分更大,他们不需要进行仔细的分析和思考,凭经验就能够准确地发现问题,并采取恰当的解决方式。② 教学技能完全自动化。他们对教学问题的解决不仅达到了快捷性、流畅性和灵活性的程度,而且已经达到了完全自动化的水平。在没有意外发生的情况下,他们不需要有意识的努力就能够处理教学中的各种问题。在一般情况下,他们很少表现出反省思维,一旦行动的结果与预期不一样,他们才会对行动进行分析和反思。

3. 斯特菲的"生涯"发展阶段理论

美国学者斯特菲通过对教师职业生涯全程的研究,认为教师发展包括以下几个阶段:

(1) 预备生涯阶段

这一阶段主要包括初任教师,或重新任职的教师。其主要特点是:理想主义;有活力;富有创意;接纳新思想;积极进取,努力向上。

(2) 专家生涯阶段

该阶段教师的主要特点是:具有较高的教学能力与技巧;能够有效管理班级;对学生抱有很高的期望;在工作中能够激发自我潜能,达到自我实现。

(3) 退缩生涯阶段

该阶段又分为三个亚阶段:

初期的退缩:教师在学校的表现不好不坏,漠视教学改革,绩效平平,沉默寡言,消极行事。如果给予适时、适当的支持与鼓励,这些教师又会恢复到专家生涯阶段。

持续的退缩:教师表现出职业倦怠,经常批评学校、家长、学生或教育行政部门,抗拒变革,独来独往或行为极端。他们人际关系不和谐,家庭生活可能也会出现问题。

深度的退缩:教师在教学上表现出无力感,甚至可能伤害学生,而且这些教师并不认为自己有这些缺点,有强烈的自我保护心理。

(4) 更新生涯阶段

教师采取积极的措施,如参加研讨会、进修课程、加入教师组织等,以应对厌烦的征兆。该阶段的教师仍需要外在的支持,尤其需要学校管理者的支持。

(5) 退出生涯阶段

教师到了退休年龄,或由于其他原因,离开教师岗位,一些教师安度晚年,一些教师继续追求专业成长。

4. 休伯曼的"生命周期"发展阶段理论

与斯特菲的研究视角类似,休伯曼等人通过对教师整个职业生命周期的研究,认为教师发展包括以下几个阶段：

（1）入职期（工作 1～3 年）

这一时期也被称为"求生和发现期"。新任教师一方面因为初为人师，有了属于自己的班级、学生和教学方案，所以积极、热情；另一方面由于对复杂的课堂教学感到无所适从，产生理想与现实的失落，急切希望获得实用的教学技能。

（2）稳定期（工作 4～6 年）

这一时期，教师逐渐适应了课堂教学，并可根据实际教育情境以及自己的个性特征探索自己的教学风格。此时的教师对工作比较投入，由关注自己转向关注教学活动，不断改进教学技能，情绪较为稳定。

（3）实验或重估期（工作 7～25 年）

该阶段的教师开始走向不同的专业发展道路。

一部分教师随着教育知识和经验的积累，不满于现状，积极进行改革，开展实验，而且其改革在总体上是成功的。

另一部分教师随着教育知识和经验的积累，满足于现状，不思改革或创新，对年复一年的课堂生活感到厌烦，出现职业倦怠，甚至重新估价和怀疑自己的职业选择。

还有一部分教师由于不满于现状而积极进行改革，开展实验，但是其改革连续受挫。这些教师也出现职业倦怠，也会重新估价和怀疑自己的职业选择。

休伯曼认为，干预职业倦怠的主要措施是：① 参加专业会议，交流教学经验，学习新发方法与技巧；② 开展教学研究活动，进行教学改革实验；③ 进修学习，攻读学位，加强教育理论学习等。

（4）平静或保守期（工作 26～33 年左右）

在该阶段，教师发展也出现分化。

一部分教师在比较顺利地经历了实验或重估期后，能够更为轻松地完成教学任务，也更有自信心，但同时也变得更为平静。随着职业目标的逐渐实现，这些教师的志向水平开始下降，对专业投入也减少，与学生的关系更为疏远，对学生行为和作业的要求更加严格。

另一部分教师由于没有较好地解决实验或重估期出现的职业倦怠问题，因而变得更加保守，充满抱怨。他们可能会抱怨学生不好，抱怨公众对教育的态度消极，抱怨年轻教师不认真等。

（5）退出教职期（工作 34～40 年前后）

在这一阶段，其他专业人员可能会逐渐退缩，为退休做准备，而教师的专业行为则没有太大改变。

这一时期的教师发展也会产生分化。一部分教师对自己的专业发展比较满意，心情平静；也有些教师由于认为自己没有得到理想的专业发展而伤感。

（三）教师专业发展的途径

我国教育学界一般认为，教师专业发展的途径主要有职前教师教育、入职教师教育、在职教师教育和教师自我教育四个方面。

1. 职前教师教育

职前教师教育也被称为师范教育或职前教师培养,它处于教师专业发展的起始和奠基阶段,直接决定了新教师的质量,并影响教师以后的专业发展。

职前教师教育质量受课程目标、课程设置、教材、教学方法与手段、师资队伍和质量评估等多方面因素制约。其中,课程设置这一因素特别重要。为了提高职前教师教育质量,教育部于 2011 年颁布的《教师教育课程标准(试行)》对中学职前教师教育课程设置进行了以下两方面的重要改革。

一方面,加强并完善教育理论课程。《教师教育课程标准(试行)》规定,中学职前教师教育课程的学习领域包括儿童发展与学习、中学教育基础、中学学科教育与活动指导、心理健康与道德教育、职业道德与专业发展六个方面。该标准建议的课程模块包括:儿童发展、中学生认知与学习、教育哲学、课程设计与评价、有效教学、学校教育发展、班级管理、中学学科课程标准与教材研究、中学学科教学设计、中学综合实践活动、中学生心理辅导、中学生品德发展与道德教育、教师职业道德、教师专业发展、教育研究方法、教师语言、现代教育技术应用等。该标准规定,在四年制本科中学职前教师教育课程的总学分中,教育理论课程的总学分为 14 学分(注:1 学分相当于学生在教师指导下进行课程学习 18 课时,并经考核合格),其中,最低必修学分为 10 学分。

另一方面,高度重视教育实践课程。教育实践课程包括教育见习和教育实习。《教师教育课程标准(试行)》规定,在四年制本科中学职前教师教育课程的设置中,教育实践课程的时间为 18 周。也就是说,教育实践课程的学分占到四年制本科中学职前教师教育课程总学分的 1/8。

教师教育课程标准体现了国家对教师教育课程设置的基本要求,是制定教师教育课程方案、开发教材与课程资源、开展教学与评价,以及认定教师资格的重要依据。对照《教师教育课程标准(试行)》,我国中学职前教师教育还面临着艰巨的改革任务。中学职前教师教育课程中的教育类课程所面临的改革任务不仅表现在课程设置方面,而且表现在课程实施方面。另外,中学职前教师教育中通识课程和学科课程的改革也应该及时跟进。

2. 入职教师教育

入职教师教育也被称为新教师培训、教师入职培训、教师试用期培训等。入职教师教育的时间一般为教师参加工作的第一年。在这一时间中,新教师面临以下诸多困难和挑战。① 教学技能不足。良好的教学技能是教师胜任教学工作的关键,而这些技能主要是教师从长期的教学经验中获得的。② 教学管理经验缺乏。良好的教学管理是教学过程得以顺利开展的必要条件。与教学技能相比较,新教师的教学管理经验更为缺乏。③ 人际交往存在压力。新教师除了应对自己的教学工作之外,还需要处理与领导、同事、家长、社区相关人员的关系,而新教师在职前教师教育中有关该方面的学习与实践却较为欠缺,许多新教师在这方面存在明显压力与顾虑。④ 理论与实践冲突。它不仅表现在新教师在接受职前教师教育阶段所学习的理论难以有效指导自己的实践,而且表现在新教师已经掌握的理论很可能与学校和其他教师的实践相抵牾。鉴于上述原因,富勒的"关注"教师发展阶段理论和休伯曼的"生命周期"教师发展阶段理论都认为,新教师面临的是生存问题,体验到的是生存危机。1996 年国际教育大会第 45 届会议在其文件《加强教师在多变世界中的作用之教育》中强调指出,"应该对刚开始从事教师职业的教师给以特别的关注,因为他们的最初职位及他们将要进行的工作,对其以后的培训和职业具有决定性的影响"。

在我国,入职教师教育的内容主要包括专业思想教育、政策法规教育、熟悉教育教学环境和教育教学常规训练等方面。入职教师教育一般采取集中培训和分散培训两种形式。集中培训由县(市、区)教师发展中心或进修学校统一组织进行,多采用听讲座、研讨等培训方式。分散培训由新教师所在学校负责实施,主要采取师徒制方式,即学校安排一位有经验的教师指导新教师,帮助其在教学技能、课堂教学管理以及人际交往等方面得到顺利发展。教育部 1999 年颁布的《中小学教师继续教育规定》指出,"新任教师培训时间应不少于 120 学时"。

3. 在职教师教育

在职教师教育指的是教师在入职期之后的职业生涯中所接受的继续教育。入职期之后,教师还面临着漫长的专业发展历程,在终身教育时代,在职教师教育对于教师专业发展仍然具有重要现实意义。

从类别角度说,在职教师教育包括学历教育和非学历教育。当前,由于教师学历合格率相当高,在职教师教育以非学历教育为主。

从时间角度说,2013 年教育部颁发的《中小学教师资格定期注册暂行办法》规定:所有中小学教师 5 年内完成不少于县级以上教育行政部门认定的 360 个继续教育培训学时的培训任务。

从形式角度说,在职教师教育主要有两种形式:① 院校培训,即承担教师教育任务的院校对在职教师进行培训。② 校本培训,即中小学校对本校教师组织开展校内培训。

从内容角度说,教育部于 2011 年颁布的《教师教育课程标准(试行)》根据功能指向提出了在职教师教育课程设置的框架建议。具体内容如下:

指向"加深专业理解"的课程主题或模块主要包括:当代教育思潮、教师专业伦理、学科教育新进展、儿童研究新进展、学习科学新进展等;也可以选择哲学、人文、科技等研究领域的一些相关专题。

指向"解决实际问题"的课程主题或模块主要包括:学科教学专题研究、特殊儿童教育、青少年发展问题研究、学校课程领导、校本课程开发、综合实践活动设计与指导、档案袋评价、学生综合素质评定、教学诊断、课堂评价、课堂观察、学业成就评价、信息技术与课程的整合、校(园)本教学研究制度建设等。

指向"提升自身经验"的课程主题或模块主要包括:教师专业发展专题研究、教育经验研究、反思性教学、教育行动研究、教育案例研究、教育叙事等。

4. 自我教育

唯物辩证法告诉我们,事物的变化发展是内部因素和外部因素共同作用的结果。内部因素具有决定性作用,是第一位的因素。外部因素是第二位的因素,并通过内因起作用。在教师专业发展过程中,职前教师教育、入职教师教育和在职教师教育虽然具有主导作用,但属于外部因素范畴。作为内部因素的自我教育则是教师专业发展的决定性因素,因而也是教师专业发展最直接最普遍的途径。

教师自我教育的时机主要表现在以下两个方面:

一方面,教师自我教育的时机表现在教师接受职前教师教育、入职教师教育和在职教师教育的过程之中。任何成功的教育都离不开自我教育。教师只有积极主动地接受和内化外部的教师教育,才能发挥其促进自身专业发展的主导作用。

另一方面,教师自我教育的时机表现在教师接受职前教师教育、入职教师教育和在职教师教育之外。也就是说,在接受外部有组织的教师教育之外,教师还应该能够制定和实施自我专业发展规划,积极实施自主专业发展。教师这一方面的自我教育主要采取自我反思、教学相长、同事合作、理论学习等形式。

真题链接

4. 李老师经常自觉地对自己的讲课过程进行分析,进行全面深入的归纳与总结,以不断地改善自己的教学行为,提高自己的教学水平。李老师的做法是基于下列哪种专业发展方式?(　　)

A. 教学实践　　B. 教学研究　　C. 自我发展　　D. 教学反思

【答案】　D。

第二节　学　生

教师的职责是培养人,并通过培养人贡献社会。学生是教师的劳动对象,学生的全面发展是教师的劳动目的。理解和掌握学生的本质属性、社会地位、影响学生发展的主要因素和学生身心发展的一般规律,是教师高质量履行职责的必要条件。

一、学生的本质属性

毋庸置疑,学生是人,具有人的本质属性。然而,人所具有的本质属性不能等同于学生的本质属性。一般来说,学生的本质属性包括以下三个方面:

(一) 学生是具有发展潜能的人

学生的发展潜能主要表现在以下两个方面:

一方面,学生身心的各个方面都潜藏着极大的发展可能性。作为未成年人,学生在许多方面可能没有表现出明显的发展结果。但是,经过努力,学生可能会获得显著的发展。英国心理学家托尼·布赞指出:"每个孩子一出世,除非他有严重的脑损伤,否则他就是一位亟待开发的天才。"①成年人固然也会不断发展，但与未成年的学生相比较，成年人发展的潜力相对要小得多。

另一方面，学生身心的各个方面都具有极大的可塑性。作为未成年人，学生处于身心发展最为迅速的时期，他们的发展远未定型。俗语所说的"三岁看小，七岁看老"是一种缺乏科学性的落后的儿童发展观。学生必然会存在这样或那样的缺点或不足，但与成年人相比较，学生改正缺点、弥补不足的可能性要大得多。

树立"学生是具有发展潜能的人"这一学生观，教师会坚信教育的力量，会形成更强的一般教育效能感。

（二）学生是教育的对象

学生是教育的对象，意味着学生在教育活动中主要处于被教师引导的地位。学生的这一本质属性主要是由以下两方面的因素决定的。

一方面，教育的本质属性决定了学生是教育的对象。从本质上说，教育（此处指学校教育）是有目的、有计划、有组织的培养人的社会活动。在教育活动中，教师按照一定的教育目的，选择和组织教育内容，采取恰当的教育方法，对学生施加特定的影响。教育的本质内在地决定了学生是教师引导的客体。

另一方面，教师与学生的现实发展水平决定了学生是教育的对象。教师是成年人，接受过正规的高等教育，取得了教师资格证。总体来说，他们在知识、经验、能力、品德等方面的发展水平要优于作为未成年人的学生。韩愈在《师说》中曾指出，"弟子不必不如师，师不必贤于弟子"。需要注意的是，韩愈是从长远和整体角度而言的，他并没有否认在教育活动实施的当时，教师在某些方面，尤其是在他所任教的学科领域方面，一定要优于学生，而这也正是他所说的"闻道有先后，术业有专攻，如是而已"。

（三）学生是自我教育和发展的主体

学生是自我教育和发展的主体，主要表现在两个方面：一方面，在教育过程中，学生虽然是教育的对象，但是，他们不是被动地被塑造，而是以自己的主观能动性反作用于教师的教育影响，或者积极参与教育过程，增强教师的教育效果，或者消极排斥教师的教育影响，削弱甚至抵消教师的教育影响；另一方面，学生在接受教师的直接引导之外，还能够积极主动地发展自己，教育自己。

在学生的发展中，其主观能动性在一定程度上说具有决定性的作用。所有成功的教育都离不开学生的自我教育，都必须与学生的自我教育相结合。在终身学习时代，学生离开教师能够进行自我教育将成为教育成功的重要标志，此即所谓的"教是为了不教"。因此，在教育过程中，教师不仅应该把学生当作教育的对象，而且应该把学生看作自我教育和发展的主体，努力培养学生进行自我教育和发展的主观能动性。

---

① ［美］珍妮特·沃斯、戈登·德莱顿著，顾瑞荣译：《学习的革命》，上海三联书店1998年版，第207页。

链接

　　学生观是从教育对象的侧面,对学校教育的生命价值何以能实现的展开说明。在学校现实中,谁都不会承认把学生实际上当作"物"在处理,但许多表达教育意蕴的比喻,如"教师是塑造人类灵魂的工程师""教师是园丁""学生是苗苗、花朵""教育是阳光、雨露"等,则反映出实际上的学生观,至少是把他们当作一个可塑的"物",至多是一个会生长的物,说到底是把学生主要当作需要接受教育的被动者。除此以外,重视对学生的现实状态的评价(如按学习成绩把他们分别归结为好、中、差),忽视学生的潜在发展可能性,习惯于按统一的标准和尺度去衡量、要求学生,不注意学生的个别差异性等,也是传统教育观的普遍反映。为此,在学生观的更新上,我们需要重点认识和关注的是学生的"主动性""潜在性"和"差异性"。

　　主动性。学生是学习活动不可替代的主体,又是教育活动中复合主体不可或缺的重要一半……学生主动性发展的最高水平是能动,自觉地策划自身的发展,成为自己发展的主人,这是我们教育成功的重要标志。

　　潜在性。认识和重视学生的"潜在性",是指教育者要看到学生存在着多种发展的潜在可能性,它是相对于学生已经表现出来和达到的现实发展水平而言的。教育在学生多种潜在发展可能性向现实发展确定性转化的过程中可发挥重要的作用。

　　差异性。学生之间的差异性,首先表现为每个人不可能都站在同一起跑线上,不可能用同样的速度,沿着唯一的途径,达到相同的终点。……学生之间的差异性更为明显的表现是性向、兴趣、特长,以及学习和思维方式、认知框架与行进路线的区别。[①]

二、学生的社会地位

　　长期以来,作为未成年人的学生往往被看作未进入成人社会的"边际人",处于从属或依附地位。一些教师出于"为了学生、关心学生"的所谓善良目的,不尊重学生,把自己的愿望强加给学生,而不顾学生的感受,甚至体罚或变相体罚学生。要改变这种状况,教师就应该明确认识学生的身份,清楚地了解并切实保障学生的合法权益。

(一) 学生的身份

　　学生享有的合法权利与其身份密切相关。当前学术界对中小学生身份的界定如下:中小学生是在国家法律认可的各级各类中等或初等学校或教育机构中接受教育的未成年公民。具体来说,中小学生主要有以下三种身份:① 公民身份,即中小学生是国家公民。② 未成年人身份,即中小学生是国家的未成年公民。③ 受教育者身份,即中小学生是接

---

　　① 叶澜著:《"新基础教育"论:关于当代中国学校变革的探究与认识》,教育科学出版社 2006 年版,第 221—224 页。

受教育的未成年公民。

（二）学生享有的合法权利

身份不同，所享有的权利就不同。因为学生具有多重身份，所以享有多重权利。学生的权利集中体现在我国的《宪法》《未成年人保护法》《教育法》和《义务教育法》等相关法律法规中。

作为公民，学生享有的合法权利主要包括：选举权和被选举权；言论、出版、集会、结社、游行、示威自由；宗教信仰自由；通信自由权和通信秘密权；劳动权；休息权；受教育权；人身权（如生命健康权、人身自由权、人格尊严权、肖像权、姓名权、名誉权、隐私权、荣誉权等）；财产权；知识产权（如著作权、专利权等）。

作为未成年人，学生的一些权利还受到特殊保护，主要包括：① 身心健康权。如《未成年人保护法》第 27 条规定："任何人不得在中小学、幼儿园、托儿所的教室、寝室、活动室和其他未成年人集中活动的室内吸烟。"② 受教育权。如《未成年人保护法》第 14 条规定："学校应当尊重未成年学生的受教育权，不得随意开除未成年学生。"③ 隐私权。如《未成年人保护法》第 30 条规定："不得披露未成年人的个人隐私"等。

作为受教育者，《教育法》规定，学生享有以下权利：① 参加教育教学计划安排的各种活动，使用教育教学设施、设备、图书资料；② 按照国家有关规定获得奖学金、贷学金、助学金；③ 在学业成绩和品行上获得公正评价，完成规定的学业后获得相应的学业证书、学位证书；④ 对学校给予的处分不服向有关部门提出申诉，对学校、教师侵犯其人身权、财产权等合法权益，提出申诉或者依法提起诉讼；⑤ 法律、法规规定的其他权利。

（三）学生的义务

根据权利义务相统一的原则，学生作为法律的主体，在享有法律规定的各项权利的同时，也要承担法律规定的相应义务。教师有责任教育学生了解自己的义务，并督促学生切实履行自己的义务。根据《教育法》，学生应当履行以下义务：① 遵守法律、法规；② 遵守学生行为规范，尊敬师长，养成良好的思想品德和行为习惯；③ 努力学习，完成规定的学习任务；④ 遵守所在学校或者其他教育机构的管理制度。

三、学生的发展

（一）影响学生发展的主要因素

教育是培养人的社会实践活动，对学生的发展具有极为重要的影响。在此，我们把学生的发展放在人的发展角度进行探讨。影响人发展的因素除了教育之外，还包括其他许多方面。认识到这一点，有助于教师充分开发和积极利用影响学生发展的其他因素。教育学界一般认为，影响人发展的因素主要有四个，即遗传素质、环境、教育和主观能动性。

1. 遗传素质

遗传素质，是指人通过基因从上一代继承下来的生理解剖特点，主要包括机体的结构、形态、感觉器官和神经系统的特点,以及由基因控制的机体成熟机制等。遗传素质为人的发展提供了生物前提,它对人的发展的作用主要表现在以下几个方面:

(1) 遗传素质为人的发展提供了可能性

人的发展总是要以一定的生理组织和一定的生命力为前提,这个前提只能通过遗传获得。没有这个前提,人的任何发展都不可能。一个生而失明的孩子,不可能发展视觉能力,当然也就不能发展成为画家;一个生而聋哑的孩子,不可能发展听觉和语言能力,当然也就不可能发展成为歌唱家。大脑是人的心理的物质器官,先天无脑儿只能长期处于昏睡状态,只能有简单的饥渴感觉,而不会产生人的复杂心理。

(2) 遗传素质的成熟制约着人的发展过程和阶段

人的身体器官及其功能乃至心理的发展都随着年龄而发展,都服从于一定的年龄解剖学规律。人的成熟过程主要是由遗传素质决定的,其成熟程度为一定年龄阶段的人的身心发展提供了可能和限制。

链接

美国儿童心理学家格塞尔做过如下实验。被试是一对同卵双生子,在他们满 46 周时,训练其中一个爬梯子,每天训练 10 分钟,连续训练 6 周,另一个不接受训练。6 周后,比较他们爬梯子所用的时间。结果发现,受训的孩子用了 26 秒钟,未受训的孩子用了 45 秒钟。然后,对另一个孩子做同样的训练。2 周后,这个孩子仅用 10 秒钟就爬上了梯子。前后训练的效率差别如此之大,主要原因就是受机体成熟程度的影响。[1]

(3) 遗传素质的差异是造成人后天发展差异的原因之一

在生理方面,遗传基因控制着人的生理特点,使得每个人都有与众不同的机体形态结构,都有自己的感觉器官和神经系统特点。在心理方面,遗传对人的智力有一定的影响。所谓天才,即是指遗传性的或天生的聪明的人。每个人的性格是不同的,而心理学告诉我们,性格的先天基础是具有遗传性的气质。

(4) 遗传决定论是错误的

虽然遗传素质对人的发展具有重要影响,但是,遗传决定论是错误的。

首先,遗传素质仅仅为人的发展提供可能性,这种可能性只有在一定的条件下才能变成现实。一方面,人的遗传素质的充分展开受其成长的社会环境制约。这方面典型的例子是"兽孩"的故事。到 1960 年,全世界发现了 40 个由野兽抚养大的孩子。这些孩子的共同特点是具有兽性,并且由哪种野兽抚养大,就具有哪种野兽的特点。这些孩子具有人的遗传素质,之所以没有充分发展出人的心理,主要是缺少人类社会的环境。另一方面,

---

[1] http://baike.baidu.com/link? url=G1I86dxkoEjzPREHkZ57KPMfQLfymT。

人的遗传素质的充分展开也受其自身的努力状况制约。人的智力具有一定的遗传性。假如一个人具有优秀的遗传性智力，但他不努力，其优秀的智力也不能得到充分发挥，这个人也难以成才。

其次，遗传素质本身也可以随着环境和实践活动而改变。关于遗传素质的改变，可以用俄国生理学家巴甫洛夫的一个实验来说明。巴甫洛夫选择两条狗做实验，一条狗的神经类型是强型的，另一条狗的神经类型是弱型的。他让强型的狗生活在恶劣的环境中，时间长了，这条狗变成一个具有明显防御反射倾向的胆小动物。而让弱型的狗生活在优越的环境中，一段时间之后，这条狗养成了沉静、庄重的姿态，不再惧怕任何东西。

在社会实践中，人一方面作用于自然和社会，改造自然和社会；另一方面，也同时改变着自己。事实上，人正是在改造外部世界的过程中改变自己的，每个人都可以塑造自己。"江山易改，本性难移"，但并不是不能移。

再次，遗传素质为人的发展提供了巨大潜能。脑科学家认为，人脑能储存5亿本书的知识；在人的一生中，大脑潜能被开发出来的部分仅占10%～15%。只要科学用脑，几乎每个人都不会出现"江郎才尽"的现象。人体机能发展遵循功能补偿原则，即如果人的某一方面机能缺损，那么其他方面的机能就会得到超乎寻常的发展。

真题链接

5．"唯上智与下愚不移""生而知之"等反映了影响人的发展因素的哪一理论？（　　）
A．环境决定论　　　　B．遗传决定论
C．教育万能论　　　　D．儿童学理论
【答案】　B。

6．如果让六个月婴儿走路，不但徒劳而且无益。同理，让四岁的儿童学高等数学，也很难成功。这说明（　　）。
A．遗传素质的成熟程度制约着人的发展过程及其阶段
B．遗传素质的差异性对人的发展有一定影响
C．遗传素质具有可塑性
D．遗传素质决定了人发展的最终结果
【答案】　A。

2．环境

环境是指人生活于其中，并对人的发展产生直接或间接影响的外部因素。广义地说，教育也属于环境范畴。不过，教育学所说的环境，一般是指对人的发展具有较为明显的自发性影响的环境因素，以区别于对人的发展具有自觉性、目的性和计划性影响的教育因素。

根据内容的性质，环境分为自然环境和社会环境。自然环境为人和动物所共有，主要包括地理位置、气候条件、山川河流分布等，它对人的发展有一定的影响。例如，在身体方

面,有研究表明,人的身高与日照时间有关系。我国北方人普遍比南方人的身材高,原因之一是北方的日照时间比南方长。在心理方面,一般来说,北方人的性格特征是粗犷、爽直,南方人则比较细致、灵活。这与北方气候干燥、多大山川或大平原,而南方气候湿润多雨、山秀水灵有一定关系。社会环境是指人类在自然环境基础上创造和积累的物质文化、制度文化、精神文化和社会关系的总和。人的发展更多受社会环境的影响。

根据范围的大小,环境分为大环境和小环境。大环境是指人所处的宏观性的自然环境和社会环境,如一个人所处的时代背景等。小环境是指与人直接发生联系的自然环境和社会环境,如一个人的家庭状况等。对于同一国家、同一时代的人来说,他们所处的大环境基本一致,而其小环境则千差万别。

环境对人的发展的作用主要表现在以下几个方面:

(1) 环境为人的发展提供内容

遗传素质为人的发展所提供的生物前提具有动力性。仅仅具有动力而缺少可供加工的内容,人也难以获得发展,甚至难以生存。从人的生理发展角度说,遗传素质为人提供呼吸、饮食和消化等本能。然而,人要生存和发展,还必须要有外部环境提供健康的空气和食物。从人的心理发展角度说,心理学告诉我们,人的心理的实质是人脑的机能,是人脑对客观现实的反映。遗传素质为人的心理发展提供了健全的大脑,然而,如果人仅有健全的大脑,而没有丰富的人类社会环境所提供的具体内容作为反映对象,那么,人就不能成为人,人就只能是自然的生物体,而不能成为社会性的存在。环境为人的发展提供有待加工的内容,从而使遗传素质为人的发展所提供的生理性可能变为发展的现实。

(2) 环境制约人发展的性质和水平

从人的发展的性质角度说,良好的环境能够为人提供健康的物质和精神方面的发展内容,因而对人的发展产生积极的影响,促进人获得健康向上的发展。相反,不良环境则为人提供有害的物质和精神方面的发展内容,因而对人的发展产生消极影响,甚至使人畸形发展。

从人的发展水平角度说,与生活在物质匮乏、文化落后环境中的人相比较,生活在物质丰富、文化发达环境中的人,不仅营养充足,机体的生长和发育较好,而且其心理发展也会由于获得更多的信息刺激而达到更高的水平。1966 年,一位叫斯奇特的科学家发表了一份研究报告。报告指出,他从黎巴嫩孤儿院里分出两组孩子,一组的智商平均为 64,另一组的智商平均为 87。他把智商为 87 的一组孩子继续留在孤儿院里,而把智商为 64 的一组孩子带出孤儿院,放在有适当社会性刺激的环境里,并让他们平均接受 12 年的学校教育。结果,智商为 64 的一组孩子都表现出独立的精神和能力,而智商为 87 的一组孩子中,有 40% 的人缺乏独立工作的能力。

(3) 环境决定论是错误的

虽然环境对人的发展具有重要影响,但是,环境决定论是错误的。

一方面,人对环境的反映是有选择的。这种选择首先表现为人对环境中的因素进行选择。对于绝大多数人来说,环境具有丰富性和复杂性,而人是按照他已有的知识、经验以及在这种知识经验基础上所产生的需要和兴趣来对客观环境做出选择的。人脑不是一个无所不包的仓库,而是一个对材料进行选择的加工厂。这种选择还表现为人对已经选择的对象进一步进行选择。也就是说，即使选择了同一环境内容，不同的人由于知识经验和兴趣需要的不同，也会做出不同的反映。正如鲁迅先生所说的那样，关于《红楼梦》，"单是命意，就因读者的眼光而有种种：经学家看见《易》，道学家看见淫，才子看见缠绵，革命家看见排满，流言家看见宫闱秘事……"①

另一方面，人还可以改变环境。人不是环境的被动适应者，他可以运用自己的知识经验和意志努力改变自己的生存和发展环境。事实上，人往往正是在积极主动地改变环境中发展自己的，正如马克思所指出的那样，"环境的改变和人的活动或自我改变的一致，只能被看作是并合理地理解为革命的实践"。因此，恶劣的生活环境未必是坏事，它有可能促使人更快地成才，这就是所谓的"逆境成才""穷人的孩子早当家"。

真题链接

7. 不同时期、地域、民族和阶层中生活的人的思想、品行、才能和习性，无不打上历史、地域、民族和阶层的烙印，表现出很大的差别。这种现象表明影响人发展的因素是（　　）。

A. 遗传素质　　　B. 社会环境　　　C. 教育影响　　　D. 个体实践

【答案】　B。

3. 教育（主要指学校教育）

思想家、教育家对教育在人的发展中的作用大都给予高度评价。卢梭说："植物的形成在于栽培，人的形成在于教育。"康德说："人只有通过教育才能成为一个人，人是教育的产物。"英国哲学家、教育家洛克指出："我敢说我们日常所见的人中，他们之所以或好或坏，或有用或无用，十分之九都是他们的教育所决定的，人类之所以千差万别，便是由于教育之故。"②总的来说，一个人受教育程度愈高，就发展得愈好，愈容易实现向上的社会流动。当代社会的用人体制大体上是认可教育在人的发展中的重要作用的。

教育学界一般认为，教育在人的发展中起主导作用，主要理由如下：

（1）教育是一种有目的的培养人的活动

影响人发展的自发环境没有育人目的。在自发环境中，一个人朝什么方向发展，依赖于环境驱使或个人无意识的自由选择。家庭教育和社会教育虽然有一定的育人目的，但其目的或明或暗，还可能经常变化。而学校教育是以培养人为主要目的的社会活动，其教育目的明确而稳定。学校教育能够根据教育目的排除和控制一些不良因素的影响，给人以更多的正面教育，使人按照正确的方向发展。

（2）教育给人的影响比较全面、系统和深刻

环境中影响人发展的内容是自发的、偶然的和零碎的，家庭教育和社会教育的教育内容在全面性、系统性和深刻性方面也不能与学校教育相比。学校教育根据一定社会的要

---

① 鲁迅：《集外集拾遗〈降洞花主〉小引》，人民文学出版社 1993 年版，第 14 页。
② 王道俊、郭文安主编：《教育学》，人民教育出版社 2009 年版，第 44 页。

求、学生的发展状况和知识的内在逻辑，选择和组织教育内容，使其更为全面、系统和深刻。如此教育内容对学生的发展会产生更加合理和有力的影响。

（3）学校有专门负责教育工作的教师

学校教育是由受到专业培养和培训的教师负责实施的。不仅如此，教师还接受国家的授权和社会的委托来培养学生。因此，教师具有更为明确的教育目的，他们熟悉教育内容，懂得教育规律和方法，能够更加科学有效地促进学生全面发展。

另外，学校教育活动还具有鲜明的组织性，学校还拥有更为完备和先进的教育设施，这些因素都有助于学校教育在人的发展中起主导作用。

虽然学校教育在人的发展中起主导作用，但其主导作用的有效发挥是有条件的。一般认为，学校教育有效发挥主导作用的条件是：学校教育要适应社会发展的整体要求；要遵循学生的身心发展规律；要充分调动学生的主观能动性；要积极争取家庭、社区和其他社会力量的配合。

真题链接

8. 在影响人身心发展的诸因素中，教育，尤其是学校教育在人的身心发展中起（　　）。

A. 决定作用　　B. 动力作用　　C. 主导作用　　D. 基础作用

【答案】 C.

4. 主观能动性

主观能动性是指人积极主动地认识世界和改造世界的心理倾向和实际行动。这里的世界既包括外在于人的客观世界，也包括人自身，即内在的主观世界。

主观能动性是人特有的品质。无生命的物没有主观能动性，它只具有完全的被动性。从本质上说，动物也没有主观能动性，它只能适应自然，而不能积极主动地改造自然。动物没有自我意识，不能进行自我规划和自我塑造。

从一定程度上说，主观能动性在人的发展中起到决定性的作用。在影响人发展的诸因素中，遗传素质和主观能动性属于内因，环境和教育属于外因。根据唯物辩证法的原理，内因是人发展的根据，外因是人发展的条件；内因是人发展的第一动力，外因只能通过内因起作用。而在人的发展的内因中，遗传素质只是提供了生理前提，为人的发展提供了可能性，居于支配地位的还是人的主观能动性。因此，主观能动性在人的发展中起到决定性的作用。

虽然主观能动性是人特有的品质，但它并非在所有情境中都必然会出现，也并非都以良好的状态出现。在教育过程中，如果学生具有了良好的主观能动性，那么，学生就会积极主动地参与教育过程，从而提高教育质量，使自己得到更好的发展。如果学生没有主观能动性，就会陷入被动的"要我学"的状态，进而降低教育效率，使自己获得的发展较小。如果学生具有不良的主观能动性，就会排斥或抗拒教师的教育努力，进而抵消教师的教育效果，使自己在教育过程中没有收获。

虽然主观能动性在人的发展中起决定性的作用，但是，主观能动性并不是自发产生的,学生的主观能动性的性质和水平都离不开教育者的培养和引导。教师在教育过程中,既不能忽视学生的主观能动性,把学生看作是无生命的容器加以灌输;也不能过分夸大学生的主观能动性,完全主张学生自主发展,忽视或淡化教师的主导作用。

链接

播　种

杰佛来期

把一个信念播种下去,收获的是行动。

把一个行动播种下去,收获的是习惯。

把一个习惯播种下去,收获的是性格。

把一个性格播种下去,收获的是命运。

真题链接

9. 在外部条件大致相同的课堂教学中,每个学生学习的需要和动机不同,对教学的态度和行为也各式各样,这反映了下列哪种因素对学生身心发展的影响?(　　)

A. 遗传素质　　B. 家庭背景　　C. 社会环境　　D. 主观能动性

【答案】　D。

(二) 学生发展的一般规律

教育工作既具有科学性,又具有艺术性。其科学性的重要表现就是教育者要了解和掌握学生发展的一般规律,并自觉遵循这些规律进行教育实践活动。学生发展的一般规律主要包括以下几个方面:

1. 发展的阶段性

发展的阶段性是指学生在不同的年龄阶段具有不同的总体特征和主要矛盾,面临着不同的发展任务。

关于人生发展阶段的划分,目前学术界尚无定论。在我国,比较流行的划分方法如下:乳儿期(0~1岁)、婴儿期(1~3岁)、幼儿期(3~6、7岁)、童年期(6、7~11、12岁)、少年期(11、12~14、15岁)、青年期(14、15~25、30岁)、中年期(25、30~55、60岁)、老年期(55、60~死亡)。

在不同的年龄阶段,学生身心发展具有比较稳定、普遍而典型的特点,这些特点被称为年龄特征。例如:在生理方面,人在童年期发展较为平稳,在少年期发展非常迅速,在青年初期,发展逐渐放慢;在情绪方面,人在童年期无忧无虑,在少年期烦恼明显增多,具有叛逆性,在青年初期情绪又表现出文饰性、曲隐性、理智性;在思维方面,幼儿期以形象思维为主,童年期是由形象思维向抽象思维的过渡期,少年期以经验型抽象思维为主,青年初期则以理论型抽象思维为主。

学生发展的阶段性要求教师必须充分了解和尊重学生的年龄特征,在不同的年龄阶段,有重点地提出不同的发展目标,提供不同的教育内容,采取不同的教育方法。同时,教师还应该帮助学生做好相邻年龄阶段发展的衔接工作。

根据少年期的年龄特征,初中的主要教育任务是帮助学生:① 发展有意记忆的能力;② 发展借助于表象进行逻辑思维的能力;③ 发展创造能力和探索精神;④ 培养一定的兴趣、爱好;⑤ 获得情绪的稳定性;⑥ 学习处理与同辈的关系,建立与同辈的友谊;⑦ 形成一定的理想和价值观;⑧ 发展自我教育能力;⑨ 适应自身生理变化带来的压力。

根据青年初期的年龄特征,高中的主要教育任务是帮助学生:① 发展辩证思维能力;② 为职业生活做准备;③ 学习选择人生道路;④ 认识自我和社会,形成积极的人生观、世界观;⑤ 获得一定的社会角色定向;⑥ 学会正确对待友谊和爱情;⑦ 提高自我调节生活和心理状态的能力;⑧ 培养创造性的学习能力。

真题链接

10. 人的身心发展有不同的阶段,"心理断乳期"一般发生在(   )。

　　A. 幼儿阶段　　　　　　　　　　B. 青少年阶段

　　C. 成年阶段　　　　　　　　　　D. 老年阶段

【答案】 B。

11. 对童年期的学生,在教学内容上应多讲一些比较具体的知识和浅显的道理;在教学方法上,多采用直观教具。这体现了教育要适应儿童身心发展的(   )特点。

　　A. 稳定性　　　　　　　　　　　B. 阶段性

　　C. 不平衡性　　　　　　　　　　D. 个别差异性

【答案】 B。

2. 发展的顺序性

万事万物都有其发展顺序。学生发展的顺序性是指其身心发展是一个由低级到高级、由简单到复杂、由量变到质变的连续不断的发展过程。

例如,身体的发展遵循着从上到下、从中间到四肢、从骨骼到肌肉的发展顺序。心理发展总是由机械记忆发展到意义记忆,由动作思维发展到形象思维然后到抽象思维,由喜怒哀乐等一般情绪发展到理智感、美感和道德感等复杂情感。瑞士心理学家皮亚杰关于发生认知论的研究揭示了人的认知是按照感知运算阶段、前运算阶段、具体运算阶段、形式运算阶段的顺序发展的。皮亚杰的发生认知论在人的道德发展中也有普遍的意义。在此基础上,美国发展心理学家和道德教育学家柯尔伯格认为,人的道德品质是按照前世俗水平、世俗水平、后世俗水平的顺序发展的。

学生发展的顺序性要求教师要充分了解并遵循学生的发展顺序,循序渐进地对学生进行教育,而不能颠三倒四,倒行逆施,拔苗助长。

链接

> 　　曾被美国媒体大肆炒作的超级神童塞达斯,6 个月大时会认字母,2 岁能看懂中学课本,4 岁时已发表 3 篇 500 字的论文,6 岁生日晚会上写了一篇解剖学论文,12 岁进入哈佛大学,14 岁进了精神病院。出院后,他以优异的成绩从哈佛大学毕业,21 岁时改名换姓成了一位普通的商店店员,由神童变成了普通人。①
>
> 　　如果说塞达斯的命运是一个悲剧,那悲剧的导演就是其父亲。其父亲是原哈佛大学心理学荣誉教授。他认为,人脑和肌肉一样是可以训练的。他在孩子出生前就准备要在孩子身上进行"试验"。塞达斯一出生,其父亲就在孩子的小床周围挂满字母,后又用各类教科书代替儿童玩具。整个婴儿时期,塞达斯被各种几何图形、地球仪、外语书包围着,这一时期成了塞达斯独自"苦读"时期。后来,塞达斯经常在不该笑的时候咯咯发笑,而且他对父亲的"实验"乃至整个世界感到异常反感、厌恶。

需要说明的是,学生发展具有顺序性,并不意味着其发展就是绝对的按部就班、亦步亦趋。德国当代教育家博尔诺夫认为,人的发展除了有顺序性,还有非连续性。这种非连续性出现的时刻主要是"危机出现的时刻,不幸的遭遇出现的时刻"。他指出,危机和遭遇会带来不幸,可能会造成孩子发展的连续性的中断,但只要加以正确引导,孩子在危机和遭遇中就可能出现跳跃性的发展。具体来说,当学生遇到危机和不幸时,教师不要用安慰去掩饰或低估危机的严重性,不要替学生承担危机带来的困难,而应千方百计地帮助学生战胜危机和不幸。一方面告诫学生不要消沉、不要误入歧途;另一方面号召学生动员自己的所有力量来对付危机。②

3. 发展的不平衡性

发展的不平衡性是指学生发展的速度的不均衡性和发展时间的早晚差异性。它表现在以下两个方面:

一方面,身心发展的同一方面在不同时期的发展速度不同。例如,在身高体重方面,人有两个发展高峰期:一是出生后第一年,二是青春期。在智力发展方面,美国心理学家布卢姆提出一个著名假设,即假定人的智力发展在 17 岁时完成,那么,0～4 岁完成发展任务的 50％,4～8 岁完成发展任务的 30％,8～17 岁完成发展任务的 20％。

另一方面,身心不同方面的发展在时间上有早晚。例如,人的神经系统成熟较早,6、7 岁时大脑的重量就达到成熟期的 80％,9 岁左右就接近成人水平;而生殖系统在 11、12 岁之前则没有明显发育,自我意识也是在进入青春期之后才得到迅速发展。

学生发展的不平衡性要求教师要充分了解学生发展的关键期,在学生身心某方面的

---

① http://zhidao.baidu.com/link? url＝gYCiZzYAatCR‑LdsFayDnsQ9fjlm.

② ［德］博尔诺夫著,李其龙译:《教育人类学》,华东师范大学出版社 1999 年版,第 64 页。

发展处于最佳发展时期内给予学生最适宜的教育,不失时机地促进学生的发展。所谓关键期,即人的身心某方面处于最适宜发展的时期。当代许多心理学家和教育家都认为,在智力发展的关键期内,环境与教育对智力发展的一年的影响效果,要超过其他时期8~10年的影响效果。

儿童发展心理学一般认为,2、3岁是口头语言发展的关键期;4、5岁是书面语言发展的关键期;0~4、5岁是视力发展的关键期;5岁之前是智力发展的关键期;5岁左右是学习乐器的关键期;10~12岁是练习写作的关键期;15、16岁是品德发展的关键期;16、17岁是思维发展的关键期。随着儿童发展心理学的发展,会有更多的关键期被发现出来。

真题链接

12. 在某个时期内,个体对某种刺激特别敏感,过了这个时期,同样的刺激则影响很小或没有影响。这个时期称为(　　)。

　　A. 关键期　　　B. 发展期　　　C. 转折期　　　D. 潜伏期

【答案】 A。

13. 儿童身心发展存在高速发展期,某一时期某一方面的发展特别迅速而在其他阶段则相对平稳。这一现象体现了儿童身心发展的哪一特征?(　　)

　　A. 顺序性　　　B. 阶段性　　　C. 个别差异性　　D. 不平衡性

【答案】 D。

4. 发展的互补性

学生发展的互补性是指其身心发展的不同方面可以相互补偿,学生在某一方面存在缺陷,可以用其他方面的突出发展来弥补该缺陷,从而使其在整体上达到一定的发展水平。

发展的互补性主要表现在以下三个方面:

(1)生理机能之间的互补。例如,盲人的视觉有缺陷,但其听觉、触觉、运动觉等会得到突出发展,在一定程度上弥补视觉缺陷。

(2)生理机能与心理机能之间的互补。该方面多表现为心理机能的突出发展对生理机能缺陷的弥补。例如,一个人能够用其渊博的知识、卓越的才能、高尚的人格、良好的心态、坚强的意志等心理品质弥补其在身体方面的缺陷,并展现出人格魅力。

(3)心理机能之间的互补。该方面多表现为非智力因素对智力因素的弥补。正如数学家华罗庚所说的那样,"勤能补拙是良训,一分辛苦一分才"。事实上,许多人的成功并非由于他非常聪明,而是由于他特别勤奋,有理想,有毅力,能坚持不懈。

发展的互补性要求教师一方面要树立信心,相信每一个学生的发展潜能,相信在某些方面有缺陷的学生可以通过其他方面的发展来弥补缺陷,从而达到与正常学生大致相当的发展水平。另一方面,教师要运用科学的方法,善于发现学生的优势,准确认识学生的缺陷,从而帮助学生扬长避短,并激发学生对自我发展的信心,培养学生努力进取的意志品质。

5. 发展的整体性

学生发展的整体性是指其身心基本方面的发展互相制约和互相促进,某一基本方面的发展状况会制约其整体发展水平。经济学中的"木桶理论"可以形象地解释学生发展的整体性。

发展的整体性与发展的互补性看似矛盾,其实不然,二者有不同的侧重点。发展的互补性强调的是人的身心某一具体方面存在难以发展的缺陷时,人可以扬长避短,弥补缺陷。而发展的整体性关注的是人的发展的基本方面,这些基本方面主要包括品德、身体、能力和心理素质等部分,而不关注这些基本方面中的具体方面。发展的整体性强调人的基本方面不可或缺。例如,在人的发展中,不能用能力方面的发展来弥补品德方面的缺陷。

学生发展的整体性要求教师要把学生看作复杂的整体,对学生进行全面施教,促使学生在品德、身体、能力和心理素质等方面全面发展,把学生培养成为完整和完善的人。在分科教学制度下,任教不同学科的教师是以本学科教学为基础促进学生全面发展的,教师应该把对学生的全面发展教育渗透于本学科教学之中。

6. 发展的个别差异性

世界上没有两片相同的树叶,更没有两个完全相同的人。苏霍姆林斯基指出:"每一个孩子都是一个世界,一个完全特殊的世界,独一无二的世界。"[1]在不同的先天因素和后天因素影响下,在主观因素和客观因素的共同作用下,每个人在生活经验、知识积累、智能水平、品德水平、气质、性格以及身体发展诸方面各不相同。国外一个大规模的调查研究发现,当教师遇到班上年龄差不多是 6 岁的孩子时,他事实上面对着的是一群能力不同的儿童,从他们的准备状况的差异看,实际上是从 3 岁到 11 岁。[2]

丰富多彩的世界造就了丰富多彩的人,丰富多彩的世界也需要丰富多彩的人。学生发展的个别差异性要求教师不仅要了解学生的年龄特征,而且要了解、重视和尊重学生的个别差异,做到因材施教。成功的教育不是抹杀学生的个别差异,把学生培养成为同一规格的产品,而是弘扬学生的个性,努力让每个学生都获得最适合自己的全面发展。

链接

> 子路问:"闻斯行诸?"
>
> 子曰:"有父兄在,如之何其闻斯行之?"
>
> 冉有问:"闻斯行诸?"
>
> 子曰:"闻斯行之。"
>
> 公西华曰:"由也问'闻斯行诸',子曰'有父兄在';求也问'闻斯行诸',子曰'闻斯行之'。赤也惑,敢问。"
>
> 子曰:"求也退,故进之;由也兼人,故退之。"[3]

因材施教在现代被赋予新的哲学意义。在现代教育中,受教育者具有崇高的地位,学生的个人需要、兴趣、价值、尊严、发展特点与合法权益等都应得到充分的尊重。教育的人性化、主

---

① [苏联]苏霍姆林斯基著,肖勇译:《教育的艺术》,湖南教育出版社 1983 版,第 5 页。
② 南京师范大学教育系编:《教育学》,人民教育出版社 1984 年版,第 96 页。
③ 金良年:《论语译注》,上海古籍出版社 2004 年版,第 125 页。

体化、个性化愈来愈成为时代的潮流,这是人类文明进步的标志和必然结果。美国教育哲学家奈勒指出:"我们的儿童像羊群一样被赶进教育工厂,那里无视他们的独特个性,而把他们按同一个模样加工和塑造。我们的教师被迫或自己认为是被迫按照别人给他们规定好的路线去教学。这种教育制度既使学生异化,也使教师异化。现在已经到了要改善的时候了。"①

本章小结

教师与学生是教育实践活动中最重要的主体因素。教师是教育发展的第一资源,是国家富强、民族振兴、人民幸福的重要基石。教师劳动的特点对于教师专业素质有内在的必然要求。教师专业素质的养成是持续整个职业生涯的过程。教师不仅有应该履行的义务,而且有神圣不可侵犯的权利。作为接受教育的未成年公民,学生同样有自身的义务和诸多合法权利。教师的根本职责是促进学生全面发展,教师不仅应该掌握学生发展的一般规律,而且应该认识到影响学生发展的因素是多方面的,教师应综合运用这些因素,使之凝聚为促进学生全面发展的合力。

复习参考题

1. 教师劳动有哪些特点?
2. 教师的权利与义务是什么?
3. 教师的专业道德主要包括哪些方面?
4. 教师应具备什么样的专业知识结构?
5. 教师的专业能力主要包括哪些方面?
6. 了解教师专业发展的阶段有什么重要意义?
7. 教师专业发展的基本途径是什么?
8. 学生的本质属性是什么?
9. 学生的合法权利主要有哪些?
10. 影响学生发展的主要因素是什么?
11. 为什么说学校教育在人的发展中起主导作用?
12. 论述学生发展的一般规律及其对教育的制约。
13. 案例分析:

某初中二年级(1)班有 10 多位学生的期中数学考试成绩低于 80 分,班主任戚老师很生气,便向这群学生的家长群发了短信:"某某 67 分,某某 73.5 分,某某 78 分……这些 80 都不到的成绩是垃圾成绩!某某只考了 29 分,简直是垃圾中的垃圾!留在学校没有任何意义,建议主动退学。收到短信的家长明天下午 2 点到学校开家长会。"短信中使用了学生的真实姓名,所有家长都能看到其他学生的成绩。

请分析该老师侵犯了学生的什么权利? 正确的做法是什么?

---

① 陈友松主编:《当代西方教育哲学》,教育科学出版社 1982 年版,第 119 页。

第五章 课 程

内容提要

　　课程是一个发展的概念,它是由一定的育人目标、特定的知识经验和预期的学习活动方式构成的一种动态教育存在。为了充分发挥课程在学校教育活动中应有的育人资源与蓝图的作用以及育人活动的引导与规范作用,国家需要编制好三个相互联系、相互制约的文本,即课程计划、课程标准和教科书。以课程的组织方式为划分标准,可将课程划分为学科课程、活动课程、综合课程。课程目标在标准、导向、激励等方面对社会和学生的发展产生影响。课程目标的确定有四个取向,即普遍性目标取向、行为目标取向、生成性目标取向、表现性目标取向。学习者的需要、当代社会生活的需要、学科发展的需要,是设定课程目标的三个基本维度。课程的形成离不开设计与开发,当前我国基础教育课程改革特别重视校本课程开发以及综合实践活动课程开发。课程的实施离不开学校课程领导,这种领导既包括校长的课程领导,也包括教师的课程领导。

思维导图

```
                        ┌ 课程的概念
                        │
                        │ 课程的表现形式
              课程概论 ─┤
                        │ 课程类型
                        │
                        └ 课程目标

                        ┌ 课程设计与开发概述
                        │
    课程 ─ 课程设计与开发┤ 校本课程开发
                        │
                        └ 综合实践活动课程开发

                        ┌ 学校课程的概念
                        │
                        │ 学校课程领导的内容
              学校课程领导┤
                        │ 学校课程领导的主体
                        │
                        └ 学校课程领导的策略
```

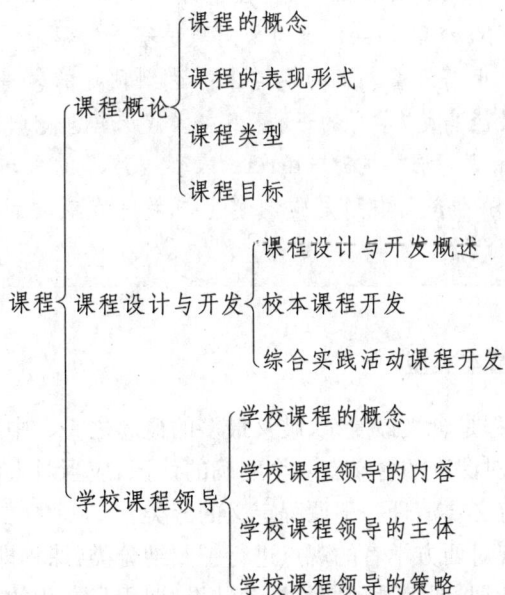

　　任何教育过程都涉及知识、技能、能力、态度或情感等方面的因素,即都涉及"教什么""学什么"的问题。从这个意义上说,课程问题是教育上的一个永恒的课题。

第一节 课程概论

一、课程的概念

(一)"课程"的词源

课程的词源分析,为我们把握课程的本质提供了有益的线索。在我国,"课程"一词的使用最早见于唐宋。唐代孔颖达在《五经正义》中注疏《诗经·小雅》时,有"教护课程,必君子监之,乃得依法制"之句。注疏之句为《诗经》里的"奕奕寝庙,君子作之",意为"好大的殿堂,由君子主持建成"。其中的"课程"即指"寝庙",显然是指殿堂中所进行的礼仪活动程式之类,与我们今天教育学意义上所用的"课程"一词的含义有较大差异。到了宋代,"课程"一词的使用则较为广泛了。朱熹在《朱子全书·论学》中曾多次使用"课程"一词,如"宽着期限,紧着课程","小立课程,大做功夫"等,所使用的"课程"一词的含义与今天的课程概念已相当接近,它含有学习范围和进程设计方案的意思。

链接

> 在西方,英国著名实证主义哲学家、教育家斯宾塞在 1859 年发表的著名文章《什么知识最有价值》中最早使用了"curriculum"(课程)一词,意指"教学内容的系统组织"。"curriculum"是从拉丁语中的动词"currere"演变而来的。原意是"跑马道"(Race-Course),意为如同骑手赛马需沿着一定的跑道才能达到目标一样,学生也需沿着一定的跑道才能达到预定的教育目标。根据这个词源,课程的定义应当是"学习的进程"。在当代课程理论研究的文献中,不少学者对"curriculum"一词的词源"currere"表现出浓厚的兴趣,更强调"跑的过程与经历",在课程的含义中则是强调学生与教师在教育过程中的经验和体验,强调过程性课程。[1]

(二)课程定义的基本类型

在教育领域中,课程是含义最复杂、歧义最多的概念之一。中外学者对课程的含义都有较系统的研究,要想对课程的含义有一个明确的认识,应当对人们所指的课程有一个充分的了解。所以我们有必要清理一下课程定义的分类。

美国学者舒伯特曾对西方学者的观点进行了归纳分类:课程即教育内容或教材,课程是所设计的一种活动计划,课程是预期的活动结果,课程是文化的再生产,课程是经验,课

---

[1] 张华:《课程与教学论》,上海教育出版社 2000 年版,第 66 页。

程是具体的课业,课程是进行社会改造的议事日程等。中国学者也对国内学者的观点进行了概括:课程即教学的科目,课程是教学内容和进程的总和,课程是教学科目、内容、范围、进程的总和,课程是教育内容的总和,课程是学习者所经历的全部经验,课程是指导学生获得全部教育经验的计划等。

多种多样的课程定义大致可以归纳为以下三类:

1. 课程作为学科

这是大多数学校教育工作者特别是教师认同的课程定义。这里的学科可以是复数,也可以是单数。作为复数的学科即广义的课程,是指学校所开设的所有学科的总和。作为单数的学科即狭义的课程,是指学校开设的某一门学科。不论是广义的课程还是狭义的课程,其内容都是从学术中引申出来的。当把课程理解为学科时,往往也将课程理解为教学内容,理解为教学论包含课程论。

这种课程定义将课程内容与课程实施割裂开来,片面地强调了内容,而且将内容仅限于源自人类文化中的学科知识,这种知识成为外在于学习者的静态的东西,消解了学习者在课程实施中的主体作用,忽视了学习者自身的经验。

2. 课程作为目标或计划

这是从事教育教学管理的人员常有的观念。这种观念认为课程就是必须执行的教学计划,或说课程具体体现为教学计划。课程是有关人员预先设定的有组织的、有意识的学习结果,它预示着教学要达到的目标。

这种课程定义把课程视为教学过程之前外在于教学过程的一套方案,把课程目标、计划与课程过程、手段割裂开来,片面地强调了前者,忽略了学习者对课程的参与和体验。

3. 课程作为学习者的经验与体验

这是在对西方课程理论的借鉴中,在对应试教育的反思中,在建构现代课程观的过程中提出的一种对课程的理解。这种课程定义把课程理解为学生在教师的指导下所获得的经验或体验,以及学生自发获得的经验或体验。这里的经验或体验既包含学生通过自己的实践性活动获得的并非学术性的经验或体验,也包括通过自己的学习活动获得的系统的学术性的经验或体验。获得经验或体验的场所可以是学校情境,也可能是社会情境。

这种课程定义突出了学生直接经验在课程中的地位,消除了课程中没有"学生"的倾向,消解了内容与过程、目标与手段的二元对立。但是,这种课程定义所指的学习者的经验不能只停留在学生的心理经验的水平上,而应当从学生的心理经验发展到学科的有组织的知识体系所表征的经验——逻辑经验。如果作为经验的课程排斥了学科中的逻辑经验,而沉醉于学生当下的经验发展水平,也就没有了学生的成长和发展。这里强调的是学生心理经验与学科逻辑经验的内在统一性。

不同研究者从不同角度对课程的内涵进行探讨,拓展了我们对课程概念的思考。课程作为学科、课程作为目标或计划、课程作为学习者的经验与体验的观点都有其合理成分。综上所述,我们认为课程是一个广义的概念,是各级各类学校结合学习者的经验,为实现培养目标而制定的学习科目及其进程的总和。

二、课程的表现形式

(一) 课程计划

1. 课程计划的含义

课程计划又称课程方案,它是根据教育目的和不同层次、不同类型学校的培养目标,由教育主管部门制定的有关学校教育和教学工作的指导性文件。它对学校的教学、生产劳动、课外活动等方面做出全面安排,具体规定学校应设置的课程,各门课程开设的先后顺序,课时分配和学年、学周的编制。

2. 课程计划的内容

我国当前基础教育阶段实施的课程计划包括八个方面的内容:① 培养目标。在提出统一的目标要求后,对小学、初中、高中等阶段的培养目标分别做了具体规定。② 课程设置原则。明确学校课程包括学科课程、活动课程两个部分。课程一部分由国家安排,也有一部分由地方安排。③ 学科设置和各学科的主要任务,学科设置和活动设置的基本要求。④ 各学科课程和活动课程的顺序和课时分配。⑤ 学年编制。包括学年的学期划分,各学期教学、教育活动的周数,假期和节日的时间安排等。⑥ 学周安排。包括规定周课时总数,包括各年级每周上课总时数和活动总课时。⑦ 考试、考查的科目要求、方法。⑧ 就执行该计划提出若干实施要求。

3. 课程计划框架

从三种不同的课程权利主体决定三类相对不同的课程方面,我们把国家基础教育课程计划框架划分成三个部分:国家课程、地方课程和校本课程。

国家课程是国家规定的课程,它集中体现一个国家的意志,专门为培养未来的国家公民而设计,并依据未来公民接受教育之后所要达到的共同素质而开发的课程,即根据不同教育阶段的性质与培养目标,制定各个领域或学科的课程标准,编写教科书。它是一个国家基础教育课程计划框架中的主体部分,也是衡量一个国家基础教育质量的重要标志。

地方课程是在国家规定的各个教育阶段的课程计划内,由省一级的教育行政部门或其授权的教育部门依据当地的政治、经济、文化、民族等发展需要而开发的课程。

校本课程是以学校为中心,以解决学校问题为旨归,由学校教师自己编制、实施和评价的一种课程。它通过对本校学生的需求进行科学的评估,充分利用当地社区和学校的课程资源而开发多样性的、可供学生选择的课程。校本课程的开发主要依据党的教育方针、国家或地方的课程计划、学校教育哲学、学生需要评估以及学校的课程资源。它强调以学校为基地,并与外部力量合作,充分利用学校内外的课程资源。因此,它是国家课程计划中一项不可或缺的组成部分。

1. 某沿海城市在义务教育阶段的学校全面开设海洋教育课程。这种课程属于（　　）。

A. 国家课程　　　　　　　　B. 地方课程

C. 校本课程　　　　　　　　D. 生本课程

【答案】 B。

（二）课程标准

1. 课程标准的含义

课程标准是对希望学生在校期间应形成的特定知识、技能和态度的非常清晰明确的阐述。课程标准主要是对学生学习结果的描述，而不是对教学内容的具体规定。课程标准关照绝大多数学生，提出的是一些基本的要求，而不是最高要求。课程标准做出的规定应具体明确，学生学习结果的描述是可达到的、可评估的。课程标准的规定是有弹性的，其范围应涉及认知、情感、动作技能三个领域。

2. 我国课程标准的框架

第一部分：前言。结合本门课程的特点，阐述课程改革的背景、课程性质、基本理念与本标准的设计思路。

第二部分：课程目标。按照国家的教育方针及素质教育的要求，从知识与技能、过程与方法、情感态度与价值观三个方面阐述本门课程的总体目标与学段目标。

第三部分：内容标准。该部分具体阐述各学科课程的内容目标，就是用明确的行为动词（如背诵、证明、模仿、绘制等）阐述学生在经过一定阶段的学习后应达到的目标。

第四部分：实施建议。主要包括教与学的建议、评价建议、课程资源开发与利用建议，以及教材编写建议等。

2. 在一定课程理论指导下，依据培养目标和课程方案，以纲要形式编制的关于教学科目内容、教学实施建议以及课程资源开发等方面的指导性文件是（　　）。

A. 课程计划　　B. 课程标准　　C. 课程方案　　D. 课程指南

【答案】 B。

3. 教师进行教学的直接依据是（　　）。

A. 课程计划　　B. 课程目标　　C. 课程标准　　D. 教科书

【答案】 C。

4. 编写教材(教科书)的直接依据是( )。
　　A. 课程计划　　B. 课程目标　　C. 课程标准　　D. 课程说明
【答案】 C。

(三) 教材

1. 教材的含义

教材是教师为了实现一定的教学目标,在教学活动中使用的、供学生选择和处理的、负载着知识信息的一切手段和材料。从表现形式上讲,它既包括以教科书为主体的图书教材,又包括各种视听教材、电子教材以及来源于生活现实的教材等。

2. 教材与相关概念的关系

教材与课程、学科、教科书等概念密切相关。同时,在不同的课程观和教育理念的支配下,这几对概念之间的关系也有不同表现。

(1) 教材与课程

教材是课程的重要成分,是课程家族中的基本单位。形象地讲,教材是一部分课程内容的物化形态。"课程是经验"观念的确立,使课程成为教师为学生提供的学习机会,成为师生互动过程中产生的经验。课程因此也具有了教材无法包容的内涵。教材是学生借以获得课程经验的中介和手段。

(2) 教材与学科

教材不再是学科知识的简单浓缩,它们之间有联系,也有区别。学科是随着科学知识体系的发展与分化而出现的。人们在认识世界的过程中,总是选取不同的角度对事物加以分析,力图使所得到的认识更加深入,这样便形成了今天的学科分类体系。学科是指某一特定的科学研究领域,它具有公认的科学概念、基本原理、规律和事实,并反映本学科最新成果。从教育的角度讲,教育领域中的学科是使儿童以人类文化遗产为线索展开学习,培养他们解决现实问题所必需的能力,进而谋求人的整体发展的教育内容。

在"课程是知识"的影响下,教材成为学科知识的载体,教材是学科知识体系的浓缩和再现。教材中的内容必须是定论或公认的原理、法则、定理,排除有争议的问题,不给学生发挥的空间和讨论的余地。随着"课程是经验"这一观念的确立,课程与教材打破了学科知识的樊篱。教材是引导学生认知发展、能力形成、人格建构的范例,是引起学生认知、分析、理解事物并进行反思、批判和建构意义的中介。教材应该基于学科,同时又超越学科,面向真实世界。

(3) 教材与教科书

教科书是根据课程标准编写的系统反映学科内容的教学用书。它是最具代表性的核心教材。从表现形式上看,教科书只是被教科书制度认可的、具有行政和专业权威的图书教材,与之并行的教材还有大量的教学辅导用书、视听教材、电子教材,以及由自然或生活事件转化来的现实教材等。因此,教科书只是教材的一个组成部分。

5. 课程的文本一般表现为（ ）。

A. 课程计划、课程标准、教科书

B. 课程计划、课程目标、课程实施

C. 课程目标、课程实施、课程评价

D. 课程主题、课程任务、课程标准

【答案】 A。

三、课程类型

课程类型根据划分标准的不同,有不同的划分方法。例如:根据课程的表现形式,可分为显性课程与隐性课程;根据课程内容的性质,可分为工具类课程、知识类课程、技艺类课程;根据课程设置的要求,可分为必修课与选修课;根据课程价值取向,可分为学生中心课程、社会中心课程与学科中心课程;从课程的层次来分,课程包括理想课程、正式课程、领悟的课程、运作的课程、经验的课程。我们今天比较普遍的课程类型划分方法,是以课程的组织方式为划分标准。按照这种划分标准,课程可以分为以下几种:学科课程、相关课程、融合课程、广域课程、核心课程、活动课程,其中相关课程、融合课程、广域课程以及核心课程属于综合课程。下面重点论述学科课程、活动课程、综合课程。

真题链接

6. 校风、教风和学风是学校文化的重要构成部分。就课程类型而言,它们属于（ ）。

A. 学科课程　　B. 活动课程　　C. 显性课程　　D. 隐性课程

【答案】 D。

（一）学科课程

学科课程是根据各级各类学校培养目标和科学发展水平,从各门科学中选择出适合一定年龄阶段学生发展水平的知识,组成各种不同的教学科目。学科课程在所有课程的类型中,历史是最为长久的。它从学校教育产生时即已存在,随科学的发展而日益精细化。

真题链接

7. 在中学阶段开设的语文、数学、物理、化学等课程属于（ ）。

A. 学科课程　　B. 综合课程　　C. 活动课程　　D. 社会课程

【答案】 A。

赫尔巴特认为,课程的编制应该以作为认识对象的"客观的文化遗产"的各门学科为基础,并以发展多方面兴趣为轴心,设置范围广泛的课程。他之所以特别重视根据儿童的兴趣来选择和组织知识内容与教学,是因为兴趣能使新旧观念联合起来。赫尔巴特把兴趣分为两大类:一是属于认识周围自然现实的,是认识的兴趣;二是属于认识社会活动的,是同情的兴趣。他强调这两类兴趣应该并重,称其为"平衡和谐的兴趣",而且将它们各自细分为三种,共计为六种兴趣。相应的课程设置如下:① 经验的兴趣。它涉及的是关于自然的多方面的知识,观察和认识事物到底"是什么"。相应的学科是:自然科学、物理、化学、地理。② 思辨的兴趣。"世界之谜就从经验方面激发思辨",思考事物"为什么"是这样,即探究自然界的规律。相应的学科是:数学、逻辑学、文法等。③ 审美的兴趣。即从美的自然界、艺术品以及人的生活和品行中产生审美的鉴赏。相应的学科是:文学、唱歌、图画等。④ 同情的兴趣。它涉及的是关于人类交际的知识,即能分担别人的快乐或忧愁,具有"仁慈"之心。相应的学科是:外国语(古典语和现代语)和本国语。⑤ 社会的兴趣。这是同情的兴趣之扩大,由家庭间和学校里个人之间的情谊扩大为对社会、本民族和全人类的了解和同情。相应的学科是:历史、政治、法律等。⑥ 宗教的兴趣。即研究人类、社会和神之间的关系,表现为虔信上帝,服从教会。相应的学科是神学。[①]

斯宾塞最早提出了"什么知识最有价值"这一经典课程论命题。他认为,教育的功能就是要使学生为完美生活做好准备,衡量课程价值的尺度就是为完美生活做好准备的程度。他将教育分为五个部分,并提出了相应的课程:① 准备直接保全自己的教育——解剖学、生理学、卫生学;② 准备间接保全自己的教育——伦理学、算术、几何学、力学、物理学、化学、天文学、地质学、生物学、社会学、外语;③ 准备做父母的教育——生理学、心理学、教育学;④ 准备做公民的教育——历史;⑤ 准备生活中各项文化活动的教育——绘画、雕刻、音乐、诗歌。

真题链接

8. 最早提出"什么知识最有价值"这一经典课程论命题的学者是（　　）。

A. 夸美纽斯　　　B. 斯宾塞　　　C. 杜威　　　D. 博比特

【答案】 B。

(二) 活动课程

活动课程又称经验课程,它打破学科逻辑组织的界限,以学生的兴趣、需要和能力为基础,通过学生自己组织的一系列活动而实施课程。一般地说,活动课程起源于 19 世纪末 20 世纪初欧美的"新教育运动"和"进步教育运动"。杜威常被认为是其代表人物。杜威指斥传统的学校是"静听的学校",认为这些学校的教育与广阔的社会生活相脱离。杜威指出:"以前的学科课程以系统化的知识为中心,导致了课程与儿童经验的脱离。在学校里,这些学科中的每一门都被归到某一类去。各种事实是从它们在经验中原来的地位

---

① 李明德、金锵主编:《教育名著评介·外国卷》,福建教育出版社 1992 年版,第 166 页。

割裂出来,并根据一些一般原则重新排列。"①

为了解决课程与儿童经验脱离的问题,杜威提出了三项要求:① 课程要适合儿童的心理需要、兴趣和能力。在杜威看来,传统的课程是由前人积累起来的系统的间接经验构成的;以此为基础开展的教育,"把成年人的种种标准、教材和种种方法强加给仅是在缓慢成长而趋向成熟的儿童",因而超出了儿童的已有经验范围,成为儿童力所不能及的东西。这就使得教育成为机械的和死板的,儿童学习也失去了积极的动力而成为一种被迫的、不得已而为之的事情。同时,这也使那些即使用最逻辑的形式整理好的最科学的教材失去了应有的价值。② 课程应是统一的,具有整体性,而不是支离破碎的,因为儿童的生活和经验具有"统一性和完整性"。如上所引,在传统的课程中,分门别类的科目把儿童的世界加以分解,使儿童对世界的认识失去应有的全面性而流于片面。③ 课程应具有社会性。在传统的以知识为中心的课程中,当系统的知识在新的社会环境中以与儿童经验割裂的方式灌输给儿童时,知识本身就失去了应有的价值,因而也就失去了其能动的社会作用。

符合以上三个要求的课程是活动课程。杜威主张开展有利于儿童生活的各种类型的活动,通过活动习得知识,取得经验。在这种活动中,儿童是活动的主体,他们是决定活动形式和活动内容的决定因素。

真题链接

9. 围绕学生的需要和兴趣,以活动为组织形式的课程类型属于(   )。
   A. 学科课程   B. 经验课程   C. 综合课程   D. 融合课程
【答案】 B。

10. 主张课程的内容和组织应以儿童的兴趣或需要为基础,鼓励学生"做中学",通过手脑并用以获得直接经验。这反映的课程类型是(   )。
   A. 学科课程   B. 活动课程   C. 分科课程   D. 综合课程
【答案】 B。

(三) 综合课程

综合课程是指有意识地运用两种或两种以上学科的知识观和方法论去考察和探究一个中心主题或问题的课程。综合课程可分为相关课程、融合课程、广域课程以及核心课程四类。

相关课程结构比较松散,它侧重于揭示两门课程之间的相互关系,在比较和联系中提供给学生丰富的背景知识,拓宽学生看问题的视野。

融合课程则比相关课程更进了一步,它不仅加强相邻学科的联系,而且旨在通过一定的逻辑结构把这些相邻学科的内容糅合在一起,以期保证知识专业化与综合化的辩证统一。

广域课程是根据知识间内在联系以及学生的心理特征,把数门相邻学科的内容组织在一起。与传统的学科课程相比,它更注重与宏观的社会问题结合。它打破了学科间的

---

① [美]杜威著,赵祥麟等译:《学校与社会·明日之学校》,人民教育出版社 1994 年版,第 117 页。

界限,突出了学生走向社会将要解决的大部分具体问题的复杂性、整体性和相互关联的性质,能使我们更清楚地看到世界、生命和科学的统一性。

核心课程则在综合的方式上真正突破了传统分科课程的学科结构,它们以共同的兴趣、问题为核心来组织课程内容,不仅强调知识的综合,而且更强调通过知识的综合达到经验综合、价值观念的综合,从而达到塑造完满人格的目的。

综合课程体现了文化或学科知识间要相互开放、彼此关联的发展需求。尽管学科知识的分化有其合理性,反映了人们认识世界的不断深入。但也应当认识到,学科知识的分化未必意味着学科的隔离或封闭,文化或学科知识的健康发展所需要的是持续的交往。不同学科间应相互开放、相互作用、彼此关联。

综合课程适应了学生心理整体性发展的规律。建构主义学习理论认为,当信息渗透于有意义的情境之中的时候,当提供运用知识的机会和对知识多重表征的时候,当创设隐喻和类比的时候,当给学习者提供能够使其产生与其个人相关联的问题的机会的时候,学习者就能够进行理想的学习。每一个学习者都是基于其知识和经验的背景而整体地建构知识的,学生心理发展的整体性必然要求学校课程具有综合性。

链接

在新的历史时期,我国基础教育课程改革的理念与策略应该是:

第一,倡导全人教育。强调课程要促进每个学生身心健康发展,培养良好品德,培养终身学习的愿望和能力,处理好知识、能力以及情感、态度、价值观的关系,克服课程过分注重知识传承和技能训练的倾向。

第二,重建新的课程结构。处理好分科与综合、持续与均衡、选修和必修的关系,改革目前课程结构过分强调学科独立、纵向持续、门类过多和缺乏整合的现状,体现课程结构的综合性、均衡性与选择性。

第三,体现课程内容的现代化。深化每门学科领域内的"双基",精选对学生终身学习与发展必备的基础知识和技能,处理好现代社会需求、学科发展需求与学生发展需求在课程内容的选择与组织中的关系,改变目前部分课程内容繁、难、多、旧的现象。

第四,倡导建构性学习。注重学生的经验与学习兴趣,强调学生主动参与、探究发现、交流合作的学习方式,改变课程实施过程中过分依赖课本、被动学习、死记硬背、机械训练的观念。

第五,形成正确的评价观念。建立评价项目多元、评价方式多样、既关注结果更加重视过程的评价体系,突出评价对改进教学实践、促进教师与学生发展的功能,改变课程评价过分偏重知识记忆与纸笔考试的现象以及过于强调评价的选拔与甄别功能的倾向。

第六,促进课程的民主化与适应性。重新明确三级课程管理机构的职责,改变目前课程管理过于集中的状况,尝试建立国家、地方、学校三级课程管理制度,增强课程对地方、学校及学生的适应性。[1]

---

① 钟启泉等:《为了每一个学生的发展:新世纪中国基础教育课程改革刍议》,载《全球教育展望》,2001年第2期。

四、课程目标

（一）课程目标的含义

课程目标有广义和狭义之分。广义的课程目标就是教育意图。在西方，它包含了课程宗旨、课程目的、课程目标、教学目的和教学目标。在我国则包含了教育方针、教育目的、培养目标、教学目的。其中教学目的又分为学期教学目的、单元教学目的、课时教学目的。广义课程目标的含义定位于教育与社会的关系，是一个比较大的视角，涵括面是全层次的。可以说是涵括了教育方针、教育目的、培养目标、课程与教学目的和教学目标。狭义的课程目标含义定位于教育内部与学生的关系，是一个相对狭窄而具体的视角，主要包括教育目的、培养目标、课程目的。

（二）课程目标的功能

课程目标的功能，是指课程目标对社会和儿童的发展所产生的作用和影响。概括而言，课程目标主要有三大功能：标准功能、导向功能、激励功能。标准功能是课程目标的基本功能，激励功能和导向功能是标准功能的衍生物。[①]

1. 标准功能

标准功能是指课程目标对课程内容选择，课程的组织、实施、检查和评价所提供的标准作用。

课程目标为课程内容和教学方法的选择提供依据。判断"什么知识最有价值"（课程内容的选择）和"什么方法最有价值"（教学方法的选择），都应当以课程目标为重要依据。

课程目标为课程与教学的组织提供依据。把课程组织为什么样的类型（学科课程还是经验课程，分科课程还是综合课程，必修课程还是选修课程），把教学组织成什么样的形式（班级授课还是个别化教学），这在某种意义上取决于课程目标，因为目标反映了特定的教育价值观。

课程目标为课程实施提供依据。课程实施过程在某种意义上，是创造性地实现课程与教学目标的过程。因此，课程目标必然是课程实施的重要依据。

课程目标为课程评价提供依据。课程目标是用一种标准对课程运行过程和结果进行价值判断，而课程目标则是这种价值判断的基本标准。[②]

2. 导向功能

导向功能是指根据课程目标引导课程内容、教学组织形式以及教学方法有序运行，并对学生学业成就、教师的教学表现进行评价，在评价的基础上及时地对课程与教学进行调整。

---

① 黄甫全主编：《课程与教学论》，高等教育出版社 2002 年版，第 238 页。
② 张华：《课程与教学论》，上海教育出版社 2000 年版，第 152 页。

3. 激励功能

课程与教学目标,不论作为引导性价值取向,还是作为评价结果的反馈,都是针对课程与教学的研制者和课程与教学的参与者为实现目标而努力,都具有激励作用。

(三) 课程目标的价值取向

美国课程论专家舒伯特认为典型的课程目标价值取向可概括为四种:"普遍性目标"取向、"行为目标"取向、"生成性目标"取向、"表现性目标"取向。

1. "普遍性目标"取向

"普遍性目标"是基于经验、哲学观或伦理观、意识形态或社会政治需要而引出的一般教育宗旨或原则,这些宗旨或原则直接运用于课程与教学领域,成为课程与教学领域一般性、规范性的指导方针。如培养德智体全面发展的人,就可视为典型的"普遍性目标",这是古今中外的教育家都认可的一种教育价值取向,也是大中小学都适用的教育价值取向。

"普遍性目标"所体现的是"普遍主义"的价值观,认为任何课程目标都能够并应当运用于所有的教育情境。由于这种价值取向给出的课程与教学目标是一般性的宗旨或原则,而不是具体的目标菜单,教育工作者可以对这些目标创造性地做出解释,以适应各种具体教育实践情境的特殊需要。

"普遍性目标"取向的局限性在于:第一,往往缺乏充分的科学依据,受日常经验所局限。第二,在逻辑上不够彻底、不够完整,往往以教条的形式出现,表现出一定的随意性。第三,在含义上不够清晰确定,常常会出现歧义,容易成为一种"政治游戏"。如德育、智育、体育哪个摆在第一位,要不要加上美育和劳动技术教育,其各自的内涵又是什么,在中华人民共和国成立后的不同历史时期,是有不同的解释和要求的,这和当时的政治气候有着直接的关系。

2. "行为目标"取向

"行为目标"是以具体的、可操作性行为的形式陈述的课程目标,它指向课程结束后,学生身上所发生的行为变化。

最早提出"行为目标"的是课程开发科学化的提倡者博比特。博比特认为,20世纪已经进入科学的时代,科学的时代要求精确性和具体性,因此,课程目标必须具体化、标准化。他在1924年出版的《怎样编制课程》一书中用"活动分析法"对人类经验和职业进行了系统分析,并提出了10个领域中的800多个目标。后来,查特斯把博比特的"活动分析法"精致化为"工作分析法"。他们为确定课程目标所提供的一套操作程序,为"行为目标"在课程与教学领域的确立奠定了最初的基础。

泰勒在1949年出版的《课程与教学的基本原理》一书中,系统发展了博比特和查特斯的"行为目标"理念。他还强调,在目标确定之后,应当用一种最有助于学习经验的选择和教学过程的指导的方式来陈述目标。也就是说,"既要指出使学生养成的那种行为,又指明这种行为在其中运用的生活领域的内容"。这样,目标实际上包含"行为"和"内容"两方面。比如,"能写出清晰而有条理的社会实践调查报告""能默写出本课的新单词"。泰勒认为,课程目标只陈述教师要做的事情,或列举出课程教学所涉及的概念、内容,或只是概括化地阐述学生的学习行为，而没有将"内容"与"行为"有机地结合，会导致提出的目标缺乏具体性和可操作性，不利于对课程教学的指导。

20 世纪五六十年代，美国著名教育学家、心理学家布卢姆、克拉斯沃等人进一步发展了泰勒的"行为目标"理念。他们借用生物学中"分类学"概念，第一次在教育领域确立起"教育目标分类学"，把"行为目标"取向发展到了一个新的阶段。布卢姆认为，完整的"教育目标分类学"应当包括"认知领域""情感领域""动作技能领域"。布卢姆的"教育目标分类学"有三个典型的特征：① 教育目标具有层次结构。目标分类学按照由低级到高级、由简单到复杂的顺序来排列三个领域的教育目标，较高级的目标建立在较低级目标的基础上，并包含了较低级的目标，即 A—AB—ABC 模式。② 教育目标以学生具体的、外显的行为来陈述，便于操作、评价。陈述中不用"领会""掌握""思考"等模糊性动词，而是使用"区分""写出""计算"等可视性动词。③ 教育目标超越了学科内容。不论哪一门学科，不论哪一个年级，都可以把"教育目标分类学"的层级结构作为框架，填入相应的内容，形成包含"内容"和"行为"统一的两维教育目标明细规格。

20 世纪六七十年代，美国著名教育学者梅杰、波法姆等人总结并发展了前人的"行为目标"理念，领导了"行为目标运动"，把"行为目标"取向发展到顶峰。梅杰在其 1962 年出版的关于"行为目标"的经典著作《准备教学目标》（*Preparing Instructional Objectives*）一书中指出，教学目标必须包括三个组成部分：① 学生外显的行为；② 能观察到的这种行为的表现条件；③ 行为表现公认的准则。梅杰认为，布卢姆等人常用的"知道""理解"等动词作为行为表述的目标仍不够细致，因为它没有指出行为表现的条件。比如"学生将学会使用逗号"，这就不是"行为目标"，因为该目标没有预先具体化的、可观察的、最终的行为。真正的"行为目标"应当这样表述："学生将通过陈述来证明已掌握了五项逗号规则的知识（具体说出有哪五项规则），并能在逗号被删除的句子中正确插入逗号。"

在课程领域，从某种意义上讲，20 世纪是"行为目标"的世纪。"行为目标"取向之所以能在教育实践中处于支配地位，在于其本质上受"科技理性"支配，体现了"唯科学主义"的教育价值观，并以对行为的有效控制为核心。为了对人的行为进行有效控制，而对目标进行分解，使目标尽可能具体、精确，从而具有最大程度的可操作性。20 世纪是科学的世纪，"行为目标"取向适应了课程领域科学化的需求，加之"行为目标"取向的心理学基础——行为主义心理学——在 20 世纪大行其道，所以"行为目标"取向在课程领域一度占据主要地位。

"行为目标"取向克服了"普遍性目标"取向模糊性的缺陷，在课程与教学领域科学化的历程中做出了贡献。由于"行为目标"更具精确性、具体性、可操作性，当教师设计课程教学目标时，会对教学任务更加清楚明了，便于有效控制教学过程，便于教师就教学内容准确地与教育管理方、学生家长、学生展开交流，更重要的是便于准确评价。总之，"行为目标"对于基础知识和技能的熟练掌握，对于保证一些相对简单的教育目标的达成是非常有益的。

"行为目标"也有其不容忽视的缺陷：① 抑制了人的主体性。人的行为之所以是人的行为，就在于这是主体的行为、富有创造性的行为，这种行为具有很大的不可预知性。而"行为目标"是控制本位的，它把课程开发、教学设计、人的学习过程变为一个可预先决定和操纵的机械过程,将目标与手段、结果与过程间的有机联系割裂开来,使得课程开发与教学设计过程中的创造性、人的学习的主体性泯灭了。② 把"完整的人"肢解了。人是一个完整的存在,是不能被分割的。"行为目标"追求精确化、具体化,这就等于将人的高级心理能力和素质都分解了。在课程教学过程中,除了一些简单的适于训练的知识技能可以进行一定程度的分解和具体化外,较为复杂深刻的关联性知识、理解和判断、经验和体会、发现和探索、审美和创造,是不可能清楚地具体化和精确化的。③ 弱化了学生高级心理素质的发展。人的许多高级心理素质,如价值观、理解、情感、态度、欣赏、审美情趣等,是很难用外显的、可观察的行为来预先具体化的。因为这些高级心理素质不只是行为,更主要的是意识。将"意识"这样的心理素质用可观察的行为来具体化,恐怕被掩盖的部分比被揭示的部分多得多。而且许多更有价值的素质,是通过隐性课程来培养的,而这些通过隐性课程来培养的素质是不可能被预先具体化的。例如,听了一场音乐会,能预期听众具体的素质提高吗?

　　3.　"生成性目标"取向

　　"生成性目标"是在教育情境中随着教育过程的展开而自然生成的课程目标。它是问题解决的结果,是人的经验生长的内在要求。如果说"行为目标"是在教育过程之前或教育情境之外预先制定的作为课程指令、课程文件、课程指南而存在的话,那么"生成性目标"则是教育情境的产物和问题解决的结果,是学生和教师关于经验和价值观生长的体会。所以,"生成性目标"最根本的特点就是过程性。

　　"生成性目标"的教育哲学思想可以追溯到杜威的"教育即生长"。杜威反对把某种外在的目的强加于教育,认为课程与教学目标非但不能对教育经验的结果预先具体化,反而是教育经验的结果。在他看来,教育就是儿童经验的不断改造,是儿童的生活和生长,生活、生长以及经验的改造就是教育的目的,只有将教育目的融入教育过程中,才能真正促进儿童的生长。杜威认为,良好的课程与教学目标应当源于儿童本身特定活动的需要,并能转化为受教育者的活动方法,它不是指向未来的结果,而是引导儿童现在生长和发展的手段,它是在儿童的活动中自然引发、生长出来的。

　　英国著名课程论专家斯腾豪斯的"过程模式"给出了"生成性目标"的另一种意义。斯腾豪斯认为,学校教育主要包括三个过程:"训练"过程、"教学"过程、"引导"过程。所谓"训练"就是学生获得动作技能的过程。"训练"成功了,学生便获得了操作能力。所谓"教学"就是学生获得知识、信息的过程。"教学"成功了,意味着学生获得了一定的知识信息。所谓"引导",是学生获得以知识体系为支持的批判性、创造性的思维能力,这是使学生进入知识本质的过程。他认为,真正的教育是使人更加自由,更富于创造性,因而教育的本质是"引导"。"训练"和"教学"可以用"行为目标"来陈述,而"引导"的本质恰恰在于其不可预测性,故不能用"行为目标"来表达。如果用"行为目标"来表达,会使知识工具化而丧失了知识的内在价值,也会使获得的知识支离破碎。他还认为,与批判性、创造性的思维能力相比,技能和知识信息都是次要的和工具性的,因此,"训练""教学"理应服从"引导"的过程。这样斯腾豪斯就用一般的发展目标(批判性、创造性思维能力)取代了"行为目标"。教师在开放的课程教学过程中就有了更大的自主性和创造性,成为教学活动的主体。正是基于这种认识,他提出了"教师作为研究者"的命题。

从教育哲学的层面分析，"生成性目标"取向本质上是对"实践理性"的追求，强调学生、教师在动态的教育情境中的交互作用，正是在这种交互作用中，不断产生出了课程与教学的目标。"生成性目标"是过程取向的。"生成性目标"取向取消了"行为目标"取向所存在的过程与结果、手段与目的之间的二元对立。在这里，课程与教学目标是学生在教育过程中，在与教育情境的交互过程中所产生的自己的目标，而不是课程开发者和教师强加的目标。学生有权力，也能够决定什么是最值得学习的。当学生从事与自己的目标相关联的学习时，他们对趋于目标的探究兴趣会越来越浓，同时还会产生出新的问题、新的价值感和对新的活动结果的设计。这个过程是持续不断的，因而，基于"生成性目标"取向的课程必然会促进学生的终身学习。

"生成性目标"取向存在的问题是过于理想化，具体表现在以下四个方面：① "生成性目标"意味着教师要能与学生进行有意义的对话，但大多数教师难以做到；② 许多教师不能运用互动性教学方法，因为这种方法的运用要求教师要付出更多的努力，而许多教师只是将教学视为一种工作，并没有将其作为自己的生活使命，同时也很难面对几十个学生展开对话；③ 学生自主学习的意识性并不是很强，需要教师的指导；④ "生成性目标"太开放了，在这样的教学活动中，学生不会去费神地学习较困难的系统学科知识。

4. "表现性目标"取向

"表现性目标"取向是美国学者艾斯纳提出的一种目标取向。"表现性目标"是指每一个学生在具体的教育情境中参与活动时所产生的个性化表现。当学生的主体性充分发挥、个性充分发展的时候，他在具体教育情境中的具体行为表现及所学到的东西是无法准确知道的。因此，"表现性目标"所追求的不是学生反映的同质性，而是反映的多元性。

艾斯纳的研究区分了课程计划中存在的两种不同的教育目标："教学性目标"和"表现性目标"。"教学性目标"旨在使学生掌握现成的文化工具。这种目标是在课程计划中预先规定好的，明确地指出了学生在学习活动之后应习得的具体行为（既有的学科知识与技能等）。"教学目标"对大多数学生来说是共同的。

"表现性目标"则旨在培养学生的创造性，强调个性化，因而超出了文化工具，且有助于发展文化。"表现性目标"不是表述学生完成学习活动后应当获得的行为，而是指明学生在其作业中的情境、学生将要处理的问题、学生将要从事的活动任务。但它不指定学生将从这些活动中学到些什么。"表现性目标"是在向教师和学生发出邀请，邀请他们探索、追随或集中争论他们特别感兴趣的或是重要的问题。"表现性目标"是唤起性的，而非规定性的。呼唤学生围绕他们感兴趣的主题，运用原来所有的知识进行扩展与深化，并使其具有个人的特点。所以"表现性目标"要求的不是学生学习反映的一致性，而是多样性、个体性。对"表现性目标"取向的学习效果不能像"行为目标"那样，追求目标与结果的一一对应关系，只能采用一种美学评价的模式，对学生的学习活动和结果进行一种鉴赏式的批评，应依其学习活动的创造性和个性特色检查其学习质量。

在艾斯纳看来，两种目标取向对课程教学来说都是需要的，只不过是用于不同的课程教学和评价过程。"教学性目标"适合于表述文化中已有的规范和技能，"表现性目标"则适合于表述复杂的智力性活动。

"表现性目标"本质上是对"解放理性"的追求。它强调学生的个性发展和创造性表现,强调学生的自主性和主体性,尊重学生的个性差异,指向人的自由和解放。

(四) 课程目标的确定

1. 确定课程目标的基本维度

学习者的需要、当代社会生活的需要以及学科的发展是课程开发的三个基本维度,也是课程目标设定的基本维度。对这三个基本维度关系的认识不同,反映了不同的教育价值观,并由此产生出"儿童本位课程论""社会本位课程论""学科本位课程论"三种典型的课程观。

(1) 学习者的需要

学习者的需要就是"完整的人"的身心发展的需要。学习者的需要是不断变化、不断生成、不断提升的,因而学习者发展的需要是动态的。学习者发展中的需要有些是学习者能够主观地、清晰地意识到的,也有些需要学习者一时并不能意识到,或不能清晰地意识到的,需要教师或其他人的帮助、引导,才能上升为学习者的自觉需要。

确定学习者需要的过程,本质上是尊重学习者的个性,体现学习者意志的过程,是学习者自主选择的过程。教师或其他人对学习者提供帮助,是对学习者的发展需要进行引导,以使其上升为学习者自觉需要的过程,而不是无视学习者的选择,强加成人意志的过程。

在确定学习者需要的过程中,常见的主要的问题是漠视学习者需要的个性差异,并把成人认为的学习者的需要等同于学习者自己的需要。

(2) 当代社会生活的需要

儿童的成长是一个不断社会化的过程,所以社会生活的需要必然成为课程与教学目标的一个来源。

对于社会生活的需要,可以从两个维度来分析:一是空间维度,一是时间维度。从空间维度来分析,社会生活的需要指儿童从其所在的社区到一个民族、一个国家乃至整个人类的发展需要。从时间维度来分析,社会生活的需要则是指当下的需要及社会生活发展变迁趋势和未来的需要。

将社会生活需要确定为课程与教学目标,至少应当贯彻三条原则:

一是民主原则。在将社会需要确定为课程与教学目标时,应当考虑"这究竟是谁的需要? 这种需要代表了社会哪个阶层的利益?"作为课程与教学目标的社会需要应体现社会民主和社会公平的原则。

二是民族性与国际性统一的原则。当代的课程与教学目标应当有国际视野,应当把本社区、本国家、本民族的需要与整个人类的需要统一起来。

三是教育先行原则。联合国教科文组织的报告《学会生存——教育世界的今天和明天》指出:"现在,教育在全世界的发展正倾向于先于经济的发展,这在人类历史上还是第一次……现在,教育在历史上第一次为一个尚未存在的社会培养着新人……有些社会已在开始拒绝制度化教育所产生的结果。这在人类历史上也是第一次。"[①]社会的发展告诉

---

① 联合国教科文组织国际教育发展委员会编,华东师范大学比较教育研究所译:《学会生存——教育世界的今天和明天》,教育科学出版社 1996 年版,第 35—37 页。

我们,教育已经不再只是社会的附庸,被动地适应社会的需要,不再只是维持现有的社会状态和再现过去的社会状态,而是预示着未来的社会状态,是在"为一个尚未存在的社会培养着新人"。所以教育不仅要适应当下社会的需要,更重要的是要超越当下社会的现实,走在社会的前头。因此,课程与教学目标就不仅只是反映当下的社会需要,更要反映未来社会发展的需要。

（3）学科的发展

人是一种文化的存在。人创造着文化并生活于文化之中,文化滋养着人的成长和发展。人永远是一个文化的人,只不过不同的人处于社会文化的不同层面。

儿童由一个自然人发展成长为一个社会人,其基本途径就是通过学校课程学习,获得学科知识,继承文化遗产。因此学科知识及其发展成为学校课程与教学目标的来源。

文化的基本构成和集中体现即是分门别类的学科。每一门学科都有着自己的知识结构、逻辑体系和思想方法,也会与其他学科之间发生关联。将这些学科知识进行教育心理学的加工,即成为学校各门课程与教学的资源。

将学科发展确定为课程与教学目标的来源,应当明确三个问题:

其一,知识的价值是什么? 知识的存在究竟是为了理解世界,还是为了控制世界? 人们创造知识是为了提升生活的意义,还是仅仅为了满足人的功利需求?"科技理性"的价值取向就认为知识的价值在于控制世界,追求功利。"解放理性"的价值取向则将知识的价值指向理解世界,以求与世界更好地和谐共存,提升生活的意义。

其二,什么知识最有价值? 斯宾塞曾持功利主义课程观,将"科学"视为最有价值的知识。人们在反思了科学功利主义的弊端后认识到:最有价值的知识是使生活的意义得以提升的知识,是使整个人类获得解放、社会不断趋于民主、公正的知识。这样的知识应当是科学精神与人文精神的整合。课程与教学目标也应当体现科学精神与人文精神的整合。

其三,谁的知识最有价值?"科技理性"认为科学知识是对客观现实的反映,是"客观真理"的化身,是"价值中立"的,是每个人都必须掌握的。当代,人们对"客观真理"的批判使人们认识到:知识是价值负载的,它负载着社会意识形态,负载并衍生着文化、种族、民族、阶级的差异和不平等,即使是自然科学,也执行着意识形态的功能。因此在确定课程与教学目标时,应当考虑知识所负载的价值是在推进社会的民主和公平,还是在维护社会的不平等。

2. 确定课程目标的基本环节

（1）确定教育目的

教育目的是培养人的总体要求,体现着教育的终极价值观,决定着课程与教学目标的内容、性质和方向。学校教育是通过课程与教学培养人的,所以确定课程与教学目标要首先弄清楚要把学生培养成什么样的人。

（2）确定课程目标的基本来源

确定课程与教学目标的基本来源,其实质是确定课程开发的价值取向,是确定学习者的需要、社会生活的需要、学科发展的需要三者谁为课程开发的基点,是确定三种需要谁优先,还要确定如何处理好三者之间的关系。对三种需要处理方式不同,就形成了不同的课程与教学目标向度观。从已经确定的课程与教学目标中,我们也可以看到,课程开发的价值取向,究竟是儿童本位课程,或者社会本位课程,还是学科本位课程。

（3）确定课程目标的基本取向

就是在"普遍性目标""行为目标""生成性目标""表现性目标"之间进行选择，或确定处理这几个目标取向之间关系的思路。究竟是大一统的教育要求，是强调对学生的控制，是强调学生学习的过程，还是强调学生具有创造性的个性化的学习？对这些问题的认识和回答，是确定课程与教学目标的关键。

（4）确定课程目标

所谓确定课程目标，是指具体建构课程目标体系，即确定培养目标、课程教学目的、学期教学目标、单元教学目标、课时教学目标，以指导课程教学。

第二节　课程设计与开发

一、课程设计与开发概述

（一）课程设计与课程开发的含义

"课程设计是指拟定一门课程的组织形式和组织结构"，既包括基本价值的选择又包括具体技术上的安排和课程要素的实施。与课程决策相比，课程设计关注更多的是课程自身的原理与内部各要素的关系，它是在课程决策指导下的对课程内部要素的平衡与协调。

课程开发是指根据一定的价值取向，选择、组织课程内容，确定实施流程和评价方式的活动。具体包括教科书和教学材料的编订与选择、教学参考资料与教具的配备以及基本的操作程序和评价手段的确立。

（二）课程设计与开发的理念

课程设计的基本理念主要体现为：① 实在性。即为实在的人服务，从学生的需求可能发展规律出发去设计课程。② 整体性。即为整体的人服务，促进学生全面发展。③ 活动性。人是一个活动的存在，因而课程必须给学生提供智力、情感和身体活动的空间。④ 发展性。即课程必须致力于最大限度地促进学生的身心发展。⑤ 多样性。人是一个复杂多样的存在，课程必须具有多样性以适应个体差异。⑥ 动态性。社会与人都是不断发展变化的，因而课程设计也应该是动态的、发展的。

（三）课程设计模式

1. 学科中心设计

学科中心设计是以体现人类文化科学知识精华的学科为中心设计课程。学科中心模式的理论假设是：学校教育的目的在于把人类千百年来积累的文化科学知识传递给下一代，而这些文化科学知识的精华就包含在学校设置的各门学科里。学科中心设计有三种基本形式：① 科目设计。科目设计就是把课程组织成许许多多的科目，每一门科目有意识地阐述专门的同质的知识体系。② 学科设计。学科设计以内容的内在组织形式为依据,强调标准的专门化,以此把知识体系确立为学科,而不像科目设计只是占有材料和信息。③ 大范围设计。大范围设计又称综合学科设计,它通过把两门以上有关的科目合并成单一的大范围教程,试图克服科目课程的破碎形式与对知识的分裂。

2. 学习者中心设计

学习者中心设计主张以儿童的兴趣、需要和动机为中心设计课程(活动或经验课程)。其主要特征有三:第一,课程的结构要由学习者的需要和兴趣来决定;第二,在课程实施中形成课程结构;第三,把重点放在所学习问题的解决过程上。

3. 问题中心设计

问题中心设计是以学生生活或社会问题为中心来设计课程。社会改造主义者较早倡导这种设计方式,其课程代表为核心课程。问题中心设计的主要特征有:其一,强调内容的统一性和实用性以及对学生和社会的适用性。其二,课程内容主要来自周围的社会生活和人类不断出现的问题,学生积极参与学习,具有相当强烈的内在动机。其三,通过积极的方式认识社会和改造社会。

二、校本课程开发

(一) 校本课程开发的理念

1. 民主决策

从课程管理和课程决策角度审视,校本课程体现出决策民主化的理念。校本课程的出台首先涉及课程决策权力的分配问题。在国家课程开发模式中,课程的决策权基本集中于国家中央教育机构,课程计划、课程标准、教科书都由国家统一制定和修正,地方和学校只需忠实执行这种课程决策即可,自身并没有太大的自主权。这种中央集权的课程决策体制,由于忽视了地区的差异性、学校的差异性、教师和学生的差异性,很容易在具体的实施过程中导致课程理念的失真。

链接

美国学者古德莱德在探讨课程开发问题时,明确地指出,课程开发是一个动态运作的过程,在具体的运作过程中随着开发主体的不同,存在五种不同形态的课程:① 理想的课程,即指由一些研究机构、学术团体和课程专家提出应该开设的课程;② 正式的课程,即指由教育行政部门规定的课程计划、课程标准和教材,也就是列入学校课程表中的课程;③ 领悟的课程,即指任课教师所领会的课程;④ 运作的课程,即指课堂上实际实施的课程;⑤ 经验的课程,即指学生实际体验到的东西。这几种课程形态是相互承接的关系,忽视其间的差异,都会导致课程开发的异化。[①]

---

① 施良方著:《课程理论——课程的基础、原理和问题》,教育科学出版社1996年版,第9页。

综观历史上各次失败的课程改革,有一个重要原因是漠视了理想课程与现实课程的差异。校本课程的特点恰恰弥补了这种缺陷。具体来说,校本课程的民主决策特点,表现在以下两个方面:

第一,决策体制民主化。我国20世纪90年代以前,课程决策权基本集中于国家教育主管部门。教学计划由国家教育部颁发,各省、市教育主管部门可结合地区实情适当调整。调整后的教学计划方案必须报国家教育主管部门备案。各省、市教育主管部门调整后的教学计划方案,学校必须严格执行。这种单一主体的课程决策模式,仅仅强调教师的责任,而忽略了教师的权利,因而导致广大中小学教师缺乏参与课程开发的积极性,许多教师往往把课程开发视为与己无关的事情,没有意识到进行课程开发是自身的权利和责任。从90年代以后,我国开始逐步施行课程三级管理体制,即课程决策权由国家统一控制,转为国家、地方、学校协同控制。三级课程管理政策的出台,标志着我国基础教育课程管理权力下放的进程迈出了实质性的一步,由原来高度集中统一的管理模式转向权力分享、责任分担的课程管理模式。其中,校本课程的提出意义尤其重大,它充分肯定了学校开发课程的自主权,肯定了教师在课程开发中的地位,因此集中反映了课程决策民主化的特征。

第二,决策主体民主化。校本课程开发的原则是立足学校、为了学校、在学校中。它主张从学校整体发展的角度考虑课程开发方案,这种要求和特点决定了学校教师不仅是校本课程的开发者,而且是其中的主力军。只有教师最清楚学校的问题与需要,因此吸纳教师参与校本课程开发,可以保证校本课程的合理性和可行性。但是在现实的开发过程中,由于教师缺乏一定的理论素养和开发技能,所以很难保证校本课程的科学性,因此有必要引进课程专家进行合作研究。课程专家是掌握校本课程理论和技能的专门人才,他们能够利用自身的理论优势,为校本课程的编制、实施和评价提供咨询服务或技术指导。此外学生家长的作用也不可忽视。学校教育的许多理念如果不能被家长理解和接受,那么在它施行的过程中会遇到许多阻力。因此,在校本课程开发中,要充分发挥家长的监督与建议作用。在校本课程开发过程中,也要适当考虑学生的意见,并争取社区的配合。

2. 教师本位

从教师发展角度出发,校本课程的理念体现教师本位的特征。课程的变革,从某种意义上说,不仅仅是变革教学内容和方法,而且也是变革人。比较而言,校本课程开发更重视教师的发展,在校本课程开发过程中,课程开发仅仅是一种手段,教师发展才是目的。在校本课程开发过程中,教师本位的理念主要体现为以下一些方面:

第一,教师应该参与课程决策。课程决策是指根据课程与社会的发展以及课程与人的发展关系对"有关教育或社会化的目的和手段的一种判断",[①]以及判断之后所确定采取的相应的方针与策略,一般表现为课程目标形态的确立。课程决策是对预期产生结果的规划,它的决策依据既是理论性的,又是情境性的。"课程决策的理论基础来源于哲学、社会学和心理学等学科,还来源于课程教育学的应用领域。情境资料来自一定的教师、学

---

① 江山野主编译:《简明国际教育百科全书·课程》,教育科学出版社1995年版,第143页。

习者、学科内容和学习环境等特征和相互作用。"课程决策的这种特性决定了其课程决策主体既包括课程理论工作者、学科专家,同时也应该包括教学第一线的教师代表,他们之间是内在统一的。课程理论工作者、学科专家的理论素养与专业背景能够保证课程决策的科学性与规范性,使决策对课程实践具有普遍的指导意义,他们是理想课程与官方课程的代言人;而教师作为课程实践的直接参与者,他们对教学实践具有大量具体而丰富的感性认识,他们最清楚"学生需要学习什么"以及"学生能够学些什么",即他们理解现实的课程应该是怎样一种形态,因为他们是现实课程的操作者。二者有机结合既能保证课程决策科学性与可行性统一,又能促使教师深刻理解与把握课程理念的精髓并有效运用到课程实践之中。

第二,教师是课程设计的主体。"课程设计是指拟定一门课程的组织形式和组织结构"[1],它既包括基本价值的选择又包括具体技术上的安排和课程要素的实施。课程设计的依据包括知识、学生与社会三个维度,依据的标准不同则最后实现的目的将有很大差异。但是"在实际中极少有纯粹的建立在理论层次上的设计,学校教育的现状要求变化与折中"[2]。设计的这种特性决定了在其具体的设计过程中,教师成为课程设计权利主体的可能性。

第三,教师是课程实施的指导者。课程实施是一个把课程开发的设想与计划转化为实践,取得具体的课程成果的过程,是师生双方相互作用的过程。教师是课程实施的关键人物,但学生也不是沉默的"他者"。学生作为言说与发展的主体,他的积极性与主动性的发挥,是影响教学质量和保证课程设计有效落实的关键。如果教师只是一味依据早已设计好了的课程进行教学,那么学习质量必将受到损害。因此,在课程实施过程中,教师应当适当"放权"。校本课程开发强调尊重学生的需要与兴趣,强调了解学生的差异和心理特点,这就必然要求教师做到心中要有学生。

第四,教师是课程评价的判定者。课程评价是负责任的课程发展的逻辑需要。作为课程运作这个复杂的、开放的系统的一个环节,它的职责是对课程决策、设计与实施的科学性和合理性做出判断,并且提供矫正和控制信息。课程评价是一个复杂的系统,从制定指标到收集资料到做出判断,关涉了许多不确定因素。课程专家仅能从宏观、抽象的层次进行把握与控制。而在具体的微观层面,教师最有发言权。教师参与了课程决策与设计,是课程实施的骨干力量,他们最清楚理论在落实的过程中所出现的偏差与问题,所以他们应成为课程评价的判定者之一,这是他们应有的权利与职责。

3. 问题指向

校本课程立足于学校现状,直面具体的学校实践,以解决学校面临的问题为要义。校本课程的这种性质与定位,决定了其问题指向的价值追求。具体来说,问题指向的教育理念体现在以下几个方面:

第一,目的是为了学校。校本课程的开发,不是为了增加一种新的课程形态,不是为

---

[1]　江山野主编译:《简明国际教育百科全书·课程》,教育科学出版社1995年版,第1页。
[2]　江山野主编译:《简明国际教育百科全书·课程》,教育科学出版社1995年版,第2页。

了解决具有普遍意义的理论问题。它的指向非常明确,那就是直面在具体学校中的具体问题,通过这些问题的解决,来提升学校的办学水平与办学质量。

第二,研究力量在学校中。在校本课程的开发过程中,由于我们的主要任务是解决具体学校中存在的问题,这就决定了教师应该成为课程开发的中坚力量。由于长期生活在学校中,教师对学校的实际问题有着深刻的感受和体验,对学校的发展有着深刻的忧患意识和高度的责任感,由他们来进行校本课程开发,不但能够使成型的方案更加合理、可行,同时也能使本校的教师在课程开发的过程中不断提高自身理论素养与主人翁精神。

第三,活动开展基于学校。基于学校,意指要从学校的实际出发,所组织的各种培训、所开展的各类研究、所设计的各门课程等,都应充分考虑学校的实际,发掘学校蕴藏的种种潜力,让学校资源更充分地利用起来,让学校的生命活力释放得更彻底。

(二) 校本课程开发方式

校本课程开发存在两种形态:一种是"校本课程"的开发,另一种是"校本的"课程开发。前一种校本课程开发的形态是国家在课程计划中预留 10%～25% 的余地,让学校自主地进行新的课程开发。在这里"校本课程"是相对于"国家课程""地方课程"而言的一种课程板块。后一种校本课程开发的形态是学校在符合国家核心课程标准的情况下,对学校的所有课程进行校本化建设。在这里,既有对国家或地方开发的课程进行适应性改编,也有学校自主开发的课程。因此,这种校本课程开发包含了对学校所有课程的一种整体开发。

具体来说,校本课程开发的方式有如下几种:

1. 课程选择

它是指学校教师根据本校的实际情况,对国家课程进行有计划的选择,具体内容包括选择开设的科目、选择教材的版本、选择指导资料,等等。例如,目前我国所编制的教材在很大程度上都具有"城市化"倾向,教材中的许多事例对农村中学的学生来说,根本无法理解。在这种情况下,教师在保证基本教学目标的基础上,完全可以根据学校与学生的实际,调换一些更实际的事例,来帮助学生理解。

2. 课程改编

校本课程所涉及的课程改编具有两层含义:一是对国家规定的核心课程的某种形式进行改造以适应具体的学校实际;二是对某些引进的课程进行翻译和本土化的改造。改造的要素包括目标厘定、内容选择、内容组织、学习经验和学习资料,目的是通过这些要素的改编使引进的课程更适合自己的社区、学校和班级。课程改编比起课程选择,对教师的要求进一步提高,它不但要求教师对本校、本班的实际情况有比较透彻的了解,而且要求教师能够准确把握课程标准的基本要求,并据此对现有课程进行有目的的系统性改造。

3. 课程综合

课程综合是指把知识体系中的同类学科综合成单门课程,或者用跨学科的方法,在不同学科知识之间建立有机的联系。在学校实践中,人们常常会发现这样的情况,许多学校的课程包括许多科目,而许多科目之间又存在着相互重复的现象,从而导致知识的碎片化,学生的负担也随之加重。因此,有必要对不同学科知识体系中的共同要素进行综合。这种课程改造的现象就被称为课程综合。

链接

> 中学物理课程包括了力学、光学、电磁学、热力学、核物理学方面的知识,在传统"知识本位"的学科课程体系中,虽有综合的表征,但因其过分强调学科的逻辑体系,而使其功能的发挥局限在"僵化""孤立"知识的获取上。一旦我们把它作为一种综合课程进行组织,虽然课程形态没有太大变化,但因其教育理念的更新和知识组织模式的变化,而使其具有了知识内在统一的特点和意义生成的功能。这时,课程中任何一个知识点的学习,都不再是一个孤立的、静止的圆点,而是无限延伸链条中的一环。这种方式对于减轻学生的负担,培养学生的综合素质具有积极的作用,因此课程综合化,也就顺其自然地成为本轮课程改革的亮点之一。[①]

4. 课程新编

课程新编也就是我们许多人所理解的"校本课程"的开发方式,它是指学校在分析学校现有的环境、教师素质、生源质量、社区条件等基础上,以本校教师为主体力量所开发的课程项目或单元,学校自编教材,或自行设计具有本校特色的活动专题。

链接

> 江苏锡山高级中学,以"做站直了的中国人"为办学的指导思想,开发了一系列的校本课程,具体的门类包括:阅读技能、英语听力、心理辅导、研究性学习方法、人文素养类课程、科学素养类课程、身心健康类课程、生活职业技能类课程,等等,经过几年的实验与改革,在办学水平、质量与特色方面都取得了长足的进步。[②]

(三) 校本课程开发条件

1. 明确的办学理念

任何学校,都有其独特的文化历史背景,都有其独特的办学条件。在校本课程开发过

---

① 段作章等著:《基础教育课程改革透视与展望》,安徽教育出版社 2003 年版,第 99 页。
② 段作章等著:《基础教育课程改革透视与展望》,安徽教育出版社 2003 年版,第 100 页。

程中,寻找特色并不是一件很难的事情,问题是这种特色背后所蕴含的教育理念是不是适合本校实际,是不是本校长期一以贯之的东西。在校本课程开发过程中,要静下心来,仔细梳理本校的办学条件、办学经验、办学宗旨,从而明确本校的办学理念是什么,以此为基点,进行校本课程开发。

2. 团结的教师队伍

校本课程的开发需要充分分析本校的办学宗旨、学生的学习需求、教师的现有水平,需要充分利用学校及社区的资源。仅靠某个教师的个人力量是不够的,需要一个协作的、团结的教师队伍来积极参与。一方面,教师要对校长的决策与领导给予理解、支持和监督,校长要为教师的改革创造良好的氛围与条件;另一方面,全体教师,要分工协作,精诚团结,共同为校本课程的开发出谋划策。

3. 合理的评价机制

校本课程的开发与国家课程的开发有所不同,它更强调特色,张扬个性。学校应该根据实际情况,建立一套合理的评价机制,这样才能保证校本课程有序的发展。

4. 充分的资源基地

校本课程开发要求学校充分利用和整合学校内外的各种资源。资源的利用与整合是校本课程开发的前提和基础。缺乏课程资源的支持,校本课程开发将是无源之水、无本之木。学校在进行校本课程开发过程中,要建立丰富的课程资源基地。一方面要对校内外现有的资源,进行充分的挖掘和利用;另一方面要根据需要,积极创设条件,引进和创造新的课程资源。

5. 配套的保障制度

教师课程意识的养成和课程开发能力的获得,需要新的培训机制,如校本培训就是一种理想的选择。这就要求社会和学校创造一定条件,为校本培训的开展提供可能。此外,教师进行校本课程开发,还需要有空闲的时间和一定的经费支持。缺乏时间和经费的支持,校本课程的开发只能是一种美好的愿望而已。

(四) 校本课程开发程序

1. 斯基尔贝克的程序

斯基尔贝克认为,校本课程开发应该遵循五大步骤:第一步,分析学校情境;第二步,根据情境分析的结果拟定适切的目标;第三步,建构适切的课程方案;第四步,进行解释与实施;第五步,进行追踪调查与方案重建。

在斯基尔贝克的校本课程开发程序中,有一个特别需要说明的步骤就是情境分析。这里所说的情境分析包括校外、校内两方面的因素。在校外因素中应当考虑:① 社会与文化的变迁、家长的期望、雇主的要求与社区的价值观;② 教育系统中教育政策的变革、考试制度的改变、教育研究的发展;③ 学科的知识内容与教材教法的革新;④ 教师支持系统如教师教育机构或研究机构的可能贡献;⑤ 社会资源的情形。

在校内因素方面,应当分析下面一些情况:① 学生的身心发展、兴趣、能力与需求;

② 教师知识、能力、态度、价值观与经验;③ 课程现状与优缺点;④ 学校气氛与权力结构的关系;⑤ 学校内相关资源的配合。

2. "经济合作与发展组织"的程序

"经济合作与发展组织"所提出的校本课程开发程序与斯基尔贝克的校本课程开发程序不同之处在于,它在进行校本课程开发的过程中,更注重学生的兴趣、需要与背景,学生的情况是其开发课程的出发点与立足点。它的开发程序概括起来有八个步骤:① 分析学生;② 分析资源与限制;③ 制定一般目标;④ 制定特殊目标;⑤ 确定方法与工具;⑥ 评价学生的学习;⑦ 分配资源、人员、设备与时间;⑧ 实施、评价与修订。

这一校本课程开发流程考虑的因素比较细致,涉及的要求比较具体,而且程序比较复杂,如果缺乏专业人员的参与,很难保证其开发的科学性与合理性。它比较适合那些办学相对成熟、有校外研究机构支撑和参与的学校运用。

3. 塞勒等人的程序

课程改革专家塞勒等人提出了校本课程开发的"问题解决模式",这种模式以特定的教育现场为焦点,强调学校与教师的主动参与、运用民主决策,解决学校与教室中的课程问题。具体步骤为:① 感知问题;② 分析问题;③ 确立目标;④ 寻找解决途径;⑤ 找到解决对策;⑥ 采用或改编现成课程或新编课程;⑦ 开始使用;⑧ 评价;⑨ 继续采用。

这种课程开发程序强调学校实际、问题解决和校内外课程资源的合理开发与利用,因此比较暗合校本课程的精神实质。而且,这种开发模式尽管从表面上看程序比较复杂,但在具体的操作过程中,简便易行,因此比较适合大多数学校的情况。

三、综合实践活动课程开发

(一)综合实践活动课程的含义

综合实践活动课程是在教师引导下,学生自主进行的综合性学习活动,是基于学生的经验,密切联系学生自身生活和社会实际,体现对知识的综合应用的实践性课程。综合实践活动课程作为一种活动类的综合课程,是一种以学生的经验和生活为核心的实践性课程,是学科课程与知识类综合课程的一种补充形态。

(二)开设综合实践活动课程的意义

综合实践活动课程是近代社会的产物。20 世纪 90 年代以来,在课程综合化浪潮的影响下,世界各国纷纷出台各种举措,推出各种形态的综合实践活动课程。法国强调"动手做",美国推行"设计学习"和"应用学习",日本实施"综合学习时间",我国的台湾则开设了"综合学习活动"。当然由于各自改革的背景与要求不一样,其开设综合实践活动课程的目标也各有侧重。美国中小学"设计学习"与"应用学习"的总体目标是:满足个人需要,为其改进个人生活、适应社会发展提供可能;关注社会问题,培养有社会责任感的公民;培养研究意识,掌握研究的一般技术与能力,为其从事学术工作做好准备;形成开放的、多样的职业意识与素养。日本的"综合学习时间"的总体目标是:培养学生丰富的人性和社会性以及作为国际社会中生存的人的意识;培养学生发现问题、自主学习、独立思考、主体性地判断以及更好地解决问题的素质和能力;回归生活世界,培养学生具有健康的身心、自律意识、关心同情他人的情感与品德,以及与他人合作的能力。我国台湾的"综合活动"则强调培养学生十种基本能力:了解自我与发展潜能;欣赏表现与创新;生涯规划与终身学习;表达沟通与分享;尊重关怀与团队合作;文化学习与国际理解;规划组织与实践;运用科技与资讯;主动探索与研究;独立思考与解决问题。

各个国家和地区的综合实践活动课程的名称尽管不相同,目标的侧重点也有所区别,但是有一点是共通的,即通过开设此类课程使学生摆脱"象牙塔"的制约,走向社会,走向真实的生活场景,拓宽学生的知识视野,培养学生的创新能力、实践能力和社会责任感。也就是说,传统单一的学科课程模式虽然在系统传递人类所积累的科学文化知识方面发挥了重要作用,但是,它的局限在于不能把一些"即时性""开放性"和"体验性"的知识纳入课程体系之中,不利于培养具有现代精神的合格公民。因此,建立立体性的课程体系,增开综合实践活动性质的课程成为各国必然的选择。

(三) 综合实践活动课程开发理念

我国于 2001 年启动的新一轮课程改革提出了开发综合实践活动课程的三大理念:① 坚持学生的自主选择和主动探究,为学生个性充分发展创造空间;② 面向学生的生活世界和社会实践,帮助学生体验生活并学以致用;③ 推进学生对自我与社会及自然的内在联系的整体认识与体验,谋求自我、社会与自然的和谐发展。

(四) 综合实践活动课程的领域

综合实践活动课程的领域主要有四个方面,即研究性学习、社区服务与社会实践、劳动与技术教育、信息技术教育。

1. 研究性学习

研究性学习又称探究性学习。从广义理解,研究性学习泛指学生主动探究的学习活动。它是一种学习的理念、策略、方法,适用于学生对所有学科的学习。从狭义看,作为一门独立的课程,研究性学习指在教学过程中以问题为载体,创设一种类似科学研究的情境和途径,让学生通过自己收集、分析和处理信息来实际感受和体验知识的生产过程,进而了解社会,学会学习,培养分析问题、解决问题的能力。

真题链接

11. 从课程形态上看,当前我国中学实施的"研究性学习"属于(　　)。

　　A. 学科课程　　　　　　　　　　B. 拓展性学科课程

　　C. 辅助性学科课程　　　　　　　D. 综合实践活动课程

【答案】　D。

案例分析

分析以下案例,概括研究性学习的特点。

新西兰的中学科学课程中,每学期都有两周共 10 节课的时间,供学生进行专题学习活动。案例时间是 1988 年 7 月临近期末之时,新西兰汉密尔顿 (Hamilton) 市一所普通公立中学的初三班。活动开始之前,教师只是简单地交代,接下来的两周是专题学习时间,请全班学生共同做一个探究,做什么,怎么做都由学生们决定,只要与科学有关系,又有条件能做好就行了。老师建议,学生们可先分组设想有什么可以做的课题,然后再一起讨论决定研究课题。按照老师的建议,第一、二节课,全班学生(28 人)分成 8 组提设想,大家海阔天空地想了 20 多个题目,然后再分为 4 组进行讨论,每组选定一个自认为最合适的课题,最后由每组选出一名代表报告他们的课题和设想,全班同学一起比较、评议,再投票决定选择哪一课题。在这两节课中,老师在各个组巡回,主要是听学生的讨论,有时向学生提出一些实际问题,启发学生思考课题的实际可行性。如:做你们建议的课题需要什么器材? 要多长时间? 花多少钱? 有没有安全问题? 有一组学生想分析橄榄球运动员在比赛过程中的碰撞问题,请老师帮忙出主意。老师就要他们想想物体的碰撞有多少种情况,橄榄球运动员的碰撞应属于什么情况,碰撞有什么规律,到什么书上可以找到有关的资料,等等。

经过这样的讨论和投票,学生们决定做"市场上哪个牌子的洗衣粉洗涤效果最好"这一课题。下来的两节课,学生们分组讨论探究的方案,在许多问题上都发生了激烈的争论,如:市场上最常见的洗衣粉有哪些,要用什么规格的洗衣机进行洗涤,用什么样的洗涤程序,水温多少,洗衣粉应放多少,用什么样的布作为洗涤对象,等等。各小组讨论的问题不尽相同,也不全面,但全班的问题汇在一起,就把有可能发生的情况都考虑到了。如:在讨论洗什么的问题时,开始有人提议洗校服,但是,校服有新旧、大小,不行,被否决了;后来又提议用一般衣服、用几块不同的旧布,等等,都由于难以控制实验条件而被否决了;不过,同学们也觉得,用布比用衣服容易保证实验条件相同,因此决定用布,并不断补充控制条件,如:布要都是新的,颜色相同,大小一样,再弄得一样脏;但都用浅色布也不行,不能全面说明洗涤效果。最后,他们买了 5 块颜色深浅不同的布,截成同样大小,弄得同样脏,然后用相同型号的洗衣机在同样的水量、温度、程序、洗衣粉量之下洗涤。又如,在比较洗涤效果时,应把布一起放在光线相同的地方,相互比较,再与一小块没有弄脏过的同颜色新布做比较,等等。

根据超级市场提供的资料,学生们选了 4 种销量最大的洗衣粉进行比较。因为学校里没有 4 台相同的洗衣机,就让几位同学带回家中去洗,还派了监督人,保证洗的方法程序符合预先计划安排。第一次洗出来的结果怎样也看不出差别,有的同学就打算下结论。这时,老师就提醒大家注意,是否这样一次实验就可以下结论了,全班又进行讨论。大多数同学认为只做一次实验,洗衣粉的用量只有一种,下结论太早了。于是决定逐步减少洗衣粉的量,再重复做实验。前几次结果都看不出差别,直至第4次才看出差别。

然后,老师要求每个小组写一份研究报告,要写明研究的问题,为什么要做这一研究,做的方法和过程,对比的方法和过程,得到什么结论。报告是集体讨论写出来的,全部张贴在教室里,让学生们比较,哪一份有什么优点,选出最好的一份,并让这个小组把别人的优点都吸收过来,得出一份代表全班的报告。利用教师周会的时间,该小组的3名学生向全校老师做了一次很生动的报告。一个月后,新学期开始了,老师提醒学生看看上学期的活动有没有影响。怎样做老师没有说,同学们经过讨论,决定对老师们进行调查。他们在校门口给老师发调查表,内容是"你最近有没有买洗衣粉? 如果买了,买的是什么牌子?"结果,买洗衣粉的老师中有80%买了他们证明洗涤效果最好的那种。①

2. 社区服务与社会实践

社区服务与社会实践强调学生走出教室、走出校园,直接参与并亲历各种社会生活和社会活动领域,参与社区和社会,开展各种力所能及的社区服务性、公益性、体验性的学习,以获取直接经验、发展实践能力、增强社会责任感。这个研究领域比较注重学生社会适应能力、社会参与意识和公民责任感的培养。

3. 信息技术教育

在综合实践活动课程的构成中,信息技术教育的主要目标在于全面提高中小学生的信息技术素养,帮助学生掌握基本的信息技术知识和技能,使学生具有获取信息、传输信息、处理信息和应用信息解决问题的能力,进而使学生能有效利用信息技术作为支持其他学科的学习和终身学习的工具。

4. 劳动与技术教育

1981年4月,教育部在《关于全日制重点中学教学计划试行草案的说明》中指出:"中学阶段开设劳动技术课,进行劳动技术教育,使学生既能动脑,又能动手,手脑并用,全面发展。"② 2001年启动的新课程改革将劳动与技术教育与信息技术教育、研究性学习、社区服务与社会实践整合在一起,不但从制度和时间上为劳动与技术教育提供了一定的空间,而且劳动与技术教育的内容也因为更贴近生活,从而更易为人们接纳和认可,这项内容的有效开展能够保证学生获得积极的劳动体验,养成良好的技术素养。

(五) 综合实践活动课程的定位

从课程的组织形态划分,课程可以分为学科课程、相关课程、融合课程、广域课程、核心课程、活动课程。综合实践活动课程作为一种以学生的经验和生活为核心组织起来的课程形态,是综合化程度最高的课程形态,它是以学习者的直接经验为基础而对学科知识

---

① 冯新瑞:《探究性学习的特点——一个国外案例的分析》,载《课程·教材·教法》,2002年第5期。
② 王道俊、王汉澜主编:《教育学》,人民教育出版社1989年版,第473页。

的综合运用,是对学科逻辑体系的超越。其中,学习者的经验是课程组织的逻辑基点,学生的实践活动是课程开展的主要形式,而主题则是综合实践活动课程的课程表征。它完全打破了分科课程的框架制约,使课程直接面向学生的生活世界、面向学生的探究活动,强调学生在自我的实践活动中实现知识、经验的整合。这种课程在一定程度上克服了传统教育的某些弊端,更有利于学生个性的彰显。

(六) 综合实践活动课程的开发程序

1. 制定目标

新课改提出了综合实践活动课程开发的五个总目标:① 获得亲身参与实践的积极体验和丰富经验;② 形成对自然、社会、自我之内在联系的整体认识,发展对自然的关爱和对社会、对自我的责任感;③ 形成从自己的周遭生活中主动发现问题并独立解决问题的态度和能力;④ 发展实践能力,发展对知识的综合运用和创新能力;⑤ 养成合作、分享、积极进取等良好的个性品质。中学教育工作者在进行综合实践活动课程开发时,要以总目标为指导,将目标具体化。

2. 设计主题

主题是综合实践活动课程各种具体活动的核心问题。主题设计得合理、科学与否,将直接决定综合实践活动课程开设的质量。当目标确立以后,学校接下来的工作就是梳理与盘点各种现实因素,设计相应的主题。一般来讲,在进行主题设计的过程中,应考虑的问题有:学生已有的知识和经验、兴趣与爱好、年龄特征与心理特征、现有生活状态,学校的办学传统、硬件与软件条件、师资力量、生源素质等,家长的文化素质以及对活动的支持程度,社区的机构、设施以及可能的配合力度等。然后通过分析与整合,从某一个具体的侧面切入,形成一个综合实践活动课程的主题领域。

3. 选择活动方式

综合实践活动课程常用的活动方式包括游戏、探究、交往、表现等形式。在具体的开发过程中,需根据学生的特点与活动的性质,选择最合适的方式。[①]

(1) 游戏活动方式

这种方式比较适合低年级儿童,它强调要根据儿童爱玩的天性,引导儿童在活动过程中体验学习的乐趣,了解活动规则,从而对自我与自然、社会、他人的关系形成初步的认识。一般来讲,运用游戏方式开展综合实践活动课程,需遵循三个程序:尊重儿童意愿;确立游戏内容;布置活动场景。

(2) 探究活动方式

一般来讲,探究活动方式的运行过程包括七个步骤:活动组织与布置;提出真实问题;提出假说;收集资料和实"事";解释与论证;得出结论、形成报告;交流与表现。

(3) 交往活动方式

综合实践活动课程强调学生走出课堂、走出校园,走向广阔的社会之中。在这一过程

---

① 李臣之:《综合实践活动课程开发》,人民教育出版社 2003 年版,第 213 页。

中,学生必须面对与人进行对话和交流的情况,无论是调查、实验还是参观、访问,学生采用的活动方式主要是交往,因此交往活动方式也是综合实践活动课程的一种常用形式。一般来讲,在运用交往形式开展活动的过程中应把握四个环节:情境创设;呈现主题;活动交流;归纳内化。

(4) 表现活动方式

综合实践活动课程的宗旨不在于追求一个最终的结果,而是力图在活动的过程中养成学生的探究意识和创新精神。在组织活动的过程中应协调各方面关系,注重学生的表现行为,为学生的表现活动创造一个自由的舞台。一般来讲,综合实践活动课程在运用表现活动形式的时候应遵循下面的运作程序:

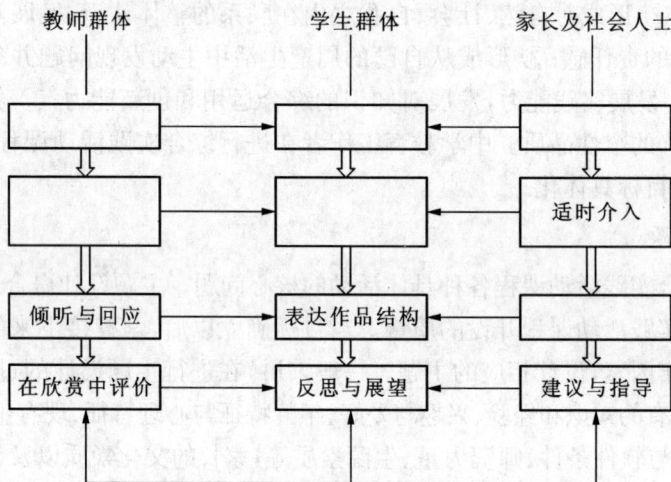

图 5 - 1 综合实践活动课程运作程序

第三节 学校课程领导

学校课程领导基本理论主要涉及学校课程领导的概念、学校课程领导的内容、学校课程领导的主体和学校课程领导的策略等基本内容。

一、学校课程领导的概念

(一)学校课程领导定义的类型

研究者们从不同角度对课程领导的理解和把握,为我们揭示课程领导的内涵奠定了基础。

1. 从课程领导功能角度定义

萨乔万尼主张,课程领导是将学校发展成为课程社群,通过为学校成员提供必要的基础支持与资源,充实教师的课程专业技能,发展优质学校教育方案,促进教师间的交流与观摩,促使学校形成合作的文化,以实现达成卓越教育的目标。

格拉索恩将课程领导定义为:发挥功能使学校的各组成部分达成增进学生学习品质的目标。

埃维和罗奇指出课程领导的定义为:结合学校课程与教学,注重学生的改进,强调教师的专业发展。

2. 从课程领导者角色、任务角度定义

安诸斯和史密斯站在课程领导者的视角,主张课程领导者要正确处理好学校与教师的关系,要在学校实施权力分享,调动广大教师参与决策的积极性,促进学校全体成员形成伙伴式的团队精神,同时促进教师实现专业发展。只有这样,才能实现课程领导。

豪认为课程领导者是引导学校课程发展、改进、实施和评鉴的设计者。

黄显华主张课程领导是课程领导者对课程的开发技术和文化的领导,通过转变学校陈旧落后的思想认识,形成新的教师观、学生观、教学观、知识观、学习观等,改进学校各级组织,促进教师专业发展,提高课程开发的质量。

克鲁格从五个方面对课程领导下定义,分别是订立愿景、管理课程及教学、监督教学、监控学生进度、创造并提高教与学的气氛。

3. 从课程领导与课程管理区别角度定义

钟启泉认为,课程管理是在学校上级行政部门的"监控""管制"下,根据指令围绕学校的课程展开活动和运作,课程管理的动力来自上级、来自外部;而课程领导的动力是学校课程领导者自身,通过对学校的日常课程实践活动发挥创造力,使学校课程得以创造性地实施,同时促进学校组织自主地、有效地运行。对比课程领导与课程管理,不难发现课程领导是一种强调人性化、合作性的组织管理协作系统,推崇将领导权力分布于团体成员的分布式领导,突出领导主体的多元化,十分注重权力的分享,反对传统的、自上而下的体制束缚和权力掌控。

4. 从课程领导作为活动或行为角度定义

高博诊主张,课程领导是学校组织通过课程设计、课程组织、课程选择、课程实施和课程评价等一系列过程,实现校长与师生的相互作用,有效达成课程既定目标、提高教师的教学技能、增进学生学习成效的一种活动。

杨明全认为,课程领导是旨在实现课程改革和课程开发的目标,是引导、统领课程改革、课程开发、课程实验和课程评价活动的行为总称,它是课程实践的一种方式。

李定仁等认为,课程领导就是指为了实现既定课程目标,在一定条件下对课程领域的组织和人员施加影响的过程。

不同学者从不同角度对学校课程领导下的注解,使我们对课程领导有了更加深刻的认识。无论是从学校发展还是从学校内部成员关系方面来看,课程领导所强调的重点比较全面,所关注的范围和层面比较广泛、深刻。

(二) 学校课程领导的内涵

学校课程领导是指在学校情境中,课程领导者通过权力的分享,促进教师参与课程发展过程,提高学校课程绩效,提升教师参与变革和专业发展的能力,提高学生的学习成效,促成学校形成民主、和谐、开放的学校文化。

课程领导的作用落实在正式的课程和领悟、运作、经验的课程之间。如何理解正式的课程并让教师有效地感知课程并教好课程,让学生有效地学习,是学校课程领导的使命所在。从这个意义上讲,学校课程领导起着承上启下的过渡作用。

随着课程实践的不断推进,人们对课程领导的内涵的理解也不断丰富与发展。为了更好地把握学校课程领导的内涵,应充分认识到课程领导是一个多层级的动态运行系统。课程领导既有对微观的课程开发技术层面的要求,需要对课程开发进行规范和指引;也有对宏观的学校文化层面的要求,需要对学校文化和组织结构进行改造和重建,以更好地保障学校课程质量的提升、学生身心素质的提高和学习品质的改善以及教师专业的成熟。课程领导强调通过引导的方式,促进他人做出正确的判断和自我管理,而非强行地控制他人行为。课程领导把组织看作是合作性的、社团性的和协作性的系统。

一般而言,学校课程领导包含校长和教师的课程领导,在我国更多强调的是校长个人的课程领导行为。校长的课程领导是对一般行政事务和课程事务的综合领导。而教师作为重要的课程领导参与者,其课程领导能力和专业发展对学校的课程发展也很重要。从某种程度上说,学校的民主程度、组织气氛和教师文化也能反映出学校中教师的课程领导情况,是衡量教师课程领导的标准之一。课程领导需要课程领导者运用人性化领导的理论、组织管理方法与策略,改变人们内在信念,有效推进课程设计、课程实施、课程评价,在课程领导者与所属成员共同探究课程问题的互动与合作过程中,提高行政组织机构运作能力,最终实现提升学生学习效果这一课程领导的终极目标。

二、学校课程领导的内容

课程领导的内容围绕课程发展与改革的目标而展开,不同的课程领导主体,在不同的时空环境里,所承担的内容是不同的。对课程领导内容的论述存在三个方面的侧重角度:一是从一般行政领导范畴的角度来阐述,涉及决策、组织、引导等内容;二是从课程范畴的角度来分析,包括课程的组织规划、执行运作、评鉴反馈三个阶段;三是从兼顾一般行政领导领域和课程范畴的角度来规划。这个角度被普遍接受,多数研究者都是从这一角度来规划课程领导的内容,包括提供课程改革与开发的相关资讯、营造有利合作共事的氛围、协助确定相关工作标准、建立有效的人际互动关系并激励成员、计划并创始行动、保持沟通管道的畅通与运作、进行评鉴事宜等内容。

课程领导的内容在课程发展与变革的不同阶段有所不同,其强调的重点也不一样。就学校课程领导而言,其内容应该兼顾一般行政领导和课程范畴专业领导两个方面。具体来说,学校课程领导的内容可归结为以下几个方面:

(一)学校课程愿景的创建

学校课程的愿景是整合教师、家长、学生的力量,通过真诚的沟通而达成共识,既包含行政领导的愿望,也包含师生的愿望,形成对学校课程发展的共同愿望和设想,为学校的发展提供共同奋斗的方向。

学校课程愿景是在传承学校文化历史的基础上,在教育教学的实践中逐渐形成的一种隐性的力量,指引着未来的发展,其最大的作用在于让学校的每个成员都明白学校发展的前景并从中获得激励。创建学校课程愿景,不但能凝聚学校师生共同努力的士气,而且激励学校全体成员朝着学校的目标而共同努力。学校课程愿景建立之后,需要使其融入各位教师的思想理念、行为规范、道德情怀中去,使其成为激励学生刻苦学习、塑造自我的内在精神力量,使学校课程愿景成为学校教育的根本价值追求,最终使其在实践中逐步完善、充实。

学校课程愿景的创建主要依赖校长的办学理念和教育哲学,但它更是大家共同协商的、反映民主意愿的结果。学校组织成员的发展不是消极的、被动的,他们有选择的权力和能力,他们在其生活的世界里能动地设计着未来。需要指出的是,学校课程愿景应符合课程规划与学校特色,它既是学校发展的蓝图,更是一种行动。

(二) 学校课程发展与实施的促进

促进学校课程的发展与实施,促进学生全面发展和教师专业化水平,是学校课程领导的根本目标,是贯穿学校课程领导始终的一项任务。学校课程领导要促进学校课程的顺利实施和深入实施,其基本内容为:① 建立健全学校课程发展与实施的相关组织,如课程发展委员会、学科课程小组、教科书评选小组、课程协调和运作小组等;② 协调并统整各年级各领域的学习活动,规划并执行课程设计、课程实施等相关事宜;③ 评价与改进学校的课程与教学,评估和监控学生的学习;④ 整合社会资源,建立教学支援系统;⑤ 解释课程改革的方案,提供必要的专业支持,解决课程发展与实施过程中所遇到的问题。

为促进学校课程的发展与实施,学校应建立健全由校长、教师、学生代表以及校外专家与学者共同组成的课程开发与实施组织。邀请课程研究的专家和学者来校,对课程开发工作进行指导,调动课程改革参与者的积极性,勇于发出自己的声音而进行探索,唤醒学校教师专业发展的需要,使教师把握新课程的精神,为新课程的顺利实施和推进创造更多有利条件。

(三) 教师专业发展的倡导与规划

教师专业发展的倡导与规划是学校课程领导的又一个非常重要的任务,是实现学校课程领导不可缺少的要素,是推动课程领导发展的基本动力。学校课程领导必须关注教师的课程参与情况,为教师参与课程决策和相关的科研活动、参与教材编写和推进课堂教学改革等创造条件,使教师有机会发挥自己的才华,积极反思自己的课程实践和教学实践,促进教师的专业发展。课程领导与课程管理不同,课程领导强调的是权力的分享。学校课程领导要充分认识到教师对课程开发、课程实施和课程评价的重要影响,要充分发挥教师作为课程的创造者和研究者来优化课程的作用,以不断提高课程的适切性。要使学校全体教师在参与课程领导的过程中,逐渐形成合作关系,营造良好的学校氛围,从而带动整个学校的变革和发展。因此,学校课程领导需要帮助教师熟悉相关新技术、新知识以引导和促进教师的专业发展,需要为教师持续发展提供平台,让教师逐步成为学校课程领导者。

（四）学校组织的重组与再造，学校文化的变革与重塑

学校组织重组与再造为学校课程领导的有效实施提供了组织保障和人才支持，其终极目标是把学校建设成为学习型组织，使学校能够应付自如地面对学校内外的竞争与挑战。学习型组织是一种尤其注重营造浓厚的学习气氛的组织，使组织内每个成员都能充分发挥自己的创造能力，在实现自身价值的同时大幅度提高组织绩效。学校师生在学习型组织中，在学校这样一个学习社区中，通过共同的规范和处事方式，不断参与到创造性问题的解决过程中。

学校文化是以学校的教师和学生等成员为主体，在实际的教育教学及管理中生成的、得到普遍认同的、体现学校特色的、能与时俱进的价值观念、思维方式、行为规范及其活动结果。要通过变革形成尊重专业自主、行政服务教学、具有协作团队精神的优质学校文化，为学校课程领导的良好开展提供现实舞台，提供环境与背景。要改变学校中的人际关系，由权力的掌控转换成权力的共享，由未经分化的角色与责任转向多元且重叠的角色与责任，由平行的分割的工作转向共享的问题解决、支持以及决策。这些共享的规范将引导学校形成革新的学校文化。学校如若实现从平庸走向卓越，从劣势地位上升到优势群体，则须走出一条权力共享的发展道路，而学校文化的变革与重塑是确立学校特色、促进学校课程领导、全面实现权力分享的必然途径。

（五）学校支持系统的统筹和发展

统筹和发展学校的支持系统是学校课程领导的又一重要任务。这包括校内和校外两个方面，即校内支持系统的建立，校外资源的争取以及社会参与和公共关系的发展。课程领导者须为教师实施课程提供物质、环境、心理、社会等方面的充分支持，以顺利推进课程的实施与发展。从校内支持系统来讲，学校要进行权力结构重组，注重加强教师的专业能力和实务能力，充分利用好现有资源，优化组合、合理配置各种人力和物力资源，力争做到人尽其才、物尽其用，要充分发挥工作在一线的教师的作用。为克服学校资源的匮乏，校外资源的争取以及社会参与和公共关系的发展是学校课程领导必须解决好的迫切问题。从校外支持系统的争取来讲，学校必须整合社区的力量和资源，建立与社区联结的桥梁，加强与校外人士的对话、沟通与协调。因此，学校课程领导既要充分利用校内的资源，又要增进社区的参与和支持，有效沟通协调并整合各方资源，发展良好的公共关系，才能促进学校的课程发展。

三、学校课程领导的主体

学校课程领导是三级课程领导体系中最低层级的课程领导，受到国家和地方课程领导的限制。但学校课程领导又具有相对独立性。因为作为学校课程领导的主体本身工作在教学第一线，使他们比其他层级的课程领导者更熟悉学校课程的相关事务，更容易在自上而下和自下而上的课程教学观念中寻找到一种平衡。构成学校课程领导的主体应是一个团队，这个团队主要由校长和教师组成，成员在其中分工负责、合作共享。课程领导团队既要纵向联系，又要横向沟通和交流，它是强调民主、合作和开放的组织，注重人与人之

间的交互作用,调动团队成员的主动性,促使组织向既定目标迈进,最终促进整个课程体系的发展。

校长的课程领导是学校课程领导的枢纽,课程领导应是校长的本职所在,是其最重要的本职任务。教师亦是学校课程领导主体的重要组成部分,有着不可替代的作用。两种课程领导有着不同的领导方式,不同的适用范围和条件。

(一) 校长的课程领导

校长的课程领导在学校的课程发展中可以发挥整合、促进的作用,是联结国家、地方和教师课程领导的一个纽带。校长是学校行政层级中级别最高,且最为重要的领导人,其如何带领学校成员进行角色调整,是学校能否迈向卓越的关键。校长的课程领导对教师素质和能力的提升、学校中学习型团队的建立、课程品质的提升以及学校资源的获取来说都是非常重要的。校长的课程领导在一定程度上决定和影响着学校课程领导整体作用的发挥。

校长的课程领导主要表现在五个方面,即技术领导、人际领导、教育领导、象征领导和文化领导,如图 5-2 所示:

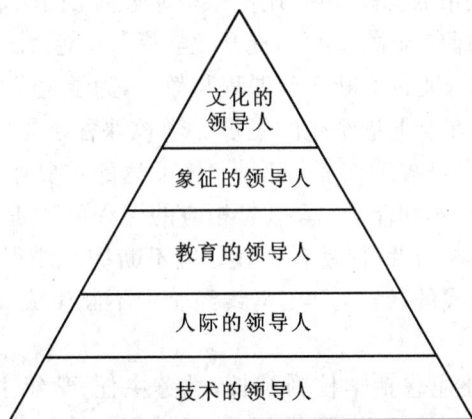

图 5-2　校长的课程领导

当这五个方面聚积在一起,领导本身就成为提升优质学校教育的强有力的手段。这五种领导力量中,前三种是较低层次的领导,后两种是较高层次的领导。低层次的领导是高层次的领导的前提与基础,高层次的领导是低层次的领导发展的必然结果。校长要推动学校课程的发展,领导学校走向卓越,不但要承担起前三种课程领导角色的任务,更要充分发挥象征的领导人和文化的领导人的重要职能。

校长作为学校课程领导的主体,要注重明确的领导程序、领导权威系统的建立,充分重视多元开放性和弹性的领导行为;要凸显学校课程与教学的专业领导,关注公平、平等、开放、民主的学校文化的创建和组织的再造,强调权力的分享和问题的合作解决。校长在发挥一般的行政领导功能之外,还需要在课程范畴方面体现领导的功能。校长不但要具备一定的行政领导技巧,还必须具备课程与教学的相关知识。校长可以通过行政领导提供一种沟通平台,作为实施课程领域专业领导的基础。

(二) 教师的课程领导

在学校课程领导中,教师的课程领导发挥着重要作用,直接影响课程实施的水平,决定课程发展的成败。教师的课程领导是指给教师授权,通过权力分享的实现来调动教师参与学校课程发展的积极性,提升学生学习质量,提高课程实施水平,促进教师专业发展,以最终促进学校整体课程的发展。学校的课程发展与教师的专业发展是不可分割的。教师的专业发展可以带动学校课程的发展,学校的课程发展又可以促进教师的专业发展。将学校的课程发展与教师的专业发展内在地整合在一起,促进二者共同发展,才能使学校得到长足的发展。教师课程领导受学校的民主程度、教师文化、组织气氛等因素的影响。学校民主程度较高,沟通渠道通畅,组织气氛良好,则教师对学校工作的热情较高,同事关系较融洽,教师参与学校课程与教学事务的程度会更高。

学校应强调为教师授权,实现权力分享的最大化,最大程度发掘教师的领导技能,积极创造机会与平台,激发其解决问题的创造性,提高其决策能力,进而加大对学校资源的开发与利用程度,提高学生学习质量,最终将学校的课程发展与教师的专业发展有机整合、协调统一,实现共同成长。学校应以建构合作、对话的学校文化为途径,积极为教师赋权,营造支持团队工作、决策的积极环境,用奉献精神来感染团队,使教师在心理上感受到外在环境的支持,促进教师参与学校事务,提升教学等专业能力。

课程领导的核心在于,通过不断变革课程与教学,为学生发展提供适切的学习内容和发展机会,其根本目的在于促进学生的发展。学校课程领导以学生的发展为出发点和最终归宿。而教师作为一线工作者,起到上传下达的重要作用,因此教师必须要注意增强自身的课程领导素养和能力,承担起相应的课程领导责任,参与学校的课程发展,成为课程实施的积极参与者、促动者。教师应不断提升课程意识,应善于对课程实践进行反省,实现课程范式的转移,应在实践经验中不断生成属于自己的系列化的课程知识与理论。

学校课程领导主体还应包括学校副校长、教务主任、学年主任、教研组长、学科主任、年级组长,等等,他们与校长、资深教师、普通教师相辅相成,组成学校课程领导的团队,在实际情境中扮演不同的领导角色,共同促进学校课程的发展与进步。总的来说,校长、副校长的课程领导涵盖全校,并以领导学校课程开发和教师专业发展为主要目标。教务主任的课程领导,在于要思考整合学校的人力、物力,发挥资源的最大效益。教研组长的课程领导,着重课程实施层面的领导,是对教学导向的课程领导。年级组长的课程领导,主要体现在课程设计、课程实施、课程评价等方面,整合教师的智慧。教师的课程领导的重点是如何将课程落实于课堂上,以提升学生的学习成效,促进学生的发展。

课程专家、社区人士、家长和学生也是潜在的课程领导者,他们在一定条件下也应享有领导课程的权力,承担相应职责。

学校课程领导主体的构成及他们之间相互影响和作用的关系,如图5-3所示:

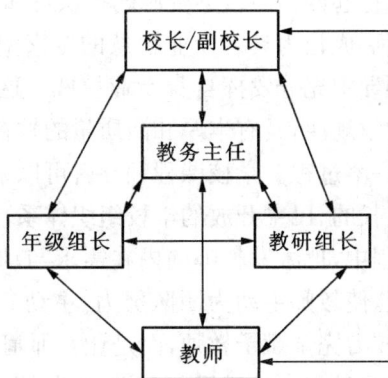

图 5-3　学校课程领导主体的构成及其相互关系

　　总之,学校课程领导包括校长、副校长、教务主任、年级主任、教研组长、学科主任、资深教师、普通教师,等等。每个人对课程领导的责任都是责无旁贷的,彼此间应该相互配合相互合作,共同推动学校的课程发展。

四、学校课程领导的策略

　　课程领导对课程的形成、编制、实施和评价等方面都有极其重要的影响。为更好地推进学校课程领导,要在明确各层级课程领导权力分配的基础上,淡化校长的行政职能,强调校长的课程领导职责,把学校作为校本课程开发的中心,充分发挥教师主体的主观能动性,为教师提供施展才华、展现教育理想的平台,促进学校课程发展。加强学校课程领导,首先要加强校长自身的课程领导,其次要注重发展学校教师的课程领导,为学校的课程发展创造更好的条件。这不但是加强我国中小学学校课程领导的必由之路,也是深化课程改革,继续深入推进新课程的必然选择。具体来说,主要策略如下:

(一) 转变校长领导理念

　　传统的学校管理者往往依靠奖励和处罚手段进行运作,使成员相互合作以完成学校任务。在这样的领导方式下,教师的创造性受到了压制,逐渐变成纯粹的教书匠,教师的理性反思和批判都消失殆尽,学校也成为缺乏竞争活力的封闭系统。为改变这种局面,需要重新定位校长角色。必须转变校长领导理念,将由上而下的领导观转化为民主、合作、分享的领导观,通过放权使权力得以分享,鼓励教师肩负责任,强调教师的内在动机,尊重教师的自主性、创造性,使教师感受到校内支持,使教师的潜能得以发展并投入到工作中,支持和鼓励教师的成长。要建立尊重、容忍、开放、支持的教育情境,通过民主管理理念,在推动教师发展的同时带动学生以及学校的发展。

　　作为学校课程领导的关键主体的校长,要转变领导理念,努力成为专家型校长,要高度重视学校课程领导工作,并在实际工作中体现出来。校长要保证充足的时间关注学校的课程事务,要注重教师的专业发展和学生学业品质的提升。强化校长的课程领导行为,提高其课程领导的效能,校长必须要实现自身角色的转变,增强自身课程专业素养,由行政领导者逐渐转变为以课程领导为主轴的学校领导形态,由处理日常事务的组织管理者转变为学校的课程领导者,承担起课程与教学资源的提供者和服务者、学校文化的缔造者以及教育教学的研究者等角色,成长为具有专业智慧的专家型校长。加强校长的课程领导,校长必须要在学校课程领导中充分发挥自身专业权威。这就要求校长既应是某一学科的教学专家,又深解教育教学规律,具有丰厚和高质量的教育教学经验。

转变校长领导理念需要一个过程。学校课程领导者可以采取双重式领导的方式进行过渡,创造教师共同学习与成长的、民主开放的学校组织体系,以维持学校组织顺利运行。校长建构新型课程领导的过程中,把激发教师的内在需求与动机作为领导者发挥影响力的机制,重视现实环境的改变,使教师主动为团队努力,主动参与课程变革。但现代学校课程领导并非要求把校长的权力完全赋予教师,而是让教师阐明个人对课程的理解,参与学校愿景的订立,加强课程发展过程中的反思与创造性,加强彼此的合作,共同建构学校课程的意义,发展高层次的自我管理能力。

(二)发掘教师领导潜力

为有效落实学校课程领导,促进学校课程发展,需要增强教师的课程意识、发掘教师领导潜力,建立由校长、教师等共同组成的较为完善的课程开发与实施组织。要改变教师过于偏重教学而轻视课程、缺乏相应的知识和能力的状况。随着课程权限的下放和课程管理方式的转变,课程问题应当成为教师必须面对的问题,即教师不仅要考虑如何教,还需要考虑教什么。作为课程领导主体的教师,应从事一些领导活动,并应将其运用到课堂、学校和社会中去,从而促进教师的专业成长,促进教育质量的提高,推动学校课程的发展进程。

为充分发掘教师领导潜力,要做到以下两点:首先,学校要实施权力的分享。学校要为教师实现课程领导搭建平台,彰显教师作为领导角色的作用,建立稳固的沟通网络,增加彼此的信任程度,激发各成员间的良性竞争,促使学校内部形成浓厚的合作氛围,提高教师的教育教学和课程能力。要培养领导型的教师,特别重视将骨干教师和承担中层领导职务的教师培养成为领导型教师。骨干教师和承担中层领导职务的教师本身就是从教学优秀的教师中脱颖而出的,其专业能力较强。学校要充分发挥他们和其他骨干教师的模范作用,使他们成长为领导型教师,使其充分影响同事,提高同事教学效果,发挥他们在学校的课程发展和改革以及学校管理中的重要作用。其次,学校要建立健全课程开发与实施组织。要保证学校纵向和横向沟通渠道的畅通,减少沟通层级,避免过滤和曲解沟通信息。学校必须在为学校师生提供充分而便利的沟通渠道方面努力,因为学校的沟通渠道是否畅通,信息通道是否通达,直接影响教师参与学校事务的热情和参与学校课程变革的程度,从而也会影响到学校的课程发展。学校的横向沟通顺畅,纵向联系无碍,其组织气氛才会融洽,教师的工作热情和参与积极性也才会提高。而且,教师、学生、家长和社区在坦诚沟通的基础上实现良好互动,能增加彼此间的信任,有效减少冲突。校长应具备良好的沟通技巧,在工作期望、工作目的以及教学评价等方面与教师进行清晰的沟通,以准确而简洁的表达说服教师,以集体性、彼此信任的沟通,促使教职工的团结交往,建立积极稳固的工作关系。

（三）构建开放型学校文化

学校是教师开展教育教学工作的重要阵地，是促进学生全面发展的关键场所。学校办学指导思想、价值取向、设施设备、校风、教风等学校文化，能为学校课程领导的开展提供现实舞台，提供环境与背景。为促进学校课程领导的顺利开展，学校要改变传统封闭型的学校文化，积极构建对话、支持、合作、共享的开放型学校文化。

长期以来，我国学校形成的文化往往是封闭的、狭隘的文化，校长单纯忙碌于学校的事务工作，教师间漠不关心、缺乏合作、各自为政。这种学校文化不能适应新时期学校发展的要求。现代学校必须冲破这种封闭式文化的束缚，构建学校系统内外能够有效沟通的共同体，营造相互支持、相互信任的氛围，打造高信任、低松散的团队组织，形成以对话、支持、合作、共享为特点的开放型学校专业文化。开放型学校文化有利于调动教师的主动性，支持和鼓励教师积极开展良性竞争，使其工作时更愉快、更高效、更满足。

学校文化往往会反映在教师的信念、态度和规范上，形成特定的教师文化。教师文化是学校文化中的亚文化，为教师的专业成长提供重要的文化环境。教师文化主要有个人主义文化、派别主义文化、自然合作文化和人为合作文化四种文化形式。在传统封闭型的学校文化背景下，我国传统的教师文化多体现为个人主义文化，以单打独斗的疏离主义为特征，缺乏沟通与合作。因此，在营造对话、支持、合作、共享的开放型学校文化的同时，要注重重塑教师文化，使教师文化从个人主义文化转向自然合作文化，打破传统教师孤立的工作情境，打破学校的分裂和教师的孤寂状态，尊重教师教育实践的多元化，促进学校间、教师间的沟通与合作。校长作为学校领导，要培养支持教师课程领导的学校文化与气氛，积极创造教师交流、合作和发展的机会，给教师提供必要的支持和适切的鼓励，在推动教师合作中发挥积极的作用，促进制度化工作模式的形成，最终要形成有利于新课程推进的、强调教师专业发展的、同伴互动的合作型教师文化。

（四）整合校内外资源

为改善学校课程领导，要充分利用学校内部资源，积极争取学校外部资源，与科研机构建立良好的合作关系。就学校内部资源而言，主要涉及学校硬件设施和学校软环境两个方面。学校需要充分利用校内硬件条件，建立经费、设备和人力资源的专业支持体系。除此之外，学校更要从软环境入手来寻找突破口，组建学校课程领导组织，创设良好的学校氛围，形成有利于课程领导的环境，提供给教师课程领导的各种相关资讯，组织校本教研，协助教师专业与技能的发展，充分发掘学校中的教师资源，形成学校实施课程领导的教师合力与优势。对于欠发达地区和农村地区的学校，在暂时不能提供充分的人力、物力、财力支持，学校硬件在短时间内不能得到有效改善的条件下，更需要从学校内部去寻找学校课程领导的路径，从改变学校的软环境入手来寻找突破口，组建教师团队，充分发掘教师资源的潜力，发挥教师的积极性，提升学校课程领导的发展水平，提高学生学业成就水平。

学校课程领导是一项系统工程，学校内部和外部均应承担相应的责任。为解决学校资源的匮乏、短缺的问题，学校在对内部有限资源充分发掘的基础上还要争取和获得其他资源。要积极与校外机构取得联系,从外部寻求支持力量,建立学校与家庭、社区、大学等科研机构的合作关系。就学校外部资源而言,学校课程领导需要地方政府在有条件的情况下为其提供积极的政策和财力支持以为学校和教师解决后顾之忧,需要大学等科研机构为其提供智力支持和支援,为学校和教师提供专业指导。在进行学校课程领导的过程中,学校要加强与大学的联系,与高校专业研究人员、地区科研人员和教研员在合作平等的基础上构成研究共同体,针对学校课程领导中出现的问题进行研究和探讨,寻找解决问题的途径,充分发挥其课程指导和智力支持作用,使教师研究素养获得提高,使专业研究者扎根实践,从实践中汲取养料,丰富其理论研究的价值和意义。学校应运用丰富的人脉资源,将这些组织和人员联系起来,保持持续性的专业对话,形成系统的支持网络,为学校课程领导实施提供足够的保证。

本章小结

学习与研究课程理论始于对课程概念的理解。人们从不同的角度对“课程”提出了多种定义,它启示我们应当从广义上把握课程的概念。课程的表现形式主要体现在课程计划、课程标准、教材三个方面。课程的类型复杂多样,而学科课程、活动课程、综合课程尤其值得关注。课程目标的理论既涉及课程设计与开发,也关系到课程的实施。在新课改的背景下,在课程的设计与开发方面应予以高度关注的,是校本课程、综合实践活动课程的开发。学校课程领导理论与策略要解决的问题主要是如何为有效地实施课程提供管理上的保障。

复习参考题

1. 课程定义有哪些基本类型?

2. 你认为对课程这一概念应如何界定?

3. 什么叫课程目标?课程目标有哪些功能?课程目标有哪些不同的价值取向?

4. 什么叫校本课程?开发校本课程应具备什么样的理念?

5. 什么叫综合实践课程?综合实践课程有哪些领域?开发综合实践课程的具体方法有哪些?

6. 什么叫课程领导?课程领导包含哪些内容?

7. 课程领导的策略有哪些?

8. 案例分析:

翠竹中学的殷老师设计的历史教学情境片断如下:(1)教师导入:“同学们,我们每天的学习生活都离不开纸,你们知道有哪些种类的纸吗?”要求学生每小组推一代表上台展示本组所收集的各种纸张,并说说各种纸的用途。(2)教师设问:“我们的祖先在纸未发明之前是用什么材料来进行书写的呢?”学生讨论猜测若干材料,答案新奇的给予赞赏。(3)探究:学生每四人为一小组合作用毛笔分别在事先准备好的纸、帛、竹简、陶片等材料上书写一段文字,并说一说帛、竹简、陶片等材料的缺点,感受纸的优点。(4)延伸:教师出示"韦编三绝""学富五车""留取丹心照汗青"三个典故,孔子、惠施、文天祥三个人物,让学生将两者联系起来,并说说这些典故的来历(主要与竹简的关系),说明竹简作为书写材料的不便,并渗透情感与态度教育。(5)教师从上述书写材料的不便引出"造纸术的发明",让学生分析"纸"的字形构成、推测"纸"字的来历,进而引出造纸术的发明过程,让学生自主学习。(6)屏幕播放专题片:纸的生产原理和过程。让学生在观看的过程中了解纸的生产工艺,亲身感知历史。(7)教师提问:"当公元3—4世纪中国人广泛使用纸的时候,世界其他国家的人们在用什么材料进行书写?"让学生阅读课文小字内容和"造纸术的外传时间表"并看屏幕上"造纸术的外传路线图"。讨论:"中国造纸术外传对人类文化发展有什么贡献?"学生推选代表讲述在课外上网搜集的有关网页资料。(8)做一做:课后各小组用书上介绍的方法进行造纸试验,并进行评比展示。

问题:殷老师的教学设计体现了哪些新课程的理念?

第六章　教学(上)

内容提要

教学是指由教师引起、维持和促进学生学习的所有行为。教学的基本任务有：引导学生掌握文化科学基础知识和基本技能、技巧；发展学生的智力、能力、体力；培养学生良好的思想品德和审美情趣，完善学生个性。教学过程的本质体现在：教学过程是一种特殊的认识过程，是促进学生身心发展的过程。教学过程的规律有：间接经验与直接经验相结合的规律；掌握知识与发展智力相结合的规律；掌握知识与提高思想认识相结合的规律；教师主导作用与学生主体作用相结合的规律。我国中学常用的教学原则有：科学性和思想性统一原则；理论联系实际原则；直观性原则；启发性原则；循序渐进原则；巩固性原则；因材施教原则。我国中学常用的教学方法有：讲授法；谈话法；讨论法；读书指导法；演示法；参观法；练习法；实验法；实习作业法；探究法；欣赏法；情境教学法。

思维导图

```
                                        ┌ 教学的含义
                      教学的含义与任务 ┤
                                        └ 教学的基本任务

                                ┌ 教学过程的本质
                      教学过程 ┤
                                └ 教学过程的规律
教学(上) ┤
                                ┌ 教学原则概述
                      教学原则 ┤
                                └ 中学常用的教学原则

                                ┌ 教学方法概述
                      教学方法 ┤
                                └ 中学常用的教学方法
```

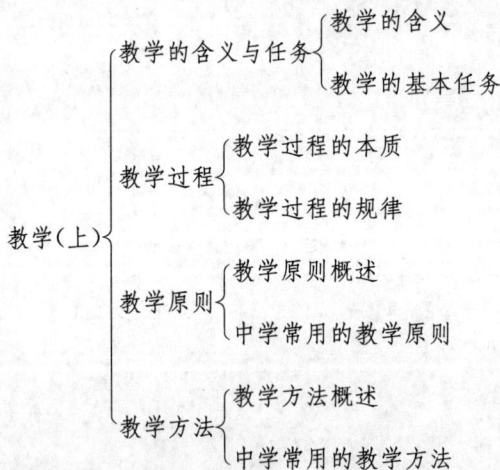

教学是学校工作的中心，是实施全面发展教育的基本途径。教学活动的宗旨，就是在教师有目的、有计划、有组织的引导下，使学生积极地、自觉地学习，掌握文化科学基础知识和基本技能，培养学生积极的情感和态度，促进学生素质全面提高，使他们成为社会所需要的人才。学校的所有工作都应该围绕教学活动而展开。

第一节 教学的含义与任务

一、教学的含义

（一）"教学"的定义

教学是教学理论中的一个基本概念,对"教学是什么"的回答,隐含着教学理论的思维方式和价值取向,并影响着教学实践工作的重点。教学是历史悠久且很普遍的人类活动之一,早在殷商时期的甲骨文中就有"教"和"学"二字。《尚书·商书·兑命》中的"教学半"(敩 xiào,同教),将"教"与"学"合称为"教学"。

我国最早的教育学专著《学记》曰:"学然后知不足,教然后知困。知不足,然后能自反也;知困,然后能自强也。故曰:教学相长也。"[1]这段话是对"教学半"含义的进一步引申。教学论学者王策三在《教学论稿》中指出,真正意指教师"教"和学生"学"的"教学"一词,是欧阳修在为胡瑗先生所作墓表时提出的"教学"。墓表中说:"先生之徒最盛,其在湖州学,弟子来去常数百人,各以其经传相传授,其教学之法最备,行之数年,东南之士,莫不以仁义礼乐为学。"其中"教学"二字与现在的教学意义相一致。在西方早期,教(Teach)和学(Learn)意义相同,后来教和学分别指两种不同的活动,成为两个不同的概念。

那么到底何谓教学? 概括地说,教学是教师与学生以课堂为主渠道的交往过程,是教师的教与学生的学的统一活动。[2]

目前,我国对教学含义的理解主要有以下几种观点:

王策三认为,所谓教学,乃是教师教、学生学的统一活动;在这个活动中,学生掌握一定的知识和技能,同时,身心获得一定的发展,形成一定的思想品德。

李秉德认为,教学就是指教的人指导学的人进行学习的活动。进一步说,指的是教和学相结合或相统一的活动。

顾明远认为,教学是以课程内容为中介的师生双方教和学的共同活动。

王道俊、王汉澜认为,教学是在教育目的规范下,教师的教和学生的学共同组成的一种教育活动。通过教学,学生在教师有计划、有步骤的积极引导下,主动地掌握系统的科学文化知识和技能,发展智力、体力,陶冶品德、美感,形成全面发展的个性。所以,教学是学校实现教育目的的基本途径。

上述种种看法虽然表述不一,但有其共同的内涵。首先,教学是一种特殊的实践活动,是一种认识活动、认识过程。其次,教学是教师和学生构成的双边活动,教与学、讲与听、授与受、示范与练习等都是不可分割的统一活动。再次,教学既是认识过程,也是学生的发展过程。对于教学概念的正确把握和理解,直接影响教学实践的成效。

---

[1] 杨天宇:《礼记译注》上册,上海古籍出版社 2004 年版,第 457 页。
[2] 张华:《课程与教学论》,上海教育出版社 2000 年版,第 73 页。

我们认为,教学指由教师引起、维持和促进学生学习的所有行为,是在教师指导下,学生积极主动掌握系统的科学文化知识和技能,发展智力和体力,形成良好的思想品德和审美情操、促进个性全面发展的活动。

链接

当代"教学"的新观念

当代社会正从工业社会向信息社会转型,当代教育正从专才教育向通识教育转变。从重心转移的角度看当代"教学"观的变革主要体现为以下六大趋势。

(1)从重视教师向重视学生转变

随着社会的发展,传统的"教师中心说"受到越来越深刻的批判。人们看到教师并不是支配课堂教学活动的绝对权威。学生虽然是教育的对象,但却是学习活动的主体和主人。教师当然重要,但更重要的是学生。因此,研究学生身心发展的规律,研究学生在课堂情境中的学习规律,并遵循这些规律组织、安排教学,成了当代流行的一般教学观念和教学行为。

(2)从重视知识传授向重视能力培养转变

当代社会,由于科学技术的飞速发展导致"知识爆炸",知识陈旧周期加快,掌握全部或大部分知识既不可能也失去了必要性,重视知识传授的教学观受到了严峻挑战。因此,教学的主要任务不再只是知识的传授而是学生能力的培养,着重培养学生学习、掌握和更新知识的能力,即"授人以渔"。

(3)从重视教法向重视学法转变

在现代社会,人们深刻地认识到,仅仅重视教法已落后于时代的客观要求,教学过程实质上应该是学生主动学习的过程,教学设计的实质是学生学习目标、学习内容、学习进程、学习方式、学习辅助手段以及学习评价的设计。目前,各种流行而且影响较大的教学方法,比如问题解决法、发现学习法、学导式方法、掌握学习法、异步教学法等,无不渗透出重视学法的精神。

(4)从重视认知向重视发展转变

在当代社会,人们发现知识甚至智力并不是影响人生成功与否的重要因素,最重要的因素是人的情感,进而提出了"情感智慧"的新概念,与已有的认知智慧概念相互对应、统一。同时,教学中重视体质发展也成了一个迫切的现实问题。超越唯一的认知,重视儿童身体、认知和情感全面而和谐发展,成了现代教学观念的基本精神。

(5)从重视结果向重视过程转变

在现代社会中,人们意识到教学结果是重要的,但更重要的是教学过程中学生的切身体验。学生的认知体验、情感体验以及道德体验,等等,正是这些体验决定着教学的最终结果。因此,第一,强调激发学生的兴趣,力求形成学生强烈的学习动机和乐学、善学的学习态度;第二,强调在教师启发引导基础上,让学生通过独立思考获得对基础知识的领悟和技能、技巧的习得;第三,强调"知—情"对称,注重学生在学习过程中对寓于知识经验中的情感的充分觉察和体验;第四,注重教学方法的灵活多样以及多种方式和方法的综合应用,为学生设计出合乎年龄特点的活动,促使学生在学习过程中充分发展。

(6) 从重视继承向重视创新转变

在现代社会,人们认为教学的重要功能就是创造文化,学生的主要任务就是通过掌握知识经验,形成创造文化和创新生活的能力。无论是重视学生、重视能力、重视学法,还是重视发展、重视过程,都是重视创新的体现。[①]

(二) 教学与相关概念的联系与区别

考察教学与相关概念的联系与区别,有助于准确地把握教学的概念。

1. 教学与教育

教学与教育既相互联系又相互区别,两者是部分与整体的关系。学校教育是教育者根据一定社会(阶级)的要求,对受教育者所进行的一种有目的、有计划、有组织地传授知识技能,培养道德品质,发展智力体力,把受教育者培养成为一定社会(阶级)服务的人的社会活动。教育包括教学,教学是教育的下位概念。教学是完成教育各项任务的基本途径之一。除了教学活动以外,教育活动还包括课外活动、生产劳动、党团组织活动、文艺体育活动及社会活动等,它们都是学校向学生进行教育的基本途径。

2. 教学与智育

智育是指向学生系统传授科学文化知识,发展智力,提高能力的教育,它是我国教育内容的重要组成部分;教学则是完成智育基本任务的途径之一。教学在完成智育任务的同时,还要配合其他教育工作完成德育、体育、美育、劳动技术教育等基本任务。因此,在理论与实践中不能将教学与智育混淆,更不能将二者等同。否则,在教育目的贯彻落实过程中很容易产生片面的认识,最终导致学生的片面发展。

3. 教学与自学

教学是由教师的"教"与学生的"学"两方面活动所构成,它既包括教师教的行为,也包括学生学的行为。教学体现的是教师与学生之间相互影响,互为依存对象的互动关系,不仅体现着知识传授与接收的关系,而且还体现着以情感为纽带的人际关系。学生自学是学生单方面的行为,是个体的学习活动。实践证明,教学对个体的影响价值往往大于个体的自学价值。

[①]　全国 12 所重点师范大学联合编写:《教育学基础》,教育科学出版社 2002 年版,第 177—178 页。

二、教学的基本任务

(一) 引导学生掌握文化科学基础知识和基本技能、技巧

把人类历史上积累起来的知识传授给下一代,引导学生掌握文化科学基础知识和基本技能、技巧,是教学的首要任务。学生对文化科学知识和基本技能、技巧的掌握,直接影响教育基本任务的实现。只有顺利完成教学的首要任务,才能为学生的全面发展奠定基础。

所谓知识,是指人类对客观世界中存在的现象、事实及其规律的认识成果,是人类智慧、经验的综合概括。人类积累的知识很丰富,对于个体有限的生命而言,不可能将人类所有知识都掌握。所以,教学要求学生主要掌握人类知识中的基础知识,包括自然、社会生产、社会生活以及文化科学知识中对个体发展有重要价值的知识。所谓基础知识,就是指能够对学生适应社会生活、继续学习及将来从事社会实践活动具有支撑作用的知识。在学科领域中,基础知识是由各门学科基本事实、基本概念、基本原理和基本公式所构成的知识体系。

技能是指运用所掌握的知识去完成某种实际活动的行动方式。各学科课程领域最常用的技能包括阅读、书写、运算、操作等。技能分为动作技能和智力技能。动作技能是指经由肌肉、骨骼、神经系统协同运动所形成的行动方式,如演奏、实验、测量、跑、跳等。智力技能是指借助于内部语言,在大脑内部进行的智力活动方式,如默读、写作、运算等。

当某种技能的操作或动作熟练掌握达到自动化的程度时,则称为技巧。在知识、技能、技巧这三者中,知识是形成和掌握技能、技巧的基础,而技能、技巧的形成和掌握又有助于进一步理解和掌握知识,它们之间是相辅相成的关系。

(二) 发展学生的智力、能力、体力

在教学中,发展学生的智力、能力和体力不仅是保证教学顺利进行和掌握知识与技能的必要条件,而且也是个体全面发展的重要标志。

智力是指个体在认识活动过程中表现出来的认知能力系统,是个体在认识活动中的稳定心理特征,包括观察力、注意力、记忆力、想象力、思维力。其中思维能力是智力的核心因素,也是认识过程的高级阶段。只有通过思维,感性认识才能够上升到理性认识,事物之间的内在联系和事物的本质才能够被揭示出来。智力是认识活动的前提条件和基础,认识的结果又有助于智力水平的提高。一般而言,智力水平的提高有助于知识的掌握,个体智力发展水平影响和制约其知识掌握的速度、数量和质量。同时,学生对知识掌握得越多越熟练,越有利于智力水平的提高。但是知识与智力之间并非呈正比关系,知识的增长并不等于智力的直接提高。智力既是参与教学活动的重要心理因素,也是教学积极作用的对象,只有通过教学活动,利用各学科知识中所包含的思维方式、方法,引导、启迪和训练学生的智慧,才能够提高学生智力发展的水平。同时,只有学生积极地发挥智力的作用,主动获取知识,才能掌握更多的知识。

能力是指个体在智力基础上掌握和运用知识的本领,是保证人们顺利完成某项活动所需要的比较稳定的心理特征。能力分为一般能力与特殊能力。一般能力是指在人们认识活动中所需要的基本能力;特殊能力是指在某一特殊领域所需要的能力,比如绘画能

力、潜水能力、飞行能力等。

教学不仅要增长学生的知识，发展其智力、能力，而且还要增强学生的体质，发展学生的体力。体力是指身体的正常发育成长与身体各个器官的活动能力（如听力、视力、运动能力等），是学生体质健全发展的体现。发展体力不仅是体育课的任务，各科教学都应该承担一定的任务，比如，坐、立、行、走等姿势与能力是每一科教学活动都需要的。只有通过各科教学、体育、卫生、生产劳动等活动，促进学生身体健康，增强学生体质，才能为学生顺利完成学习任务奠定健全的生理基础。

> **真题链接**
>
> **1.** 教师不能满足于"授人以鱼"，更要做到"授人以渔"。这里强调教学应该重视（　　）。
>
> 　　A. 传授知识　　　B. 发展能力　　　C. 培养个性　　　D. 形成品德
>
> **【答案】** B。

（三）培养学生良好的思想品德和审美情趣，完善学生个性

学生正处于思想观念、道德品质、行为习惯、个性形成和完善时期，应通过教学工作培养学生的社会主义思想品德和审美情趣，奠定学生科学的世界观、人生观，养成良好的行为习惯，引导他们形成积极健康的学习动机、需要和兴趣爱好，建立坚定的信念，培养正确的人生观和世界观。在各学科教学内容和教学过程中，包含着丰富的思想品德及审美教育因素，它们都是人类在长期实践中认识的结果。在教学中，教师也会通过自身的示范榜样作用，直接影响学生的学习行为。教师应该充分发挥教学的教育性作用，完成教书育人的任务。

教学任务虽然具有主观性，但实际上它又不乏客观依据。教学任务必须要遵循教育目的、学生年龄特征、学科内容和性质、师资力量和水平等依据而确立，它们制约教学任务的提出及实施。如果不考虑这些因素，即使提出某项任务，也无法顺利实施。

第二节　教学过程

任何事物都是作为一种过程而存在的，教学也不例外。揭示教学过程的内部联系及其规律，是教学原理的基本课题。教学过程的理论是教学的基本理论，是关于教学工作的基本原理。教学实践中一系列问题如何解决以及解决的结果是否理想，都取决于对教学过程的理解。

一、教学过程的本质

（一）不同的教学过程本质观

近二十年来，随着教学改革的不断深入，并且在西方教学理论的影响下，我国教育理

论界对教学过程的本质问题进行了深入的探讨,提出了诸多不同的观点。归纳起来,具有代表性的观点主要包括以下几种:

1."特殊认识"说

这种观点认为,由于学生的体力、智力和思想品德的形成都是在认识的基础上产生的,并且是通过认识过程来实现的,所以,教学过程是人类认识世界的一种社会实践活动,教学本质上是一种认识过程。在教学中,教师引导学生掌握人类积累的文化知识,教师作用于学生的不是物质和能量,而是以物质为载体的信息,是以信息影响学生发生变化的。同时,学生掌握知识的过程就是在能动地认识世界,学生的智力、体力、品德等在掌握知识过程中得以发展,它们离不开知识的掌握。

2."认识—发展"说

这种观点认为,教学过程不仅是教师指导下学生自觉地认识世界的一种认识过程,而且也是以此为基础促进学生身心全面发展的过程,两者相辅相成,不可分割。掌握知识,形成技能是个体发展的坚实基础。伴随着认识活动的不断开展,学生由不知到知,由不成熟到成熟,由不完善到完善,由低水平到较高水平,不断地发展。

3."认识—实践"说

这种观点认为,教学过程是认识和实践相统一的过程。在教师指导下,学生对已有知识经验的认识活动以及改造主观世界、形成和谐个性的实践活动,是相统一的过程。教学活动实际上把这两个过程交织在一起。实践与认识的根本区别在于实践主体不仅要认识客体,而且要变革客体。据此,教师在教学过程中不仅要认识教学内容和学生,而且要通过教学活动发展学生的认知、意志、情感等结构,使其身心获得有益的变化。教师这一主体自觉地、有目的地引起客体的变化,这显然已经超出了认识活动的范围,属于实践活动了。

4."交往"说

这种观点认为,教学是一种特殊的交往活动,是教师教和学生学的统一活动。教师和学生之间,教和学之间,是相互作用、相互影响、相互关联的,双方互为依存,不可分割。教学过程实质就是教师与学生之间进行知、情、意、行交往的过程。在交往过程中,他们共同分享教学经验与收获。

5."多重本质"说

这种观点认为,教学过程不是单一因素影响的过程,而是多种因素交互作用的复杂过程,是一个多层次、多方面、多形式、多序列和多矛盾的过程,是社会、认识、心理、生理等因素共同相互作用的过程。教学过程是以认识为基础的知、情、意、行的统一培养和发展的过程,是以智育为主的德智体全面培养和发展的过程,是个性全面培养和发展的过程。

上述几种教学本质观从不同的方面揭示了教学过程的本质,但最后一种观点受到了理论界不少人的质疑。质疑者认为,事物的本质是事物内部最根本的联系,是事物得以存在并区别于其他事物最根本的特征。"多重本质"说的观点实际上是把揭示事物本质的多层次、多侧面的认识方法和本质自身混为一谈。

（二）教学过程是一种特殊的认识过程

1. 教学是一种认识过程

辩证唯物主义认为,认识是人在意识中反映或观念地再现现实的过程和结果。人的认识是在实践的基础上发生和发展起来的,教学是一种认识过程,它受一般认识规律的制约,遵循从实践到认识,再从认识到实践的基本过程。

社会要发展,就必须将人类长期积累起来的科学文化知识传递给年轻一代,学生既是社会的年轻力量,又是认识客观世界的主体。学生对知识的获得、技能与技巧的形成、智力与能力的提高、思想品德的发展,都要经过一定的认识活动才能够实现。教学作为一种认识活动,其目的是使学生获得关于自然界、人类社会各种现象及其规律的认识,从而提高学生的认识能力。列宁曾将人类认识过程概括为:从生动的直观到抽象的思维,再从抽象的思维到实践的认识过程,即从感性认识到理性认识,再从理性认识到实践,不断循环往复,螺旋式上升的过程。这一过程包含"从个别到一般""从一般到个别"两个相互作用的过程,学生的认识过程与人类的认识过程一样,也是一个逐步提高与深化的过程,即由不知到知,由知之较少到知之较多,由知之较浅到知之较深,由易到难,由低水平到高水平的过程,遵循着人类的一般认识规律。

链接

人类的一般认识过程

一般地说,认识是从感觉器官感知外界的事物和现象开始的。人拥有感觉器官,凭借它可以用感觉、知觉、表象的方式,去把握外界的事物、现象的各种性质。我们的认识就是从这种事物与现象的感性知觉(直觉)开始的。

但是,感性认识赋予我们的知识是个别事物与现象的外部特征,不过是科学知识的最初阶段,尚未形成对于客体的支配力。要掌握对于外部世界的支配力,就得认识事物的本质、事物与现象之间的内部关系、事物发展的客观法则。这只有凭借思维才能实现。就是说,通过比较、分析、抽象、综合的智力操作,舍弃事物与现象中的一切非本质的、偶然的因素,抽象概括出共同的本质的因素,才能得到概念、法则、理论的知识。

思维是构成认识第二阶段的必要成分,但还不能决定我们的认识是否正确。要确证在感知事实的基础上我们的思维所做出的概念、法则、理论究竟正确与否,还得靠实践来检验。

这样一种"从直观到抽象思维,再到实践"的公式,是人类认识发展的一般过程……①

---

① ［日］佐藤正夫著,钟启泉译:《教学原理》,人民教育出版社1996年版,第207—208页。

2. 教学是一种特殊的认识过程

首先，学生认识过程所凭借的条件与人类认识过程不同。学生认识的对象主要是课程和教材，课程与教材所承载的内容是人类认识社会与自然的成果，是前人总结概括的系统的知识，是他人的间接经验，而且不受时间和空间的限制。所以，学生学习过程主要是通过获取间接经验，来改变自己的主观世界，从而达到认识客观世界的目的，它不同于人类认识世界的过程，也不同于科学家进行研究获得直接经验的过程。学生学习以间接经验为主，并非脱离实际的学习，而是要建立在学生已有的知识经验基础之上。在教学过程中，要防止脱离实际、不联系实际的偏向，重视学生直接经验的积累。

其次，学生认识的方式方法是教育者精心设计的，具有简捷性。比如实验、实习、调查、测量等都是根据教学的需要设计和确定的。通过教学认识世界、掌握知识，既经济又有效。

再次，学生认识过程中有教师的引导或辅助。作为教学认识的主体，学生正处于身心健康发展阶段，有一定的认识能力，但呈现出不成熟状态，还不能完全独立地学习。学生学习任务所涉及的各门学科的系统知识，是统一规定的教学内容，对学生而言是未知的知识。要使知识由未知转化为已知，需要一定的外在条件，包括教师指导、教学设备、活动组织、教学手段等。而最根本的条件是教师的指导，只有在教师指导下，学生的认识才能避免盲目性，少犯错误，少走弯路。

从认识目的看，一般的认识活动是为了获得事物的规律性的认识及物质结果，从而改变客观世界，而学生的认识活动不仅仅是求知，还要发展智能，提高思想认识水平，培养道德品质，陶冶情操，增强体质。所以，教学是一种特殊的认识过程。

真题链接

2. 教学过程是一种特殊的认识过程，它区别于一般认识过程的显著特点是（　　）。
   A. 直接性、引导性和简捷性　　B. 直接性、被动性和简捷性
   C. 间接性、被动性和简捷性　　D. 间接性、引导性和简捷性
   【答案】 D。

（三）教学过程是促进学生身心发展的过程

教学过程是按一定的认识（即学习）任务和内容，依据认识论的规律和学生认识特点而组织进行的逐步掌握和运用知识的过程，它不仅要适应学生的发展，而且要尽最大可能来促进学生的发展，因此它能够有力地影响着学生的发展过程。促进学生发展是教学过程的又一重要特性。

中小学生正处于身心迅速发展时期，教学的目的就是要促进其德、智、体、美、劳全面而充分地发展，成长为符合社会需要的人。古代教学很少注意儿童发展需要，甚至一味压抑学生的个性，教学方法简单，教学效率低下。到了近代，人们在实践中才逐步明确教学要适应学生的身心发展，注意学生的负担能力，遵循直观、循序渐进等原则，但教学仍然停

留在适应学生发展的层面上,学生身心发展只能在接受知识过程中自发和自然地进行,发展水平不高而且速度缓慢。随着教学理论与实践的发展,人们对教学与发展的关系有了进一步的认识。一方面,教学要引导学生的发展,使人类积累的精神财富顺利地转化为学生身心发展的养料,使学生在德智体等方面都得到一定的发展,成为社会需要的优质人才。另一方面,教学要遵循儿童的发展规律,适应学生发展水平,并注意使教学走在学生发展的前面,激发学生的主动性、积极性,引导学生创造性地进行学习,以最有效的方式促进学生的发展。

综上所述,教学过程既是一种特殊的认识过程,也是一种促进学生身心全面发展的过程。在教学中,教师要有目的、有计划、有组织地引导学生能动地认识,循序渐进地掌握科学文化知识和基本技能,提高思想认识水平,增强体质,培养审美情趣,奠定科学人生观和世界观的坚实基础。

二、教学过程的规律

(一) 间接经验与直接经验相结合的规律

在教学过程中,学生对客观世界的认识,主要是在教师引导下,以间接经验的获取为主。所谓间接经验,主要是指前人经过长期生产、生活、军事、文化等实践活动而获得的体验。直接经验则是通过身体力行的体验而获得的经验。事实证明,学生以掌握间接经验为主,既经济又有成效,它可以最大限度地排除他人认识过程中出现的偶然性和盲目性,减少认识过程的挫折和曲折,增强认识的目标指向性和可控性,提高认识的速度与效率,并且突破时间和空间的条件限制。

对于学生来说,间接经验是他人的认识成果,未经过自己的亲身体验和实践验证,与学生自己的实际生活经验、学习经验、认识水平等之间存在一定差距,所以不能够直接变为自己的知识。实际上,在书本或教材知识中,有些知识非常抽象、深奥,甚至晦涩难懂。要学会这些知识,需要一定的感性认识或直接经验做依据。这就要求教师要根据教学要求,依据一定的教学条件,精心设计教学方法和教学组织形式,选择便捷的途径,比如观察、实验、演示、测量、参观、调查等,提供简便的材料,创造学生获取直接经验的条件和环境,帮助学生更好地理解和掌握书本知识或教材,将间接经验的学习与直接经验的获得相结合。学生获取直接经验的方式、方法、途径,与人类获取直接经验不同,主要是在教师精心设计和组织的活动中获取直接经验。因此,教师要为学生准备充分的感性认识材料,让学生多体验,多实践,以便加深对知识的理解,培养学生善于获取直接经验的能力。

真题链接

3. 在学校教育中,学生对客观世界的认识主要借助的是( )。

　　A. 生产经验　　B. 生活经验　　C. 直接经验　　D. 间接经验

【答案】 D。

（二）掌握知识与发展智力相结合的规律

掌握知识与发展智力的关系，一直是教学理论与实践的重要话题。对掌握知识与发展智力之间关系的正确理解，直接影响教学的效果与质量。

在对掌握知识与发展智力之间关系问题的认识上，欧洲在 18 至 19 世纪曾出现过两种相互对立的观点，即形式教育论和实质教育论。形式教育论的主要观点是：教学的主要任务是训练学生的思维形式，智力可以通过专门的训练而获得充分发展，至于知识掌握得多少无关紧要。实质教育论的主要观点是：教学的主要任务在于教给学生实际有用的知识，掌握了知识，智力就会自然而然地得到发展。形式教育把思维的内容与形式割裂开来，认为形式可以离开内容而得到发展，片面强调智力训练而轻视掌握学科知识，使学生不仅没有掌握丰富的知识，智力也难以得到有效的发展。实质教育对发展智力的任务认识不足，看不到知识与智力的区别，对学生的智力发展采取放任自流的态度，不仅耽误了学生智力发展，也降低了掌握知识的效果。

真题链接

4. 在教学过程中，强调知识传授而忽视能力培养的理论是（　　）。

　　A. 形式教育论　　　　　　　　B. 实质教育论

　　C. 传统教育论　　　　　　　　D. 现代教育论

【答案】　B。

一方面，智力是掌握知识的前提。学生在教学中的学习首先是智力活动，离开智力，知识无法获取。实践证明，智力水平的高低直接影响着知识掌握的速度、数量、程度和效果。另一方面，知识又是发展智力的基础。学生学习的知识，既是人类知识积累的成果，又是人类智慧的结晶。比如思维、认识方法、想象能力等就是蕴含在知识中的前人的智慧成果，只有在掌握知识的过程中才能获取这些方法，并将其运用于实际中，形成自己的创造才能。

链接

有这样一个故事：两个小孩在一起玩四个颜色相同、大小一致的小球，其中两个是铁的，两个是木的。

甲说："不许掂轻重，你能分清哪两个是木球，哪两个是铁球吗？"

乙想了想答道："放在水里，沉下去的是铁球，漂在水面上的是木球。"经过试验，确实如此。

甲又问："为什么铁球沉下去，而木球浮上来呢？"

乙立即答道："因为铁球比木球重呗！"

> 　　甲想了想说:"海上的大轮船也很重啊,为什么不沉下去呢?"
>
> 　　两个孩子谁也回答不上来。因为他们只知道重量和浮力的关系,而不知道体积和浮力的关系。可见无知也就必然无能。①

　　掌握知识与发展智力二者之间并非呈直接的、正比例的关系,知识的掌握并不等于智力的提高。从知识掌握到智力提高的过程很复杂,知识转化为学生的智力需要教师的启发、引导,需要发挥学生学习的积极性、主动性和自觉性,具备独立解决问题的意识和能力。如果教学只是"填鸭式"的硬灌,学习只是机械式记忆,即使掌握很多知识,也不能增长学生的智力。

(三) 掌握知识与提高思想认识相结合的规律

　　在教学过程中,教师不仅要引导学生掌握知识,而且还要引导他们提高思想认识,既要教书,又要育人,这是由教学的教育性所决定的。

链接

> 　　孔子说:"诗三百,一言以蔽之,曰:思无邪。"又说:"《诗》可以兴,可以观,可以群,可以怨,迩之事父,远之事君;多识于鸟兽草木之名。"意思是说,他选的教材——《诗经》都是纯正无邪合乎礼义的。学习它可以抒发思想感情,观览风俗,可以合群,能培养德行见识,以事父事君,还可以增长自然常识。可以看出,他要通过学诗,进行德育是极其明确的。
>
> 　　欧洲中世纪的教学是受神学统治的。一切教学,都要服从圣经。教学中不准有异端的思想。甚至算术教学都要去解释宗教教条,说什么"1"是象征着唯一的神;"2"是关于耶稣基督的两重性格(神性和人性);"3"是关于神的三位一体(圣父、圣子、圣灵);"4"是关于四个福音传道者。更神秘的是"7"的解释,一星期7天,7个天使,7个圣餐礼,7重天,等等。②

　　掌握知识与提高思想认识之间存在着密切的联系。学生的思想、观点、人生观和世界观等都需要在认识过程中形成和发展起来,科学的人生观和世界观更应该建立在科学的文化知识基础之上,因而,掌握知识是学生思想品德提高的基础。但学生掌握了知识并不等于其思想水平自然会提高,只有在教师用教材中及自身所拥有的正确的思想、观点、立场、态度等影响学生,并将它们转化为学生内在的思想素养时,才能够将知识及教学的教育功能充分发挥出来。在教学中,教师要让学生深刻领会和掌握知识,激发学生对所学知识产生积极的立场和态度,促使学生形成健康的情感,建立正确的是非观念和价值观。

---

① 许文杰:《掌握知识技能与发展智力》,载《西北师院学报》,1983年第2期。
② 董远骞等:《教学论》,浙江教育出版社1984年版,第74页。

在遵循掌握知识与提高思想认识相结合规律时要防止两种片面的倾向：一种是重视知识传授而忽视思想教育；另一种是重视思想教育而忽视知识传授。

（四）智力活动与非智力活动相结合的规律

学生的认识过程，不仅有智力活动，也有非智力活动。智力活动主要是指认识过程中必备的观察、注意、记忆、思维、想象、创造等活动；非智力活动主要是指伴随认识过程的心理活动，包括兴趣爱好、情感、态度、意志、志向、性格等。学生心理是智力活动和非智力活动构成的整体，二者在学生认识活动中相辅相成，互相作用，相互渗透，不可分割。智力活动是非智力活动的基础，离开智力活动，非智力活动就无所依存，成为无本之木，无法产生和发展。同时，非智力活动又作为内驱力与智力活动密切相连，虽然它对认识活动不起定性作用，但却间接影响认识活动的速度和效果，如同"添加剂"一样，加速或延缓学生的认识进程。比如：意志坚强则可以克服学习中遇到的各种阻力，坚定认识；兴趣浓厚则可以促进学习知识的积极性、主动性；情绪消沉则降低学习的效率，等等。一般而言，教师能够正确引导学生学习的态度和行为，并结合学生的身心发展特点、生活经验进行教学，则可以激发学生的非智力因素，使非智力因素与智力因素协同发展。反之，如果教学内容脱离实际，教学方法枯燥乏味、单调、机械，则不利于它们二者的统一发展。因此，既要注意教学内容的适宜，又要注意教学方法、态度的正确性，还要注意培养学生学习的正确行为与良好习惯，只有这样才能够将智力因素与非智力因素的关系协调一致。

（五）教师主导作用与学生主体作用相结合的规律

教学过程是教师引导学生学习的过程，因而要正确处理教师与学生的关系，否则教学过程就会受到不良师生关系的阻碍和影响。

在教学过程中，教师居主导地位，发挥主导作用。教师的主导作用主要表现为：教师依据教育目的，按照教学的要求，遵循学生学习的规律，积极引导学生在知识、能力、情感等方面不断发展。教师在社会经验、职业道德素养、专业化程度、知识、能力等方面优于学生或者先于学生形成。在教师的引导下，学生是理解、消化和运用知识于实际的主体，离开他们，教师的教就失去了对象，教学就没有存在的价值。教师主导作用是学生主体地位充分体现的必要条件。教师如果善于依据教学规律和学生认识发展规律进行教学，对学生进行启发引导，激发他们学习的能动性，就能使学生积极地、主动地、自觉地参与到教学活动中，并与教师相互合作，共同完成教学任务，获得多方面的发展。如果教师未能发挥主导作用，学生学习就会出现盲目性，经受不必要的挫折、降低学习成效。另外，学生主体性的发挥又是教师主导作用的体现。在教师引导下，学生如果学习积极主动，求知欲望强，善于探索，学习效果显著，则表明教师的引导是正确的、适当的，是符合学生学习需要的。

教师与学生在教学活动中互相影响，互相依赖。教师的作用重在引导，即将教育的要求变为现实；学生的作用重在积极参与、主动探索与积极配合。离开了学生的参与，教无法依存。离开了教师的教，学生的学也无法顺利进行。教师主导作用的发挥，意味着学生主体地位的凸显；而学生主体地位的充分体现，也表明了教师主导作用的真正发挥。在教学过程中，要防止出现忽视学生学习积极性和忽视教师发挥主导作用的偏向。

链接

美国教师教"蚯蚓"

一上课,老师说这节课上"蚯蚓",请同学们准备一张纸,上来取蚯蚓。同学们捏着纸片纷纷上讲台盛蚯蚓。许多蚯蚓从纸片上滑落下来,学生们推桌子挪椅子地弯腰抓蚯蚓,整个教室顿时乱成一团,老师却一言不发,站在讲台旁冷眼旁观。课后老师对我说,上了一节"蚯蚓"课后,假如连蚯蚓也抓不住,那么这节课还有什么意义。同学们抓住了蚯蚓回到座位后,老师开始了第二个教学环节:请同学们仔细观察,蚯蚓的外形等有什么特征,看谁能把它的特点最后补充完整。经过片刻的观察,学生们踊跃举手。

生:虽然看不见蚯蚓有足,但它会爬动。

生:不对,蚯蚓不是爬动而是蠕动。

师:对。

生:蚯蚓是环节动物,身上一圈一圈的。

师:对。

生:它身体贴着地面的部分是毛茸茸的。

师:对,你观察得很仔细。

生:老师,我刚才把蚯蚓放在嘴里尝了尝,有咸味。

师:对。我很佩服你。

生:老师,我用线把蚯蚓扎好后吞进了喉咙,过一会我把它拉出来,它还在蠕动,说明它生命力很强。

此时老师的神情变得庄重起来,激昂地说:"完全正确! 同时我还要赞扬你在求知过程中所表现出来的这种勇敢行为和为科学献身的精神。同学,我远不如你!"[①]

第三节　教学原则

教学原则贯穿于教学活动的整个过程,对教学过程中的各项活动起着指导和制约的作用。正确理解和灵活运用教学原则,对于提高教学质量和教学效率起着非常重要的作用。教师的教和学生的学必须依据教学的基本原则。

---

① 陈钟梁:《美国教师教"蚯蚓"》,http://gljy.nje.cn/gljyy/bbs/bbs34/topicdisp.asp? bd=15&id=177&ttid=0。

一、教学原则概述

（一）教学原则的含义

教学原则是指人们根据一定的教学目的，遵循教学规律而制定的指导教学工作的基本要求。

在中国古代教育史中蕴藏着十分丰富的教学原则思想。孔子就提出"学而时习之""温故而知新""不愤不启，不悱不发""学而不厌""诲人不倦"等教学原则及教学思想。《学记》中提出"长善救失""教学相长""预、时、孙、摩"等教学原则。这些原则至今仍然具有借鉴意义。在西方，17世纪捷克教育家夸美纽斯从适应自然秩序的原理和感觉论出发，提出直观性、彻底性、量力性等原则；德国教育家赫尔巴特提出教学的教育性、教学的目的性等原则。苏联教育学家凯洛夫提出直观性、自觉性、积极性、巩固性、系统性与连贯性等原则；赞可夫提出高速度、高难度、理论知识在教学中起主导作用等原则。美国教育家布鲁纳则提出结构原则、程序原则、强化原则等。由此可见，古今中外有许多学者或教育家都提出过具有指导价值的教学原则，而且各自有所不同，反映出他们各自所秉持的实践经验、立场、观点和方法。如今，随着教育实践与研究的发展，教学原则不再限于对日常教学经验的总结，而是更加科学准确。

（二）教学原则与教学规律的关系

教学规律是制定教学原则的重要依据之一，因此教学原则在一定程度上反映了教学规律，不合乎规律的原则是无效的原则。教学原则是人们按教学规律办事的抓手或关键。不遵循教学原则，就可能违背教学规律。

规律和原则分属不同的知识层次。教学规律是不以人们的意志为转移的客观存在，而教学原则却是人为制定的。对规律的不同认识可以产生不同的原则，因而原则带有主观和实践的色彩。教学原则制定的依据有四个，即教学实践的经验、教学目的、教学规律、现代科学理论基础。依据不同，制定的原则也就不同。教学规律只是制定教学原则的依据之一。这说明教学原则与教学规律之间并不能形成一一对应的关系。

（三）教学原则与教学方法的关系

教学方法是教学原则产生的源泉，同时又是教学原则实施的土壤，原则的应用要具体落实到方法上。传统的教学原则研究遵循一种从理论到理论，从原则到原则的方法，而当代以赞可夫为代表的教学论专家则强调从教学实践中所运用的教学方法中提炼教学原则。当然，来源于教学方法的这些原则必然是合乎规律的。

（四）教学原则的特性

1. 规范性

教学理论中有一部分要回答"是什么"，有一部分要回答"为什么"，有一部分要回答"怎么做"，可将它们分别称之为描述性内容、解释性内容和规范性内容。教学原则属于规范性的内容,虽然这些内容也要描述,也要解释,但其主要特征是规范性的。教学原则要回答该怎样进行教学工作,应如何处理教学系统中的各种基本关系,在教学中要采取什么样的策略和态度,按照什么标准去行动,等等。

2. 时代性

因为教学原则受制于教学目的,而一定的教学目的是与一定的教学活动所处的时代和社会背景有关的。又因为教学原则与人们对教学规律的认识有关,而在不同的时代,人们又处于不同的认识水平,具有不同的认识特点。还因为教学原则与教学实践水平和特色有关,不同时代的教学实践有着不同的水平和特色。以上三个方面的原因决定了教学原则具有鲜明的时代性。

3. 多样性

若干条相互联系的教学原则的组合构成一个相对完整的教学原则体系。由于教育家处在不同的时代,具有不同的哲学和心理学思想,拥有不同的教学经验,于是站在不同的认识角度,就提出了不同的教学原则体系。这些教学原则体系不仅其哲学和心理学的基础不同,侧重点不同,而且条目的多寡和表述的方式也不相同。

二、中学常用的教学原则

(一)科学性和思想性统一原则

这一原则要求教学要以马列主义、毛泽东思想为指导,用科学知识武装学生,结合知识教学对学生进行社会主义思想品德教育,既教书又育人。

所谓科学性,是指教给学生知识要反映客观真理,具有真理性,是人类认识成果中最基本的、具有确定性的知识。所谓思想性,是指在教学中要体现社会主义政治方向,体现辩证唯物主义世界观和社会主义道德精神,并结合知识教学对学生进行思想教育,充分发挥教材内容本身的思想教育性,同时对学生进行言传身教。思想性蕴涵于教学目标、教学过程、教学内容和教学方法之中。我国自古提倡"文以载道",有着教书育人的悠久历史传统,科学性与思想性统一体现了这一优良传统。科学知识反映的是客观世界的本质及其运动规律,思想性是科学知识的内在属性。在传授科学知识的同时,必然以某种思想、观点、道德精神影响学生,二者相得益彰。这一原则反映了我国教育目的的基本要求,同时也是掌握知识与提高思想认识必然联系的教学规律的具体反映。

> **真题链接**
>
> 5. 王老师在化学课上讲到元素周期表中的"镭"元素时,向同学们介绍了"镭"的发现者居里夫人献身科学的事迹,同学们深受教育。这体现了哪一教学原则?(   )
>   A. 理论联系实际原则　　　　B. 科学性和思想性相统一原则
>   C. 启发性原则　　　　　　　D. 发展性原则
>   【答案】 B。

贯彻科学性和思想性统一原则的基本要求是：

1. 保证教学的科学性

教学的科学性不仅是思想性的基础，而且是发展智力、培养能力、形成技能和技巧的基础。它要求教师要依据课程计划和课程标准，指导学生学习系统的科学知识。教师所传授的概念、公式、原理等要正确，论证要透彻，语言表达要准确、具有逻辑性。教师对于教学方法的运用也要恰当、科学，要密切结合学生学习的实际经验，启发引导学生积极思考。教师治学态度要严谨，要认真备课、上课，确保教学各个环节都能够发挥正确的教育作用。

2. 发掘教材的思想性

教材内容蕴含着丰富的思想观念、情感、立场及态度。例如：语文、历史、政治等学科是提高学生思想修养、陶冶道德情操、进行人生观世界观教育的重要科目；数学、物理、化学、生物等学科中渗透着唯物思想与辩证法，是学生科学认识世界的方法论基础。教师一方面要尽可能地发掘这些因素，发挥它们的教育作用；另一方面要紧密结合学生的实际，自觉地进行思想教育工作。要防止脱离实际的空洞说教，防止把所有课程都上成政治课。

3. 教师要不断提高自己的专业水平和思想修养

乌申斯基说，在教育中，一切都应基于教师的人格，因为教育力量是由活的人格源泉中产生出来的。教师职业具有榜样示范性特点，在教育活动中，时刻都体现着教师人格的直接影响。教师个人的思想、观点、态度、学识及思想修养等均潜移默化地影响着每一个学生的发展，对于年龄越小的学生，这种影响越大。因此，教师要不断提高自己的思想水平，以良好的修养，严谨的教风以及诲人不倦的态度教育学生。

链接

> 鲁迅先生在教学实践中，非常重视科学性和思想性的统一。一次，他在讲授中国小说史第四篇《今所见汉人小说》时讲到《西南荒经》上说的一种"讹兽"。他向学生介绍：据该书说，人吃了"讹兽"要说谎的。然后，鲁迅先生很自然地插了一段问路的故事。故事说：在十里洋场的旧上海，有人走到三岔路口问路，结果甲说向东，乙说向南，丙说向西，三个人回答了三个方向，实在叫人啼笑皆非，无所适从。鲁迅先生讲完故事后，幽默地说："大约他们(指路者)是食了'讹兽'吧！"一句话，引得哄堂大笑。在这里，鲁迅先生把旧上海恶劣的社会现象进行了辛辣的抨击，学生在笑声中对"讹兽"有了广义的理解，同时受到了生动具体的思想教育。

（二）理论联系实际原则

理论联系实际原则要求教师在加强基础知识的教学过程中，把理论讲授同联系实际结合起来，使学生获得比较完全的知识，做到学以致用。

理论联系实际既是学生认识活动规律的反映，也是社会主义教育目的的要求。这条原则也反映了直接经验与间接经验必然联系的教学规律。学生以学习间接经验为主，对于人类知识的掌握，不可能事必躬亲，只能在教师指导下掌握教材中的知识。但是要使间接经验成为学生自己的知识,必须要经过一定的实践,遵循人类认识从实践到理论、再从理论到实践循环往复的一般原理。因此,教学要贯彻理论联系实际的原则。

贯彻理论联系实际原则的基本要求是:

1. 重视书本知识的教学,使学生获得系统的科学基础知识

学习理论是理论联系实际的前提条件,没有理论就无从联系实际。贯彻理论联系实际原则,首先要让学生学好理论,即学习和掌握好教材中系统的知识。为此,教师必须要通晓教材中的理论,熟悉所讲授的内容,按照课程标准和课程计划的体系进行教学,使学生真正理解和掌握教材中的基本概念、基本原理、基本规律等。

2. 联系实际,学以致用

由于学生缺乏对教材系统理论知识的亲身体验,所以,要让学生深刻理解、牢固掌握、灵活运用这些知识具有一定的困难,这就需要联系实际进行教学。教学所要联系的实际很广泛,对于中小学生来说,联系实际就是要联系学生在思想、学习、生活经验、学习经验等方面的实际情况,也包括当代科学技术发展、政治经济发展的实际。在联系实际中不能牵强附会,生拉硬扯,要依据学生的年龄特征和实际经验水平,通过联系实际,培养学生具体分析问题、解决问题的能力,达到学以致用。

3. 加强教学实践环节,培养学生运用知识的能力

加强实践环节就是要经常采用练习、实习作业、调查访问等实际操作的方式进一步巩固知识,加深对知识的理解,熟练掌握技能,获得较为全面的知识。因此,要多安排组织实践活动,让学生在实践中逐渐将书本知识与客观实际相结合。教师既要注意加强学生实际能力的锻炼,但又不能忽视基础知识的教学,应该正确处理好知识教学与基本技能的训练之间的关系。

4. 根据教学需要,适当补充乡土教材

所谓乡土教材,就是指将当地、当时工农业生产中形成的经验以及社会生活实践中存在的问题集中起来作为教材的补充内容,增加到教学内容之中,这是学校与社会联系,发挥其经济功能的重要举措。我国幅员辽阔,各地域之间文化、经济差异较大,适当补充乡土教材有利于健全和丰富学生的知识,弥补教材内容的不足,引导和培养学生关注周围社会生活和生产的意识,体现学校教育为当地社会生产发展服务的宗旨。

链接

　　美国老师在课堂教学中,很善于引导学生去"做"某个与课本知识相关的东西,由此让学生在"做"中"学"到理论知识,波士顿教会中学的物理老师麦迪·克罗克更是行中高手。

　　比如学习落体运动时,麦迪先生会要求每个学生都准备若干条同一种类的橡皮筋、一卷胶布、一段固定长度的铁丝、一个鸡蛋。然后设计一个装置,当从一楼坠落时,使得鸡蛋不会摔破。

麦迪指定某一天为比赛时间,根据鸡蛋的完好程度评选出优胜者。同时,要求每位学生根据所学知识写一篇小论文分析为什么鸡蛋没有摔破。

当讲到浮力时,麦迪则把全班学生分组,每个小组准备相同数量的旧报纸若干、油漆一桶、刷子一把、订书钉若干、订书器一个。根据所准备物品,制作一条纸船。

麦迪指定参赛日期,比赛在游泳池举行。比赛那天,麦迪和学生们一起邀请学校领导和其他老师参加。参赛选手可以是制作者,也可以是学校领导或老师。凡是坐在船上把船划到指定地方而不沉者获胜。

之后,每个学生小组根据所学知识再写一篇小论文分析其中蕴涵的科学道理。[①]

(三) 直观性原则

直观性原则是指教师运用各种手段,引导学生充分感知所学对象,丰富学生的直接经验和感性认识,使学生获得生动的表象,为正确理解教材、掌握科学概念奠定基础。

教学的直观性原则的制定是以学生的思维由具体到抽象的发展规律为依据的。夸美纽斯指出:"凡是需要知道的事物,都要通过事物本身来进行教学;那就是说,应该尽可能地把事物本身或代替它的图像放在面前,让学生去看看、摸摸、听听、闻闻,等等。"乌申斯基指出:"一般说来,儿童是依靠形式、颜色、声音和感觉来进行思维的。""逻辑不是别的东西,而是自然界里的事物和现象的联系在我们头脑中的反映。"美国教育家德加·戴尔(Edger Dale)也认为,当学习是由直接到间接,由具体到抽象时,获得知识和技能就比较容易。为此,他向人们提出了对于教与学具有启发的"经验之塔",其中包括做的经验、观察的经验和抽象的经验三部分,每个部分都需要相应的教学媒体的支持。

直观性原则反映了学生的认识规律。它给学生以感性的、形象而具体的知识,有助于提高学生学习的兴趣和积极性,减少学习抽象概念的困难;它可以展示事物的内部结构、相互关系和发展过程,有助于学生形成科学概念,更好地深化认识和运用知识。教育心理学研究表明:儿童早期主要以形象思维为主;运用直观形象的事物进行教学,学生容易掌握和理解;即使是在智力发展较高阶段,思维也不能脱离具体事物和形象。有人曾比较过视听的记忆效果,发现视觉效果比听觉效果高 1.66 倍,直观实物识别效率为 0.4 秒。这项比较进一步说明运用直观材料进行教学,既符合学生思维发展特点,又有助于教学效率的提高。因此,教师必须根据教学任务、教学内容和学生的年龄特点,在教学时恰当地运用直观手段,让学生利用多种感官和已有经验,通过各种形式的感知,丰富直接经验和感性知识,以便更准确地理解教材、形成概念,全面而深刻地掌握新知识,发展学生的认识能力。

教学中的直观形式分为三类,即实物直观,模像直观和语言直观。实物直观包括观察各种自然物体、实物标本、实验、实习、教学参观等,其特点是真实、具体、形象,容易形成清晰的表象。模像直观包括观看各种图片、图表、模型、电影、电视、幻灯片,聆听各种音乐等,其特

---

① 高帆主编:《拿什么吸引学生:名师营造课堂氛围的经典细节》,九州出版社 2006 年版,第 112—113 页。

点是可以根据教学目的和要求取舍,突出教学需要观察的部分。语言直观主要是指感知教师形象化的语言,其特点是能够唤起学生已有的感性经验,重新组合形成新的表象,通过教师生动、形象、具体翔实、富于启发性的语言描述,使得学生如同亲自感知,身临其境。

6. 罗老师讲解"观潮"这篇课文时,通过播放视频,让学生真切感受到钱塘江大潮的雄伟壮观。他在教学中贯彻了(　　)。

　　A. 直观性原则　　　　　　　B. 科学性和思想性相结合原则
　　C. 循序渐进原则　　　　　　D. 巩固性原则

【答案】 A。

7. 在教学过程中,张老师经常运用语言的形象描述,引导学生形成所学事物、过程的清晰表象,丰富他们的感性知识,从而使他们正确理解知识和提高认识能力。张老师遵循的教学原则是(　　)。

　　A. 循序渐进原则　　　　　　B. 直观性原则
　　C. 因材施教原则　　　　　　D. 启发性原则

【答案】 B。

贯彻直观性原则的基本要求是:

1. 根据教学目的、教材性质和学生年龄特点,选择不同的直观教具

实践证明,教师在教学中善于动员和组织学生运用多种感官感知教材,有助于丰富学生的感性认识,同时还能够保障理性认识的顺利进行。不同学科、不同教材、不同年龄阶段的学生所需要的直观手段各不相同,而且在突破教学的重点、难点时所需要的直观教具也不同。教师要精心选择适宜不同学科教学内容、教学目的的直观教具或材料。比如,生物、化学、物理学科多选择实物、模象等教具,语文、历史等学科多采用挂图、音像设备等。同时,在选择教具时还要考虑学生的年龄特点。学生年龄越小,其抽象概括能力越弱,需要选择特点明确、声色具备、具有活动功能的直观教具。对高年级学生进行教学,要选择能够启发他们思维的直观教具。

2. 直观教具的演示要同教师的讲解密切配合

在直观教具的运用过程中,学生无法感知到事物的内部结构以及与其他事物之间的内在联系,这就要求教师要将直观教具的演示同语言讲解结合起来,以补充教具演示的不足。教师的语言可以超越时间、空间和设备等条件的限制,深入到事物内部结构、内部联系以及运动变化的过程,让学生全面、概括、系统地认识和掌握事物,不仅理解事物的现象与表面,而且掌握事物的本质特征。因此,要充分发挥教师的语言直观作用,要通过教师生动形象的语言描述,联系学生已有的经验,引起学生的想象,进一步加深对知识的理解。

3. 恰当地运用直观教具

在教学中,对于直观教具的选择要求典型、适用,力求少而精,演示直观教具的时间和

程序一定要精心设计和安排。直观手段可以用于教学过程的各个阶段,是为完成教学任务而采用的手段。它只是手段,而不是目的,不能为直观而直观,要防止直观教具的滥用。

(四)启发性原则

启发性原则是指在教学中教师要承认学生是学习的主体,注意调动他们的学习主动性,引导他们独立思考,积极探索,生动活泼地学习,自觉地掌握文化科学知识,提高发现、分析、解决问题的能力。

"启发"一词来源于孔子提出的"不愤不启,不悱不发"[①]。朱熹对此解释说:"愤者,心求通而未得之意;悱者,口欲言而未能之貌。启,谓开其意;发,谓达其辞。"[②]《学记》进一步阐述了启发教学的三项原则,即"道而弗牵,强而弗抑,开而弗达"。意思是说:要激发学生的学习兴趣和学习主动性,引导他们独立思考,但不能牵着他们走;要严格要求学生,但不能施加压力;要指明学习的途径,但不要将答案和盘端出。

贯彻启发性原则的基本要求是:

1. 调动学生学习的主动性

学习主动性是学生学习的内在动力。如果缺乏这种内在动力,只依靠外在力量强制学生行为,则学习很难顺利进行,因而教师要启发学生学习的主动性。比如:依据教学内容和学生的学习特点,采用不同的教学方法激发学生的学习兴趣,使学生具有积极的求知欲望;联系学生生活实际,确立适宜的学习目标,树立正确的学习态度。只有让学生积极主动的学习,发挥自己的主观能动性,才能够真正体现出他们学习的主人翁地位。

2. 启发学生独立思考,培养学生的逻辑思维能力

孔子曰:"学而不思则罔,思而不学则殆。"[③]这表明了自觉思维与学习知识之间的必然联系。在教学过程中,教师要始终善于联系教材和学生的实际,提出具有启发性的问题,激发学生积极思考,引导学生多思、善问,并掌握分析、比较、综合、抽象、概括等思维的方法,发展学生的逻辑思维能力。

链接

教学《在马克思墓前的讲话》一课,有的教师抛出了这样的问题让学生讨论研究:对马克思的逝世,恩格斯为什么不用人们常说的"停止了呼吸"来说明,而却用"停止思想"来表达?这个富有启发性的关键问题,立即引起了学生的学习兴趣,抓住了学生的注意力,打开了他们思维的大门。

3. 让学生动手,培养独立解决问题的能力

启发思维是教学的重要环节,但教学不能仅仅停留在思维训练中,况且学生在掌握知

[①] 金良年:《论语译注》,上海古籍出版社2004年版,第69页。
[②] 朱熹:《四书章句集注》,齐鲁书社1992年版,第63页。
[③] 金良年:《论语译注》,上海古籍出版社2004年版,第14页。

识过程中,懂得不一定会做,会做不一定具有创造性。所以,教师要将读、议、练有机结合起来。比如,通过复习、测验、实验、调查等各种方式,引导学生积极动脑动手。同时,让学生掌握预习、听课、做笔记等多种学习方法,培养独立思考,认真钻研的习惯,运用知识解决一定的实际问题。

链接

　　有一次,学生在进行物理实验时,无意中发现自来水中放两根炭棒,用电流表一量,有电流通过。他们感到奇怪,就去问老师。老师让他们自己提出假设,设计实验去证实或推翻它。学生很积极,提出了四种假设:1. 水不纯;2. 炭棒不纯;3. 与炭棒的形状或在水中的相对位置有关;4. 一种新形式的电池。他们进行了多次实验,最后弄清了问题,学到了知识,掌握了一些科学的实验方法,特别是学生的独立思考和探索的精神得到了激励。

4. 发扬教学民主

　　启发教学要求教师要发扬民主,与学生建立一种平等的关系,因为和谐的师生关系、民主的教学氛围是学生主动性得以发挥的必要条件。教师要善于鼓励学生,培养学生积极思考的学习习惯。教师对待学生的态度一定要和蔼,不能无端指责与批评学生,要允许学生各抒己见,给予他们"话语权",要鼓励学生学习与思考的积极性。

讨论

　　有人认为启发式教学就是问答教学,你是否同意这一看法?启发性教学的实质是什么?

(五) 循序渐进原则

　　循序渐进原则是指教学要按照学科的逻辑系统和学生认识发展的顺序进行,使学生系统地掌握基础知识、基本技能,形成严密的逻辑思维能力。

　　在我国教育经典著作《学记》中,有关于循序渐进的思想的论述,如"学不躐等""不陵节而施""杂施而不孙,则坏乱而不修"。朱熹说,读书,一定要"字求其训,句索其旨。未得乎前,则不敢求乎后;未通乎此,则不敢志乎彼"。美国教育心理学家奥苏贝尔说,如果把全部教育心理学还原为一条原理的话,那就是影响学习的最主要的因素就是学生已知道了什么,根据学生的原有知识状况进行教学。美国教育心理学家布鲁纳指出,学习者接触各种不同学习材料的先后顺序,对于完成学习任务具有直接的影响。教学应该通过对经验的呈现(如用图片、电影)以及通过符号的表现(如文字),从直接学习入手。

　　循序渐进教学原则中的"序",是指教材内容的逻辑顺序和学生认识能力发展的顺序。实践证明,传授知识技能是受这些"序"所制约的,教学必须遵循它们适度进行,逐渐使学生从不知到知,从少知到多知,从浅入深,由易到难,逐步掌握知识、技能,形成良好的思想品德以及行为习惯。

真题链接

8. 我国古代教育文献《学记》中要求"学不躐等""不陵节而施",提出"杂施而不孙,则坏乱而不修"。这体现了教学应遵循（　　）。

A. 启发性原则　　　　　　　B. 巩固性原则

C. 循序渐进原则　　　　　　D. 因材施教原则

【答案】 C。

贯彻循序渐进原则的基本要求是:

1. 按教材的系统性进行教学

教师在备课与上课时,要认真钻研课程标准和教科书中的知识体系、各章节之间的关系、各学科之间的内在联系,使教学前后连贯,使新旧知识之间相互衔接,使学生已有经验与所学知识密切联系,从而形成较完整的知识体系。

2. 抓主要矛盾,解决好教学的重点与难点

贯彻循序渐进原则并非指教学要面面俱到,或者平均分配教师的力量。循序是渐进的前提和条件,渐进是循序的结果。因此,教师要把握教学的重点、难点和关键,以点带面,也可以依据学生实际,适当加快教学的进度,有张有弛,要避免平铺直叙的教学。

3. 按照学生认识活动发展的顺序进行教学

学生认识发展的顺序是由近及远、由浅入深、由易到难、由简到繁、由具体到抽象、由现象到本质。学生学习是一个逐渐提高的过程,因此,既不能一曝十寒,又不能急于求成,一味贪多,而应该日积月累,在学生原有知识经验、能力发展水平、思维能力等基础上,逐步提高教学的要求。

(六) 巩固性原则

巩固性原则是指教师引导学生在理解的基础上牢固地掌握知识和技能,长久地保持在记忆中,并能根据需要准确无误地再现和运用。

孔子说:"学而时习之""温故而知新"。夸美纽斯明确提出了"教与学的彻底性"原则,他形容不进行巩固的教学就像把水泼到了筛子里。从广泛的学习过程而言,如果一个人边学边忘,那就一无所得,永远处于无知状态。在教学过程中,学生的学习不同于成年人。学生在短时期内集中地学习大量未经自己亲身感受的间接知识与经验,很容易产生遗忘。因此,特别需要做好知识的巩固工作。

贯彻巩固性原则的基本要求是:

1. 在理解的基础上巩固

理解是学生巩固知识的前提。理解的东西容易掌握,所以教师要尽可能让学生对所学知识达到理解的程度。为此,教师要使教学过程生动形象,有条有理,主次分明,逻辑严密,重点突出,给学生留下深刻的印象。同时,要采用多种方法和手段让学生加深知识的印象,清晰感知教材内容,为巩固知识打好基础。

2. 重视组织各种复习

心理学研究表明,识记材料之后如不及时巩固,则容易遗忘。复习是遏制遗忘的有效方法。复习可以使学过的知识条理化、系统化,使理解加深,内容充实。复习的种类很多,按照时间划分,包括学期开始的复习、经常性复习、阶段性复习、期末复习等。在各阶段复习过程中,教师要指导学生明确复习的任务,掌握有效的复习方法。英国心理学家艾宾浩斯在研究了人的遗忘规律后指出,学习新的知识以后,在遗忘发生之前及时复习,巩固的效果最佳。此外,指导学生掌握有效的记忆方法也有助于知识的巩固。比如,联想记忆、分类记忆、对比记忆、提纲记忆、符号记忆等都是有效记忆方法。

3. 要在扩充改组和运用知识中巩固知识

从人们获得知识的一般情况看,凡是通过心理活动的参与,亲身体验得来的知识,往往理解深刻,掌握牢固。运用知识是巩固知识的重要方法。因此,教师在教学中要组织各种形式的作业,为学生创造运用知识的机会,加强基本技能的训练,在运用知识和技能训练中巩固所学知识。

(七) 因材施教原则

因材施教原则是指教学要从学生实际出发,既要提出统一要求,又要照顾个别差异,把集体教学和个别指导结合起来,使每个学生的才能都能得到充分的发挥。因材施教原则中的“材”,并非指个体的“才能”,而是指个体的知识水平、接受能力、认识能力、志趣爱好、品德修养等个性特点。

每个学生在遗传素质、家庭教育、社会环境、学校教育方面各有差异,形成了个体之间在知识水平、接受能力、学习兴趣、态度、性格等方面的个性差异。教学要遵循学生的个性差异。教学的深度、广度、进度既要适合大多数学生的知识水平和接受能力,又要照顾到学生的个性特点,保证每个学生获得发展。因材施教原则是实施素质教育,促进学生全面发展的最基本的要求。

贯彻因材施教原则的基本要求是:

1. 全面深入了解学生,从学生实际出发进行教学

全面深入地了解学生是教师成功进行教育教学的前提,也是教师的基本职责。了解学生包括了解全班学生的知识水平、接受能力、学习态度、学习习惯等一般状况,也包括了解学生个体之间的兴趣、爱好、能力、习惯、思维特征等具体情况。教师不仅要了解学生学习与生活的现在,而且要了解学生学习与生活的过去。只有在全面深入了解学生的基础上,教学才能够做到有的放矢,才能够将统一要求与因材施教相结合。

2. 把集体教学和个别指导结合起来

现代社会发展客观上要求课堂教学要面向大多数学生,面向集体。只有按照一般学生的特点实施教学,才能保证大面积高效率地培养人才,提高教学质量,这是对教学的总体要求。然而,集体是由个体所组成,个体的发展直接影响集体的发展,“一刀切”“齐步

走"式的教学无法照顾到具有特殊发展倾向的学生,无法满足个别学生的兴趣、爱好与特长。所以,教学在统一要求的同时还要兼顾个别的发展,把全面提高与个别发展有机结合起来。

3. 正确对待个别差异,有针对性地进行教学

遗传、环境、教育、主观努力等因素,不仅使不同年龄阶段的学生之间存在个体差异,而且使同一年龄阶段的学生也存在兴趣、爱好、性格、气质、能力、品德等方面的差异。针对学生的客观差异,教学必须在教学内容、教学方法、教学的速度和难度等方面有所区别,使每个学生在原有基础上都得到不同的提高,充分体现学生的潜能。

链接

教《藤野先生》,学生不理解"油光可鉴"。于漪老师为了使好的学生有长进,不浅尝辄止,差的学生也能深刻理解,不望文生义,不囫囵吞枣,就做了两种深浅不同的讲解。她先把"油光可鉴"浅解为"涂油的头发梳得很光,可以当作镜子来照",指出"鉴"就是"镜子",这里名词作动词用,当作"照"的意思。然后,她又针对学习成绩好的学生,将"鉴"字生发开去,引出朱熹的一首诗《观书有感》:"半亩方塘一鉴开,天光云影共徘徊。问渠那得清如许? 为有源头活水来。"于老师解释说:这里的"鉴",就是镜子的意思——清澈见底的池塘,如同打开着的镜子一样。这样,就进一步讲清了"鉴"的含义。最后,她说:"鉴"常常引申为"警戒"之意,如"引以为鉴""前车之覆,后车之鉴"。讲得有深有浅,使每个学生都有所得。

以上七条教学原则从教学指导思想、教学策略、教学内容组织安排等不同角度对教学活动提出了基本要求。虽然各教学原则提出的基本要求侧重点各不相同,但它们之间并非孤立发挥作用,而是相辅相成地密切联系在一起,以整体结构发挥其功能的。教师要把这些原则综合地加以利用,使之相互促进、相互配合、协同一致,发挥其最大的效用。

第四节　教学方法

教学活动需要方法。教师教和学生学的行为不是割裂或孤立的,教和学二者之间存在着一种有机的密切联系。教师的教授行为在一定程度上制约或控制着学生的学习行为,而学生学习的行为又反作用于教师的教授行为。如果教学缺少制约或控制,就会成为一盘散沙,教学就成为自学活动。如果教学不顾及学生学习活动的反馈信息,则教学活动就会成为教师一人的"独白"活动。教学方法是构成教学活动的重要因素之一,在教学过程中具有不容忽视的地位。

一、教学方法概述

(一) 教学方法的含义

教学方法是指在教学过程中,教师和学生为实现教学目标和完成教学任务所采取的行为方式的总称,包括教师教的方法和学生学的方法。

教学方法从属于教学方法论,是教学方法论的一个方面。教学方法论由教学方法指导思想、基本方法、具体方法、教学方式四方面组成。

教学方法包括教师教的方法(教授法)和学生学的方法(学习方法)两方面,是教授方法与学习方法的统一。教授法必须依据学习法,否则便会因缺乏针对性和可行性而不能有效地达到预期的目的。但由于教师在教学过程中处于主导地位,所以在教法与学法中,教法处于主导地位。

教学方法不同于教学方式,但与教学方式有着密切的联系。教学方式是构成教学方法的细节,是运用各种教学方法的技术。任何一种教学方法都由一系列的教学方式组成,可以分解为多种教学方式。另一方面,教学方法是一连串有目的的活动,能独立完成某项教学任务;而教学方式只能被运用于教学方法中,并为促成教学方法所要完成的教学任务服务,其本身不能完成一项教学任务。

教学方法不同于教学模式。教学模式是在一定教学思想指导下建立起来的为完成某一教学课题而运用的比较稳定的教学方法的程序及策略体系。它由若干个有固定程序的教学方法组成。每种教学模式都有自己的指导思想,具有独特的功能。它们对教学方法的运用,对教学实践的发展有很重要的影响。

教学方法不同于教学工具或教学手段。教学方法是对工具和手段的选择。教学方法也不是一种固定的方式和行为,而是一种以一定方法结合的、师生双方相互作用的、有目的的系列性活动。

教学方法随着教育的发展经历了历史的变迁。在人类社会发展初期,教学方法主要以口耳相传、手把手教授、示范榜样为主。到了奴隶社会与封建社会,盛行强迫灌输、死记硬背的教学方法。工业革命以后,人类开始重视自然知识与科学技术知识,于是在原有基础上又出现了直观演示、实验、实习等新的教学方法。社会生产与科学技术的不断更新,为教学方法的改革提供了有利的条件。当代教学方法既重视教的方法,又重视学的方法,改变了原有以教为主的教学模式,出现了诸如观察、演示、调查、参观、计算机辅助教学、音像设备辅助教学、远距离教学等一系列新的教学方法。

(二) 教学方法的意义

1. 教学方法是联结教师教与学生学的重要纽带

朱熹说:"事必有法,然后可成,师舍是则无以教,弟子舍是则无以学。"[①]有效的教学

方法将教师的教授活动与学生的学习活动有机地联系起来,使其成为共同实现教学目的的活动。

2. 教学方法是完成教学任务的必要条件

毛泽东曾说过:"我们不但要提出任务,而且要解决完成任务的方法问题。我们的任务是过河,但是没有桥或船就不能过。不解决桥或船的问题,过河就是空话。不解决方法问题,任务也只是瞎说一顿。"[①]同样,不解决教学方法问题,教学任务的完成也要落空。

3. 教学方法是提高教学质量和教学效率的重要保证

因为良好的方法可以使人们"免得走无穷无尽的弯路,并节省在错误方向上浪费的无法计算的时间和劳动"(恩格斯)。如著名特级教师李吉林创造、运用情境教学法,就使学生学语文感到"易""趣""活",极大地提高了课堂教学的质量和效率。

4. 教学方法是影响教师威信和师生关系的重要原因

《学记》指出:"善学者,师逸而功倍,又从而庸之;不善学者,师勤而功半,又从而怨之。"学生善学与不善学,与教师善教与不善教是密切联系着的。那些因适当采用优良教学方法而使教学效果不断提高的"善教者",就容易在学生中赢得较高威信,师生关系也比较融洽。

5. 教学方法影响学生的身心发展

皮亚杰认为:"良好的方法可以增进学生的效能,乃至加速他们的心理成长而无所损害。"[②]而不好的教学方法则可能会使学校成为"才智的屠宰场",像恩格斯批评爱北斐中学所说的那样:"这个学校流行着一种非常可怕的背书制度,这种制度半年时间就会使一个学生变成傻瓜。"因此,教师应注意改进教学方法,促进学生健康发展。

(三) 教学方法的特点

1. 实践性

教学方法与教学实践紧密相连,其基本精神、影响媒介、作用方式、具体步骤等都是可以操作的。同时教学方法的实践效果,又是检验其优劣的重要指标。

2. 双边性

任何一种教学方法都是教师指导、学生学习这一双边活动的方法。巴班斯基曾经指出:"教学方法的本质实际上取决于学生的学习认识活动(学)和教师相应的活动(教)的逻辑——程序方面和心理方面。教学方法决定于学的方式和教的方式行动上协调一致的效果。"[③]每一种教学方法都是互相联系着的教师与学生一定活动方式的构成体,而不是教的方法与学的方法的简单相加。

3. 多样性

教学方法是多种多样的,组成丰富博大的方法库,以供教师教学时选用。每种方法都

---

① 毛泽东:《毛泽东选集》第一卷,人民出版社 1991 年版,第 125 页。
② [瑞士]让·皮亚杰著,傅统先译:《教育科学与儿童心理学》,文化教育出版社 1981 年版,第 176 页。
③ [苏联]巴班斯基主编,张定璋,高文译:《中学教学方法的选择》,教育科学出版社 1985 年版,第 7 页。

有其独特的功能,万能的方法是不存在的。只有多样化的教学方法才能帮助教师达到所有的教学目的。正如巴班斯基所说:"教学方法是师生为达到教育和培养人的目的而进行的相互联系的活动方式。由于活动的方式和性质是多方面的,所以,教学方法也是多种多样的。因而,企图制定经常使用的、数目有限的几种教学方法是错误的。"[①]

4. 整体性

不同的教学方法共同构成一个完整的方法体系,各种具体方法彼此联系、相互补充和配合,综合地发挥着整体效能。一般地说,"任何方法,不管哪一种方法,如果我们把它离开其他的方法,离开整个体系,离开整个综合影响来单独分析的话,那就既不能认为是好的方法,也不能认为是坏的方法"[②]。

5. 继承性

古今中外的教育家在长期的教学实践中,为了提高教学实效,非常重视教学方法的探讨,并且积累了相当丰富而宝贵的实践经验,其中有些在一定程度上反映了教学的客观规律,至今仍具有生命力,值得我们认真总结、整理,并借鉴其合理部分。任何新的教学方法都不可能从零开始,它都必然要从多方面吸收和利用以往旧的传统的教学方法中的一切有价值的成分。

6. 发展性

任何教学方法体系都不是一成不变的。在具体教学实践中,教师必须根据变化了的时代精神、教学内容和教育对象特点等客观条件,勇于探索,推陈出新,使教学方法适应实际要求。教学方法的发展,还包括对传统教学方法的发掘、改造、互相补充和综合利用。它同教学方法的继承性并不矛盾。

二、中学常用的教学方法

(一) 以语言为主的教学方法

以语言传递信息为主的教学方法,是指通过教师运用口头语言向学生传授知识、技能以及学生独立阅读书面语言为主的教学方法。语言是交际的工具,它在教学过程中是一种非常重要的认识媒体,教师和学生之间的信息传递主要是靠书面语言和口头语言来实现的,而且对学生来说,语言的锻炼与发展也是培养其思维品质的一个重要方面。[③] 所以,以语言传递信息为主的方法是中小学教学中广泛应用的方法。这类方法主要包括讲授法、谈话法、讨论法、读书指导法等。

1. 讲授法

讲授法是教师通过简明、生动的口头语言向学生系统连贯地传授知识、发展学生智力的方法。从教师教的角度看,它是一种传授的方法;从学生学的角度讲,它是一种接受性

---

① ［苏联］巴班斯基著,吴文侃等译:《论教学过程最优化》,教育科学出版社1982年版,第9页。
② ［苏联］马卡连柯著,刘长松等译:《论共产主义教育》,人民教育出版社1962年版,第237页。
③ 李秉德主编:《教学论》,人民教育出版社2001年版,第188页。

的学习方法。运用讲授法,教师可以通过合乎逻辑的分析、论证,生动形象的描绘、陈述,启发诱导性的设疑、解疑,使学生在较短的时间内获得较为全面系统的知识,并把知识教学、思想教育和发展智力三者有效地结合起来,使之融为一体,相互促进。[①]

讲授法一直是教学史上最主要的教学方法,也是最古老的教学方法。虽然后来许多现代化的教学手段被引入教学领域,出现了演示法、实验法等,但新方法或手段都离不开讲授法的辅助,并由讲授法起主导作用。因此,无论过去还是当前,讲授法都是学校教学中既经济又可靠,而且最为常用的一种教学方法。然而,由于许多教师在课堂教学中不能恰当地运用讲授法,形成了满堂灌的僵死局面;也由于有些人从理论上错误地认为学生接受教师的讲授必然是机械被动的学习,所以,在目前教学方法改革中,有些人把教学效果不佳、教学质量不高归罪于讲授法,认为它是注入式教学方法的代表而倍加攻击、否定和排斥。这种不加分析地全盘否定讲授法的错误倾向与观点,必然会给教学实践带来很大的危害。[②] 讲授法的突出优点是:教师容易控制教学进程,使学生在短时间内获得较系统的知识;有利于对学生进行统一要求和思想品德教育。

讲授法在实际运用过程中,又可以分为讲述、讲解、讲读、讲演等不同的形式。这些形式各有其特点。

讲述,是以叙述或描述的方式向学生传授知识的方法。讲解,是教师向学生说明、解释和论证科学概念、原理、公式、定理的方法。讲读的主要特点是讲与读交叉进行,有时还加入练习活动,既有教师的讲与读,也有学生的讲、读和练,是讲、读、练结合的活动。讲演,是教师对一个完整的课题进行系统的分析、论证并作出科学结论的一种方法。它要求有分析、有概括,有理论、有实际,有据有理。这种方法多用于中学高年级的教学活动中。

上述几种讲授法的形式都是教学中经常使用的。教师采用这些方式,要充分考虑到学生学习的方式,使教师的主导作用与学生的自觉性、积极性紧密结合起来,还要与谈话法、读书指导法、板书、练习等方式方法交替使用。否则,就容易导致注入式的讲授,使讲授失去其原有的功能。

2. 谈话法

谈话法又称问答法,是教师根据学生已有的知识经验提出问题,引导学生独立思考,通过师生间的对话、交谈获得知识的方法。

谈话法也是一种历史悠久、行之有效的方法。我国古代教育家孔子就经常用谈话法启发学生思维,传授有关知识。古代希腊哲学家苏格拉底也曾用这种方法进行教学,并称之为"产婆术"。在现代学校中,谈话法也在各科教学中广泛地采用。谈话法的优点是便于激发学生的思维活动,培养学生独立思考能力和语言表达能力,唤起和保持学生的注意力和兴趣。教师通过谈话可直接了解学生对知识、技能的掌握情况,获得教学的反馈信息,改进教学。

谈话法的形式,从实现教学任务来说,有引导性的谈话、传授新知识的谈话、复习巩固

---

① 李秉德主编:《教学论》,人民教育出版社 2001 年版,第 189 页。
② 李秉德主编:《教学论》,人民教育出版社 2001 年版,第 189 页。

知识的谈话和总结性谈话。谈话法运用的效果常常取决于所提问题的性质和内容。所以，无论哪种形式的谈话，都要设计不同类型的问题，开展不同形式的谈话活动。谈话中所提问题要具体、明确、难度适当、具有启发性，能够调动学生思考的积极性。

链接

　　江阴市知名老师——要塞实验小学杨建国先生在上"圆的认识"一课时，为了激发学生学习的思考力，运用了启发式教学法。

　　杨建国的开场白是："同学们，你们见过的车轮都是什么形状的？"

　　学生们齐答："圆形的。"

　　"为什么车轮是圆形的呢？"杨建国微笑着问。

　　这个问题真够新鲜，学生们的好奇心一下子就被激发出来。

　　学生们互相议论着，争辩着："老师，如果车轮不是圆形的，那就有可能走不快的。""车轮不是圆形的，是正方形或是三角形的就会走起来上下颠簸不停，车子就会走不稳。"

　　杨建国继续问："圆形车轮为什么会转得很稳呢？"

　　学生们面面相觑。对他们来讲，这个问题确实有些难。

　　杨建国抓住这个机会，引导他们自己去寻找答案："你们能不能根据实际的车轮想一想它的奥秘呢？"

　　听到老师的话，学生们马上动起手来。有的拿起小车轮左右观察，用尺子和手比划着、思考着，有的则在翻课本，企图从教材中找到答案。[①]

3. 讨论法

　　讨论法是在教师指导下，学生以全班或小组为单位，围绕教材的中心问题各抒己见，通过讨论或辩论活动，获得知识或巩固知识的一种教学方法。讨论法既是学习新知识、复习巩固旧知识的方法，也是提高学生思想认识的方法。它既可以单独运用，亦可和其他方法结合运用。学习新知识的讨论法，需要学生具备一定的基础知识、理解能力和独立思考能力。因此，一般在高年级教学中采用。

　　讨论法的优点是：培养集体合作精神；有助于互相启发、集思广益、互相学习、取长补短，加深对学习内容的理解；激发学生的学习兴趣，提高学习情绪，培养学生钻研问题的能力，提高学生学习的独立性。《学记》认为，"独学而无友，则孤陋而寡闻"，切磋琢磨就会"相观而善"。学生之间的讨论能够相互启迪，拓展认识事物的范围，丰富思考问题的角度及方式方法。

4. 读书指导法

　　读书指导法是教师指导学生通过阅读教科书和课外读物（包括参考书），借助于书

---

① 高帆主编：《拿什么吸引学生：名师营造课堂氛围的经典细节》，九州出版社2006年版，第46页。

面语言获得知识、养成良好读书习惯的方法。读书指导法的特点是既强调学生的"读",又强调教师的指导,有利于扩大学生知识面,养成良好的读书习惯,提高学生自学能力。

在实际教学中,教师指导学生阅读,首先要从指导阅读教科书开始,因为教科书是学生在学校中获得知识的主要来源。其次,教师要指导学生阅读课外读物。学生阅读课外读物,不仅能加深理解和巩固课内学习的知识,而且能开拓知识领域,满足多方面兴趣,丰富精神生活,进而发展智力和能力。因此,一些教育家称课外读物是"智力生活的策源地"。教师必须认真指导学生制订阅读计划,选好读物,同时要教给他们阅读的顺序和方法,指导他们做好阅读笔记。再次,教师还应注意在各科内容的讲授过程中加强对学生阅读的指导。虽然各门学科的性质不同,对学生阅读指导的具体方式不同,但都应该注意加强对学生的预习和复习活动的指导。

读书指导法不仅是学生通过阅读获得知识的方法,也是培养学生自学能力的重要方法。采用这一方法,必须把学生的"读"作为中心来抓。不管哪种形式的阅读,都应引导学生养成专心致志、学思结合、质疑问难、勤读勤记的好习惯,为理论联系实际打好基础。

运用以语言传递信息为主的方法的基本要求如下:

第一,科学地组织教学内容。学生的知识结构是从教材的知识结构转化而来的,教师要运用以语言传递信息为主的方法使学生掌握知识,并发展他们的智力和能力,最为重要的是要对教学内容进行一番必要的加工,实行科学的组合,并按一定的程序,组成合理的教材结构,使教学内容具有逻辑意义。只有这样,才能把教材上处于静止状态的知识信息变为输出状态的知识信息,使学生获得良好的知识结构。因此,教师要在课前认真钻研教材,合理组织教学内容,力求做到系统性强、概念明确、条理清楚、重点突出、难易适度、符合思想性的要求。对哪些内容采取讲授法,哪些内容采取谈话法或讨论法,要做出恰当的安排。

第二,教师的语言要清晰、简练、准确、生动,并富有感染力。师生的教学活动主要是以语言为中介的,运用以语言传递信息为主的方法,直接影响着教学效果的好坏。因此,教师要用语言进行讲授,用语言组织和引导学生学习,就必须有较高的语言表达能力。教师要善于把教材上的书面语言转化为适于教学的口头语言,并能清晰、简练、准确、生动地表达给学生。还要通过富有启发性和感染力的语言,组织和引导学生不断深入领会和掌握教材内容。同时,教师还必须注意语言表达过程中的举止与神态等形体语言,因为无声的形体语言能支持、修饰教师的口头言语效果,能帮助教师表达难以用口头语言表达的感情和态度。

第三,善于设问解疑,激发学生积极的思维活动。无论是讲授、谈话,还是讨论和指导学生独立阅读,都需要教师精心设计一系列问题,组织和引导学生解决疑难,使学生思维活动不断处于积极状态。因此,教师要根据教学的需要和教材内容的特点,精心设计富有启发性和思考价值的问题,并要依据学生知识与能力情况,使这些问题明确具体、难易适度,以便充分调动学生学习的积极性。在解决问题过程中,教师要善于鼓励和引导各类学生充分发表自己的见解,并抓住学生认识中模糊不清的地方或错误之处,有针对性地加以纠正,以促使学生认识活动的深化。

第四,恰当地运用板书。在运用语言进行讲授、讨论、谈话的教学过程中,恰当地配合和运用板书,是提高教学效果的一个重要方面。在实际教学当中,教师要注意两点:一是合理规划板书的布局,板书要工整美观、字迹规范;二是安排好板书内容,力求做到重点突出、简明扼要。为此可适当利用一些线条、箭头、图表等,对文字做补充说明,使学生加强对教材的印象。

(二) 以直观为主的教学方法

以直观感知为主的方法,是指教师通过事物或直观教具的演示和组织教学性参观等使学生利用各种感官直接感知客观事物或现象而获得知识的方法。这类方法具有形象性、直观性、具体性和真实性等特点。以直观为主的教学方法包括演示法、实验法、实习作业法等。

1. 演示法

演示法是指通过教师展示实物、直观教具,或者进行示范性实验,让学生通过观察获得感性认识的教学方法。比如:通过实验演示掌握物理实验技能;通过幻灯演示了解和掌握人类发展历史。演示的材料有多种,常用的包括实物、图表、图片、模型、标本、录像、电影、幻灯、教师的示范性动作或操作,等等。演示方法的运用能够突破认识上的时空限制,使事物从静态变为动态,使抽象的理论具体形象化。实践证明,演示法能够把理论与实践紧密结合,为学生提供丰富的感性经验,有利于激发学生学习兴趣和思考,也有利于学生对理论知识的理解,发展学生的观察能力。

真题链接

9. 在一堂化学课上,张老师运用分子模型和挂图,帮助学生认识乙醛的分子结构。张老师采用的教学方法是( )。

A. 实验法 B. 练习法 C. 作业法 D. 演示法

【答案】 D。

10. 陈老师在讲"二氧化碳"性质时,讲台上放着两瓶没有标签的无色气体,其中一瓶是二氧化碳,一瓶是空气。怎么区分它们呢?陈老师边说边将燃烧的木条分别伸入两个集气瓶中,告诉学生使木条熄灭的是二氧化碳,使木条继续燃烧的是空气。这种教学方法是( )。

A. 实验法 B. 讲授法 C. 演示法 D. 谈话法

【答案】 C。

2. 参观法

参观法是教师根据教学目的和任务的要求,组织学生到校外或事情发生的现场,通过观察和研究实际事物和现象获得知识的方法。参观法的运用能够使学生面向自然与社会,真实感知社会生产、生活,扩展知识视野,健全知识结构。

链接

> 某教师在讲物理的声学原理时，组织学生到北京天坛的环形祭坛参观，老师对学生说：过去皇帝祭天，跪在祭坛中央说"苍天保佑，五谷丰登"时，即刻会听到回音，而且声音大得嗡嗡响，皇帝以为是老天在回应他，这到底是为什么呢？学生听后纷纷跪在中央尝试，他们很想知道原因。老师乘机解释了其中的原理，并强调说，这是我们祖先五百年前建造的祭坛，可见他们是多么聪明啊！

运用以直接感知为主的方法的基本要求是：

第一，做好准备工作。教师在教学中运用演示法和参观法时，必须根据课程标准的要求和教学任务的需要，做好准备工作。比如演示前教具材料的准备，演示技能的熟练，参观前计划的制订，参观目标、任务和要求的明确等。

第二，引导学生有目的有重点地进行观察。演示与参观时都要向学生提出问题，让学生有目的，有重点地观察，为此教师必须让学生掌握观察的顺序和方法，尽量运用多种感官，把感知与理解结合起来。

第三，引导学生做好总结工作。演示和参观结束以后，教师要引导学生通过讨论、练习等方式，进行积极思考，将书本知识与实际观察结合起来，在获得感性认识的同时，验证和进一步理解书本知识。

（三）以实际训练为主的教学方法

以实际训练为主的教学方法，是通过练习、实验、实习等实践活动，使学生巩固和完善知识、技能、技巧的方法。这类方法包括练习法、实验法、实习作业法等。

1. 练习法

练习法是指教师指导下进行巩固知识、运用知识、形成技能技巧的方法。练习法以一定的知识为基础，具有多次重复的特点。由于学科性质、任务不同，练习的种类也不同，主要包括口头语言和书面语言的练习、解答问题技能技巧的练习、实际操作技能技巧的练习等。练习法的运用可以培养学生始终如一的学习态度和坚强的意志。教师应注意练习方式的多样化和练习时间的合理分配，还要遵循循序渐进的基本原则，并及时检查和评定练习结果。

2. 实验法

实验法是在教师指导下，利用一定仪器设备，认识和了解某些事物或现象发生和变化的过程，让学生在观察研究，独立操作基础上获取知识，形成实验技能技巧的方法。实验法有助于激发学生学习兴趣，也有助于学生掌握研究实际问题的基本方法和动手操作的能力。在实验法运用过程中，教师要正确操作演示，及时说明指导，尽量让每一个学生都能够进行实际操作。

3. 实习作业法

实习作业法是教师根据课程标准的要求，在学校内外进行实际的体验和操作，从而获得一定的知识,形成一定技能技巧的方法。与其他实际练习方法相比较,实习作业法具有实践性、综合性、独立性、创造性特征。实习作业法可分为教学实习和生产实习两种。教学实习是紧密围绕课堂教学,以获得基础知识和基本技能为目的而进行的。普通中学各学科的实习多为教学实习。生产实习是组织学生参加生产实践,综合运用所学知识完成一定的工作任务。职业中学的专业实习多为生产实习。

真题链接

> 11. 学生在教师指导下进行数学的实地测算、地理的地形测绘、生物的植物栽培和动物饲养,属于下列哪一教学方法?(   )
>   A. 实验法   B. 参观法
>   C. 演示法   D. 实习作业法
> 【答案】 D。

运用以实际训练为主的方法的基本要求如下:

第一,教师要精心设计和指导。教师必须事先做好实际训练活动的目的、内容、要求及训练程序的周密设计和安排,以避免盲目性,提高学生实际训练的自觉性和积极性。同时,教师还要及时给予学生以指导,耐心启发引导,严格要求学生遵守练习规则。

第二,调动学生实践的积极性,培养动脑、动口、动手的实际操作能力。实际操作能力就是手脑并用解决实际问题的能力。

案例分析

在教学"杠杆原理"时,一教师先出示概念,然后用实验验证,最后让学生做适应性练习;另一教师则先让学生用扁担挑重物,然后让他们做实验验证自己的猜想,最后得出相关结论。

上述两位教师的教学过程有何不同?两种教学方法对学生的学习将产生怎样的影响?

(四)以探究为主的教学方法

以探究为主的教学方法,是指教师组织和引导学生通过独立的探究和研究活动而获得知识的方法。运用这种教学方法的目的在于体现学生主体性,提高学生解决问题的独立性,培养其探索能力、各种活动能力和创造性能力。这类方法有发现法等。

发现法又称探索法或研究法,是指学生学习概念和原理时,教师提供材料和问题,学生自己独立探究,自行发现并掌握原理,获得正确结论的方法。比如通过阅读获得文章的主题意义,通过实验获得某种结论等。

发现法为美国教育心理学家布鲁纳所倡导。布鲁纳认为,发现并不限于寻求人类尚未知晓的事物,而应指人们用自己的头脑亲自获得知识的一切方法。从教学的角度看,如果教师只作引导,让学生自己主动地去学习,去概括出原理或法则,他们就会因自己的发现而感到愉快,获得成就欲的满足,就会具有强大的学习动力,所得知识也会深刻理解而不易遗忘,并能广泛应用于实际,有助于智力的发展。因此,他甚至要求小学生也都要能利用教师或教材所提供的材料,去成为一个"发现者"。在发现学习过程中,教师是组织者、参与者和指导者。虽然从整个教学论思想来说,布鲁纳后来承认了自己的失败,但他理论中一些非常正确的论点却成了现代教学论中的宝贵财富。而重视学生学习的主观能动作用,重视发现学习,正是这些闪光的财富之一。

运用以探究为主的教学方法的基本要求如下:

第一,依据教材特点和学生实际,确定探究发现的课题和过程。教师要依据教学要求、教学内容的特点和学生知识、能力水平的实际,把教材中的某一知识或问题确定为学生进行探究的课题。

第二,严密组织教学,积极引导学生的发现活动。学生的探究、发现绝不是一种自发的、随心所欲的活动,它是在教师严密组织和积极引导下进行的。学生在发现过程中会遇到各种困难或障碍,需要教师随时辅助,启发引导他们联想、对比、分析,使学生思维活动不断深化。

第三,努力创设一个有利于学生进行探究发现的良好环境。学校要积极配合学生的探究活动,提供条件,教师还要注意为学生创设一个良好的人际环境。

(五) 以陶冶为主的教学方法

1. 欣赏教学法

欣赏教学法是教师指导学生体验客观事物的真善美的一种方法。欣赏是一种心理的、情绪的反应。运用欣赏教学法要求教师要将教学内容寓于各种具体的、生动的现象或形式中,唤起学生的想象,进而引起学生情感上的共鸣。

2. 情境教学法

情境教学法是指在教学过程中,教师有目的地引入或创设具有一定情绪色彩的、以形象为主体的生动具体的场景,以引起学生一定的态度体验,从而帮助学生理解教材,并使学生的心理机能得到发展的教学方法。情境教学法的核心在于激发学生的情感。情境教学的陶冶功能就像一个过滤器,使人的情感得到净化和升华。它剔除情感中的消极因素,保留积极成分。这种净化后的情感体验具有更有效的调节性、动力性、感染性、强化性、定向性、适应性、信号性等方面的辅助认知功能。情境教学可以为学生提供良好的暗示或启迪,有利于锻炼学生的创造性思维,培养学生的适应能力。

运用以陶冶为主的教学方法的要求如下:

第一,引起学生欣赏的动机和兴趣。教师在学生欣赏之前,要先进行讲解,为学生欣赏和理解提供知识储备,同时激发学生欣赏的动机和兴趣。

第二,激发学生强烈的情感反应。

第三,要注意学生欣赏活动中的个别差异。

第四,指导学生的实践活动。学生对欣赏的对象产生了情感反应,就会表现出进一步学习的愿望。教师要抓住这个时机,积极组织各种活动,通过实践活动,内化情感。

不论采用什么样的教学方法,都要坚持以启发式为指导思想。在教学方法的应用中,为了更好地完成教学任务,实现教学目的,教师要尽量采用多种教学方法并用的策略。教师在备课时尽量充分估计教学中可能出现的新情况、新问题,并准备好应变措施。同时,要有效调节和控制复杂多变的课堂教学活动过程,灵活地、创造性地发挥教学方法的功能。

本章小结

教学是学校工作的中心,是实施全面发展教育的基本途径。尽管人们对"教学"的含义有着不同的理解,但都承认教学是一种认识活动,都承认教学是教师与学生构成的双边活动。教学的基本任务与德、智、体等全面发展的培养目标相对应,突出学生智力、能力和良好个性的发展与培养。人们对教学过程本质的认识不断深化,从单纯关注学生的认知过渡到关注学生身心健全发展。人们对教学过程的规律的探讨,集中在间接经验与直接经验的联系、知与智的联系、知与德的联系、智力活动与非智力活动的联系、教师主导作用与学生主体作用的联系等方面。我国中学常用的教学原则体系,既继承了中国传统教学原则思想的精粹,也吸纳了外国教学原则思想中的有益内容,具有较强的针对性。我国中学常用的教学方法体系,涉及语言法、直观法、训练法、探究法、陶冶法等多个方面,具有较强的实用性。

复习参考题

1. 什么是教学?
2. 为什么说教学在学校工作中居于中心地位?
3. 教学过程的本质是什么?
4. 教学过程的规律有哪些? 在教育实践中如何遵循教学过程的规律?
5. 什么是教学原则? 中学教学应该怎样遵循常用的教学原则?
6. 什么是教学方法?
7. 中学常用的教学方法包括哪些?
8. 如何运用中学常用的教学方法?
9. 请你关注一位教师,从教师的角度分析他(她)所运用的教学方法,哪些教学方法效果明显? 为什么?
10. 案例分析:

几个学生正卧在树下兴致勃勃地观察着什么,一位教师看到他们满身是灰的样子,生气地走过去问:"你们在干什么?"

"听蚂蚁唱歌呢。"学生头也不抬,随口而答。

"胡说,蚂蚁怎么会唱歌?"老师的声音提高了八度。

严厉的斥责让学生猛地从"槐安国"里清醒过来。于是一个个小脑袋耷拉下来,等候老师发落。只有一个倔强的小家伙还不服气,小声嘟囔说:"您又不蹲下来,怎么知道蚂蚁不会唱歌?"

问题:如果你是一位教师,你认为应该怎么处理这个问题? 可以运用哪些教学原则?

第七章　教学(下)

内容提要

　　本章内容涉及教学活动的实际操作层面,主要叙述三个方面的内容:教学设计;教学的组织;学习评价。"教学设计"部分涉及五个方面的内容:一是编制教学计划,二是设计教学目标,三是分析和处理课程内容,四是选择和运用教学方法,五是选择教学媒体。"教学的组织"部分涉及教学组织形式、课的类型和结构、学习组织方式等内容。"学习评价"部分主要涉及学习评价的种类、成绩测验、学习评价的改革等内容。

思维导图

```
                          ┌─ 编制教学计划
                          │
                          ├─ 设计教学目标
                          │
              教学设计 ────┼─ 分析和处理课程内容
                          │
                          ├─ 选择和运用教学方法
                          │
                          └─ 选择教学媒体

                          ┌─ 教学组织形式
                          │
教学(下) ─── 教学的组织 ───┼─ 课的类型和结构
                          │
                          └─ 学习组织方式

                          ┌─ 学习评价的含义
                          │
                          ├─ 学习评价的功能
                          │
              学习评价 ────┼─ 学习评价的种类
                          │
                          ├─ 学习评价的基本手段——成绩测验
                          │
                          └─ 学习评价的改革
```

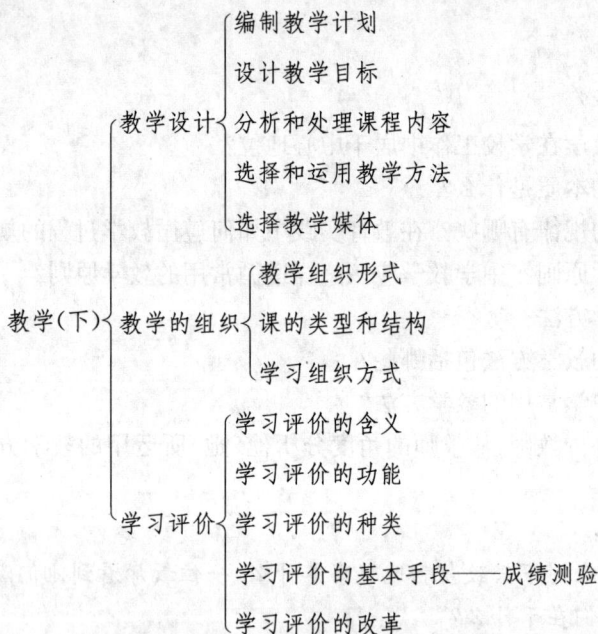

第一节　教学设计

　　教师的教学工作包括备课、上课、批改作业、课外个别辅导、学生学业成绩的检查与评定等基本环节。上课是实施课程的中心环节,是保证和提高教学质量的关键。要上好课就必须有充分的准备。备课的过程就是教学设计的过程。教学设计是应用系统论的观点和方法研究课程系统、教学过程和制订教学计划的过程。下面我们着重讨论教学设计中要做的主要工作。

一、编制教学计划

在教学工作中需要编制的教学计划主要有三种:学期教学进度计划、单元教学进度计划、课时计划。编制这三种教学计划,是一个由一般到局部,由笼统到具体,由粗到细,逐步细化和深化的过程。在对具体的课堂教学进行设计中主要编制的是课时计划。

(一) 学期教学进度计划

学期教学进度计划是指教师开学前对所任课程做出一个学期的全面计划和通盘安排,是完成一个学期的教学目标所确定的工作范围和教学进度的实施方案。在制订学期教学计划前,教师要学习学校培养目标和某一课程的课程标准,在通览教材的基础上,明确本课程的教学要求和教学范围,根据对学生的初步了解和学校的学期工作计划要求,对学期的教学进度做出具体安排。

学期教学进度计划主要包括说明和进度两部分。说明部分一般包括以下内容:本学期教学的总目标和要求;学生基本情况的简要分析;提高教学质量的主要措施;对讲授、讨论、复习、考试和节假日做出时间分配等。进度多采用表格形式,按学期周时数分配教学内容,列出章节题目、教学时数,对讨论、实验、复习、考试等做出安排。

(二) 单元教学计划

单元教学计划是在一个单元教学开始之前,对这一单元(或课题)教学工作进行的全面安排。一些课程的编排体系,是将一些内容编成一个单元(一章),教师备课必然要通盘考虑一个单元(一章)的教学安排。

单元教学计划主要包括:课题名称、教学目的、教学重点及难点、课的类型和教学方法、课时分配等。

(三) 课时计划

课时计划也就是我们平时所说的教案,它是对一节课的整个教学过程做出的系统的书面设计。在上课之前写好教案是保证教师有计划、有步骤地上好课的必要条件。

教案主要由四个部分组成:

(1) 概况。包括课题名称、授课班级、授课时间、教学目标、教学重点、教学难点、教学关键、课型、教学方法、教育技术手段等。

(2) 教学进程。这是教案的主体部分,包括教学步骤及其时间分配、教学内容的分析、教学方法的具体运用、师生的活动等。

(3) 板书、板画设计。这部分是对教学进程中的板书、板画的内容和运行顺序等做出专门的设计。

（4）教学后记。这部分是教师在课后才填写的，是教师对所上的课进行的小结或者教学随感。填写教学后记有利于总结教学的经验教训，有利于及时改进教学和不断提高教学水平。

根据内容的详略，教案可分为详案和简案，二者的结构大致一样，只是简案中对教学进程部分写得比较省略。对于新教授的课应该写详案。

二、设计教学目标

（一）教学目标的含义

教学目标是指教学活动的主体在具体教学活动中所要达到的预期结果、标准。教学目标描述了期望学生在教学过程结束后所能够做的事情。教学目标是教和学双方都应共同遵循的。对教师来说，它是教授的目标；对学生来说，它是学习的目标。理想的教学目标应该是教授目标和学习目标的统一体。由于教学目标主要是由教师制定的，因此它更多地体现了教师个人的意志，并且和教授目标的表现形式基本上是一致的。

（二）教学目标的功能

1. 教学目标是制订教学计划的路标

教师在组织教学活动之前先要进行教学设计，即制订教学计划。这里所说的教学计划，是指单元和课时教学计划。教学计划是为实现预期的教学目标铺设道路的。教学目标是"的"，教学计划是"矢"。靶子先树起来，箭才能放出去。一旦教师为某个教学单元确定了一套教学目标，教学计划的制订就要围绕这些目标来进行。比如教学材料的选择、教学方法的采用、构成教学活动各环节之间的逻辑联系等，都要根据所确定的教学目标而做出决定。

2. 教学目标提供教学评价的依据

教学目标是一种具体的参照，用来说明通过单元的教学，学生应该能够学会的新的知识和能力。在教学进行之中和告一段落之后，要对教学效果进行评价。评价要有依据，要有科学的、客观的衡量标准，要达到一定的效度和信度，试题要有一定的难度和区分度。要做到这些，就离不开具体的教学目标。

3. 教学目标能促进学生的学习

根据教学目标制订的教学计划，要比未按照目标制订的计划更有目的性，组织得更好。学生在课堂上学习的目标很明确，就会把心思用在完成一定的教学任务上。一旦达到了目标，他们就会产生一种成功感。这样，他们的学业成绩就会提高得更快。如果教师在开始一个单元的教学前，与学生一起讨论教学目标，并把这些目标印发给学生，学生不仅对教学目标有更清晰的认识，而且会产生学习的责任感，往往更加渴望将精力集中在有关的知识上。

💬 讨论

> 阅读所提供的教学实例，判断一下这位教师在上课前是否制定了明确的教学目标，分析未达到演示目的的原因，并提出补救措施。
>
> 一位化学教师，在课堂上做氢气比空气轻的演示实验。她用连通"启普发生器"（制取氢气的仪器）的管子沾肥皂水，看氢气吹出的肥皂泡在空气中上升，以证明氢气比空气轻。全班学生眼睁睁地看着，可就是吹不出肥皂泡。演示不成功，下课时间又快到了。教师没办法只好宣布演示实验不做了。一个调皮的学生问："不做怎么能证明氢气比空气轻？"教师说："今天不做了，反正大家知道氢气比空气轻就是了。"

（三）确定教学目标的基本要求

1. 提出的目标要明确、具体

教学目标只有提得具体、明确，才有助于教师对教学进程的把握，保证学生得到一个确实的学习结果，为教学评价提供一个可检验的依据。一个具有明确要求的教学目标应能表明教师可以感知到的学生学习的结果和衡量这种结果的标准。

教学目标陈述基本方式可以分两类：

一是采用结果性目标的方式，即明确告诉人们，学生的学习结果是什么，所采用的行为动词要求明确、可测量、可评价。这种方式指向可以结果化的课程目标，主要应用于"知识与技能"领域。如"能在地图上识别不同的地形""举例说明支持某一观点的证据或事实""说出自己喜欢或不喜欢的音乐作品"等。

二是采用体验性或表现性目标的方式。即描述学生自己的心理感受、体验或明确安排学生表现的机会，所采用的行为动词往往是体验性的、过程性的。这种方式指向无须结果化的或难以结果化的课程目标，主要应用于"过程与方法""情感态度与价值观"领域。例如："用不同的物体和方法制造声音，描述自己对这些声音的感受"；"阅读自己喜欢的作品，收藏自己喜欢的书籍资料"等。

💬 讨论

> 有位数学教师在教学相似三角形这一部分时，制定了"使学生理解相似三角形的定义"这一教学目标。这是一个不够明确的教学目标。试做具体分析，并提出具体修改意见。

2. 要关注学生的知识基础和起点能力

要设计某一年级某一课程的学年教学目标，就要了解学生在上一年级结束时已学习过哪些知识以及学生的思维能力、观察能力和实际操作能力。在设计某一单元教学目标时，必须考虑学生是否掌握了相关概念与知识。

3. 使教学目标具有一定弹性

教学目标的制定既要有统一要求，又要适应个别差异。要提出教学目标的上限与下限。教学目标的下限，就是每一学生都应达到的最低标准。要使学生了解达到怎样的水平才算合格。教学目标的上限，就是一部分学有余力的学生可以达到的最高标准。例如：对相似三角形定义的理解，可确定两个层次的目标："能从一组三角形中无一遗漏地找出相互之间具有相似关系的所有三角形"这一教学目标，就是下限，就是最低标准，就是每个学生都应达到的基本要求；"在这组三角形中为两个满足部分相似条件的图形添加条件，使他们具备相似的完整条件"这一教学目标就是较高标准，是部分有学习潜力的学生所能达到的。这就体现了教学目标的弹性。如果教学目标低于下限，就会浪费教学时间，影响学生学习的积极性，使教学效率低下。如果教学的质与量目标规定超过上限，教学就会出现虚假的速度，就会加重学生的学习负担，影响学生的学习信心。

技能训练

> 请确定下列各项内容中哪些是教学目标。
> ① 什么是季风？
> ② 正确地评价优秀的文学作品对社会生活的贡献。
> ③ 在技术先进的社会，革新往往先被大城市采纳。
> ④ 知道实数的性质。
> ⑤ 热胀冷缩是一种物理现象。
> ⑥ 写作要求有较强的观察能力。
> ⑦ 理解温度是怎样测量的。

（四）行为目标的表达要素

一般认为，行为目标陈述的基本要素有四个：行为主体、行为动词、行为条件和表现程度。如：在与同学的交往中（条件），学生（主体）能复述（行为动词）他人的主要观点（表现程度）。然而，并不是所有的目标呈现方式都要包括这四个要素。有时，为了陈述简便，省略了行为主体或行为条件，前提是不会引起误解或多种解释。

1. 行为主体

由于课程标准检验的是学生的学习结果达到的程度，而不是评价教师有没有完成某一项工作，因此，教学目标的陈述必须从学生的角度出发，陈述行为结果的典型特征。行为的主体必须是学生，而不能以教师为目标的行为主体。行为主体可能是针对全班学生，也可能是针对某一个学生。行为主体往往有这样几种表达形式：

"每个学生要……"

"第五小组要……"

"李阳光要……"

2. 行为动词

教师要根据课程标准对不同课程内容应达到的要求,恰当选择行为动词来明确地表述应达到何种结果,以加强教学设计的可操作性和教学质量的可测度性。行为是可观察到的,它是学生已经进行了学习的证明或根据。目标行为必须用那些能精确和具体描述行为的动词来表达,而避免选用那些难以对可观察到的现象进行描述的术语。为了说明这种区别,请看以下的两种表述:

"每个学生都要通过……鉴赏记叙文与说明文的区别。"

"每个学生要通过……描述记叙文与说明文的区别。"

在第一个表述句中,用哪种行为作为标准或根据来说明目标已经达到了呢? 可以说,无论是对教师还是对学生来说都是不清楚的,因为谁也弄不清楚哪种行为标志着"鉴赏"。如果告诉学生达到用"鉴赏"这一行为动词表述的教学目标,他们很可能搞不清楚究竟应该怎样学习这些材料。在第二个表述句中,使用了"描述"这一动词。"描述"比"鉴赏"更容易操作和观察,而且更加具体明确。要求学生描述记叙文与说明文的区别,就有可能对学生这方面的能力做出评定,看他们是否能清晰地表明他们已掌握了记叙文及说明文的特征。"鉴赏"一词的含义比"描述"一词的含义要含混得多。

技能训练

以下是可能用于表述教学目标的动词一览表。你认为哪些适合用于表述行为目标,哪些不适合用于表述行为目标?

计算　注意　应用　评价　了解　批评　理解　选择　描述　判断　比较　鉴别　推测　分析　回味

3. 行为条件

教学目标的条件部分向学生传达这样的信息:当教学结束的时候,对他的学习将进行如何评价。条件部分要指出结果行为产生的条件,即影响学生产生结果的特定限制或范围。一般的表述有四种类型:一是关于使用手段与辅助手段,如"可以带计算器"或"允许查词典";二是提供信息或提示,如"在中国行政区划图中,能……";三是时间的限制,如"在10分钟内,能……";四是完成行为的情景,如"在课堂讨论时,能叙述……要点"。

4. 行为表现程度

教学目标中的行为表现程度部分,详细阐述了学生成绩的最低水准。这个最低水准是已经掌握了目标的根据。据研究,在测验中,把达到目标的最低水准定在大约80%左右时,学生一般会产生比定在90%时更加有利的学习态度。教学目标中的程度部分一般按照下面的几种方式来表述:

"……至少正确解答4/5的题目……"

"……没有错误地……"

"说出这两幅漫画的基本内容,并进行比较。"

三、分析和处理课程内容

(一) 明白课程设计的思路

为了避免对一门学科的教学"见树不见林"的弊病,教师既应当弄清自己所教的课与前面已教内容的关联与发展,又应当考虑为了学生学好以后的内容又将做什么孕伏和延伸。这就需要通读本学科的课程标准,细心体味"课程设计思路",将本学科的内容构成(按领域、主题或要素的横向排列)、梯次层级(按学校或年级的纵向累积)以及它们的组织方式(如"循环上升""渗透提高"等)弄清楚。

(二) 掌握课程的知识结构

1. 分析感性材料

分析课程中提供了哪些感性材料以及这些材料和基本概念、原理之间有什么关系等。感性材料是学生学习基本概念和原理的必要准备和条件。例如,语文课程中关于字、词、句、篇等基本语言材料,数学课程中表示数量、数形关系的感性材料。如果课程中提供的感性材料不适当或者不充分,教师需要进行修改或者补充。

2. 分析基本概念与基本原理

对课程中涉及的基本概念和基本原理进行深入的分析和研究。基本概念和基本原理是知识结构的核心,是知识体系中的精髓。

3. 分析应用材料

分析课程中为学生提供了哪些应用材料、对应用材料应该如何加以选择和安排、应该培养学生哪些能力等。应用材料是为帮助学生巩固知识,形成技能、技巧,培养能力而准备的,通常以例题、练习题、思考题、阅读材料等形式出现。教师也可以为学生补充应用材料。

4. 分析内在联系

对上述三种知识之间的关系加以抽象、概括,进行理性加工,揭示它们的内部结构和规律性,把握课程内容的本质。这一环节直接关系到教师的教学是否具有系统性、学生能否形成良好的知识系统。

通过上述的分析,可以帮助教师在教学设计中,依据各类知识在其结构中的地位和逻辑联系,恰当地进行处理,有效地进行教学。

(三) 把握课程的重点、难点和关键

在掌握了课程整体知识结构的基础之上,还必须进一步对课程进行深入的研究,以确定课程中的重点、难点和关键,并确定有效的教学策略。

"重点"是指课程中最基本、最重要的核心部分。各科课程中的基本概念、基本原理、基本定律、重要方法和公式等都是其重点,它们是学习后继内容的基础。例如,在平面几

何课程中，三角形是重点，因为它是基本图形，其他平面图形大多可以转化为三角形来研究。同时，三角形的知识是生产中的实用知识，也是后继学习中常用的知识。对于重点，教学的策略是对其加以突出，即要在课程重要的部分舍得花时间、下力气，让学生真正理解并掌握。但突出重点不是丢弃次要内容，而是要将次要内容围绕重点内容讲授。

"难点"是指学生学习中的困难所在。教师要深入了解学生的实际，确定课程中的难点。难点主要有两种情况：一是学生难以理解和掌握的内容。这种难点在教学参考资料中大都做了提示。二是学生容易出错或混淆的内容。需要注意的是，难点不是绝对的，学生的情况不同，难点就会有变化，应根据学生的个体情况来分析。找到难点以后要想办法突破难点。常用的办法有：① 分散难点，各个击破。如将难度较大、坡度较陡的内容，由大步子化成小步子、由浅入深、由简单到复杂，或以旧带新，为学生认识上设置一些台阶，循序渐进，帮助他们由已知过渡到未知；② 创设情景，联系实际，引导学生的思维由具体到抽象、由特殊到一般；③ 对于容易混淆的内容，进行对比；④ 运用直观的方法以加强学生的感知等。

"关键"是指课程中起决定作用的内容。掌握了它，如同掌握了一把钥匙，其余内容便会迎刃而解。抓住关键，往往是解决难点的突破口，可起到牵一发动全身的作用。例如，在立体几何教学中，教师常把空间问题转化为平面问题来解决。这里"截面"的知识起关键的作用，借助"截面"可把立体几何问题变成平面几何的问题，学生就容易理解和掌握。

重点、难点和关键三者既有区别，又有联系。有些内容既是重点又是难点，还是关键。可有些内容只是难点，而不是重点，也不是关键。对于这三者，要区别对待，即突出重点、突破难点、抓住关键。

（四）转化课程内容

从某种意义上说，教师备课的过程，是将已有的素质转变为现实的教学能力的过程，是教师内在素质的"外化"。这一过程实际包含了三个转化：一是将教师与学科特定内容的相关知识，转化为融人类共同知识经验、教师内化了的知识经验、学生个体已积累的知识经验为一体的，经过精炼加工的"教学内容"；二是将教学目标转化为教师教学和学生学习活动的心理指向、活动指南和操作依据；三是将课程特点、学生实际和教师的策划统一起来形成一个可行的教学方案。总之，教学内容的转化包括了教学内容的经验化加工，教学内容的价值性加工和教学内容的教学法加工。

（五）开发课程内容

课程标准对课程编写和课程资源的开发利用极为重视，专门提出了有关的"建议"，这就使得教师从听命于课程已有设计的被动执行者，变成课程改革的积极参与者和课程的主动开发者。因此，教师要根据课程标准提供的有利条件和广阔空间，充分发挥自己的聪明才智，根据达成目标的需要，悉心进行课程内容的加工、调整、组合、补充、改编、新编。

四、选择和运用教学方法

教学方法是构成教学活动的重要因素之一，在教学过程中具有不可忽视的地位。教学方法是联结教师教与学生学的重要纽带。正是通过有效的教学方法,将教师的教学活动与学生的学习活动有机地联系起来,成为共同实现教学目的的活动。教学方法是提高教学质量和教学效率的重要保证。《学记》指出:"善学者师逸而功倍,又从而庸之;不善学者师勤而功半,又从而怨之。"学生善学不善学与教师善教与不善教是密切联系着的,那些因采用优良教学方法而使教学效果不断提高的"善教者",就容易在学生中赢得较高威信,师生关系也比较融洽。

(一) 选择教学方法的依据

教学方法是否恰当,只有在与教学过程诸要素的相互联系、相互作用中才能显现和被确认。我们不能离开教学的整个系统孤立地评价某一方法的好坏。选择教学方法有以下几个基本要求:

1. 依据教学目标

要实现特定的教学目标,必须采用特定的教学方法。每一单元、每一课时的教学目标是一个有着多种内容的目标群,既有知识信息方面的,也有认知技能、认知策略方面的,还有态度或鉴赏力方面的。每个方面的目标,都需要有与该项目标相称的教学方法。没有最好的方法,也没有任何一种方法适应各种教学情境。

2. 依据学生特征

学生的特征主要是指心理特征和知识基础特征两方面。

学生年龄不同,学习的心理过程也不相同。对中学生所采用的教学方法,自然与对小学生所采用的教学方法有所不同。同样是中学生,对初中一年级学生与对高中二年级学生的教学方法也应有所不同。问题在于各年龄阶段的儿童心理发展水平的差异究竟在哪儿?这些判别对教学方法的选择有什么样的影响?布鲁纳提出儿童思维能力的三个阶段:① 行为把握(表演式),依靠动手去把握对象;② 图像把握(肖像式),以印象的方式去把握对象;③ 符号把握(象征式),以语言形式去把握对象。我们在选择教学方法时,应顾及学生思维方式的这些特点。对教学方法的选择应做这样的处理:使行为式、图像式、符号式三种把握处于最优的协调状态。

现代认知心理学十分强调学生已掌握的知识及其构成方式即认知结构对新知识学习的迁移作用。依据学生原有的知识基础或认知结构选择教学方法十分重要。例如,如果学生认知结构中包含有与新知识相关联的若干观念或概念,教师就可以采用启发式的谈话法。反之,就不适宜用谈话法,因为谈话是难以进行的。

3. 依据各门学科的特点

将方法与内容相比,内容起着基本的、决定性的作用,因为方法是内容的运动形式。学科内容决定了一般教学方法在各门学科中的特殊形式。艺术性强的学科知识(如音乐、美术)与科学性强的学科知识的教学,在教学方法上是有很大差别的,这是因为通向这些知识的心理过程不同。教学方法的学科特点不仅反映在不同学科知识的教学中,也反映在智力操作、态度等方面。如与创造性思维有密切联系的扩散性思维,在不同学科教学中,无论是操作的对象还是操作的形式均有很大差异。在数学课上操作的对象是数字、图形,教师可以通过一题多解等方式让学生进行扩散。在语文课上,操作的对象是语言文字,教师可以通过一事多写等方式让学生进行扩散。在音乐课上,操作的对象变成了音符、旋律,教师可以通过让学生根据旋律想象等形式进行扩散。

4. 依据教师的特点

教师特点主要包括表达能力、思维品质、教学技能、个性特长、教学风格特征、组织能力、教学控制能力等方面。一般说来,教师往往使用那些掌握得比较好的教学方法。教学方法在被实际地运用时总是随着运用它的教师的个性而有明显的不同之处。这就是说,相同的方法,有不同的运用。从某种意义上看,教学方法只是一种工具,教师在实践中总是以自己独有的特性去影响教学方法的选择,教师本身的特性允许他可以偏重于运用某些方法。

5. 依据现有的条件和所规定的时间

这里所说的条件,包括教学的物质设备条件、审美条件,还有学校教学法材料的条件。如果这些条件不具备,就会限制某些教学方法的运用。教师在选择教学方法时,要考虑使用问题教学、归纳等方法的可行性,因为这些方法费时较多。

(二) 教学方法的运用

教师不仅要能够选择适当的教学方法,更重要的还要能够在教学过程中正确地运用教学方法。在教学方法的运用中应该注意以下几方面:

1. 树立整体的观点,综合运用教学方法

每个或每类教学方法都有各自的适用范围和使用条件,有各自的优点和局限性。为了更好地调动学生学习的积极性,完成教学任务,取得最优的教学效果,我们应该树立整体的观点,综合运用教学方法,把多种方法合理地结合起来,充分发挥教学方法体系的整体功能。例如,讲授法虽然能在短时间内让学生获得大量的系统知识,便于发挥教师的主导作用,但是不容易发挥学生的主动性、独立性和实践性等。因此,讲授法要和谈话法、练习法等配合使用才能收到良好的教学效果。

2. 坚持以启发式为教学的指导思想

在教学中我们会使用各种教学方法,但是不论采用什么方法,都必须坚持以启发式为根本的指导思想,也就是我们常说的要提倡启发式,反对注入式。启发式是相对于注入式而言的,它不是具体的教学方法,而是运用教学方法的指导思想。注入式,是指教师从主观出发,把学生置于被动地位,忽视学生的主体能动性,把学生看成是单纯接受知识的容器,教学过程只注重知识的传授。启发式,是指教师从学生实际出发,把学生当作学习的主体,采取各种有效的方法方式去调动学生学习的积极性、主动性和独立性,引导学生通过自己积极的学习活动去掌握知识、形成技能、发展能力和促进个性健康发展等。启发式教学思想与尊重学生学习主体地位、培养学生学习能力、思维能力、促进学生全面和谐发展紧密联系。许多教学方法都具有启发性的因素,但是启发性因素的作用能否实现,取决于教师运用教学方法的指导思想。

3. 发挥教学机智,灵活运用教学方法

教学过程是一个处于变化之中的过程,在实际教学活动中,存在着各种可能的变化。因此,在教学方法的选择与运用中教师要灵活机智。一方面,在备课时要尽量估计教学活动中可能出现的情况,准备应变办法,灵活设计教学方法的使用方案;另一方面,在上课过程中不要被事先设计的方案所限制,要根据课堂具体情况灵活地、创造性地使用教学方法,尤其要对课堂中出现的一些特殊因素巧妙地因势利导,采用一些新颖的方法,从而收到预料之外的良好效果。

常言道,"教学有法,但无定法,贵在得法"。我们要从实际出发,正确地、创造性地运用教学方法,表现自己的教学艺术和形成自己的教学风格。

案例分析

作为一名中学语文教师,我热爱我的工作,注意在教学中激发学生的学习兴趣,让他们主动参与到教学过程中来。但是,我真的感觉学生有的时候实在是太吵闹了。在讲课过程中,有的学生会在下面说话或插话进来。在自学或做练习时,有的同学会在那里窃窃私语或很自由地讨论问题。在课堂讨论的时候更是难以把握,学生会争论不休。在课间休息时更是乱作一团……

问题:你对于课堂吵闹现象是怎样认识的? 你打算采用什么方法来解决这个问题?

五、选择教学媒体

教学媒体内涵广泛,既包括传统意义上的语言、文字、粉笔、黑板等传播媒体,也包括幻灯、录音、录像、电影、电视、电脑和互联网等各种现代教学媒体。教学媒体特别是现代教学媒体的运用,为教学信息的便捷、高效传递提供了可能,为教学质量的提高奠定了物质基础。要想使教学媒体发挥出应有的作用,必须从以下几方面考虑媒体的选择与设计:

(一) 依据教学目标

在选择教学媒体时,应首先考虑媒体的使用是否有利于达成特定的教学目标,是否符合具体教学任务的实际需要,是否切合教学内容的性质和特点。

(二) 依据教学对象的特点

选用教学媒体时必须考虑学生的年龄特点和学习的实际需要,以最充分地利用媒体的优势激发学生的学习兴趣,发展他们的学习潜能。

(三) 依据媒体的技术特性

具体有两方面要求:一要考虑各种媒体的技术特点和功能;二要考虑教师能否熟练地操作所选媒体,以及运用媒体是否有助于发挥自己教学的特长。

（四）依据经济条件

媒体的选择要本着经济有效、量力而行的原则行事，在尽可能满足教学需要的同时，也要注意节约，不要造成浪费。

第二节 教学的组织

教学活动是一种事物发展的过程，要占有一定的时间和空间。教学活动要组织得好，就要科学地利用时间和空间。教学活动涉及教师、学生、教学内容、教学手段等诸多因素。这些因素的实际联系和组合方式不同，就会产生不同的效果，达到不同的目的。对教学活动进行有效的组织，是一件十分困难的事情，也是保证教学取得一定成效的关键。

一、教学组织形式

教学组织形式是指为完成特定的教学任务，教师和学生按一定要求组合起来进行教学活动的结构。教学组织形式是随着社会对人才培养的客观需求、教学内容的广度和深度、生产和科学技术的不断发展而发展变化的。在教学发展史上先后出现的教学组织形式有个别教学、班级授课制、道尔顿制和设计教学法、分组教学、开放课堂、特朗普制、文纳特卡制等。下面仅介绍三种最基本的教学组织形式。

真题链接

1. 把大班上课、小班讨论、个人独立研究结合在一起，并采用灵活的时间单位代替固定划一的上课时间，以大约 20 分钟为一个课时。这种出现于美国 20 世纪 50 年代的教学组织形式是（　　）。

A. 文纳特卡制　B. 活动课时制　C. 道尔顿制　　D. 特朗普制

【答案】 D。

（一）个别教学

个别教学一般是指教师因人而异地指导每个学生的学习。教师向学生传授知识，布置、检查和批改作业都是个别进行的。教师在教某个学生时，其余学生均按教师要求进行自学、复习或作业。古代教学普遍采用的是个别教学的组织形式。由于当时社会发展水平较低，能接受学校教育的人数很少，在一位教师门下同时求学的学生，其年龄和知识水平往往差别很大。这样，教师对学生只能采用个别指导的方式。当代的个别教学是在集体教学的前提下，教师有针对性地个别传授知识和指导学生学习的一种补充形式。教师对学生个别指导要列出计划。计划主要有两种：一种是指导学生以不同的速度学习同样的材料；另一种是使学生达到一个共同目标，但所使用的材料和进展的速度却不一致。教师必须为每一位学生做出具体安排。

研究性学习

分析并概括出个别教学的主要优缺点。

（二）班级授课制

到了资本主义社会,工业生产需要大量有科学文化知识的工人和技术人员,采用个别教学的方式已不能适应这种要求。于是,一种更有效、更经济的集体教学的组织形式便应运而生了。16世纪在一些西欧国家的学校中首先采用了集体教学的形式。17世纪夸美纽斯在他的代表作《大教学论》中,对这种新的教学形式进行了研究和理论上的概括,从而形成了班级授课制度。这种制度是按学生的年龄和程度编成有规定人数的教学班,以班为单位由教师根据教学计划中统一规定的课程和教学时数,按照学校的课程表进行分科教学的一种教学组织形式。相对于过去的个别教学,实行班级授课制度是教学组织形式上的一次重大的改革和进步。我国最早采用班级授课制度是1862年在北京设立的京师同文馆。到1905年,废科举兴学堂,班级授课制在我国才得以普遍推广,成为我国学校教学的基本组织形式。

班级授课制包括两种教学活动的方式:一是根据教学内容的序列,教师在教室系统地、连续地向全班学生传授知识、组织学生进行课堂学习;二是通过参观、见习,组织学生到事物发生或活动开展的现场,结合现场条件进行教学。前一种方式叫课堂教学,后一种方式叫现场教学。班级授课的主要方式是课堂教学。

实行班级授课的优点是:

其一,有利于提高教育的普及程度,大面积地培养人才。教师授课时面向全班学生,使学生在同一时间内接受教师的讲授和指导。与个别教学相比,教学效率可以提高十几倍到几十倍。它可以在较短时间内大面积地培养人才,迅速地提高教育的普及程度,普遍地提高国民素质。

其二,有利于加强教学的计划性、组织性。由于每一班的学生年龄、程度大致相同,便于教师规划和实施一个时期内要达到的共同的教学目标。由于教师是按教学计划和课程表组织教学,各门课程安排有序、搭配得当,每一节课都是完成整个教学计划的一个环节、一个有机组成部分。

其三,有利于发挥集体教育的作用。教师不仅可以通过自己的言传身教影响全班学生,而且可以利用集体的力量创造一种有利于集体学习的良好的心理气氛和环境,培养集体主义的精神,促进学生开展学习上的竞争和协作。

国外有的教育家把班级授课制称之为大组教学。在这种教学中,很容易造成个别学生跟不上的情况。几乎总有一些学生没有理解一些重要的内容。人们就班级授课制的缺点,提出了一些看法。

研究性学习

> 下面是人们就班级授课制的缺点发表的一些看法,请你对此加以概括,归纳为几个方面。
>
> 学生独立探索的机会、动手的机会少;学生作为认知主体的能动性难以发挥;容易忽视学生的个别差异;不易充分调动和发挥每一个学生的学习积极性;不利于学生创造能力的培养;教师通常只与一部分学生交往较频繁,而容易使另一部分学生游离于教学活动之外,因而不能得到每个学生的学习情况反馈;学生之间的交往不多,不能充分满足学生交往的需要;会束缚少数有才能学生的发展,也照顾不了后进生的需要;容易产生理论与实践脱节的现象,妨碍学生生动活泼地学习;不利于培养学生的志趣、特长和发展他们的个性。

(三) 分组教学

从班级授课制产生以来,许多中外教育家就提出了如何克服其缺点的问题。人们设计出了种种新的教学组织形式,以弥补班级授课制的不足,分组教学就是其中的一种。

所谓分组教学,就是按照学生的能力或学习成绩把他们分成水平不同的组进行教学。分组教学的组织形式大致可分为两大类:一是能力分组。它是根据学生的能力发展水平及学习成绩进行分组。各组课程相同,学习年限则各不同。能力分组又有外部分组与内部分组的区别。外部分组是改变传统的按年龄编班为按学生的能力或学习成绩标准编组;内部分组就是在年龄编班的班级内按学生能力或学习成绩编组。二是作业分组。它是根据学生的特点和意愿来分组教学的。各组学习年限相同,课程却各有不同。近年来我国中学开始实行的选修课教学以及按学科开展的同年级或跨年级学科小组,就属于作业分组。

研究性学习

> 下面是人们就分组教学的优缺点发表的一些看法,请你做出概括,分别归纳出几条。
>
> 优点:满足学生的共同爱好和需要;较能激发学生的学习动机;能适应学生的个别差异;有利于选优拔尖;有利于保持学校教育竞争的张力;有利于培养人才;分组教学给每个人的发言提供机会;创造一种能使多数学生都积极参加活动的条件;很多学生在小组环境中会感到心理上更为安全和舒畅。
>
> 缺点:很难科学地鉴别学生的能力和水平;易使快班学生产生骄傲情绪和优越感;易使普通班和慢班学生产生自卑感,降低学习积极性;学生、家长的愿望常常与教师、学校的要求相矛盾;导致学生之间的学习竞争过于激烈;学生所在的组不固定,不利于培养他们的集体主义精神;教师很难系统地了解学生;由于需要不断地对学生的能力和学业成绩进行测量,教师工作的紧张度增大了。

进行小组教学工作对教师来说有一些特殊的要求。特别是要注意为学生提供足够的指导,以使小组活动富有成效。必须看到,大多数学生是在大组环境度过他们的全部学校生活的。一般说来,到了中学阶段,他们就已经懂得了在大组环境中自己所扮演的角色是怎样的。对很多或是大多数学生来说,小组活动形式是一种新鲜事物,他们需要得到对他们在这种学习形式中的行为进行的具体指导。

在安排小组时,我们要使每一小组的全体成员明确该组的总体目标。对他们要完成的任务要用足够明确的语言进行表述,使他们在分配了任务之后知道怎样去做。一些教师发现,要求某个小组产生某种教学产品是有好处的。例如让他们根据讨论结果,画一张示意图或表格。

在共同的小组任务之外,还要明确指出每一成员的具体责任。有了明确的说明,小组成员便可依此着手他们的活动。向参加者提出明确的责任要求,能够使小组学习更加富有成效。

二、课的类型和结构

(一)课的类型

课的类型是指课的种类。课的分类有多种方式,常见的方式有两种:一是依据教学任务来划分。依据一节课要完成的教学任务的数量可将课分为两大类:单一课和综合课。单一课是指一节课主要完成一项任务的课,具体来讲主要又分为新授课、复习课、技能课、测验课。综合课则是指一节课中完成两项或两项以上任务的课。二是依据教学的主要方法来划分。根据一节课内主要采用的教学方法可把课分为:讲授课,即主要采用讲授法来进行教学的课;演示课,即主要采用演示法来进行教学的课;练习课,即主要采用练习法来进行教学的课;实验课,即主要采用实验法来进行教学的课;讨论课,即主要采用讨论法来进行教学的课;参观课,即主要采用参观法来进行教学的课;实习课,即主要采用实习作业法来进行教学的课。

(二)课的结构

课的结构是指课的组成部分及其进行的顺序和时间分配,它是课堂教学的内部组织形式。合理地设计课的结构,可帮助教师合理地规划和操作教学程序,科学地分配教学时间,全面协调教与学的活动,易于把教学内容组织得更严谨,把课上得更紧凑,从而在规定的时间内有效地完成教学任务。构成课的基本因素相互联系,其排列组合的方式可能是多种多样的。课的结构如何取决于课的类型,取决于某堂课所提出的教学目标、所教学的具体内容、所采取的教学方法、学生的认知水平及发展水平,取决于某节课在单元教学计划中所处的地位。

1. 确定课的组成部分

这里仅介绍综合课的基本组成部分。

(1)组织教学。组织教学既是课堂教学的起始环节,又要贯穿于课的始终。其主要任务是使师生做好上课的物质和精神准备,为学生的学习提供安定的教学环境,保证教学活动的顺利进行。

(2) 检查复习。检查复习的目的包括两方面:其一,检查学生课外预习、复习以及作业完成情况,了解学生对知识掌握的程度;其二,复习与新课有关的知识,加强新旧知识的联系,帮助学生由已知过渡到新知。着眼于实现第二项目的的复习检查,也称"导入新课"。检查复习可以采用多种方式,如检查作业、课堂提问、板演、操作、笔答与口答等。

(3) 讲授新课。这是综合课的中心环节,其任务在于使学生获得新知识、新技能、发展智能,形成一定的情感、态度和价值观。

(4) 巩固新课。巩固新课的目的在于使学生对当堂学习的新教材当堂理解、消化,及时巩固,以及教师及时了解学生的学习结果,适时采取矫正补救措施。巩固新课的方法有很多,例如:教师对新内容进行归纳、概括,使之系统化;学生归纳或复述,师生互相问答;巩固性练习等。

(5) 结课。上课既要有良好的开端,也要有完美的结束,要善始善终。完美的结束不仅保证课堂教学结构的完整性,同时,也能令人回味无穷。结课的方式是多样的,如导入新课、突出重点、内容延伸、存疑留问、展现成果等。

(6) 布置课外作业。布置课外作业的目的在于让学生进一步消化和巩固课堂学习的新知识,训练学生运用知识的技能技巧,培养学生独立作业的能力。教师要向学生提出明确的作业任务及要求,作业形式要灵活多样,习题要有代表性,分量要适当,并给以必要的提示或示范。

真题链接

2. 李老师在语文课上,按照组织教学、检查复习、讲授新教材、巩固新教材、布置课外作业的程序进行教学。这体现了哪一类型课的结构?( )。

A. 单一课　　　　B. 综合课　　　　C. 练习课　　　　D. 复习课

【答案】 B。

讨论

有人认为综合课的这种组成存在以下几方面的缺点:

① 只罗列了教师工作的具体事项,没有反映出学习的规律,它是教师"主宰课堂"这种教学观念的产物;

② 按照这种刻板模式来组织的教学活动,学生方面是被动的。它只能评价学习的结果而不见学的过程,因而不能适应现代学校中培养学生创造性思维和独立学习能力的要求;

③ 这种结构忽视了影响学生认识活动的心理状态过程。

请你就以上看法发表自己的观点。

2. 安排课的各个组成部分的进行顺序

确定了课的基本环节以后,需要对各个环节的进行顺序做出安排。教学过程可以分为激发动机、感知、理解、巩固、运用、检查等阶段,因此,一般依据此顺序来确定教学步骤,依次演进。同时,课堂教学的顺序又受课程的逻辑顺序和学生认识顺序所制约,教师在安排教学环节的顺序时,还必须遵循上述的两个"序",通盘考虑,灵活安排,变通运用,不可机械照搬。在组成部分的顺序上,既可采用"递进性"顺序(前后相继、井然有序),也可采用"波浪性"顺序(波浪起伏、疏密相间),还可采用"螺旋性"顺序(将教学内容设计为一个个小循环,使之螺旋上升,逐步升华)等。

3. 分配课的各组成部分的教学时间

科学地分配各教学环节的时间是提高教学质量和教学效率的重要途径。时间分配得科学与否,其依据主要是:

第一,保证教学任务的完成。教学活动的最终目的是完成教学任务,实现教学目标。为此,在时间的分配上不能搞平均主义,要突出重点,将大部分时间用在完成中心任务或主要任务上。例如,单一课只完成一个中心任务,在时间的分配上要确保 30 分钟左右用于完成中心任务;综合课虽有多项任务,但是也有一个中心任务,大多以传授新知识、技能为主,在时间的分配上,要保证 20～25 分钟时间来完成这一主要任务。其他几项任务则需按其轻重缓急来分配时间。

第二,全面安排,机动灵活。一堂课是由各个环节构成的,在教学时间的分配上既要保证重点,又要全面照顾,使各环节都得到合理地安排,不要顾此失彼。例如一堂综合课的时间分配通常是:组织教学约 2～3 分钟;检查复习 5 分钟左右;讲授新课 20～25 分钟;巩固新课 5～8 分钟;结课约 3～5 分钟;布置课外作业约 1～2 分钟。由于实际的教学活动可能会出现一些意料之外的情况,需要在教学过程中对教学时间进行灵活地调整。因此,时间的安排还需有一定的弹性,留有一定的余地,不可安排得过紧,满打满算。

三、学习组织方式

(一) 自主学习

1. 自主学习的含义

自主学习就是自我导向、自我激励、自我监控的学习。自主学习是建立在自我意识发展基础上的"能学",建立在学生具有内在学习动机上的"想学",建立在学生掌握一定的学习策略基础上的"会学",建立在意志努力基础上的"坚持学"。

课堂教学中学生的自主学习主要表现在四个方面:① 学习目标自我确定。学什么、学到什么程度,由学习者自我确定。如教师让学生提出自己在本课的学习中希望学到的知识,这样就能根据自己的情况,提出适合自己的学习目标,使各自在原有水平上都得到发展。② 学习方法自我选择。每个学生的认知风格是不一样的。比如,有的学生在学习时喜欢独自思考,而有的学生则喜欢与人交流。前者表现出一种场独立性的风格,而后者则表现出一种场依存性的风格。这两种认知风格并不影响学生认知发展。③ 学习过程自我调控。自主学习强调对学习过程不应由教师整齐划一地去硬性规定。因为即使是相同的内容,不同的学生在学习时所需要的时间和所采用的方法也是有差异的。学生应该不断审视自己的学习过程,根据实际情况及时做出相应的调整。④ 学习结果自我反馈。比如,学生们体验到了学习数学的快乐,这种体验性的东西是别人无法替代的。而这种体验对于培养学生学科兴趣、学科情感都是非常重要的。

2. 指导自主学习的策略

(1) 为学生提供自学问题单

问题单中规定自学与选学内容。开始时,问题单中问题可以细一些,具体一些,必修内容多一些。逐渐地问题越来越概括,越来越纲要化,必学内容越来越少,选修内容越来越多。应鼓励学生根据自己的实际将问题细化,补充自己的问题,选择选修内容。这中间实际上是一个由他主向自主转化的过程。

链接

> 　　教学"想和做"一课时,教师先给学生提供一个范围,规定学生自学与选学的内容,避免学生的盲目性,鼓励学生根据自己的实际将问题细化,补充自己的问题,选择选修内容,每个人根据自己的实际情况,根据教师提供的范围和问题单,可以确定不同的学习内容。生1选择的学习内容是:"我想弄清本文的中心论点是什么。"生2选择的学习内容是:"我想采用编写段落的方式,理清文章的结构层次。"生3选择的学习内容是:"我想弄清三个问题:① 通过上网或查找资料了解作者为什么要写这篇文章;② 今天我们为什么还要学这篇文章;③ 理清文章的结构,弄清文章的观点是怎样提出来的。"

(2) 教给学生学习策略

掌握适当的学习策略并能够熟练地运用,是自主学习不可缺少的内部条件。在课堂教学中,学生的学习策略可以分为两类。一类是一般性学习策略,它适合于任何学科的学习,如信息选择策略、高效记忆策略、信息编码策略、思维策略、元认知学习策略、阅读理解策略等。另一类是具体的学习策略,适用于具体的学习内容,如做笔记、复述、列提纲、做小结、画示意图等。教师还应该帮助学生把自己的学习经验、学习方式提升为学习策略。这些学习策略是学生自己在学习中总结和感悟出来的,更符合每个学生自己的实际。

(3) 运用问题训练单

问题训练单是一种训练元认知的有效方法。教师可以从学科学习的实际出发编制一份问题训练单,发给学生。学生在学习时,按照问题训练单自我提问,自我回答,以达到对整个学习过程的自我监控。字词的学习、课文的学习、写作的学习都有自己的特殊性,教师应该从各自的特点出发,分别为学生提供问题训练单。

链接

学习课文的问题训练单

1. 预习时完成：

① 我弄清课题的意思了吗？

② 从课题中我能猜测课文要写的是什么吗？

③ 我的猜测与课文内容相吻合吗？

④ 我读了两遍课文后能概括出主要内容吗？

⑤ 我扫清字词的障碍了吗？

⑥ 理解这篇课文我需要查找背景知识吗？

2. 理解课文时完成：

① 我能根据"问题在哪？"的图式发现问题吗？

② 我能根据"问题类型和陈述方法"的图式清晰地把问题表述出来吗？

③ 我能通过主动与小组成员研究后解答提出的问题吗？

④ 我能有感情地朗读这篇文章吗？

⑤ 我理清本文的思路了吗？

⑥ 我能用自己的话说说这篇文章（或这段话）的主要内容了吗？

⑦ 我喜欢这篇文章的什么地方，喜欢的原因是什么？

⑧ 我能勾画不懂得词语和句子，通过主动与小组中的成员研究后能回答出来吗？

⑨ 我在理解文章的过程中引发了什么联想？

3. 总结时完成：

① 我能在主题陈述的基础上列出一个主题纲要吗？

② 我能看着纲要复述或创造性复述课文内容吗？

③ 我对整篇文章的内容和写法还有疑问吗？

④ 通过本文的学习我能悟出点什么吗？

4. 延伸时完成：

① 学习本文我需要记住点什么？

② 我能模仿本文的写法学着写点什么吗？

③ 我还能通过其他途径体现我对本文的理解程度吗？

④ 围绕本文的内容我还需要探究点什么吗？①

---

① 胡勇：《学会提问》，http://www.pep.com.cn/czyw/jszx/syqfc/zhzyzx/jxgs/hkys/200805/t20080504_464659.htm。

(二) 合作学习

1. 合作学习的含义

合作学习是指学生在小组或团队中为了完成共同的任务,有明确责任分工的互助性学习。合作学习的基本要素有:积极的相互支持、配合,特别是面对面的促进性的互动;积极承担在完成共同任务中个人的责任;期望所有学生能进行有效的沟通,建立并维护小组成员之间的相互信任,有效地解决组内冲突;对于个人完成的任务进行小组加工;对共同活动的成效进行评估,寻求提高其有效性的途径。

小组合作学习是合作学习的一种重要形式。小组合作学习的基本特征有:① 组内异质,组间同质;② 任务分割,结果整合;③ 个人计算成绩,小组合计总分;④ 公平竞赛合理比较;⑤ 分配角色,分享领导。

合作学习的过程不仅仅是一个认知过程,更是一个交往过程与审美过程。在合作学习的过程中,学生不仅可以相互间实现信息与资源的整合,不断地扩展和完善自我认知,而且可以学会交往,学会参与,学会倾听,学会尊重他人。

2. 指导合作学习的策略

(1) 合理分组

合作学习宜采用异质分组的原则,也就是将男生和女生、本学科学习较好的和有一定困难的、性格内向的和性格外向的分到一起,其目的是形成一种互补。每个小组以4～6 人为宜。每学期应该调整一次小组的划分,以便让学生有更宽广的交往空间。

(2) 明确任务

教师应综合考虑教学内容、学生学习能力等因素来设计学习任务并细化分配给每个小组的成员。教学实践证明,目标明确、内容有趣、难易合适的任务能充分激发学生的探究兴趣、竞争意识及合作精神。

(3) 规范操作

① 小组中只有两种角色,一种是学习的操作者,一种是学习的检查者,这两种角色由小组成员轮流担任。当一名成员向其他人说明自己的理解或推理过程时,其他成员要对其发言进行评价。

② 在全班交流中,只有中心发言人,没有小组长,而且中心发言人是轮流担任,每个人的机会是均等的。这样做的目的就是为了在合作学习中消除权威,体现地位均等与机会均等,培养学生平等合作的意识。

③ 中心发言人的交流发言代表的是小组而不是个人,师生对中心发言人的评价不是对其个人的评价,而是对这个小组的评价。

④ 要给予足够的时间。必须确保每个学生在小组合作学习中的充分交流和表现的机会。如果问题提出后,只给了1 分钟合作学习时间,6 个学生是无论如何不能都得到交流的机会的。

(4) 加强监控

教师要认真观察和了解每个小组的活动情况。如发现个别学生不能认真参与交流,做与合作学习无关的事情,或个别小组交流不认真,教师都要及时地加以引导,提出明确的要求,确保合作学习能够顺利开展。在合作学习中,时常会出现因为思维受阻而不能深入的情况。这时需要教师及时点拨,使学生排除障碍。鼓励学生共享一些思想、材料和手段。学生之间应互相学习,共同前进。教师作为催化剂应体现在提出建议方面,不应该是思想的主要来源。

(5)全班交流

合作学习最终要让各小组向全班交流,分享成果。交流的内容有三个方面:一是认知与技能方面的;二是过程与方法方面的;三是情感态度与价值观方面的。教师要提醒学生注意倾听发言,记录下自己没想到的,使这种交流达到了更大范围的资源整合。

(6)及时评估

在评估时应集中在小组进步上。评估个人应与小组的进步联系在一起,提供促进反馈。在评估后,应给成功地完成任务的小组以奖励,并要每个人明白自己的利益应在小组合作的过程中获得。

链接

"合作"中的研究

一位历史教师在讲资产阶级革命时,把学生分成了几个部:"美国部""法国部""英国部""日本部"等。学生自愿报名选择参加,并在"部"里担任不同的角色。有担当"首相"的,有担当"内阁成员"的,有担当"议员"的。在讲到"法国资产阶级革命"的时候,"法国部"的学生就提出了一个新问题:过去法国大革命中雅各宾派把土地划成小块,通过分期付款的形式分给农民的做法一直被认为是进步的。可"法国部"的学生经过研究提出:站在发展的立场上,雅各宾派的这种做法即便是及时、充分地发动了群众,却在法国培植了分散的小农经济,不利于农业资本主义的发展。"热月政变"在传统的历史教材中是被否定的,它迫害了雅各宾派,镇压了群众,是一种反动行径;但从另一方面来说,它对封建势力坚决不退让。因此,"热月政变"实际上是结束雅各宾派专政、建立资本主义正常秩序的转折点。学生进一步总结说,资产阶级革命的根本任务是推翻封建制度,建立资本主义制度,这是评估资产阶级革命的主要标准。所以,过去在评价中往往把农民是否得到土地作为评价资产阶级革命是否彻底的尺度是不恰当的。学生还进一步对我国于1952年基本完成"土改"到改革开放以来的土地政策进行了论证。由从过去的政治角度看历史,到从生产力发展的角度看历史,看哪种力量促进了生产力的发展。非常深刻!

(三) 探究学习

1. 探究学习的含义

探究学习是从学科领域或现实社会生活中选择和确定研究主题,在教学中创设一种类似于学术研究的情境,通过学生自主、独立地发现问题,实验、操作、调查、搜集与处理信息、表达与交流等探究活动,获得知识、技能、情感与态度的发展,特别是探索精神和创新能力的发展的学习方式和过程。问题性、实践性、参与性和开放性是探究学习的本质特征。经历探究过程,获得深层次的情感体验,建构知识,掌握解决问题的方法,是探究性学习的目标。

2. 指导探究学习的策略

(1) 激发学生探究的欲望

探究是一种需要。探究欲实际上就是求知欲,探究欲是一种内在的东西,它解决的是"想不想"探究的问题。在课堂教学中,教师一个十分重要的任务就是培养和激发学生的探究欲望,使其经常处于一种探究的冲动之中。

(2) 设计具有探究空间的问题

问题空间有多大,探究的空间就有多大。由此可见,要想让学生真正地探究学习,问题设计是关键。问题源于两个方面,一方面是教师设计,一方面是学生提出。这里我们仅探讨教师如何设计具有探究空间的问题。

第一,从内容上,教师设计的问题必须符合维果茨基的"最近发展区"理论。苏联教育家维果茨基在谈到教学和发展的关系时,提出了"最近发展区"理论。他认为,儿童有两种水平:一种是儿童现实所实际具有的水平,叫现实水平;一种是在教师引导下儿童所能达到的水平,是潜在水平。在儿童的现实水平和潜在水平之间存在一定的空间,这个空间就是最近发展区。我们形象地把它称为"跳一跳,摘桃子"。这个桃子不是伸手可得,需要跳起来才能摘到手,但又不是怎么跳也够不到。教师在设计问题时,一定要把问题落在学生的"最近发展区",这样的问题是最具探究价值的。太难或太易都没有探究价值。

第二,从形式上,教师要从教学目标出发,更多地设计一些发散类和探究类问题。从涉及的内容看,可以把问题类型划分为三类:一是判别类问题,主要是对事物加以判定,代表性词语是"是不是""对不对";二是描述类问题,主要是对客观事物加以陈述和说明,代表性词语是"是什么""怎么样";三是探索类问题,主要是对事物的原因、规律、内在联系加以说明,代表性词语是"为什么""你从中能发现什么"。

(3) 鼓励学生发表自己独特的观点和见解,允许进行不同的"解读",倡导"创读"

在课堂教学中,教师讲授的内容和教材仅仅是学生学习的一个"剧本",是一个个生动的"案例"。对于这些"剧本"和"案例",由于教师以及每个学生的经历、体验和解读方式不同,从而得出的结论和观点也就有可能不同。鼓励学生不要满足于已有的观点和结论,不相信唯一正确的解释,不迷信权威的仲裁,不屈服于任何外在的压力而放弃自己的观点和主张,积极鼓励学生的奇思妙想,允许学生对"文本"进行不同的解读,大力倡导"创读"。

如果学生的观点和见解言之有理，持之有据，教师就应该加以充分肯定和表扬；如果学生的理解存在偏差和"误读"，教师则应积极引导学生认识到自己的错误和自相矛盾之处，而不是武断地将自己的观点强加给学生。

链接

一位教师引导学生学习屠格涅夫的作品《麻雀》。当教师讲到文章的主题是"赞扬母爱"时，一名学生马上提出了自己的异议：课文中并没有说老麻雀是小麻雀的妈妈，它也许而且极有可能是小麻雀的父亲，因为面对庞大的猎狗，父亲的力量会更大，更能战胜对手。这位教师怎么也没有想到，自己教了多年的教材，使用了多年的教参，众口一词的观点和见解，竟然被学生一下子问住了！令人欣慰的是，这位教师并没有用自己的思维来代替这个学生的思维，没有以他的"标准答案"来衡量、判断这个学生答案的是非，也没有因为学生的观点与自己不同而加以歧视、摒弃和否定，而是充分肯定了他独立思考和大胆质疑的精神。[①]

（4）改革课堂教学方法，实现教师教学方式的转变

一是培养学生的问题意识。所谓问题意识，是指人们在认识活动中，经常意识到一些难以解决或困惑的实际问题和理论问题，并产生一种怀疑、困惑、焦虑、探索的心理状态。这种心理驱使个体积极思维，不断地提出问题和解决问题。在课堂教学中，问题意识不仅体现了学生思维品质的活跃性和深刻性，也反映了思维的独立性和创造性。强烈的问题意识是学生积极思维的动力，它促使学生不断地去发现问题、解决问题，直至进行新的发现和创新。二是鼓励、培养学生的创造性品质和行为特征。具体说来，主要包括以下内容：① 好奇心。具有创造性的人，往往从小就有"不耻下问""打破砂锅问到底"的勇气和胆量。② 勇于探索，敢于挑战新问题和复杂问题。③ 开放的思维。善于适应变化，吸取经验教训，及时调整思路。④ 丰富的想象力。⑤ 顽强的意志品质。

链接

在国外，为了培养学生的创新精神和创新能力，人们提出了在课堂教学中如何保护他们的创造才华的一些建议。

——尊重每个孩子的思维方式，不要很快告诉他们答案；

——提供能促进想象力的活动，不要轻率处理那些看起来不现实或没用的想法；

——给自由思考和"白日梦"以时间；

---

① 张天宝：《新课程与课堂教学改革》，人民教育出版社 2003 年版，第 282 页。

　　——接受孩子看待事物的不同倾向，不要把孩子不同寻常的想法视为怪异；

　　——奖励个性，千万不要强求统一；

　　——认真评判，追问孩子的思想，不要说他们的想法一无是处；

　　——鼓励作品创作，要求孩子将他们的想法用交流的形式表现出来；

　　——鼓励孩子不仅仅是根据权威来接受事实或思想；

　　——鼓励孩子根据直觉进行推测或探究，把他对"正确"答案的信念减少到最小；

　　——为自己的"疯狂"念头、好奇心和发散性思想感到荣幸；

　　——做孩子的管理者，就意味着对孩子的创造性才能给予指导，促进其发展。[①]

第三节　学习评价

一、学习评价的含义

　　所谓评价，一般泛指衡量人物、事物的作用或价值。教育评价就是根据一定的教育目标，运用可行的科学手段，系统地收集信息，对教育现象和活动进行分析和价值判断，从而为教育决策提供依据的过程。教育评价主要包括对学校德育工作、教学工作、管理工作、学生工作等方面的广泛而综合的评价。其中，教学评价是对学校教学工作方面的评价，即依据一定标准，运用可操作的科学手段，通过系统地收集有关教学信息，对教学活动的过程和结果做出价值判断的过程。它既包括对教师教的评价，也包括对学生学的评价，具体表现为课堂教学的评价、教学方法的评价、学生学业成绩的评价、教学管理的评价等。

　　由于教师或学校教学工作质量是通过学生学习的结果反映出来的，所以对学的评价是基础和根本。因此，学习评价便成为教学评价乃至教育评价的重要组成部分，成为教学过程的一个重要环节。所谓学习评价，是指依据一定的标准，采取一定的手段对学生通过教学所发生的行为做出客观衡量和科学判定的过程。学习评价的对象是学生的学习过程及其结果，评价者主要是任课教师，在测量的基础上对学生的学习状况进行解释与价值判断。

二、学习评价的功能

　　学习评价对整个教学过程有着积极作用，其功能一般表现在以下几个方面：

---

① 　王丽华：《教师：请保护学生的创造性》，载《教育参考》2001年第3期。

（一）诊断功能

学习评价是获取用以确定学生水平和教学有效性证据的方法。通过学期、学年和教程开始之前的诊断性测验，可以了解学生的学科知识、技能、能力达到的水平和学习中存在的问题。这是教师设定教学目标、组织教学活动、操纵教学情境、帮助学生达到既定学习目标的基础，也可以帮助学校或教师对学生分班、分组。

（二）反馈功能

通过对学生学习的测评给学生以肯定的或否定的评价，这就是教学评价的反馈功能。教师和学生往往对学习评价的结果特别关心。教师据此可判断教的效果，诊断疑难，进一步改进教学工作；学生可以从评价结果中得知自己的学习成绩是否理想，找出薄弱环节，以便对症下药。另外，评价所提供的反馈信息，还可能对学生产生激励作用，学习反馈推动的原则已为心理学界所公认。

（三）导向功能

评价所采用的标准对于被评价者来说具有指挥棒作用。被评者按照评价标准去努力工作，事实上就是把评价者的教育理念和教学指导思想贯穿到了具体教学中。研究表明，学生在学习时间和学习力量上的分配，常常受评价标准和测验内容的引导。反映课程标准和教学目标的测验内容和评价标准，会对学生的学习起定向和引导作用，从而有利于学生的学习，有利于教学目标的实现。

（四）鉴定功能

所谓鉴定就是指在评价过程中，通过比较、区分和评定等级，对学生学习的结果进行价值判断。对学生学习结果的评价，也正是对学生掌握程度、能力水平或学习水平的一种鉴定。这种鉴定既可以作为学生升级、高一级学校选拔新生、用人机构录取工作人员的基本依据，也可以作为教育行政部门评价教师工作质量的依据，还可以作为教育科研人员判定一个教学改革计划是否有效的依据。

（五）教育功能

教学过程中所进行的各种测试，本身也是一种教育活动。这种活动既可以促使学生对所学内容的复习、巩固、归纳和综合，训练学生的基本技能，提高他们运用所学知识分析问题、解决问题的能力，也有利于学生养成严谨、认真、负责的学习品质和个性特征，同时也可使学生学会评价，通过教师的评价学会对事、对人进行评价的方式并最终学会自我评价。

评价的功能决定了学习评价在教学过程中的重要地位。合理设计、定期实施的各种测验和评价，使得教学成为一个有序的、系统的、循环往复的可控过程。

三、学习评价的种类

美国教育心理学家布卢姆根据评价在教学中实施时间和发挥作用的不同,把学习评价分为诊断性评价、形成性评价和总结性评价三种类型,并结合实际对它们进行了系统研究,在教学评价领域产生了很大的影响。我国目前采用并在实践中实施的也主要是这三种评价。

(一)诊断性评价

诊断性评价是指在教学活动进行前,为使教学计划能够指导和调整教学进程,使教学状态及时反馈给师生所进行的评价。诊断性评价一般在教学前进行,目的是分析学生的起点行为,摸清学生的现有水平及个别差异以便安排教学。

诊断性评价的作用有三:一是用于确定学生的入学准备程度,如知识基础、学习动机、发展水平、身体状况及家庭背景;二是决定对学生的适当安置,如通过诊断学生认识、情感和技能等方面的发展水平,为学生编班或分组、进行教学讨论、选择教学方法等提供依据;三是辨识学生在学习过程中的困难,这主要在教学过程之中进行,查明原因后,可以确定补救教学计划,调整教学目标和教学进度。

诊断性评价的结果一般只供教师做安排教学的参考,不记作学生的成绩。当然也可以作为学生原有学习水平的资料,与学习后的结果相比较,作为确定教学效果的依据。

(二)形成性评价

形成性评价是指在教学过程中,为使教学活动效果更好而修正教学运行的进程所进行的对学生学习进展的评价。通常在教学过程中实施,通过对学生的表现、态度观察,利用提问或测验获得反馈,考察教学目标的完成情况,以修正、改进后来的教学活动。形成性评价是教师及时了解学生学习进展情况的重要方式,又称学习中评价。

形成性评价的作用有三:一是改进学生的学习。揭示每个学生在学习中所犯的错误和遇到的困难,为改善学习方式,端正学习态度,提出改进的方案提供依据。二是为进一步教学制定步调。通过对所得数据的分析,教师可以了解本阶段学法与教法上的得失,检查教学质量,考查学生学习进步情况,从而及时调整教和学的步调。三是强化已有的教学成果。形成性评价使学生在学习过程中及时获得了成功的体验,从而能强化学习结果,产生进一步学习的动力,对未掌握的内容也得到了进一步确认,明确了学习的重点。

形成性评价关注的是学生在学习过程中达到教学目标的程度,根据教学目标可多次进行,然后比较多次的得分,获得学生学习变化的指标,用曲线表示就形成学生学习发展的趋势图。形成性评价一般以教学目标为参照,侧重于教学的改进和不断完善,是"前瞻式"的。在设计和实施形成性评价时,要注意教学的反馈一定要伴随相应的改正程序。

真题链接

3. 陈老师在教学中经常通过口头提问、课堂作业和书面测验等形式对学生的知识和能力进行及时测评与反馈。这种教学评价被称为（ ）。

A. 诊断性评价　B. 相对性评价　C. 终结性评价　D. 形成性评价

【答案】 D。

（三）总结性评价

总结性评价是在教学单元或阶段教学结束后对学生学习结果所做的全面评价，是对一个完整的教育过程的总体结果进行的评价，又叫终结性评价，通常在一门课程或一项教学活动结束之后进行。

总结性评价的作用有三：一是为学生评定成绩，确定学生对教学目标达到的程度，对其学习成就做出价值判断，为学生安置提供依据；二是预测学生在后续学习中成功的可能性；三是给教师或学校提供关于某个教学方案是否有效的证据。

总结性评价是一种学习后的"回顾式"评价，其结果往往可以代替下一阶段的准备性评价。总结性评价一般次数很少，多为一学期或一学年两三次，如期中、期末考试或结业考试等，其成绩应记入成绩单，作为某种资格认定或升留级及就业的依据。

四、学习评价的基本手段——成绩测验

学习评价要通过各种手段获取学生学习的信息，如观察、调查、个案研究、各种测验，等等，其中成绩测验运用最为普遍。所谓成绩测验，是指在测量学生经过教学获得的知识、技能和能力水平的测验。教师往往在测验的基础上对测验的结果进行分析和解释，形成对学生学习过程和结果的评价。

成绩测验的编制按照编制程序可分为标准化测验和教师自编测验。标准化测验是指由学科专家和测验编制专家共同按照标准化程序编制的测验，如托福考试、大学生英语水平考试等。教师自编测验指教师根据教学各阶段的需要，自行设计和编制的用来考察在某一段时间内学生学业水平的测验。教师自编测验操作简单，施测手续方便，在实际教学中被大量运用。下面重点介绍教师的自编测验。

（一）命题

教师自编测验的题目类型按照评分时客观性程度可以划分为两种：主观性试题和客观性试题。所谓主观性试题，是指正确答案不是唯一的，阅卷教师须凭主观经验给分，如作文、论述题、简答题、列举题、证明题等。所谓客观试题，是指正确答案唯一，不论由谁阅卷都只能给出同一个分数，如选择题、判断题、填空题、改错题、匹配题等。这里所说的"主观"和"客观"只是相对的，在实际工作中，常把两类题型混合使用。

1. 主观性试题

主观性试题是应试者在解答时能自由发挥的题目，这种题有其独到的长处。它既

可以方便地考查学习者对某些具体知识点的掌握情况,又可以从总体上对教学内容进行综合考查;既可以创设适当的问题情境使考生能够较充分地发表自己的见解,提高考查的深度,又能够在一定程度上反映考生解答问题的思维过程和回答问题的程度。一张试卷所需的主观性试题数量较少,出题容易,但评分易受阅卷教师的主观判断的影响,有时难以做到客观公正。

(1) 简答题及其编制

简答题是指答案比较简短的主观性试题,包括简释题、直接回答题、列举题、扼要说明题、简要叙述题。简答题特别适合于考核基本史实、基本概念、基本原理等。

编制简答题时要注意:① 考核的内容要具体;② 从不同角度发问,从不同方向出题,以增大考核的深度;③ 注意考容易出错而又十分重要的关键问题;④ 题目的形式要灵活多样。

(2) 论述题及其编制

论述题是指要求作扩展性回答、答案比较长的试题。它主要包括叙述、说明、评价、分析、批驳等。

编制论述题时要注意:① 要考核教材中的重点问题,覆盖面要大;② 要注重考查考生对基本原理的具体运用;③ 试题要适宜于作扩展性回答,给考生发挥自己的水平留有较大余地;④ 要多出单靠死记硬背难以回答的问题。

2. 客观性试题

客观性试题的特点是:评分标准客观,不受主观因素影响;试题范围大,覆盖面宽。但出题时要求严格,费时,教师个人编制困难较大,同时对学生考查的知识较为零碎。

(1) 选择题及其编制

选择题的形式是:提出一个问题或写出一句不完整的话,给出若干个备选答案以供考生选择。选择题的类型既有单项选择题,也有多项选择题。在给出的备选答案中,只有一个是正确答案的是单项选择题。出这类题目,在解答说明中须告知只有一个答案是正确的。在给出的备选答案中,至少有两个是正确答案的是多项选择题。在试题的解答说明中,须告知有两个或两个以上正确答案,但不指明正确答案的个数。

选择题的编制要注意:① 从一句正确的陈述出发拟定试题;② 从一个错误的说法出发拟定试题;③ 各备选答案与题干的关系应是一致的,让考生知道根据什么选择答案;④ 避免考无关重要的细节;⑤ 避免在题目中提供各种暗示;⑥ 备选答案的数目不可过多或过少,一般以四至五个为宜;⑦ 备选答案的结构和长度应大体一致;⑧ 错误的答案应似是而非,能起到一定的迷惑和干扰作用;⑨ 正确答案应按相同比例分别安排在 A、B、C、D……的选择项里。

(2) 判断题及其编制

判断题的题型是:给出一个含义完整的命题,让考生判断其是非对错。判断题较容易取样,考查面可以更广。因文字较为简洁,故在一份试卷中可容纳较多的这类题目。考生只需回答对或错,做题速度较快。判断题的缺点是,考生凭猜测而得分的可能性比选择题大,看不出考生的解题思考过程。

判断题的编制要注意:① 要考核有价值的比较重要的知识;② 侧重于考察对知识的理解;③ 考题要有思索、判断的价值;④ 考题要有一定的迷惑性;⑤ 题目要表达清楚,叙述要简明扼要。

（3）填空题及其编制

填空题就是给出一个不完整的句子或图形，要求考生补充一部分内容。填空题的类型有自由填空题和选择填空题。自由填空题中的空白处由考生通过回忆自由填写。选择填空题要求考生从题后给出的几个备选答案中选一个正确的，把它的代号填到空白处。

填空题的编制要注意：① 要求考生填写的应是某句话中的关键词句；② 一道题中留出的空白不可过多，不能使原文面目全非；③ 每道题中留出的空白大小要一致，以避免提供不应有的暗示；④ 自由填空题的措辞要明确，使应填的词语与考生应掌握的既定的内容联系起来。

（4）分类题和配对题及其编制

分类题就是给出几个事物或事物的特征，再列出相关的一系列特征或事物，要求考生按所属关系进行分类。分类题的备选答案可重复选用，一个问题应选的答案数也不固定。

配对题和分类题十分相近，它要求考生将两列表示具有对应关系的事物的词语正确地进行搭配，使它们两两对应地联系起来。它的问题和答案具有一一对应的关系，也可以包含一些多余的迷惑性答案。

分类题和配对题的编制要注意：① 每题给出的备选答案应是同质的，提出问题的方向要一致；② 问题和答案的顺序不要给考生提供某种暗示；③ 配对题的备选答案数要多于问题数，以免某些问题形同虚设。

（二）成绩测验的质量指标

有效的成绩测验要有较高的效度、信度，适宜的难度和区分度。

1. 效度

（1）效度的含义

效度是指一个测验能够正确地测量出它所要测量的东西的程度，它是一项测验实现其既定目标的成功程度的指标。测验的结果与测验的目的相符合，测验便有了效度。例如，一个数学测验所测得的结果能表明学生数学知识和技能掌握的情况，就是一个效度高的测验。但如果试题的表达文字很艰深，语文能力差的学生就很难考出原有的数学水平。这个测验在一定程度上来说，就变成了对学生语文程度的测量了，因而是一个低效度的测验。作为表征测验实现其目标程度的效度，有两层相互关联的含义：测验实际测试了它所要测试的东西的程度；所要测试的东西反映测验目标的程度。

（2）提高效度的方法

一是恰当地规定测验目标。编制或实施一个测验前，必须明确"为什么要测验"，这就要制定合适的测验目标。例如，测验考生的阅读能力、遣词造句能力、计算能力、实验能力、组织材料的能力、逻辑推理能力、观察能力、想象能力、记忆能力、知识应用能力、应变能力，就需要使用相应的测试工具。

二是科学地确定测验内容。就是要明确"考什么"，即用什么内容进行测验。规定的测验目标是通过确定的测验内容来反映的，如果测验内容确定得不合适，就无法准确地反映测验目标。科学地确定测验内容，就是要使测验的东西恰恰是最能反映测验目标的东西。

三是选择适宜于表现测验内容的测试方法。就是要解决"怎么考"的问题。

2. 信度

(1) 信度的含义

信度是指一个测验所测结果的可信性和稳定性。一项测验对同一组考生实施多次，如果各次所测得的结果比较一致、比较稳定，那么这项测验就比较可信。一般地说，同样的试题对同一组考生来说只能使用一次。为了确定一项测验的信度，就需要再编制一套试题，使它在测试的方向、内容、难易等方面与前一项测验完全是等值的。把这两项测验用于同一组考生所测得的成绩进行比较，它们相关联、相一致的程度，就代表了这项测验的信度。实际上，测验信度就是测验客观性、测试结果准确性的一种反映。

(2) 提高信度的方法

一是增加试题数量，扩大试题覆盖面。成倍增加题量能使测验信度明显提高。如果一项由 10 道题组成的测试，其信度值为 0.50，将它的题目增加到 90 道，增加的试题质量与原题相当，那么，题目增加后测试的信度值则为 0.90。这就是说，信度值为 0.90 的测试，它的测量效果相当于信度值为 0.50 的测试的累加效果。在规定的测试时间内，在考生可能答完的条件下，应尽量增加试题数量。

二是提高测试的区分度，准确反映不同水平考生分数的差异。区分度是指测验能鉴别应试者对知识掌握的不同程度及能力的高低、优劣。考生间的水平差异是客观存在的，我们不能人为地制造或扩大客观上不存在的差异，只能采取提高试题区分度的方法，把不同考生的差异尽量明显地显示出来。提高区分度主要是通过题目的难度水平来达到的。题目要难度适中，而且要包括各种不同难度的题目，才能将考生的学习水平很好地区分开来。

三是提高评卷给分的客观性、准确性。

3. 难度

难度是指试题的难易程度，是试题对学生知识能力水平适合程度的指标。通常以答对或通过该项目的人数占应试总人数的百分比来计算，由于题型不同，难度的计算方法也有所差异。论文式题目可以用学生在某题中所得的平均分来计算：$P=M/W$，其中，P 为难度值，M 为全班学生在该题上所得的平均分，W 为该题的满分。是非题只有是和否两种答案，可以用通过该题分数的百分比来计算，$P=R/N$，其中，P 为难度，N 为受测总人数，R 为通过该题人数。选择题若只有一个正确答案，可以在该项目通过率(P)的基础上矫正，减小学生猜中的概率。计算公式为：$CP=(KP-1)/(K-1)$，其中，CP 为矫正后难度，P 为未矫正难度，K 为选项的数量。

一个好的测验所得分数的分布一般应为常态分布，太难或太易都会出现偏态分布。一般来讲，平时考试绝大多数学生应能得到较好成绩，因而教师在期中、期末测验中，难度值应在 0.5 以上，在选拔性测验中，难度值应和录取率一致。

4. 区分度

区分度指试题对学生成绩的区分程度，又称鉴别度或项目效度。客观性试题的区分度简便计算为：$D=PH-PL$，其中，D 为区分度，PH 为高分学生通过该题人数占高分人数的百分比，PL 为低分学生通过该题人数占低分人数的百分比。区分度大小应和测验目的一致。一般认为，$D>0.4$ 则该题区分度非常优良，$D<0.19$ 则必须淘汰。但这一标

准不是绝对的。用于选拔的测验区分度应高些。如果只是平时考察，可以不考虑区分度。

总之，效度、信度、难度和区分度是鉴定测验质量的客观指标，也是编制测验时必须考虑的基本要求。

真题链接

4. 通过测验来评定学生的学业成绩是中学常用的评价方法。在一个测验中，衡量它达到目的的程度，即是否测出了它所要测量的东西的指标是（　　）。

A. 信度　　　　　B. 效度　　　　　C. 难易度　　　　　D. 区分度

【答案】 B。

（三）学业成绩考试

考试是总结性检查学生学习效果的方法，是对学生学习成绩的测量。学业成绩考试就是测量考生在一段时间内，在知识的掌握和能力的发展上取得了何种程度的进展。

1. 学业成绩考试的特点

学业成绩考试是一种绝对测量。它所测量的是每一位考生的知识及能力增长的大小。考试的内容不是按对未来发展预测作用的大小选择的，而是按过去已教学过的内容来确定的。考试标准不是按未来学习和工作的具体要求编制的，而是按教学的具体目标制定的。它并不完全着眼于分辨考生学业上的优劣，而是要着意反映实现教学目标的程度。学业成绩考试是整个教学过程的一个环节，它的举行、它的设计和实施、考试分数的使用，不能脱离教学工作的需要。一般来说，教学内容就是考试内容，教学目标就是考试标准。期末、期中和毕业考试，不单要检查教学的效果，还要鉴别学生是否达到规定的水平标准，它既是学业成绩考试，又是学力水平考试。

2. 组织学业成绩考试工作的基本要求

（1）依据教学目标设计考试内容。学业考试目标就是检查学生实现教学目标的程度，因此，这种考试必须完全依据教学目标去设计。考试内容一般不应超出课程标准所规定的范围。考核的内容要能反映课程标准的基本要求，代表教学的基本内容。要细心选择适合于测验某种认知水平的测验方法。例如，如果教学目标所要求的是达到分析水平的思维，那么其测验方法也应该能测出考生认知的分析水平。

（2）在考试内容方面突出能力考核。学业成绩考试应该结合具体知识着重考核理解力、判断力、分析力、综合力、查找资料和使用工具书的能力，考核运用知识的能力、从有关资料中发现新知的能力。侧重考核具体知识的题目，并不一定能反映考生能力的高低。知识掌握得好因而得高分的，并不一定能力就高，得低分的也并不一定能力就低。

（3）采取灵活多样的考试方法。闭卷考试效率较高，结果比较可靠，但却没有口试考查得深，没有开卷考试更易于活跃学生的思想。学业成绩考试应将多种方法结合应用，以更有利于调动学生学习的积极性，更有利于某些学生展示自己的才华。现在中小学学业成绩考试一般都采用闭卷笔试，试题多半考核学生对书本知识的记忆，即使有部分理解和分析题,其答案也都是教师多次详细讲过的内容,学生很少有自己发挥的余地,这既不利于学生生动活泼地、主动地学习知识,也不利于学生智力的发展,容易造成"高分低能"的现象。考试的评卷,应特别注意鼓励学习的独创精神,对有独到见解的答案,应酌情给高分,而不能稍一偏离固定答案就予以减分。

链接

> 有一则寓言,大意是说一猴子摘桃子,往前走看见地里有西瓜,于是丢掉桃子抱了个西瓜;又往前走看见一只兔子,于是又丢掉西瓜去追兔子,最后兔子没追到,猴子一无所获。
>
> 有一则考题,就是让考生就上述寓言写一篇议论文。多数作文的立论都是批评猴子见异思迁以至劳而无功。但有一篇却赞扬猴子永不满足、虽受挫折而精神可嘉。但评分先生却不给后者及格——因为"标准答案"如前。
>
> 记得曾听一日本教授也讲过一个类似的例子。那考题是填空:雪化了变成——(什么),学生则有填化成水的,有填变成泥的,老师都给打了对勾。偏有一位学生填雪化变成——春天,被老师打了一个叉。这位教授感慨地说,我看应该打个双圈——最佳的表示——这孩子答得多有新意呀!
>
> "标准答案"的僵化,限定了学生思维的发散,而评分的予夺,又压抑了有创造性的学生。偏偏"标准答案"满天飞,偏偏制定"标准答案"的又不乏庸师。看来,先得给"标准答案"定个"标准"了。那标准一为是否科学,二为是否鼓励了创造性,是否有利于具有创造素质的学生脱颖而出。诚如此,学子幸焉,也是国家幸焉,民族幸焉![1]

(4)在成绩的使用上,强调个人的纵向比较、与教学目标的具体比较,少与他人做横向比较。

讨论

> 教师将每次测验结果都分数化、等级化,按分数高低排名次,这样做可能会带来什么结果? 请您发表自己的看法。

五、学习评价的改革

我国原有的学习评价体系基本上是以目标本位评价为主导的。学习评价依赖既定的课程目标和手段,而且课程目标基本上是一些可观察、可测量的行为目标,而忽略了一些体验性的、过程性的和发展性的目标。新一轮课程改革对学习评价提出了改革的要求,明确提出建立促进学生全面发展的评价体系。评价不仅要关注学生的学业成绩,而且要发

---

[1]　载《报刊文摘》,1997年1月20日。

现和发展学生多方面的潜能,了解学生发展中的需求,帮助学生认识自我,建立自信,发挥评价的教育功能,促进学生在原有水平上的发展。

案例分析

    为了提高作业批改的反馈效果,我问同学们:"大家喜欢什么颜色来批改你们的作业? 红色代表火焰和热烈;黄色代表宝贵和权力;黑色代表刚毅和坚强;蓝色代表大海和希望;绿色代表自然和生命……"同学们几乎异口同声地说:"我们喜欢绿色!""老师,你用绿色给我们批改作业吧!""好! 就这样决定了。那么,在作业批改中,你们喜不喜欢用打叉的符号?""最好不用!"于是,在高中三年中,我一直坚持用绿色来批改作业、改考卷。在批改中,我不用叉号,改用问号和批语。绿色的批语起了不小的激励作用,同学们非常喜欢我这样批改作业,不仅纠错能力得到了加强,学习成绩也有了显著的提高。

    分析:这位老师为什么会取得成功?

(一) 倡导发展性学习评价,淡化甄别与选拔,实现评价功能的转变

发展性学习评价重视评价的激励、导向、反馈功能,强调运用多样化的评价方法实现对学生的全面评价,通过评价,促进学生生动、活泼、积极、主动地学习,促进学生全面而有个性地发展。

发展性学习评价不只是检查学生知识与技能的掌握情况,而是更为关注学生掌握知识与技能的过程和方法以及与之相伴随的情感态度与价值观的形成。

发展性学习评价关注学生的成长与进步状况,并通过分析与指导,提出改进学生学习的计划,进而促进学生的发展。

(二) 倡导过程性学习评价,密切与学习过程的联系,实现评价重心的转移

过程性学习评价,就是要求将评价活动与学生的日常学习过程紧密联系,及时了解学生的学习情况,并通过对学生的关注和及时的鼓励,创造一种有利于丰富学生学习经验、不断提高学习效果、有效促进学生成长发展的环境。过程性学习评价与终结性学习评价的差别主要有两点:① 关注结果的终结性学习评价是面向"过去"的评价,而关注过程的诊断性、形成性学习评价是面向"未来"的评价。② 关注结果的学习评价往往只要求学生提供问题的答案,而对学生获得答案的过程漠不关心。关注过程的学习评价,将评价重心转向关注学生求知的过程、探究的过程、努力的过程,关注学生的进步状况。

在实施过程性学习评价中要注意两点:① 要全面系统地记录学生在知识与技能、过程与方法、情感态度与价值观方面的学习情况。例如:学生对学科课程学习的兴趣、态度、习惯;学生在课堂学习活动中的典型表现;学生在作业上的问题等。② 要及时有效地指导学生反思学习过程,发现学习中的问题,改进今后的学习,实现发展性评价的功能。记录是过程性学习评价的基础,反思与改进是过程性学习评价的关键。

(三) 倡导综合素质评价,关注学生个体差异,实现评价指标的多元化

综合素质评价在关注学习成绩的同时,还关注个体发展的其他方面,如积极的学习态度、创新精神、分析与解决问题的能力、合作与沟通能力以及正确的人生观、价值观、世界观等,从评价学生学到什么,到对学生是否学会学习、学会生存、学会合作、学会做人等进行综合评价。

综合素质评价体系包括:共性基础要求的学科课程学习成绩及相关记录;个性化学习及相关记录;思想品德表现和社会实践经历的记录以及综合评语等。

(四) 倡导质性评价,强调定性与定量相结合,实现评价方法的多样化

量化评价以量化的方式描述与评价人的发展,表现出僵化、简单化和表面化的特点,学生发展的主动性和丰富性、学生的个性特点、学生的努力与进步都被淹没在抽象的数据中。量化的学习评价往往把复杂的教育现象简单化,或只是评价了简单的教育现象,而丢失了教育过程中最有意义的内容。

质性评价能全面、深入、真实地再现学生的特点和发展趋势。质性评价除了要参考考试测验成绩外,还要参考以下资料:课堂行为记录;项目活动、调查报告、作业等的记录;社区服务与社会实践记录;有关谈话记录;学习日记;有关人士的推荐材料与评语等。

链接

质性评价方法,也被称为自然主义评价范式。它在认识上反对科学实证主义的基本观点,反对把复杂的教育现象和课程现象简化为数字,认为这种做法提供的只能是歪曲的教育信息,且有可能丢失重要信息。它主张评价应全面反映教育现象和课程现象的真实情况,为改进教育和课程实践提供真实可靠的依据。它以建构主义为其理论基础。建构主义反对量化范式,反对将知识视为孤立的单元,做出对错二元的评定。建构主义认为,学习是一个知识建构的过程,本质上是质性的,具体表现为:① 知识的掌握不仅仅是会与不会、正确与错误的简单核定;② 知识依赖于特定的认知情境;③ 解决问题时,需要综合运用多方面甚至跨学科知识。建构主义提供了认知学习与教学过程的一个新视野,即教师不是传递已有知识,而是帮助学生在个人经验基础上建构知识。为了获得真正有效的知识,建构主义倡导:"为理解而学习""通过问题解决来学习"。建构性学习对评定的要求是,关注学习过程,并通过评定激发自律式学习。所谓质性评价包含两层意思:采用质的方法开展评定活动,以及指向学生学习特性的质的评估。质性评价关注的是学生学习的整体情况,以及在具体情境中运用知识的能力,评定内容侧重对知识的深层理解,问题比较开放或为非结构的,甚至难以找到标准答案。质性评价要求学生、教师、家长和同学共同参与评价过程,评价方法是动态的,多元的和情境化的。[1]

---

[1]　http://www.teacher.com.cn/netcourse/tln011a/wenjian/xgbjcl/chapter8/zxpjff.htm。

（五）倡导自评与他评相结合，强调参与与互动，实现评价主体的多元化

实施学习评价主体的多元化，有助于评价者与被评价者的互动，有助于师生增进了解和理解，形成积极、友好、平等和民主的师生关系，有助于学习评价关注学生发展需要，使评价活动成为学生主动参与、自我反思、自我教育、自我发展的过程。

本章小结

上课是课程实施的中心环节。要上好课，就要事先对教学活动进行设计。第一要编制学期教学进度计划、单元教学计划、课时计划。第二要设计明确、有行为指向、符合学生能力的教学目标。第三要分析和处理课程内容。第四要依据教学目标、学生特征、学科特点、教师特点、教学条件对教学方法进行选择和运用。第五是选择恰当的教学媒体。要上好课，离不开对教学活动进行组织，包括运用适合的教学组织形式和指导学生选用适当的学习方式。学习评价有反馈、导向、鉴定、教育等功能，是教学过程不可缺少的环节。要保证学习评价质量，必须建立全面的评价体系，恰当地运用不同的评价种类，编制科学的测试工具，注重过程评价及评价主体的多元化，促进学生在原有水平上的发展。

复习参考题

1. 教学设计要做的主要工作有哪些？

2. 什么是教学目标？教学目标有哪些功能？

3. 确定教学目标有哪些基本要求？行为目标的表达要素有哪些？

4. 进行教学设计时应怎样分析和处理教学内容？

5. 怎样选择和运用教学方法？

6. 什么是课的类型？

7. 选择课的类型的依据是什么？

8. 什么是课的结构？

9. 综合课的结构有哪些组成部分？

10. 在进行教学设计时需要编制哪些教学计划？

11. 学习评价可分为哪些类型？

12. 什么叫效度和信度？怎样能提高成绩测验的效度和信度？

13. 新一轮课程改革对学习评价提出了哪些改革要求？

14. 案例分析：

在组织合作学习的课堂上，常常会看到以下现象：(1)教师提出一个问题，让前后桌的4人为一小组，展开讨论。往往座位的编排是按照学生的高矮次序，男女生搭配而成的。(2)教师抛出一个问题(或者该问题来自学生)后，教室里立即一片嗡嗡声，感觉小组内每个人都发言。一两分钟后，教师喊"停"，请小组代表(往往是固定的)站起来发言，学生一张口就是："我觉得……""我认为……"

请运用合作学习理论,对以上现象做出评析。

15. 案例分析:

以下是一位教师在教学"保持水土"时的课堂教学结构:(1)学生通过观看长江流域发生特大洪水的录像提出问题;(2)为学生提供黄河上流的资料(文字、录像、图片等),让学生尝试推想:"黄河水为什么会含有大量泥沙?"(3)为学生提供模拟实验的材料,让学生自己设计实验验证,自己实验验证自己所做的推想;(4)学生在教师的指导下,讨论解决水土流失的问题;(5)通过阅读材料,结合前面研究,讨论怎样保持水土问题。

问题:(1)该教师采用的是何种教学方式?(2)该方式主要包含哪几个阶段?(3)该方式与传统的教学方法相比,有何积极意义?

第八章 教师教育研究

内容提要

　　教师从事教育研究,就是发现和解决教育实践中的问题,它能将教育理论转化为教育实践力量,促进教师的专业发展。教师教育研究常用的方法有:观察研究;调查研究;实验研究;行动研究;叙事研究。教育观察属于科学观察的一种,既可以作为直接的研究方法,也可作为其他研究方法的辅助手段。常用的调查方法主要有问卷调查、访谈调查。实验研究要确定变量,对无关变量进行控制,揭示研究变量之间的因果关系以及自变量与因变量之间的因果关系。行动研究的工作流程主要是计划、行动、考察、反思。叙事研究的关键在于选择好叙事的内容和确定叙事的方法。

思维导图

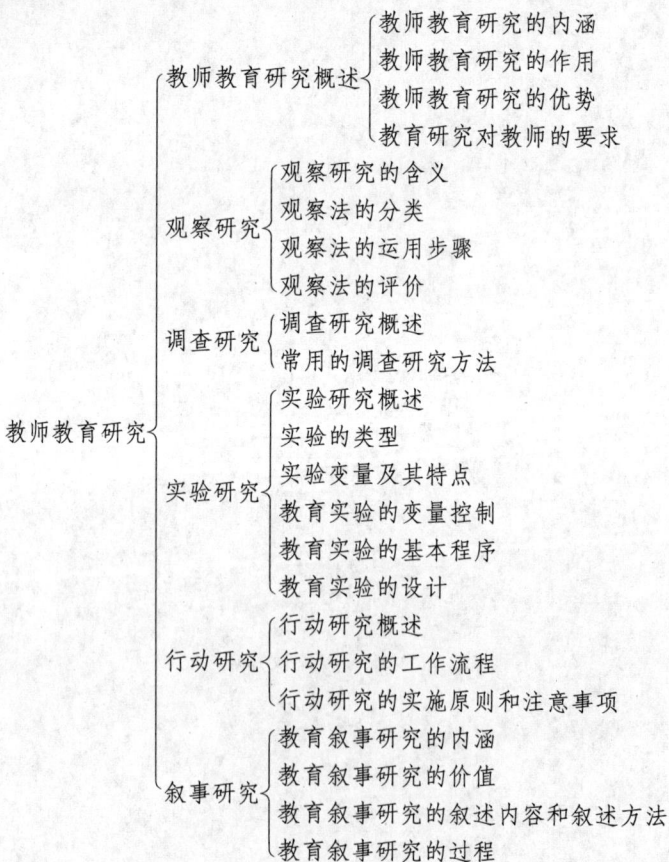

教师教育研究

　教师教育研究概述
　　教师教育研究的内涵
　　教师教育研究的作用
　　教师教育研究的优势
　　教育研究对教师的要求

　观察研究
　　观察研究的含义
　　观察法的分类
　　观察法的运用步骤
　　观察法的评价

　调查研究
　　调查研究概述
　　常用的调查研究方法

　实验研究
　　实验研究概述
　　实验的类型
　　实验变量及其特点
　　教育实验的变量控制
　　教育实验的基本程序
　　教育实验的设计

　行动研究
　　行动研究概述
　　行动研究的工作流程
　　行动研究的实施原则和注意事项

　叙事研究
　　教育叙事研究的内涵
　　教育叙事研究的价值
　　教育叙事研究的叙述内容和叙述方法
　　教育叙事研究的过程

　　20 世纪 80 年代以来,"教师成为研究者"成为具有号召力的教育理念,在国际上广为传播。其实,早在 1926 年,布克汉姆(前美国教育研究会会长)就明确提出了其对教育研究的独特理解。他强调:"教育研究不应该是专业人员专有的领域。这一领域没有不同于教育自身的界限。"[①] 20 世纪 60 年代,斯腾豪斯首次提出了"教师成为研究者"这一口号,并且使它成为一种有影响的运动。新课程改革要求教师必须更新教育观念,转变教育教学行为,做"学者型""研究型""创新型"教师。教师的工作是充满智慧的工作,每一位教师都是教育的实践者,在教育教学中,要坚持"以人为本",走"全面协调可持续"的育人之路。这些要求意味着教师必须对自己的教育教学进行研究,提高自己的师德修养、专业水平、教育教学能力和从教艺术,走教师专业化发展之路。

第一节　教师教育研究概述

一、教师教育研究的内涵

　　概括地说,教育科研是应用科学方法解决教育问题的过程。具体地说,教育科研是人们有目的、有计划地采用科学的方法,对教育现象和教育实践进行系统的探索,揭示教育现象的本质和客观规律的认识活动和实践活动。

　　中小学教育科研是教育科研的一个特定领域,是人们有目的、有计划地采用科学的方法对中小学教育领域的现象和教育实践进行系统的探索,揭示教育现象的本质和客观规律的认识活动和实践活动。

　　教育研究的实质就是发现和解决教育问题,中小学教师的教育研究就是发现和解决中小学教育教学过程中存在的实际问题。中小学教师研究的课题就是教育教学中困扰自己的问题,研究的对象就是学生、自己和课堂,研究的过程就是整个教学过程,研究的成果就是学生的发展、自己的成长、教育工作质量的提高。

二、教师教育研究的作用

(一) 生产教育知识,解决教育实践情境中的实际问题

　　教师的工作是一种专业性活动,而专业性活动有赖于完善的理论知识体系。同时,专业性活动的高度复杂性,致使它存在着大量理论上的未知领域,而专业人员单凭已有的专业知识,难以解决实践情境中出现的形形色色的具体问题。因此,专业实践要求专业人员一方面要掌握运用已有的专业理论知识去解决实际问题的技能,另一方面在已有专业理论知识的基础上进行创造性探索,解决原有理论未能解决的实际问题,不断反思和改进自己的专业实践。专业实践客观地把专业服务和专业研究融为一体,使专业工作者不但是专业服务人员,而且还是专业研究人员。教师作为教育专业人员,既是教育专业理论知识

---

　　① 转引自宁虹:《教师成为研究者——国际运动·理论·路径·实践》,首都师范大学出版社 2002 年版,第 5 页。

的拥有者和使用者,又是这种知识的发现者和生产者。教育的现场研究,基于教育现场的扎根性研究和行动研究,变得越来越重要。离开了原生态的教育研究,离开了扎根性教育研究,离开了教育行动研究,教育知识就变得不可靠,甚至用不上。因此,教师成为研究者,只有进行基于教育现场的原生态的、扎根性的教育研究和教育行动研究,才能生产出不断变化的教育形态所需要的、既是科学的又是生动的、既是可靠的又是能用得上的教育知识,以解决教育实践中不断涌现出来的新问题。

(二)将教育观念和理论转化为实践力量

当前,新的教育理论不断涌现,而我们所缺少的是如何将这些教育观念和教育理论真正转化为一种实践的力量。转化的关键是什么? 是教师,是教师的研究。任何一种教育理论,只有内化为教师的教育信念和个人知识,并在教师行为上发生变化时,才能真正将一种观念变成一种实践。美国有学者把教育理论分为观念中的教育理论和教师行为中的教育理论。许多先进的教育理论往往都处于观念之中。对于大多数教师来说,往往是口头上讲着观念中的教育理论,而行为上却依循着另一种属于自己的教育理论。这就是为什么教育理论不能很有效地推进教育实践向前发展的根本原因。怎样将教育观念和教育理论转化为教育行为,进而转化为一种现实的实践力量呢? 重要的是使教师成为研究者,因为只有那种具有探索精神,时刻保持着教育敏感性和批判精神的教师,才能搭建理论向实践过渡的桥梁,才能在实践中以理论的方式把握实践,并赋予实践一种理性的精神和内涵,使实践过程体现一种理性的信仰和价值。

(三)在研究性变革实践中促进教师的专业发展

研究性变革实践把研究、变革、实践三者融为一体,有以下四层含义:① 它是内含变革理论的实践。要求教师努力学习相关理论,逐渐成为自觉的、有理念作为指导的、自主的变革实践者。② 它是超越经验的、具有更新指向的实践。强调教师日常的教学与反思,要求研究要渗透于实践之中,以及教师的反思参照系因新理念的介入而更新。③ 它是创生性的实践。它将实践后的反思,指向实践中变革成败的原因,以及要求在此基础上进行重建。④ 它是将研究的态度、意向和内容贯穿到实践全过程和多方面的实践。学校生活是教育理论创新的沃土,教育实践是教育思想的源泉。然而,并非所有的实践都能产生鲜活的教育思想,都能促使个人实践知识的不断更新。只有研究性变革实践,才是鲜活的教育思想和正确的个人实践知识生成的不竭源泉。"只要是真实的、有质量的、有力度的学校改革实践,就会在改变、发展学校的同时,改革和发展教师。这种学校与教师在实践中产生同期互动的改变与发展效应,是解决创建新型教育缺乏新型教师这一难题的不可缺少的基本方法。"①实现教师转型与学校发展的同期互动是科研兴校的基本原理,这一原理告诉我们,研究性变革实践是促进教师专业发展,造就研究型教师的一条基本途径。

---

① 叶澜:《在学校教育改革实践中造就新型教师——面向21世纪新基础教育探索性研究提供的启示与经验》,载《中国教育学刊》,2000年第4期。

三、教师教育研究的优势

教师从事教育研究有独特的优势，主要表现在以下几个方面：

（一）教师生活在教育实践之中

教育要发展就要能不断发现问题，教育要成功就要能掌握规律。而离开了现实的教育生活和环境，要完成这两项任务根本不可能。教师生活在真实的教育教学情景之中，最了解学生的困难、问题及需求，能准确快速地判断问题的存在和恰当地确定教育研究选题。

（二）教师具有深入研究和反复实验的最佳条件

斯腾豪斯认为，教师是教室的负责人，教室是检验教育理论的理想的实验室。亲临一线教学实践，是教师最有力的研究优势。教师应充分利用这个优势，开展自己的教学研究。对教育规律的认识应该反复检验，教师天天和学生生活在一起，可以连续跟踪观察，既可以了解学生自身的变化，又可以验证教育措施是否产生了效果。

（三）教师能进入学生的内心世界

教育科学研究讲究深度，学生的内心世界就是有深度的教育研究课题之一。但是，学生的内心世界往往被一扇难以叩开的大门封闭着。不过教师在这方面也是具有优势的。学生热爱教师，崇拜教师，甚至把教师的话当作"圣旨"。教育的意义在于它是一种生命和生命的对话，一种人格对人格的影响，一种灵魂对灵魂的碰撞。教师是学生的"替代父母"，应进入也能够进入学生的精神世界。教师从事了教育研究，便更会做探索学生内心世界的有心人，便更会珍惜孩子们给予的这一份信任，小心地探索他们的内心世界，从而发现并总结他们的真实成长规律，以帮助他们更健康地发展。

四、教育研究对教师的要求

（一）掌握教育科学基础知识和教育科研方法

教育科研不仅需要教师具有深厚的专业知识，精湛的教学艺术，而且需要广博的教育理论知识，较高的教育理论素养。教师的教育科研能力，实质上是教师在教学实践中发现问题、分析问题、解决问题的能力。如果教师缺乏与教育相关的理论知识，就不能深入领会当前素质教育的实质，就不能从教育哲学的高度分析、评判自己的教育行为，就不能发现教育实践中有价值的问题，就谈不上进行教育科学研究了。教师教育科研能力的提高，是一个逐步积累和渐进的过程，需要教师自觉努力地学习教育理论，并把理论的学习和日常的教学实际及科研活动相结合，不断地提高自己的理论水平和思想素养。有了扎实的理论素养，教育科研能力的形成和发展，才有稳固的基础。

教育研究方法是人们研究教育现象和教育问题，揭示教育规律，构建教育理论的途径和手段。教育研究方法对于教育研究有着不可低估的价值。研究方法运用得当，就可以沿着正确的方向，达到研究目的，起到辨别知识真伪，扩充知识的数量和范围，获得新的发现、启发人的思想的作用。反之，就会使研究工作劳而无功。

（二）提升教育研究能力

教育研究能力，主要指把教育科学研究的知识运用于教育科学研究情境，解决相应问题的实际操作能力。

教师要提升发现问题，选择恰当选题的能力。教师要具有发现问题的敏锐性，不仅要能发现问题，而且还应能发现有重要价值的问题，亦即能选择有现实意义的、有预见、有创造性的、有可行性的问题。

教师要提升查阅文献，进行设计的能力。一是查找能力，即能够迅速准确地找到所需要的资料。二是阅读能力，即能够有目的，有重点，有选择地进行阅读。教师选定研究课题之后，必须对研究的过程进行设计。

教师要提升收集资料，整理分析的能力。资料的收集通常可采用观察、调查、实验、文献等方法。在收集资料时，教师应当尽量避免主观意向、态度倾向性影响，力求注重收集资料的客观性；另外教师在资料收集时还应注意资料的全面性，不能仅仅收集对自己有利的资料，而不收集不利于证实自己假设的事实。整理分析能力包括两个方面：一是整理能力，即对所获得的资料进行分类、核查、筛选和汇总统计；二是分析能力，即教师对整理后资料进行逻辑和统计分析的能力，通过定性与定量分析，揭示所研究事物的本质和规律。

教师要提升文字表达能力。在研究过程中要想把自己潜心研究得出的新认识，新思想、新办法等诉诸文字，通过教育科学研究报告或教育科学研究论文，著作等形式表达出来，从而更好地发挥教育研究成果的作用，若没有良好的书面表达能力是不行的。

（三）注重校本教研

校本教研是为了改进学校的教育教学，提高学校的教育教学质量，从学校的实际出发，依托学校自身的资源优势和特色进行的教育教学研究。同时，校本教研也是教师为了改进自己的教学，在自己的教室里发现了某个教学问题，并在自己的教学过程中加以追踪或汲取他人的经验解决问题。

校本研究是"为了教学"的研究。这是从校本教研的研究目的上对其所做的阐释。校本教研的目的不是建构某种抽象和宏大的理论，而是基于"问题解决"的研究，其目的就是为了解决具体的教育教学中的问题。

校本研究是"在教学中"进行的研究。"在教学中"也就是在教学实践中，校本研究将工作和研究完美地融合在了一起。对忙碌的一线教师而言，教育教学科研绝不应该是教学之外的"额外负担"，而是和教学工作完美地融为一体的一种生活方式。

校本研究是"通过教学"的研究。教学是教师进行校本研究的一个"工具"，比如研究的问题要通过教学来发现，研究的成果要通过教学来验证，研究所需要的数据也需要通过教学来收集，等等。通过教学来进行的校本研究，正是发挥了教师亲临实践、熟悉实践的优势。这样的研究，才可能让教师体会到做研究的乐趣。

校本研究关注教学的"第一现场"。教师在校本研究中主要将自己的教室作为自然的

"实验室"或"研究所",反思自己的教学活动。反思的过程要求教师不断地进行理论学习和实践经验的总结,加强理论学习的针对性和经验总结的系统性。而今,"教学＋反思＝教师成长"的公式已经得到广泛的认可。校本研究就是以促进教师更有效地、更有针对性地反思为杠杆,来促进教师的专业成长和自身发展的。实践证明这是一个非常有效的途径。

第二节　观察研究

一、观察研究的含义

观察,是指人们对周围存在的事物现象和过程的认识。其中,"观"就是通过感觉器官获得有关事物的信息;"察"就是对这些信息的分析研究。

根据观察的目的性、系统性的不同,我们可以把观察分为日常观察和科学观察。日常观察是人们对自然存在的现象进行随机的、自发的感知,没有一定目的和计划,也不要求严格的记录。日常观察带有一定的自发性和偶然性,因而,得到的信息也往往是零碎的、片面的,难以反映事物的本质。科学观察是指科学研究中的正式观察法,是有明确目的、有计划安排、有严格记录的观察。教育观察法属于科学观察中的一种。观察研究法简称观察法。

二、观察法的分类

观察法从不同角度可以分为不同的类型。了解观察法的分类及其特点,方便于在研究中根据实际情况灵活加以运用。

(一)自然观察法和实验观察法

根据教育观察的环境是在自然状态还是在人工控制状态,可将教育观察法分为自然观察法和实验观察法。

自然观察法所要求的环境一般是在自然状态下,即事件自然发生、对观察环境不加改变和控制的状态下进行的观察。

实验观察法是在人工控制的环境中进行的系统的观察。

(二)直接观察法和间接观察法

根据观察时是否借助有关仪器设备,可将教育观察法分为直接观察法和间接观察法。
直接观察法是指直接通过观察者的感官考察被研究者活动的方法。
间接观察法是指观察者借助一定的仪器、设备考察研究对象活动的方法。

(三)参与观察法和非参与观察法

根据观察者是否参与被观察者所进行的活动,可将教育观察法分为参与观察法和非参与观察法。前面所讲的直接观察法包括参与观察和非参与观察,而间接观察就只能是非参与观察。

参与观察法是指观察者参与到观察对象的活动之中,通过与观察对象共同进行的活动从内部进行观察。

非参与观察是指观察者不参与被观察者的任何活动,完全以局外人的身份进行观察。

(四)有结构观察法和无结构观察法

根据观察是否有统一设计的、含有一定结构的观察内容、项目和相应的要求,可将教育观察法分为有结构观察法和无结构观察法。

有结构观察法在观察前有详细的观察计划、明确的观察指标体系,而且在观察时严格按计划进行,能对整个观察过程进行系统的、有效的控制和完整、全面的记录。

无结构观察法中,观察者只有一个总的观察目的和观察要求,或仅有一个大致的观察范围和内容,没有详细的观察计划和观察指标体系,观察时要依据观察目的按观察者的理解有选择地记录观察结果。

(五)叙述观察法、取样观察法和评价观察法

根据观察内容是否连续完整以及观察记录方式的不同,观察法可分为叙述观察法、取样观察法和评价观察法。

叙述观察法指详细观察和记录被观察对象连续、完整的行为表现并搜集资料的一种观察方法。叙述观察的具体方法有日记描述法、轶事记录法、连续记录法等。

取样观察法指依据一定的标准选取被观察对象的某些行为表现进行观察,或选择在特定的时间内进行观察记录来搜集研究资料的一种方法。它不像叙述观察那样遵循行为发生的顺序,而是按照事先选定好的程序进行。

评价观察法指按照事先制定好的评价量表对被观察对象的行为表现进行观察并做出评价判断来搜集资料的一种方法。

关于观察法的分类,有两点需要注意:一是上述各种分类是有交叉的,如自然观察可以是有结构的,也可以是无结构的,而并非各自独立的;二是上面所提到的一些观察法的类型,有的实际上也是一种观察的策略(如参与观察法和非参与观察法)。

三、观察法的运用步骤

观察研究是一个循环研究,它包括以下几个程序:

(1)明确观察目的和意义,确定观察对象、时间、地点、内容和方法(也就是回答为什么观察和如何观察等问题)。

(2)通过检索资料、专家访谈等,搜集有关观察对象的文献资料,并进行阅读分析,对所要求观察的条件有一个最一般的认识,为观察做好充分准备。

(3)编制观察提纲。对观察客体单位要进行明确分类,对所观察的事物确定最主要的方向。

(4)实施观察。进行有计划、有步骤、全面而系统的观察。

(5)资料收集记录。

(6)分析资料、得出结论。

四、观察法的评价

观察法既可作为一种直接的研究方法,也可作为其他研究方法的辅助手段。但它的作用是任何别的方法所不能替代的。只要我们认识到观察法的优点和它的局限性,在研究实践中扬长避短,就能充分发挥它的作用。

(一) 观察法的优点

(1) 在自然状态下即时进行,生动、具体、直观,可获得第一手资料。相对来说,所得资料比较客观。

(2) 可收集到非语言行为的数据和资料,便于对行为进行研究,特别适合于对学前儿童的研究。

(3) 可对观察对象作较长时间的跟踪研究,能获取行为现象发展变化趋势的有关资料。

(4) 观察资料是从被试的常态行为表现中获得,可以排除被试的主观反应偏差,具有较好的生态效应。

(5) 操作简单,易于实施。

(二) 观察法的局限性

(1) 由于在自然状态下进行观察,不允许改变观察对象的各种条件,对可能影响观察的外部因素难以控制,并且难以完全重复观察和检验观察结果。

(2) 观察的主观性较强,既受到观察者生理感知能力方面的限制,也受到认识能力方面的限制,往往只能得到表面的、感性的材料,难以深入事物的本质和被试的心理,难以确定因果关系。

(3) 受时间、地点、人力、经费等条件限制,不可能进行大范围、大场面的观察,样本较少。

(4) 观察通常是靠观察者的感觉进行判断、测定的,对所得资料往往难以系统地进行编码和分类,定量困难。

第三节　调查研究

一、调查研究概述

(一) 调查研究的含义和特点

1. 调查研究的含义

调查研究是一种描述性的研究,是通过对原始材料的观察,有目的有计划地搜集研究对象的材料,从而形成科学认识的一种研究方法。它的研究重点在于现实中的情况,研究的事实是发生在自然状态下的。调查研究的价值取决于问题的选择以及科学的方法和技术的应用,是社会科学研究中广泛应用的一种基本方法。

调查研究现已广泛应用于教育领域中,称为教育调查研究。它是在教育理论指导下,通过运用观察、列表、问卷、访谈、个案研究以及测验等科学方式,搜集教育问题的资料,从而对教育的现状做出科学的分析认识并提出具体工作建议的一整套实践活动。与一般的社会调查不同的是,教育调查研究是以当前教育问题为研究对象,是为了认识某种教育现象、过程或解决某个实际问题而进行的有目的有计划的实地考察活动。

2. 调查研究的特点

(1) 调查对象的广泛性。教育调查研究的对象,可以是某一个人、某一个班级或某一所学校,也可以是某一市、某一省、或某一国家的教育情况,甚至可以是国际性的教育发展情况。调查对象的广泛性还表现在,教育调查研究是以活动形态或现实存在形态的教育问题、教育现状为研究内容的,它们广泛存在于教育的各个领域之中。因此从理论上说,一切教育现象都可以作为教育调查研究的对象。

(2) 调查手段的多样性。在进行教育调查研究时,可以采用多种多样的调查手段和方法,如问卷、访谈,等等。在具体研究过程中,研究者可以根据课题的大小和性质以及研究者自身的情况选择适当的方法,有时候会根据调查的需要还可能运用多种方法。

(3) 调查方法的可操作性和实用性。在进行教育调查研究时,要设计详细、具体的调查方案。这样,在开展调查研究时,调查者就可以依据调查方案进行具体操作,且具有较强的可操作性。另外,教育调查研究法在设备条件的控制环境上没有太多的要求,特别是对于数据资料的收集,可以在较大的范围内进行,从而在较短的时间内收集到大量的数据资料,因此有较大的实用性。

(4) 调查结果的延时性。利用教育调查手段和方法获得的结果,一般是通过书面或口头语言等形式表达出来的关于事实的报告,具有延时性的特点。

(二)调查研究的类型

调查研究含有调查与研究两个有机联系的过程,调查(Survey)是用科学的手段和方法搜集有关研究对象的客观事实材料;研究(Study)是对所搜集得来的事实材料进行整理和理论分析。调查是研究的前提和条件,研究是调查的深入发展的必然结果,调查研究要综合运用各种方法进行分析研究,从而使认识从经验层次深入到理论层次,进一步把握所研究的教育现象或问题现状、发展特点以及存在的问题。

根据不同分类方法可将教育调查研究分为以下几类:

1. 按调查对象的选择范围进行分类

普遍调查:对研究对象的整体进行逐一调查。适用于整体数量较小的调查(如调查一个学校家长的满意度)。

抽样调查:对研究整体中的一部分进行调查,并据以对全部调查研究对象做出估计和推断。适用于整体数量较大的样本(如调查一个市的学生家长满意度)。

个案调查:对个别的研究对象进行调查研究。这样的研究比较深入,但结果只适用于此被访者,未必具有代表性,未必可以普及。

真题链接

1. 在教育调研中,为获取相关资料而对一所学校或一个学生进行专门调查,属于(　　)。

A. 全面调查　　B. 重点调查　　C. 抽样调查　　D. 个案调查

【答案】　D。

2. 按照调查的内容进行分类

学科性典型调查:一般属于专题性研究,即通过对具有代表性的个别事物或个别总体的调查研究,得出某专题研究的一般结论(如少年儿童心理健康状况的调查、关于大学生学习动机的调查,等等)。这种类型的调查具有探索性,重在研究某教育现象或过程内部多种因素的相互关系以及发展的基本特点。

反馈性的普遍研究:一般是由教育行政部门进行的调查研究,它是针对制定政策和检查政策执行过程中的问题而进行的。主要是为了了解现状、解决当前存在的问题及提出相应的政策建议而进行的(如关于中小学生课业负担过重问题的调查、学校德育效果的调查,等等)。这类调查往往占有材料全面,得出的结论可靠性较高。

预测性的抽样调查:主要是针对某一个时期的教育发展趋势和动向进行预测性的研究(如对今后十年内适应社会主义经济体制改革的要求、我国办学体制的发展前景进行分析,等等)。

3. 按照调查采用的方式方法进行分类

问卷调查、访谈调查和调查表法:主要通过被调查者自我报告方式搜集资料。

观察法和个案研究法:由研究者经过自己的感官等方式搜集资料。

调查的测验方法:通过一定的测试题来搜集有关资料。

总结经验法:通过对实践活动中的经验总结来搜集资料。

(三)调查研究的主要作用

调查研究的主要作用有:

(1)通过观察和分析教育中的各种现象,暴露其中的矛盾,揭露现实中存在的问题,通过对问题的不断分析和解决来提出建议从而促进教育的发展。

(2)帮助教育工作者和研究者对现实的教育问题进行更为透彻的研究和分析,发现和推广先进的教育思想及经验,以更好地改进工作,提高现实教育的质量。

(3)为实现不同层次、要求的教育管理和教育预测服务。通过搜集教育现象的事实材料,为各级教育行政部门制定政策、法令法规和制定教育发展的计划提供依据。

(四)调查研究的实施步骤

调查研究方法包括问卷、访谈、填写调查表等不同的具体方法,程序上虽各有所侧重,但在实施中一般分为以下几个步骤:

1. 确定调查课题

调查课题可大可小，但无论大小都必须遵循目的性原则、价值性原则、量力性原则。

2. 选择调查对象

调查对象应视调查课题和调查目的加以选取。有的调查课题，调查对象是固定的，不需要选择；有的调查课题有很多调查对象，无法逐一进行，需要用抽样的方法去选取调查对象。

3. 确定调查方法和手段

在确定方法的过程中，首先确定要研究的问题是理论问题还是事实问题，从而确定大的研究方法的方向。一个课题往往要综合运用多种研究方法，研究者可以根据需要在相应部分采用相应的方法。

4. 制订调查计划

调查计划即调查工作的程序安排，通常包括：课题和目的；对象和范围；地点和时间；方式方法；步骤及日程安排；组织领导及人员分工；报告完成日期。

调查计划要详细、周密、切合实际。当计划与实际有矛盾时，要善于根据调查课题的要求修改计划。

5. 实施调查

在正式调查开始之前应做好相应的准备工作。例如：做好各种技术、事务和组织准备；在小范围内进行测试，确定调查的可行性，得到被调查对象的一般认识，对调查提纲或问卷进行修改。在进行大规模的调查时，运用事先确定的研究方法了解研究对象的情况，占有资料。

6. 调查资料的整理分析和撰写报告

在占有大量调查资料的基础上根据需要对资料进行整理，发现内在问题，结合相应的理论进行分析，对所研究的问题做出解释，提出相应的意见和建议。

二、常用的调查研究方法

(一) 问卷调查

1. 问卷调查的含义和优缺点

问卷调查是指研究者使用统一、严格设计的问卷来收集教育资料、数据的一种研究方法。问卷是调查研究中搜集资料的重要工具，是进行调查的基本前提，问卷设计的好坏将直接影响调查的结果。

问卷调查作为现在广泛使用的一种调查方法，具有很多优点。主要有：问卷调查节省人力、时间和经费；问卷调查的过程标准化，内容客观统一，可以保证调查的信度且处理方便，提高调查的科学性；问卷调查的匿名性，使调查结论比较客观；问卷调查的范围广、效率高，调查结果具有一定代表性。

但问卷调查也有自身的一些缺点。主要有：灵活性不强，问卷的问题和回答方式比较固定，弹性差；如果问卷中的问题不明确或题量过大，或被调查者不合作都会影响结论的代表性;应用范围较广,搜集的资料往往是表面的,还不能深入了解深层次的内心世界真实情况。

2. 问卷的结构

一份完整的问卷包括介绍语、指导语、问题和结束语。

介绍语对于问卷调查至关重要,因为它的主要目的是向调查对象说明所进行的研究是科学的、合法的,使得调查对象愿意合作。介绍语一般包括以下内容:说明调查者的身份;说明本次调查的重要意义;说明调查对象客观回答问题的重要性;向被调查者保证回答无所谓对错,他们的身份、姓名是会保密的,资料的处理是秘密的。

链接

您好:

我是×××暑期社会实践团队的采访员,我们正在进行一项关于×××的暑期实践调查,旨在了解×××的基本情况,以分析××发展的趋势和前景。您的回答无所谓对错,只要能真正反映您的想法就达到我们这次调查目的。希望您能够积极参与,我们将对您的回答完全保密。调查会耽误您10分钟左右的时间,请您谅解。

谢谢您的支持和配合!

3. 问卷的设计

(1) 问卷设计的基本要求

在设计问题的过程中,最基本的要求就是问卷的贴切性。这里的"贴切性"的含义主要包括研究目标的贴切性、问题对于研究目标的贴切性和问题与具体的研究对象的贴切性。在设计问卷之前,研究者要保证操作性的定义与理论概念、样本与其母体相一致。在问卷设计的过程中,问题的设计关系到问卷的科学水平,是问卷编制中关键的一环。因此,在设计问卷的题目时必须考虑以下几点:

问题的范围:确定是用于小范围的典型调查还是大范围的统计调查;是了解人们思想态度方面的意向性问题,还是主要了解过程方面的事实材料。

问题的内容:所列项目对研究目的是否具有较好的覆盖面,答案要能较全面反应所要研究问题的主要方面,且不交叉、重叠。

问题的数量:应适度。所谓应适度是指通过控制时间以保持被调查者对应答问卷的兴趣和认真态度。一份问卷作答时间一般以30~40分钟为宜。

问题的文字表达:准确、简明、扼要,通俗易懂,容易回答。

问题的排列顺序:分类清楚,层次分明,合乎逻辑。

问题中隐含的心理因素:问题不应具有暗示倾向性,避免诱导性用语或带有主观意向和情绪色彩的用语在问卷中出现,避免与社会规范有关或有情绪压力的问题。问题不要涉及个人隐私程度较深而填答者不愿直接回答的一些问题。

（2）问卷类型及问题形式

第一是结构型问卷。结构型问卷也称为封闭式问卷（Closed Form Questionnaire），是把问题的答案实现加以限制，只允许在问卷所限制的范围内进行挑选。

链接

你认为大学生早起做操合理吗？

A. 非常合理　　　　B. 比较合理　　　　C. 合理

D. 比较不合理　　　　E. 非常不合理

结构型问卷包括以下问题形式：

是否式：把问题可能答案列出两极端情况，从中择一，"是"与"否"，"同意"与"不同意"。

链接

示例：关于中小学生用眼现状调查问卷

知道自己的眼睛近视后，你是否会到地摊上买副眼镜？

A. 是　　　　　　　　B. 否

你是否偏爱甜食？

A. 是　　　　　　　　B. 否

在家时，你是否躺在床上看书？

A. 是　　　　　　　　B. 否

学校是否对你进行科学用眼教育？

A. 是　　　　　　　　B. 否

选择式：从多种答案中挑选最适宜的一个或几个答案，然后做上记号。

链接

例1：关于学生学习情况的调查表

课前预习（　　　）

A. 长期坚持　　　　　　B. 有预习习惯但不坚持

C. 很少预习　　　　　　D. 从不预习

课堂听课时（　　　）

A. 认真观察积极思考

B. 认真听老师讲，但基本没有自己的想法

C. 听课不认真经常开小差

当你做作业的时候,遇到不会做的题目,你常常会(　　)

A. 复习课堂笔记　　　　　　B. 马上和同学商量

C. 问老师或看标准答案　　　D. 放弃

对老师布置的作业(　　)

A. 独立按时完成

B. 能按时完成但有抄作业的行为

C. 有时不完成作业

D. 经常不完成作业

例2:你心目中的好老师是(　　)(可多选)

A. 知识渊博　　　　　　　　B. 教学功底扎实

C. 机智幽默　　　　　　　　D. 语言通俗

E. 耐心细致、和蔼可亲

评判式:每个问题后列有许多答案,要求被试依其重要性评定等次,所以评判式也叫排列式、编序式,是用数字表示几种答案应配列顺序。

链接

请将以下所列的电视频道,依你喜欢的程度,由1～8排序

凤凰卫视(　　)　江苏卫视(　　)　湖南卫视(　　)　安徽卫视(　　)

上海东方卫视(　　)　CCTV8(　　)　CCTV5(　　)　CCTV3(　　)

划记式:按同意或不同意,在答案上分别做记号"√"或"×",这是一种核对表形式。

链接

关于初中生在校学习情况调查问卷

请在符合你的情况前打"√",不符合的打"×"

(　)我喜欢上学。

(　)我喜欢课本。

(　)我经常在上课时提问。

(　)当我回答有错时,老师仍然鼓励我。

(　)老师经常帮助我解决学习中的困难。

(　)我知道我在班上的排名。

(　)上课时我常有动手操作的机会。

(　)上课时我经常和同学一起讨论。

第二是非结构型问卷。非结构型问卷也称开放式问卷（Open Form Questionnaire），问卷由自由作答的问题组成，是非固定应答题。这类问卷不事先给定可供选择的答案，而由调查对象自己作答。就题型来看，可以是填空式，也可以是问答式的。

🖥 **链接**

课堂上出错，你希望老师怎么做？（　）
你英语学不好或学不会的原因是什么？（　）

非结构型问卷的优点：不限制调查对象的思维，充分表达自己的想法和意见；收集到的材料丰富具体，往往能得到许多意想不到的很有价值的资料。在研究初期，对研究的问题或对象有关情况还不十分了解的情况下，可采用此类问卷来帮助研究人员设计结构型问卷，因此在一定意义上，非结构型问卷是结构型问卷的基础。

非结构型问卷的缺点：填写此类问卷要花费调查对象大量的时间和精力，因此此类问卷回收率比较低；此类问卷的填写需要调查对象有较好的文字技巧和表达能力，因此适用对象范围比较小，不具有一定代表性；由于答案不集中，材料分散，难以对答案进行横向比较，不易于统计处理；数据的分类处理是由研究者进行的，会受到研究者主观因素的影响。

第三是综合型问卷。综合型问卷（Comprehensive Form），形式一般以封闭型为主，根据需要加上若干开放性问题。也就是说将研究者比较清楚的，有把握的问题作为封闭型问题提出，而对那些尚不明了的问题作为开放性问题放入，但数量不能过多。

（3）问卷的编制程序

问卷的设计过程是研究者根据调查研究的目的和需要，编写问题和形成问卷的过程。编制程序包括以下步骤：

① 明确研究目的，根据研究目的和假设范围收集所需资料，并确定调查对象；

② 列出问卷调查所需研究问题的纲要，确定所要收集的信息和问卷类型；

③ 围绕主题草拟问题，列出标题和各部分具体项目；

④ 征求有关人员、专家的意见，修订项目；

⑤ 试测，即从总体样本中抽取 30～50 人为试测样本，以检查问卷表达的方式、项目、内容能否被受试者所理解，并求出信度、效度；

⑥ 再修订，即根据试测结果对项目内容、排列方式加以改进，然后打印。至此，问卷的编制工作便完成，可以按计划发放问卷，进行正式的调查。

4. 问卷的发放、回收与偏斜估计

（1）确定发放的形式

问卷发放有不同形式，且各有利弊。

邮寄。省时省力；调查对象在回答时比较自由，对于比较敏感的问题可以安心作答；利于消除调查者的偏见。但过程不够灵活，过于机械；调查对象有较大的随意性，问题回答的质量不高，大大降低问卷的回收效率。

有组织的分配。发放迅速，回收率高，便于汇集和整理。

当面填答。回收率高，不明白的问题可以随时提问，但取样范围有限。

无论哪种形式,在卷首都应说明调查的目的、意义以及对回答者的具体要求。邮寄问卷时应附回件邮资,收到填好的问卷后要写上一封感谢函。

(2) 计算问卷回收率

对回收的问卷,在剔除废卷的同时要统计有效问卷的回收率。一般来说,回收率仅在30%左右,只能用作参考资料;50%以上,可以采纳建议;当回收率达到70%~75%以上时,方可作为研究结论的依据。因此,回收率应不少于70%。如果有效问卷的回收率不足70%,要再发一封信以及一批问卷。另外,为保证结论的可靠性,如果有可能,可以做小范围的跟踪调查,了解未回答问题那部分被试的基本看法,以防止问卷结果的片面性。

在邮寄调查问卷中,有一些因素会影响到问卷的回收率:调查机构或个人的权威性;问卷本身的一些特点(问卷的印刷效果,问卷的长短,附带说明信,内容难易程度)和催问信的影响。

(3) 对问卷回答偏斜估计(Response Bias)

答案中的偏斜指被调查者未真实反映事情的客观情况,因此对收回的问卷应做出偏斜估计。如对事实的回答错误;装假倾向;默认倾向(问卷中有的问题的选择项给填答者一个预定的框架,不论提问内容如何,都只能回答为"是"或"不是");道义理论与事实相悖;无回答。

(二) 访谈调查

1. 访谈调查概述

访谈实际上是一种研究性的交谈,是指调查者通过与调查对象面对面的谈话来了解情况,收集资料的方法。

访谈的内容一般可分为三类:对事实的调查;意见的征询;了解个体的内心世界和心理动机。

访谈法适用范围比较广,因为访谈调查收集信息资料是通过研究者与被调查者对象面对面的直接交谈方式来实现的,具有较好的灵活性和适用性。访谈适用于教育调查、咨询、求职等,多用于个性、个别化研究。

访谈调查的类型有:正式访谈和非正式访谈;一次性访谈和重复性访谈;个别访谈和集体访谈。

访谈调查的优点:灵活性强,便于深入调查;不受书面语言文字的限制,可以获得多层次、多方面的信息、资料;收集到的材料比较真实可靠;可以克服邮寄问卷回收率低的问题;团体访谈不仅可以节约时间,而且与会者可放松心情,相互启发。

访谈调查的缺点:样本小,需要较多的人力物力和时间,不适用于大规模调查;由于结果多是文字性的,比较难以统计;被试有可能受主试的种种影响(如角色特点、表情态度,等等)。访谈法一般在调查对象较少的情况下采用,常与问卷法等结合使用。

2. 访谈调查的技巧

(1) 尽量接近访谈对象

接近访谈对象,使访谈对象去除戒备心理。一般情况下,访谈员在接触访谈对象时,首先应该做自我介绍,说明自己身份,必要时可以出示自己的身份证。然后,要向调查对象就这次调查作简要的介绍,说明其必要性和重要性。

(2)巧妙地处理拒绝

这是在访谈过程中经常出现的问题,关键是访谈员要调整好自己的心态。当被拒绝时,首先要分析原因,然后再对症下药。研究者还要注意自己的行为举止,其中关键要以诚相待,热情,谦虚,有礼貌。

(3)恰当地追问

在对访谈对象的问题追问上也是有技巧的。在两种情况下需要深入追问:一是访谈对象的回答与访谈者的问题不符,可适当引导或重复问题,或者清楚地解释一遍,若还是回答不出,则如实记录;二是多出现在开放性问题中,如问"你喜欢看哪一类的电视节目",有的访谈对象会回答"新闻"或其他,这时就需要追问"为什么喜欢这类节目?"

(4)适当记录

记录技巧表现在两个方面:一是要准确无误地记录调查对象的言行,不要在当时就进行总结;二是访谈者的记录要包括访谈对象的言语、表情、动作,有时候甚至是某句话中的停顿,这对以后的分析是很有用的原始材料。

(三)调查表

调查表是调查研究工作中用以对调查对象进行调查登记,并列有一系列调查项目的表格。调查表和调查问卷一样,都是调查人员用书面或通信形式收集资料的一种手段。

1. 调查表的基本特点

调查表有四个基本特点:① 调查范围较广,调查对象多是某一教育群体或某一地区教育现状;② 偏重于实施资料的收集,包括某教育群体的概况、发展现状等基本数据资料;③ 由被调查群体有关承办人依据实际情况填写,具有可靠性;④ 调查表简明,便于统计。

2. 调查表的种类及基本要素

调查表可分为单一表和一览表两种。

将研究按一个标志分类的调查表称为单一表(单项表)。

链接

××市(县)高中教师学历状况调查表

填表单位: 填表人: 填表时间: 年 月 日

教师总数	研究生及以上		大学本科		大学专科		高中及以下	
	人数	百分比	人数	百分比	人数	百分比	人数	百分比

将研究按两个以上标志分类的调查统计表为一览表(多项表)。

链接

年底　　　　　　市(县)高中教师队伍结构调查表									
	研究生及以上		大学本科		大学专科		高中及以上		合计	
	男	女	男	女	男	女	男	女	男	女
30 岁以上										
30—39 岁										
40—49 岁										
50—59 岁										
合计										

3. 调查表的编制

编制一套较为科学适用的调查表,不仅要掌握编制表格的基本技术要求,更重要的是要抓住以下两个关键环节,以确保表格的质量。

根据研究课题拟定研究的具体问题,从而界定表格涉及的内容范围。就是从研究的课题出发,先提出一个研究涉及哪些方面问题的基本思路。

要对每一基本方面项目的具体内容有准确的把握,客观地反映事物的全貌及蕴含的特性,并便于分析和对比。

4. 编制表格的基本要求

表的标题应简明醒目。

表的大小必须能容纳所有有关研究主题的调查项目,便于携带保管。

表中的调查项目应作有系统的排列,要简明清晰,每一项都须留有足够填写该项答案的空白。

为防止答案有误,宜有相互参证的项目。如调查某一地区学龄儿童入学率,既有全地区适龄儿童数,又有入学儿童数,以便以后参证。

表尾应注明调查单位,调查员或填表人姓名和填表日期。

调查表应附有"填表说明",说明调查的目的和重要意义,以解除被调查者的怀疑,争取被调查者的协作和配合。要说明填表要求以及有关指标的计算方法及填表时应注意事项等。

表内数字的上下位置要对齐,如有相同数字仍须全部写出,不得填"同上"字样。暂时未获得的数字,栏内用删节号(……)表示;如果数字根本不可能获得,则用短线(——)表明;如果数字由推算得出来的,应在表下注明。

第四节 实验研究

一、实验研究概述

(一) 实验研究的含义

所谓实验研究,就是研究者根据研究目的,合理地控制或创设一定条件,人为地变革研究对象,从而验证假设、探讨教育现象因果关系的一种教育科学研究方法。

(二) 实验研究的特点

教育实验具有科学实验的一些基本特点,主要表现在以下几个方面:

1. 控制性

教育实验是在人为的创设或控制某些条件的情况下进行的,对变量的控制是实验研究的重要特点。研究者通过对无关变量的控制,以确定所研究变量之间的因果关系。

2. 揭示变量之间因果关系

在实验研究中,由于研究者可以有效地控制影响实验结果的无关变量,因此,研究者可以确定实验中所操纵的自变量的变化对因变量产生的影响,揭示出自变量与因变量之间的因果关系。

3. 主动性

实验研究不是被动地等待所研究现象的自然出现,而是通过研究者主动操纵某些条件,以引起某种特定现象的发现或变化而对其进行研究。

4. 可重复性

只要具备同样的实验先决条件,采用同样的实验措施,实验就可以重复进行,结果可以验证。

二、实验的类型

(一) 实验室实验与自然实验

从研究条件的控制上划分,教育实验可分为实验室试验和自然实验两种。

实验室实验是指研究者根据研究的需要于经过专门设计的、人工高度控制的环境中进行的实验。这类实验的优点是能把实验中的各种变量严格分离出来,并给予确切的操作与控制,提高研究结论的准确性和可靠性。

自然实验是在被试的原有环境中进行的有控制的观察。例如:在教室里不影响课堂教学的条件下,研究教师的语调对学生注意力的影响;在运动场上研究学生在体育活动中的互助行为等。

(二) 探索性实验、验证性试验和改进型实验

按实验的目的划分,可以把教育实验分为探索性实验、验证性试验和改进型实验三种类型。

探索性实验是在一定的理论和实践研究的基础上,提出新的问题,检验新的假设是否成立的实验研究。探索性实验的特点在于求新,是研究一个新的课题,验证一个新的假设。

验证性试验是对他人已经研究并得出的结论的问题,再进行重复性研究。验证性研究并不是简单重复别人的研究,而是将一项研究在不同时间、不同地域或不同研究对象中进行研究,以检验在新的条件下是否会取得同样的结果。

改进性实验是对已经取得的实验成果所做的修改和完善。实验成果往往是在一定的时间,一定的区域或一定的研究对象中取得的,当这些成果推广到别的区域或别的群体时,必须进行相应的充实和改造。

(三) 单因素实验与多因素实验

根据同一实验中自变量因素的多少,可分为单因素实验和多因素实验。

单因素实验是指同一实验中研究者只操纵一个自变量的实验,也叫单一变量实验。由于单因素实验的自变量单一、明确,操纵相对比较容易,实验难度相对较小。

多因素实验是指在同一实验中需要操纵两个或两个以上的自变量的实验,也叫组合变量实验。这类实验要操纵的实验因素较多,实验的过程比较复杂,因变量的观测内容也随之增多,因而在研究整体上难度较大。

(四) 前实验、准实验与真实验

根据控制条件的严密程度不同,可以把教育实验分为前试验、真实验和准实验三种。

前实验指最原始的一种实验类型,它是对任何无关变量都不进行控制的实验,是一种不理想的实验。

真实验指严格按照实验法的科学性要求,随机地选择和分配被试,系统地操纵自变量,全面地控制无关变量的实验。

准实验指在实验中未按随机原则来选择和分配被试,只把已有的研究对象作为被试,且只对无关变量作尽可能控制的实验。

三、实验变量及其特点

教育实验研究中的变量分为自变量、因变量和无关变量三类。三类变量在实验过程中具有一些明显的特征。

(一) 自变量及其特点

自变量是由研究者选择并操纵的用以变革教育有关方面的变量,是施于被试的某种变化的因素。它是假定的原因变量,有人又称之为实验处理或输入变量。自变量可以是

不同的教材、不同的教学方法、不同的教学组织形式等。

自变量具有如下一些特点：

（1）新颖性。实验中操纵的自变量一般是用来取代教育过程中现存的落后的因素，变量具备新颖性才具有研究的意义。例如，杜威的芝加哥实验学校是用"新教育"代替"传统教育"，赞可夫的教学与发展实验中"新教学体系"代替旧的"教学体系"，"自学辅导法"代替传统的教学方法等，都是试图用新的变量代替传统的变量。

（2）有效性。通过经验和理论的分析、预测，研究者应该确信自变量能够对教育教学产生良好的影响。这是由教育实验的特殊性所决定的。如果自变量效果不佳甚至有消极作用，会给学生的发展造成不可挽回的负面影响。自变量在投入教育实验之前，要进行多方面的论证，这也是由教育实验要受到道德标准约束这一特征所决定的。

（3）可操作性。自变量只有可操作，才能把它引进教育实验，加以变革和研究。如果过于抽象或笼统，则难以获得满意的实验结果。研究者在设计时要有明确的表述，使其具有可操作性。

（二）因变量及其特点

因变量是由于自变量的变化，希望引起被试有关方面相应变化的变量，也叫结果变量，如学生的学习成绩、行为习惯、智力发展等。因变量是研究中需要观测的指标。

因变量具有如下一些特点：

（1）可变性。所选择的因变量要由一定的自变量的作用而发生变化，显示出自变量影响的效果。学生的成绩、学生的智力水平等都可以作为因变量。在教育过程中，某些因素是恒定的，不能成为因变量。

（2）外依性。因变量不仅是可变的，而且这种变化要外依于其他因素的作用，不是完全靠自身的自然生长完成的。具有外依性，才能使自变量的影响作用显现出来，从而使实验成为必要和可能。

（3）可测评性。实验效果主要是通过因变量的变化反映出来，所选择的实验因变量只有具备可测评性才能根据其变化判断实验效果如何。测评包括两个方面：一是定量描述，通过测验等方法来测量；二是定性描述，通过观察、分析等方法来评判。就测评来说，目前已发展出许多标准化的工具、个性测验工具、创造力测验工具、技能测验工具等。另外还有许多可用的技术，如投射可用于测评个性因变量，情境反应技术可用于测评品德因变量等。越容易测评的变量，对实验评价来说就越方便。

（三）无关变量及其特点

无关变量也称控制变量，是可能对实验结果产生影响的自变量以外的因素。由于它对研究结果可能产生影响，又被称为干扰变量，需要在研究过程中加以控制。

无关变量具有如下一些特征：

（1）潜在性。从实验研究的角度来说，自变量、因变量及其关系是明显的，是研究直接操作的对象。而无关变量隐藏在研究过程之中，对因变量能够产生影响，在实验研究中扮演"第三者"的角色，因而它们不能在实验及其报告中被无意忽略，需要认真研究并加以控制。

（2）二重性。教育实验中的干扰变量在一方面可能是有害的，在另一方面可能又是有利的，从而显示出两面性，使实验归因复杂化。例如，在教材改革实验中，学生对新教材的新鲜感作为干扰变量具有二重性，这种新鲜感的作用对于取得较好的教学效果来说是有利的，对于实验归因来说则是不利的因素。实验效果究竟是教材本身产生的呢？还是学生对新教材的新鲜感暂时促进了学习行为而造成的？如果是后者，随着时间的延长，学生的新鲜感减弱，教学效果就会降低。

（3）多样性。由于教育实验是在实际的情境中进行的，发生"干扰"的变量是很多的，远远超出自然科学中的实验，且难以预先做出具体准确的测定，更不能采取相应的防范措施。因而针对这一特点，教育实验中对无关变量的控制更多地采取及时灵活的艺术性方法。

四、教育实验的变量控制

（一）教育实验变量控制的内涵

教育实验变量控制即无关变量的控制，是指控制那些在教育实验中应保持恒定的变量。教育实验中，为了探索因果关系，证实确实是自变量 X 导致了因变量 Y 的变化，就必须排除外来的无关变量的干扰，保证各方面变量平等，才能保证实验结果是可靠的。

（二）教育实验变量控制的主要方法

教育实验中无关变量很多，要对其进行有效的控制，实验者必须有针对性地选择合理的方法。教育实验中控制无关变量的主要方法有：

（1）随机选择和分配被试。消除被试个体之间的差异，应采用随机方法来选择和分配被试。

（2）设置控制组。在实验中设置一个或多个控制组，对两个组同时进行因变量的观测（包括前测和后测），能较好地排除恒定成熟对实验中因变量的作用。

（3）采用"双盲法"。所谓双盲法，即研究者在实验中既不让实验的主试也不让被试了解实验的真实目的和意图，这可在一定程度上控制主试的态度、被试间自变量的扩散等方面的无关变量。

（4）使无关变量保持恒定。对这些难以完全消除的无关变量，研究者可以设法将其恒定，即在实验的各个组别、各个阶段使其保持不变。

（5）提高实验设计的科学性。在设计中根据对无关变量控制的需要，设计操作自变量的具体方法，设计实验程序，进行时间分配，这能较好地进行无关变量的控制。

（6）控制资料统计过程。研究者按照实验目的选择合适的统计方法，并规范程序统计和结果处理，能减少统计误差，提高研究结论的准确性。

五、教育实验的基本程序

为了能够在教育实验中顺利地进行教育实验研究，我们必须在头脑中建立一个教育实验的过程模式,这就需要了解教育实验的程序。一般认为,教育实验研究包括准备、实施和总结三个阶段。

(一) 准备阶段

教育实验成功与否,很大程度上取决于实验前的准备工作。准备工作包括以下内容:

1. 选择和确定实验课题

实验课题的选择与确定与一般研究课题的确定有相似之处,课题主要来源于教育改革实践和已有的结论。但是,并非所有被发现的、有研究价值的问题都值得进行实验研究,也有可能因为种种主观的或客观的原因而难以马上得以研究。因此,在从教育实践和相关的理论认识中发现问题以后,研究者还需要从中选择问题。一般来说,选择问题时要考虑其研究价值和可行性。

2. 提出实验假设

当课题确定后,就要对选定的课题提出假设。假设是对研究中因果关系的表述。科学假设必须符合下列条件:第一,必须以一定的事实材料和科学理论为依据;第二,必须解释和说明已知的有关现象和事实;第三,本身不能有任何自相矛盾或无法自圆其说的地方;第四,必须能够预言新的现象或事件,这些预言能用实证的方法进行检验。

3. 选择实验模式和实验对象

在提出实验假设并界定变量之后,研究者还需要根据实际,尤其是研究人员的理论准备、工作经验、研究工具和物质条件等因素,选择合适的实验模式。每一种实验模式各有优缺点,所以研究者不必等所有的条件完备才开始按照某些较为理想的实验模式开展研究,而完全可以根据实际情况做出不同的选择。

开展教育实验,必须科学地选定实验对象。教育实验学中,通常把研究对象的全体叫作总体,总体中的每一个对象叫作个体。从总体中取出一部分个体,这些个体叫作样本。从总体中选取一部分个体作为样本的过程叫作抽样。抽样的原则是,根据研究课题的目的与需求,选择典型的富有代表性的个体组成样本。一般地说,实验对象的代表性越强,数量越大,实验的价值就越高,其研究成果的推广范围也就越广。

4. 制定实验方案

这一步骤是研究者对如何实施研究工作做出比较详细的规划。实验方案包括:明确实验目的和指标,确定实验变量,分析和选择实验对象及确定处理方法,制定试验程序和控制措施。此外,还要考虑实验的组织领导、实验时间的安排、经费设备来源、实验的技术准备等问题。

(二) 实施阶段

实验的实施阶段,就是操作自变量、控制无关变量和观测因变量变化的过程。这一阶段的主要任务是创设验证假设的条件,观察假设的现象是否发生,收集验证假设所需要的资料等。

实验实施中应注意四个问题:第一,教育实验要体现正面教育性;第二,被试必须保持正常状态;第三,必须认真考虑所采用的手段和技术会不会产生不科学的结论;第四,进行试探性的实验。

(三) 总结阶段

在总结阶段要做的工作有:① 整理实验材料;② 统计分析结果;③ 撰写实验报告。撰写实验报告要注意:第一,要以陈述事实为主;第二,要进行定性和定量的分析;第三,应遵循撰写实验报告的常规;第四,要持以严肃认真的态度。

六、教育实验的设计

根据实验中的变量以及无关因素控制水平,可以把教育实验设计分为两大类:一类是单因素设计(仅含有一个自变量),具体包括前实验设计、准(类似)实验设计和真实实验设计;另一类是多因素设计(包含两个或多个自变量)。

(一) 前实验设计

前实验设计对无关变量不能控制,但可以操纵变化自变量。它有以下三种表现形式:

1. 单组后测设计

特征:只有一组被试且不是随机选择,无控制对照组;实验中只给予一次实验处理;有一个后测,将后测的结果作为实验处理的效应。

局限:这种实验设计,由于不能控制无关变量的影响,因此内外在效度都不高。

2. 单组前后测设计

特征:只有一个被试组且不是随机选择,无控制对照组;仅一次实验处理;有前测和后测,用前后测的差大于零来作为实验处理效应。

优点:第一,因为有前测,可以在处理前提供有关选择被试的某些信息;第二,通过前后测,可以提供每一被试在实验处理前后两次观测条件下行为变化的直接数据,能明显地验明实验处理的效果;第三,被试兼作控制组,因而便于估计被试个体态度对实验结果的影响。

局限:第一,由于没有控制组做比较,不能控制历史、成熟及统计回归;第二,前测可能影响后测(处理效果),产生实验误差。一般有两种情况:一是前后测相距时间如果很短,被试可能由于前测产生的练习效应,对后测内容敏感或产生疲劳效应从而影响实验的结果;二是如果前后测相距时间过长,那么会出现保持与遗忘的个别差异的问题,致使不易分辨出确实是由自变量引起的反应变量,还是受无关变量干扰的结果。

3. 固定组比较设计

特征:使用了不接受实验处理的控制组,以便于与接受实验处理的实验组对应比较。实验组与控制组是在实验处理前已组织起来的原组,如原有的教学班或某个团体,不是随机选择,也未加任何控制选择偏向。两个组都有后测。

优点:第一,由于使用了控制对照组,所以在有关内部效度方面,如被试的成熟,会受到一定的控制;第二,如果有其他与处理同时发生的变量影响了后测的成绩(因变量),则对两个组的后测的影响很可能是一样的,说明可以控制历史因素;第三,统计分析上,要比上两种(单组后测和单组前后测设计)的统计分析把握性大一些,在教育研究中,常常采用整组比较设计。

局限:由于被试不是随机分组,又没有一个前测数据,因此判断被试组是否相等是困难的。也就是说,被试的差异没有控制,在研究结论中一定要加以说明。

(二)准实验设计

准实验设计是指运用原始群体,而不是随机的安排被试进行实验处理的实验方式。它用于在真实的教育情境中不能用真正的实验设计来控制无关变量,不能采用随机化方法分派被试的情况。

准实验设计的特点是:不能按照随机抽样原则抽取被试和随机分配被试于各种实验处理,一般是以原自然教学班为实验单位,因此具有一定的外部效度。准实验设计强调对自变量进行操作控制,但对无关变量控制较差,只能对一部分无关变量进行控制。

1. 不等控制组设计

特征:第一,不等控制组设计有实验组和控制组,一般在原有环境下按照自然教学班、年级或学校进行,不随机抽样分组,故两组不等,但实验处理可随机指派;第二,两组都有前后测。

优点:由于有控制组,有前后测比较,因此可以控制成熟、历史、测验、工具、统计回归等因素影响,在一定程度上控制被试的选择偏差,从而提高了研究的内部效度。

局限:第一,不是随机取样分组,选择与成熟交互作用可能会降低实验的内在效度;第二,前后测易发生交互作用,对实验结果产生干扰。因此,实验结果不能直接推论到无前测的情境中,对实验结果的解释要慎重。要尽可能从同类总体中抽取样本,以避免被试差异所带来的实验误差。

2. 时间序列设计

特征:时间序列设计指对一个非随机取样的被试组做周期性的一系列测量,在时间序列中施以实验处理,然后观测呈现实验变量后的一系列测量分数是否发生非连续性现象,从而推断实验处理是否产生效果。

时间序列设计有两种形式:单组相等时间样本(时间顺序)设计;多组时间样本设计(多重时间系列设计)。

优点:外在效度较好,推论范围广。

局限:实验安排上的反应效果不容易得到很好的控制,系列的前后测均有可能引起被试的疲劳、敏感与练习效应。

3. 平衡设计

含义:也称实验条件平衡设计,固定组循环设计,或拉丁方格设计,指采用拉丁方格来安排实验条件。这是一种使被试变量和顺序变量可能发生的误差大约平衡,最终互相抵消的实验设计。

特征:所有组接受各种处理,但是是一个不同的顺序。各组的处理的数目是相等、平衡的,用其平均成绩加以比较。

优点:这种设计,每一组既是实验组,又是对照组,通过平衡配置,许多影响实验的无关因素互相抵消了,从而提高了实验的敏感性。

局限:此设计本身往往带来不少影响研究效度的因素和统计检验分析方面的问题。当同一个组接受一个以上处理时,有可能产生多重处理干扰,因为不可能对同一组学生用几种不同方式教同一概念。

(三) 真实实验设计

这种设计使实验中的自变量、因变量、无关变量得到比较严格的控制,即它能较好地控制内外部无效因素,并有效地操纵研究变量。真实实验设计,都有一个控制组,被试随机选择和随机分派到组。

1. 实验组、控制组前后测设计

这是一种最基本、最典型的实验设计。

特征:第一,被试随机分组;第二,实验组接受实验处理,控制组则不给予实验处理;第三,两组均进行前后测。

优点:第一,由于利用随机分派方法分出两个等组,因此可以控制"偶然事件""被试缺失"等因素对实验结果的干扰;第二,都进行了前后测,便于做对比。

局限:可能产生前测与实验处理的交互作用效果而影响外在效度。

2. 实验组、控制组后测设计

特征:随机化选择被试和分组,仅实验组接受实验处理,两组均只有后测,没有前测。

优点:第一,能消除前测与后测、前测与自变量的交互影响,内在效度较高。既具有前一设计的优点,同时避免了练习效应的影响,节省人力和物力;第二,由于随机取样、随机分组及设控制组,这种设计可控制历史、成熟、测验和统计回归等无关变量的影响。

局限:不能对被试的缺失加以控制。

3. 所罗门四组设计

特征:随机选择被试和分组;两组有前测,两组没有前测;一个前测组和一个无前测组接受实验处理;四个组都有后测。

优点:第一,可以将前测的反复效应分离出来,综合以上两种设计的优点,克服二者的缺点;第二,实验者等于重复做了四个实验,可以做出四种比较;第三,可运用 2×2 方差分析来处理该四组实验数据。

局限:往往很难找到四组同质的被试;被试的数目多时,数据分析比较困难。

(四) 教育实验中的因素设计

1. 含义

因素设计是指在同一实验研究中,操纵两个或多个变量(因素)的设计,也称析因设计。

2. 特点

第一,将实验中每个变量的各个水平都结合起来进行实验,设计至少需要两个自变量,每一自变量至少有两种水平。这种设计不是单因素设计的简单组合,而是更真切地表现教育实际现象和过程中各种因素之间的复杂关系,有更好的外在效度。

第二,因素设计并非对每一自变量都提供不同的设计,只需一个设计,经济方便,且可以研究变量间的交互作用。

第三,理论上,因素设计可以有任意数目的自变量,而且每一自变量可以有任意数目的水平,但随着自变量和水平的增加,分组的数目也迅速增加,交互作用就更复杂,解释起来也更困难。

链接

教育实验研究设计案例

例1:小学生运算思维品质培养的实验研究

(北京师范大学心理学院林崇德教授)

研究假设:从小学生运算思维品质入手,通过采取合适的教育措施,是可以培养学生思维的敏捷性、灵活性、深刻性和独创性的,从而提高教学质量,提高学生数学学习成绩,减轻学生的负担。

研究问题:小学生在数学运算过程中

(1)小学生的数学能力结构;

(2)培养小学生运算思维品质的教学策略。

处理1:

(1)实验教师系统学习儿童心理学知识,定期集体备课,定期按实验措施搞"培养思维品质教学观察课"。

(2)教学中的多种措施:不同性质的速算练习,提供精选例题,让学生领会11种典型的应用题解题原理,教给学生11种编题方法,提倡独创性。

处理2:按常规进行教学

样本:北京市县小学2～5年级8个班学生,每个年级2个班(1个实验班,1个控制班)每班35人,共280人。

因变量的操作意义:

(1)用速度测儿童思维的敏捷性;

(2)用一题多解、一题多变试题测儿童思维的灵活性;

(3)用概括数量关系、判断、推理、计算图形面积、体积及运用算术法则等习题测儿童思维的深刻性;

(4)用自编应用题的成绩测儿童思维的独创性。

　　采用的控制方法：(1)研究前通过智力检查及语文与算术两科考试，成绩均无显著差异，组成一一对应等组。(2)使用材料，都是全国通用教材。(3)在校上课、自习及所有作业等相同。(4)学生家长职业、成分大致相似。(5)不增加练习量及特殊的家庭辅导。

　　实验设计：不等控制组设计。[①]

第五节　行动研究

　　行动研究诞生于社会生活领域，它对于社会活动具有极为独特的价值。教育活动是一项重要的社会活动，因而行动研究受到教育研究的很大关注。教育行动研究（Action Research）是目前国际上流行的一种教师教育研究方法和教师校本培训模式。

一、行动研究概述

（一）教育行动研究兴起的背景

1. 教育研究的新取向

　　教育研究长期以来为来自大学与研究机构的学术研究社群所控制，以一种体制化的方式与教育实践分离。理论者进行基础与应用型的教育研究，并由其中衍生出诊断与解决实际问题的技术；实践者则提供问题与素材给理论者做研究，并检验其研究结果的效用。理论者作为研究者的角色不仅区别于实践者，且通常自认为或被认为比实践者更加优秀。显然，这种逻辑采用了一种"研究—开发—传播"（R—D—D）的流水线式的操作模式，实践者在流水线中只需要阅读由理论专家开出的使用说明书然后照章办事就可以了。在这样的知识生产链上，教育理论者与实践者是分离的。

　　然而，20世纪五六十年代以来，上述传统教育模式面临越来越大的挑战。一方面，专业教育理论者对自己不能清楚解释教育专业实践的核心过程而感到不安；另一方面，实践者对教育理论知识在实践运用中的可靠性也提出质疑。前者使理论者走进实践，寻求认识与把握实践情境的不确定性、不稳定性与无序性；后者使实践者产生自己参与研究并寻求解决问题的动力。而且，"R—D—D"模式也产生了许多问题，例如：对教育问题采取套装解决模式，或以研究为基础（Research-Based）的解决模式；忽视教师所拥有的专业技能及专业发展的动机与潜能；付出高成本（专家咨询与全面进修的相关费用）；重视客观与具体之现实利益等。因此，近20年来教育行动研究已成为"革"传统教育研究之"命"的一种重要选择。反对研究专家模式、由上而下改革模式，反对视教师为技术操作员、被动的参与者，强调教师应掌握教学的目标理想更甚于掌握教学过程；主张教师也能建构理论、拥

---

① 丁钢：《教育叙事练习：从生手到熟手》，载《中国教师》，2009年第5期。

有理论并掌握其教学实务的知识。具体而言,教育行动研究从实践教育价值、引导教育革新进步的角度,重新诠释研究主、客体之间以及研究情境与实践情境的相互关系,主张建立一个平等、自由、无限制、无压迫、沟通、对话的教育专业社群,促使所有教育专业工作者(包括理论者、教师、师资培训者与教育决策者)之相互理解、论辩与批判反思等。所以,作为教育研究新取向的教育行动研究,在两个方面产生了不可替代的效用。一方面有助于建构更为贴合实际的教育知识,以消除传统教育理论与实际分离之弊;另一方面则合乎民主主义的原则,使教师借由建构知识的权力而获得应有的专业权威。

2. 教师专业发展的新路径

长期以来,广大中小学教师的专业发展方式是在职进修,多在师范院校或当地县市教育行政部门组织的培训中进行。这些进修一般以个体方式进行,缺乏协同合作与教师之间的互动,更缺乏与学校发展或与教育理想之间的关联。进修内容偏重于知识性、技术性、工具性的课程,或以专家所提供的教学方法与理论为主,较少对于学校前在状态、现在状态、潜在状态及其与社会发展变化等方面的思考。同时,各种进修往往急功近利,以外在的、物质性奖励为追求,结果耗时费财,却难以成为促进教师发展和学校教育变革真实有效的力量。

因此,针对传统教师发展模式的欠缺,以学校为中心的教师发展已成为国内外学者一致倡导的教师进修方式。以学校为中心的教师进修主要的概念是以"学校本位"(School-Based)代替"大学本位"(University-Based),以"学校导向"(School-Oriented)代替"科目中心"(Subject-Centered),以"学校控制"(School-Controlled)代替"专家控制"(Expert-Controlled)。这些追求与教育行动研究的精神特质是相吻合的,所以教育行动研究也可以说是一种以学校为中心、以学校为本位的教师发展模式。

3. 当代教育变革的实际需要

自20世纪八九十年代以来,世界各地掀起的大规模教育改革运动,具有一定的共性,即由先前专家、政府主导的模式转向注重激发学校及其实践者的主动参与。就我国而言,自20世纪90年代末以来,人们开始对教育实践变革进行反思。这种反思促进教育实践变革的路径逐渐发生变化,即从宏观走向微观,从外部变革走向学校内部变革,教育实践者从变革的被动执行者走向变革的主动发起者,教育实践变革路线从上至下转向从下至上。在这一过程中,学校作为教育实践变革的基本单位、校长和教师作为变革主体的认识日益清晰。实践者开始自觉思考并寻找体现教育逻辑的教育实践变革空间与实现的路径。因此,作为教育专业人士的现代教师既无法置身事外,也不能充耳不闻。如何在混淆的社会价值与模糊的教育观念中坚持教育专业实践的理想、热诚与智慧,是现代教师面临的挑战。而教育行动研究的概念与方向则可引导与协助教师适应此种挑战。

(二) 行动研究的含义

在《国际教育百科全书》中,"行动研究"被定义为:"由社会情境(教育情境)的参与者,为提高对所从事的社会或教育实践的理性认识,为加深对实践活动及其依赖背景的理解所进行的反思研究。"教育行动研究的研究对象是当前发生的教育实践;研究者本身就是实践活动的参与者;研究的目的旨在提高行动质量,增进行动效果。以上三点是行动研究在研究的范围、主体和目的方面与其他形式研究的区别所在。

行动研究关注的不是理论研究者认定的理论问题,而是教育实践者日常遇到和亟待解决的实际问题。行动研究不囿于某一种理论知识,而主动容纳和利用有利于解决实际问题,提高行动质量的经验、知识、方法、技术和理论,特别重视实践者对问题的认识、感受和经验。

行动研究把解决问题放在第一位,并不等于不关心理论发现,它只是更强调从具体和特殊到一般和普遍,更强调渗透在行动计划中的经验和理论必须接受实践的检验、修正、补充甚至证伪。行动研究通过要求实际工作者系统地反思或与他人共同研究自己的工作过程、环境和问题,要求理论工作者深入现场参与从计划到评价的实际工作,同实际工作者一起探讨所面临的问题,使实际工作过程本身变成一个研究的过程,使研究过程又变成一个理智的工作过程。行动研究为理论与实践提供了结合点。

行动研究可以是由个人单独完成(有时与"外部人员"合作),也可以是由实践者与研究者以及行政管理者共同协作完成。特别是在进行行动研究的开始阶段,在一线教师还没有完全掌握"行动研究法"时,后一种情况更为多见。同时,单个人进行的研究多数情况下是在自己的课堂中,结合自己的教学实际进行。而在进行大范围,如全年级、全校乃至某地区,甚至全国范围的教育研究时,也多是后一种情况。目前,在国外,行动研究法已广泛应用于以学校为基础的课程开发、专业发展、学校改进计划以及体制和政策发展,等等。而国内行动研究尚处于推广与完善阶段。

教师既要把行动研究作为一种研究方式,还要使它成为自己的职业生活方式。在这种生活方式中,教师体会到自己的责任和生存价值,发挥自身的主体性,改变教师等待研究者提供新成果或纯粹依赖习惯与经验的状态。

行动研究的理论意义在于:研究不能仅仅局限于追求逻辑上的真,更应该关怀道德实践的善和生活取向的美;理性必须返回生活世界才能获得源头活水,研究是为了指导人们立身处世的生活实践。

康德的实践理性可以作为行动研究的理论基础。与亚里士多德对"理论知识"和"实践知识"的划分一脉相承,康德把人的理性活动区分为"科学理性"和"实践理性"。科学理性指的是人对物质世界的理解,实践理性指的是人的行为决策过程。前者不能决定后者,因为人类对世界运作方式的了解不等于知道如何行动,人们如何行动不仅与现存的事实相关,而且应该与怎样行动有关。行动研究探究的就是行动者的实践理性和实践智能,目的是获得它们的决策方式和过程。实践智能的特点是:实践者能够轻松自如地获得和使用其实践的知识,而这种知识是过程式的、与行动密切相连的。

(三) 行动研究的特点

1. 研究主体的特殊性

在教育中进行行动研究,研究的主体是教育实践工作者即中小学教师。这在单个人进行的小范围的行动研究中体现得非常明显。即使在大范围的教育行动研究中,一线的教师也是研究的主体。他们提出研究的问题,实施研究,并参与研究结果分析与提出解决问题的方法。行动研究法要求中小学教师成为研究的主体,同时要求形成中小学教师、在校专家、教授(专职教育科研人员)和教育行政领导参加的科研队伍。中小学教师的教育科学研究应得到专家的咨询帮助,得到有关领导的支持。

2. 研究的问题是特定的问题

行动研究关注实际中存在的问题,这些问题可能与理论界的热点问题一致,具有普遍意义,但是更多的问题是特定学校、特定班级,在特定学生身上表现出的特有问题,属于个案研究,不需要大的样本。研究结果追求对特定问题的解决,只求小范围内有效,不刻意追求推广。这种研究结果与行动研究解决实际问题的导向是相一致的。一线教师面对许多实践中的问题,应该有意识地思考研究选题,把实际问题发展为研究课题,并可能把解决问题的各种方法作为自变量,然后在系统研究过程中逐一检验。所以,行动研究过程便是解决问题的过程,研究的结果也就是问题的初步解决办法。

3. 研究的场所是教育活动情境发生的地方

在西方,行动研究流行的同时又出现过生态学研究法、田野研究法(Field Research)等提法,这些方法基本上大同小异,都是要在问题出现的地方实地解决发生于学校内或教室环境中的迫切问题。在实地情境中,面对实践中的问题研究,不回避现实生活中对学生、对教师和对教育工作有影响的各种复杂因素,而且看得清楚,摸得准确,容易抓住要害,解决实际中的问题。这种研究有利于克服闭门造车、从书本到书本研究的弊端。

4. 研究过程本身具有动态性、灵活性、可操作性和不断循环的特点

行动研究是针对研究者具体问题的研究模式,一般而言,包括发现问题(确定问题)、分析问题(界定并诊断问题的初步原因)、拟定研究计划、收集资料与实施计划、检验措施的有效性、依据效果修正原始计划、整理研究成果等步骤。研究的每一步骤都应包括可操作性的活动,都在动态的实践中进行,如写日记、拍录像、课堂交谈等。

研究过程不追求严密性和可控制性。行动研究过程是与学校正常的教育教学活动过程结合在一起进行的,要求根据实际情况灵活掌握。同实验室的研究完全不同,行动研究容许复杂的实际因素存在,在各种复杂因素中寻找解决问题的途径和方法。因此,研究中允许研究者根据情况的变化修改原来的方案和假设,允许按照新的研究思路继续进行研究。

行动研究重视及时反馈(特别是正反馈)。因为实践活动中往往不能简单地、集中地呈现出计划与结果、计划与行动之间必然的、线性的关系,所以应重视监督行动的过程,及时地掌握有关信息,并对每一阶段的行动做出及时反馈。在教育情境中的改革措施,一旦有较为肯定的结果出现,便立即反馈到教育体系中去,改进教育实践。

在行动研究过程中,任何一个结论都要不断接受新的检验,任何一个结论都可能包含着下一个问题的提出,或者为下一个问题的研究提供基础与前提条件。因此,我们说行动研究过程是一个周而复始、不断循环的过程。

5. 行动研究结果的应用者是研究者本人

在行动研究中,研究人员集研究者与应用者双重角色于一身,这样就把研究与教育教学实践、管理工作实践有机地结合起来,达到了提高实践工作者自身素质、改进工作方式、

增强专业精神、理论与实践相结合等多种目的。

从行动研究的这些特点可以看出，该研究法是克服以往教育理论脱离教育实践弊端的有效方法之一。这种方法要求教育实践者成为研究的主体，在实施进程中，选择实践中的某一问题开展研究，研究成果就是问题的初步解决。这样，理论与实践就有机地结合在一起了。

二、行动研究的工作流程

虽然行动研究应该视每一具体课题的情境而定，没有统一明确的模式和步骤，但是行动研究的倡导者都积极探讨行动研究的一般操作程序。澳大利亚迪金大学 S. 凯米斯教授等采纳了行动研究创始人、美国社会心理学家库尔勒·勒温的有关思想，认为行动研究是一个螺旋式加深的发展过程，每个螺旋发展圈包括四个相互联系、相互依赖的环节，即计划、行动、考察、反思。[①]

(一) 计划

计划是行动研究的第一个环节，它包含三个方面的要点：

(1) 计划始于解决问题的需要和设想。计划需以事实发现和调查研究为前提，设想又是行动研究者(行动者和研究者)对问题的认识及他们掌握的有助于解决问题的知识、理论、方法、技术和各种条件的综合。

(2) 计划包括总体计划和每个具体行动步骤的计划方案，尤其是第一、第二步行动计划。

(3) 计划必须有充分的灵活性和开放性。计划需考虑和包容已知的制约因素、矛盾和条件，又要允许不断地修正，把未曾认识和在行动中显现出的各种情况与因素纳入计划。

行动研究者坚持用分析和评判的眼光对待每一个看似平常的问题，并尽可能地占有资料。总体计划是行动研究各个步骤得以落实的蓝图，具体计划的安排将以实际问题解决的需要为前提。当具体行动中的反馈信息与总体计划相偏离，则需要对总体计划进行修订更改。

(二) 行动

行动即实施计划，或者说按照目的和计划行动。这里的行动并非是原先行动的简单重复，而是在计划指导下，在研究人员、行动人员的共同协助下，在对原先行动加以干预控制的基础上，代之以研究所形成的行动的过程。行动的执行不是为了检验某一设想或计划，而是为了解决实际问题。

行动者在获得关于背景和行动本身的信息、经过思考并有一定程度的理解后，有目的、负责任地按计划采取实际步骤。这样的行动具有贯彻计划和逼近解决问题之目标的性质。

---

① 郑金洲：《行动研究：一种日益受到关注的研究方法》，载《上海高教研究》，1997 年第 1 期。

行动又是灵活的、能动的,包含着研究者的认识和决策。实施计划的行动重视实际情况变化,重视实施者对行动及背景的逐步加深的认识,重视其他研究者、参与者的监督观察和评价建议,行动是不断调整的。

(三)考察

教育活动受到实际环境中多种因素的影响和制约,许多因素不可能事先确定和预测,更不可能全部控制,因而考察在行动研究中的地位就十分重要。考察是反思、修正计划、确定下一步行动的前提条件。

多视角的观察有利于全面而深刻地认识行动的过程。考察既可以是行动者本人借助于各种有效手段对本人行动的记录考察,也可以是其他人的考察。

考察主要是指对行动过程、结果、背景以及行动者特点进行考察。为了使考察系统、全面、客观,应激励行动研究者使用各种有效的技术手段和方法,而不拘泥于特定的程序和技术。

(四)反思

反思是一个螺旋圈的终结,又是过渡到另一个螺旋圈的中介。此环节包括:

(1)整理和描述。即对观察和感受到的与制订和实施计划有关的各种现象加以归纳整理,描述出本循环的过程和结果,勾画出多侧面的生动的行动过程。

(2)评价解释。即对行动的过程和结果做出判断评价,对有关现象和原因做出分析解释,找出计划与结果的不一致性,从而形成是否需要修正计划的判断和构想。

对研究成果的评价,并非以解释的完美与否为标准,而是以实际问题的解决程度为依据。每一步行动结果的评价对整个研究进程都会产生影响。如果评价结果反馈出计划是可行的,则进入第二步具体行动计划。但如果评价结果反馈出计划是不可行的,则总体计划甚至基本设想都可能需要修改,整个研究进程将在修改后新计划的基础上进行。

20世纪50年代的行动研究普遍信奉实证主义,崇尚以科学的方法、手段(如统计、测量、实验等)研究问题,坚信社会生活也存在着犹如自然科学所揭示的那种普遍、客观的规律(如勒温),深深打上了定量研究方法的烙印。20世纪六七十年代后的行动研究则受定性研究方法论异军突起的影响,着力于在复杂背景中对事件性质的把握,尽管它不绝对排斥定量的方法。行动研究一般通过日常观察记录、开会讨论、录音录像、个案研究、个人报告、阶段报告等手段来收集和分析资料,它的科学性是建立在计划、行动、反馈、调整基础上的自我调整的螺旋结构,以及对这一结构评价的及时准确性和各个程序落实的具体步骤上。所以有的学者认为,行动研究具有个案性质。

近年来,凯米斯等提出行动研究的一般操作程序又有三个方面发展:

一是允许基本设想的游移变更。研究者不仅可以依据逐步深入的认识和实践情况修改总体计划,而且可以更改研究课题。例如研究者最初确定的课题是:"学生对学业评定方法不满,我们应该如何改进?"随着研究的进展研究者发现,"学生的不满只是另一个更深刻问题的症状"。这时研究者可以继续探讨改进评定方法,也可以超出原设想的局限,转而确定新的课题。

二是监督行动的全过程。行动研究不仅重视观察行动的后果,更强调监督行动的过程,监督的内容包括行动者的主观态度、努力程度的变化、行动者在遇到困难时表现的机智和采取的措施,以及行动对象和背景在行动作用下的变化和反作用。

三是反馈和开放性。行动研究往往不能简单地表现出计划与结果、第一步行动与第二部行动之间必然的线性关系,应该强调的是行动研究的一般操作程序为各个环节间的及时反馈和依据反馈调整行动的开放性。

总之,教师从事教育研究既不能停留在工作经验总结上,也不能照搬理论研究的模式。教师进行教育研究是教师自己的事情,不必为了取悦于理论界勉为其难地仿效他们的研究方法。教育研究的科学化与规范化,最根本的或许不在于形式上必须遵循某些规矩,而重在体现出教育研究的内在精神——教育研究作为一种发现问题、分析问题和解决问题的过程,其科学与规范的核心乃在于对事实的尊重。

行动研究法由于本身所具有的可变性、灵活性、开放性等特点,适宜于千变万化、纵横复杂的教育情境,这是它的优点。但是,也正是由于如此,给行动研究的评价带来一定的难度。下面通过一个国内中学进行的行动研究的案例,做进一步的说明。

链接

青浦模式——大面积提高数学教学质量的研究

这是一个由地方教育行政部门发起,由地方教育理论研究者与教师共同协作,解决地区教育中存在的普遍问题的一个实例。此实验起始于 1977 年。青浦县在"文革"后面临的最严重的教育问题是教学质量极差,因此其改革的思路是以数学教学方法的改革为突破口,探讨如何使后进学生有效地学习,大面积提高教学质量,并且注重总结和推广新的教学原理与新的教学结构模式,实现学校教育整体改革。1980 年前后,他们开始有意识地采用国外流行的行动研究法,并把这一方法融入新的机制之中,改造成实践筛选的研究法,这是他们改革走向成功的关键步骤。

此研究的领导及发起者是青浦县教育局,理论研究人员是以顾泠沅为首的科研小组,青浦县的广大教师则作为教改的主体和实际执行者参加研究。

他们采取的实践筛选方法具体包括以下程序:

1. 总结各种教学经验,了解本门学科教学以及与它有关的一些学科,如心理学、逻辑学和哲学认识论等的研究成果,然后运用这些经验和成果,结合施教对象的现状和要求提出计划;

2. 按预定计划在授课中实施这些经验(理论成果将体现在某些经验中);

3. 组织有经验的教师亲临教学现场(一般不是实验环境下的现场),对施教情况进行系统的考察和评价;

4. 根据考评结果对原有经验进行调节——淘汰、发展或优化组合;

5. 再计划、再实施、再考评,多次反复,直至筛选出有效的经验系统。

上述研究程序构成一个螺旋上升的回路,可用图示模式来表达。

对其程序进行分析,不难看出,这与行动研究法研究过程的三阶段基本吻合。具体分析情况如下:

第一步的制订计划相当于行动研究法中的概括问题阶段。青浦县在"文革"后教学质量下降到历史的最低点,因而提高教学质量成为此研究明确的目标。然而,教学质量又由不同学科的具体教学质量构成,根据当时的情况,研究选择数学一科作为突破,着力解决数学教学质量的提高问题。以顾泠沅为代表的研究者认识到任何一科的教学质量都是多种教学因素综合作用的结果,是一种因变量。例如,对能否有效借鉴和继承前人总结的各种教育、教学经验,对有关教育学、心理学、认识论以及教学法原理能否正确理解,并把这些知识正确地运用于现阶段的教学实践,是否对自己的教学对象有正确、清晰的把握,等等,这些给教学结果带来影响的因素是研究的自变量。这时他们通过大量的文献调查,加上专家型学者们的综合评定,从现实教学中选出优秀的教学措施,提炼为较稳定的教学模式,作为自己研究的自变量。他们经过多次筛选,提出的模式为:

(1)把问题作为教学的出发点;

(2)指导学生开展尝试活动;

(3)组织变式训练,提高训练效率;

(4)归纳结论,纳入知识系统;

(5)根据教学目标分类细目,及时回授调节。

这样,明确了所要研究的问题,确定了自变量和因变量,可以进一步制定出研究计划。

第二步、第三步相当于行动研究法的实施研究阶段。在教师明确自变量、因变量,进入研究的实施阶段后,主要的任务便是培训教师,以保证自变量的控制。培训教师可以采取多种形式,可以通过实例之中的研讨会形式,或者通过教师的现场观摩,听公开课、听说课的形式进行。当然也可以采取二者相结合的形式,组织教师做现场观摩,从而提高教师的素质,达到提高教学质量的目的。当然,在此过程中,教师要根据自己的具体情况,一方面学习别人的有益经验,积极改进教学,用有关理论指导实践;另一方面,教师还应形成自己独特的经验,接受有经验的教师或教育理论工作者的指导,不断创新发展,提高教学质量。

第四步相当于行动研究法的解释结果阶段。这时的任务是:用实验研究阶段的考评结果来调节最初的研究计划,去粗取精,优胜劣汰,为进一步的研究活动做好准备。

第五步实质是又一轮新的研究启动。这也是行动研究法的本质特征的体现,即行动研究应是一个周而复始的不断循环的过程。

通过上述分析,我们可以发现:青浦县的实践筛选方法不仅在程序步骤方面与行动研究法一致,而且他们的科研人员队伍构成也是以第一线教师为主体,是符合行动研究法的基本要求的。一线教师开展教育科学研究有利于教师自我素质的提高,增强职业意识,有利于理论联系实际,提高教学教育质量。

三、行动研究的实施原则和注意事项

(一)行动研究的实施原则

1. 行动原则

实施行动研究法,必须要在行动中进行。传统的教育研究常以专业研究者代替教师

对教育实践进行研究,教师处于对教育理论被动接受的地位。而行动研究提倡教师行动起来,对自己的教育教学实践做出多层次、多视角的分析和反省,从而在行动中获得对实践情境的新的理解并做出改进。教师应在自己的行动中发现问题,在自己的行动中研究问题,又通过自己的行动来解决问题。

2. 合作原则

合作原则要求相关的人员共同参与研究,鼓励通过合作来解决问题。教师开展行动研究,需要教育科研人员、教育理论工作者、教师的共同参与和合作,单个教师的努力很难甚至完全不可能保证行动研究卓有成效。所以,教育科研人员、教育理论工作者、教师都要以解决教育教学中的问题以及改进教育教学工作为共同目标,在理解和尊重的基础上相互支持,真诚合作,共同研究。这种合作既包括教师与教育科研人员、教育工作者间的合作,也包括教师与教师之间的合作。合作会使合作者都受益,也会使行动研究产生理想的效果。

3. 弹性原则

教师可以在自己的教育教学生活中,随时随地依据实际情况,发现问题,制订计划,研究问题,解决问题。也可根据实际情况,适时地调整研究的计划。随着行动场景的变化,中小学教师的研究也应随之灵活变化。教师行动研究应该有较充分的灵活性、开放性,要能够处理始料不及、在行动中才发现的各种情况。

4. 持续考核原则

需要对行动研究不断地考核与更新,利用各种方法及工具来汇集证据,作为再修改、再设计的参考,使行动研究在螺旋发展与不断上升中改进教育教学实践的质量,提升教师的专业化程度。

(二) 行动研究实施的注意事项

1. 转变观念,加强认识

当前,广大中小学教师面临着新一轮的课程改革的挑战。一些教育发展水平较高地区的中小学教师,已经走出或正在走出陈旧教育观念的束缚,他们通过教育科研尝到了教育改革的"甜头"。但是,还有相当一部分中小学教师由于长期以来受陈旧的教育思想的影响,仍守着一本书、一支粉笔、一块黑板,根本无暇对教育、教师本身与学生学习等进行研究。要树立"教师即研究者"的新观念,增强教育科研意识,自觉地将自己由教育科研的"局外人"转为"局内人",在行动研究中改变自己传统的单纯"教书匠"身份,以"研究者"的身份参与教育教学,在行动研究中发展教师个人的自我意识和自我教育,提高教师个人的职业能力,使研究成为教师新的职业生活方式。

2. 培养问题意识

教育行动研究源于问题。教师在日常的教育、教学实践中,能感受到问题的存在,面临着教育教学困境时,能意识到研究的必要性,由此引发开展行动研究的动机。没有问题意识、缺乏探究精神、不具备敏锐发现问题能力的教师,是发现不了教育教学中值得研究的问题的,也是不会开展行动研究的。可以说,提高行动研究的有效性,有赖于教师准确而及时地发现并概括教育教学中的问题。

3. 坚持研究与实际紧密结合

行动研究的性质和特点决定了它必须与学校的教育教学实际紧密结合。脱离教育教学实际的研究不能称为教育行动研究,更不能保证教育行动研究的有效性。教育行动研究与实际结合要求研究的问题必须来自实际,开展研究的过程必须是教育教学工作进行的过程,研究的目的必须是改进实际的教育教学工作,研究的结果必须促进教育教学中问题的解决,保证教育教学实际工作的合理、科学和有效。

4. 加强管理,改善条件

教师进行行动研究,在客观上需要一定的客观条件作基础。客观条件的制约也是中小学教师对科研存在畏难情绪的原因之一。为此,学校应该加强管理,积极改善条件,为教师从事研究创造良好的环境。

一是要给予时间保证。在现有教育体系下,教师忙于日常工作,有些学校甚至对学生实行看管式管理,这样教师们忙于应付,疲于奔命,几乎没有时间反思自己的教育教学行为。在提倡对学生进行减负的今天,也需要对教师进行减负,把教师从烦琐的简单劳动中解放出来,从事创造性劳动。学校要减去教师不必要的工作负担,增加教师的行动研究时间。

二是提供帮助。教师开展行动研究,需要理论上的帮助。理论书籍是理论教育的书面载体,专家是教育理论的活化载体,两者缺一不可。当前迫切需要构建学校开展教师行动研究的理论支撑体系,包括订购报纸杂志、文献等资料,以及聘请教育科研顾问、邀请专家讲学等。

第六节 叙事研究

一、教育叙事研究的内涵

教育叙事研究,是指在教育背景中包含任何类型叙事素材的分析研究。它借由影片、传记、图片、对话等刺激,触发当事人进行故事叙说,并以叙说内容为文本数据进行分析,以期反映出故事叙说者本身的重要生活经历及生命主题。

"教育叙事研究"不同于"教育叙事",二者之间是有区别的。

"教育叙事"是表达人们在教育生活实践中获得的教育经验、体验、知识和意义的"有效形式"。教育叙事可以由教育研究者来叙说,也可以由教育当事人(一线中小学教师、学生,也可以是家长)来叙说。所叙之事可以是教师的教学实践故事、教育情感等,可以说教师的教育活动范围有多广,教师的叙事领域就有多广;教师的职业触角有多深,教师的叙事延伸就有多长。所叙之事亦可以是学生学习体验、对待生活的情感态度,亦可以是家长的教育认识,等等。教育叙事研究的目的在于教育经验的呈现,但是作为经验呈现的

"教育叙事"还不能称之为"研究"。两者存在"叙事"的共性,其主要差别就在于是否是"研究"。"教育叙事"只要讲述一个教育故事即可,但是"教育叙事研究"要严格遵守一定的研究规范,有明确的研究问题,并对研究的可行性进行论证分析。明确问题之后,要有研究的具体方法,并对收集的资料进行整理分析,然后写出研究报告,最后对研究的过程和结果进行反思,并检验研究结果的信度与效度。在整个研究过程中,研究者要保持严谨的科学态度,以一种刨根问底的实事求是精神对待教育研究,可以说教育叙事研究所具有的"研究"气质,是其不同于"教育叙事"的最大特征。

教育叙事研究是质的研究的一种形式。质的研究和量的研究是教育研究中两种基本范式。质的研究是以研究者本人作为研究工具,在自然情境下采用多种方法收集资料,对社会现象进行整体性探究,使用归纳法分析资料和形成理论,通过与研究对象互动对其行为和意义构建获得解释性理解的一种活动。叙事研究则是质的研究运用的一种表现形式。对于教师的叙事研究来说,"教育"是土壤,"质的研究"是方法论。没有教育的滋养,就没有教育事件产生的根由,所叙之事就无从叙起;没有对教育事件质的揭示,叙事本身就失去了意义,也就没有叙事研究的可能。叙事是为了研究,研究是为了剖析事件的本质,解释现象背后的真实。因此,叙事正是在质的研究中展开分析、描述并完成的。

运用"质的研究"方法论指导教师的叙事研究必须以教师在教育中发生、进行的活动为叙事研究的前提,通过叙事研究,激发起教师对自己所从事的教育活动的自豪感和使命感,使自身获得理性的升华和精神的愉悦,从而提高教师教育行为的自觉性和"师范性"。质的研究赖以生存的营养就在教师的日常生活之中,它是贴近教师需要的研究,是以教师本人为主体的研究,是"平民性和互动性"的研究,它使教师有可能成为叙事者、思想者、研究者。

二、教育叙事研究的价值

(一)认识价值

任何研究,首先是一个从研究对象中获得认识的过程。因而,认识价值是研究的本义。科学研究的对象是研究主体之外的客体,这种客体都是物化了的对象。因而,科学研究所获得的认识,是关于客体的认识。

教育叙事研究的认识价值不同于科学研究的认识价值,主要表现在两个方面:

一方面,教师通过教育叙事研究认识了自己。教师的教育叙事研究是以教师的教育生活经验为内容、以教育生活故事为表现形式的研究。一般来说,人类经验具有鲜明的故事性特征。叙事研究就是抓住人类经验的故事性特征进行研究,并用故事的形式呈现研究结果。教师在进行教育叙事研究时,本质上是在对自己的过去存在状态进行回忆,以一个相对独立的状态去审视过去的自己。其审视的结果,就是对自己的教师角色形成了自觉的、有意识的认识,把零星的认识系统化,把表面的认识深刻化。

另一方面,教师在教育叙事研究中通过认识自己进而认识了教育。教育叙事研究是以叙述教育生活故事为手段,通过对过去事件的发生、现在的影响以及未来的期待的描述来建构教育生活的意义,教师自身成为认识教育的中介。因此,在教育叙事研究中,教师通过对自己的教育生活事件的"叙述"与理解、解释,进而认识了教育。在这里,教师既是研究者,也是教育的内在要素。因此,"认识自我"是教师教育叙事研究首先体现出来的基本价值。这种价值也是人类经验特性的体现。每一个人都是一个不可替代的个体,个人的生活经验总是具有其独特性,对个人经验的反思,首先形成的是对个人的认识。对"教育生活中的个人经验"进行教育叙事研究,同时也就认识了"教育中"的个人,即认识了作为教师角色的个人。

(二) 成长价值

传统观念下的教师奉行的是一种以自己的生命去满足学生、满足教育需要的原则,这事实上是一种客体行为,这样的教师将目光聚集于"自己能为别人做点什么",忽视了自己本身的需要。他们只是把已有的知识传递给青少年而已,认为只要认真地工作,不把知识教错,教对教好即可。有人认为,教师并不像科学家、艺术家那样因创造而伟大。教师职业不能在社会上引起真正的尊重,其认识根源在此。更令人忧虑的是,不少教师也认同这样的观点,他们往往只为教书而行。

当代教育,强调教师的专业发展,在教育教学实践中不断成长进步。教师是通过主动学习、自觉提升而使自己得到发展的。这种学习,是自我提高的驱动使然,是主体发展的内在需要,是专业成长的必要途径。主体性的学习为教师的专业成长奠定了内在的、持续进步的基础。唯此,才会有教师"师范"的呈现。从教师发展的角度看,教师从事教育叙事研究具有教师的成长价值。一个人的教师角色,也是处于不断生成之中的。正是在教育生活中通过一系列的教育事件,表现着教师这一角色,同时也改变着教师自身。教师的角色素质蕴含在日常教育生活之中。基于教育生活的教育叙事研究,通过对一个个生活故事和典型事例的描述,对富有价值的生活事件的揭示,把教师自身种种真实的生活状态展现、揭示出来,从而可以真实地再现教师在教育生活中的角色素质,揭示出教师的存在状况。在这个意义上,教育活动的范围与深度,就是教师自身作为教育者或教育专家所具有的现实内涵与外延。教育叙事研究就是要揭示"教师"所具有的现实内涵与外延,从而促进教师的发展,实现教师的专业成长。

(三) 行动价值

教师的教育叙事研究是一种应用研究,其目的主要不是为了建构理论,而是为了改变实践。教师的教育叙事研究直接改变了教师的自我认识,最终产生教育行动的改变,因而具有行动价值。

教师的教育叙事研究,不同于教育之外的他人所进行的教育叙事研究。教育之外的他人进行的教育叙事研究,虽然也能揭示出教育中的人对自己与教育的认识,但这个研究过程不会改变研究者本身。因为研究者不是"教师"。教师进行教育叙事研究,实际上是将教育研究与教育实践结合起来,它以实践的视域推进理论向实践的渗透,又以理论的视域推进实践向理论的跃升。它促进了教育实践与教育理论的视界融合,在教育实践与教育理论之间搭起了一个发展的空间。教师就在这样的教育实践中走向了教育理论,实现了自我超越。因而,教师的教育实践影响着他的教育叙事研究,教师的教育叙事研究又影响着他的教育实践。教师的教育叙事研究直接带来了教育行动的变革。

正是在这个意义上,人们提倡教师进行教育叙事研究。一方面,教师生活在教育中,有着现成的教育生活经验与事件;另一方面,教师的教育叙事研究潜移默化地影响着教师的行为,改变着教师的行动。因而,行动价值是教师教育叙事研究的最高价值,也是教育叙事研究的必然归宿。教师的教育叙事研究,实际上就是在教育生活中,通过对教师经验的审视,提升或改变教师的认识,促成教师的变革,引发教师教育行为的改变,最终实现教师个人教育追求与社会总体教育追求的统一。

三、教育叙事研究的叙述内容和叙述方法

(一)叙述内容:选择怎样的故事

1. 故事应该是解决问题的故事

把教育叙事的故事定位于问题解决的事件,有三方面原因。其一,生活中发生的许多事件并不具有"故事特征"。但当需要做出决策权衡的问题出现时,"故事"就涌现了,这些事件的故事特征会更明显。其二,从研究的角度考虑,"解决问题"是研究的奠基性目标之一,把故事定位于问题解决的事件,可以使叙事研究更可能称得上研究。要注意的是,在叙述这件事时,不仅要叙述问题解决的过程、问题解决的方法策略,还要有一种解决问题原则意识。其三,叙事研究中的故事,应该能达到改善实践的目的。"重述和重写那些能导致觉醒和变迁的教师和学生的故事,以引起教师实践的变革。"而且,这种改善不仅仅是对其他教师在解决问题方法上的学习或模仿,而是基于对故事中蕴含着教育学意蕴的深刻理解。

2. 故事应该蕴含丰富的教育学意义

在教师们习惯化、程式化的日常实践中,似乎很难碰到"故事"。事实上,只要教师们有一种教育学敏感,每位教师都会有很多精彩的故事,因为教育每天都在发生。教育叙事研究中的故事,应该是能深深触动他人心灵的故事。为了做到这一点,叙述者首先应该被故事打动,这是叙事研究中故事遴选的基本标准。教育叙事研究的重要价值就在于它通过教育生活经验的叙述促进人们对于教育及其意义的理解。

3. 故事一定是真实的故事,但可以加工

关于故事可不可以虚构,有不同的观点。一种观点主张,教育叙事研究"不宜虚构教育之事";另一种观点认为:"教育叙事研究既可能叙述真实的教育事件或教育现象,也可能叙述想象中的虚构的教育事件或教育现象。"我们认为,叙事研究不是叙事学,叙事学的故事可以是虚构的,因为从叙述效果来看,有些虚构的故事,因其强烈的冲突性,其教育学意蕴的表现就更加充分完整,也可以更具冲击性。作为"研究"的叙事,其故事应该是真实的。资料的可靠性、有效性是确保效度的前提。此外,作为意义解释与诠释的质的研究的叙事研究,其故事是可以予以适当加工的,这种加工以利于意义阐发为标准。

4. 故事的主体是多元的

从理论上讲，故事的主体不仅仅可以是教师，也可以是一位教育当事人，一个组织，一个群体，一个国家。这就是说，教育叙事研究可以用在教育领域的很多方面。但目前教育叙事研究主要是教师叙事。其原因有二：其一，就是教育叙事的行动价值。叙事研究在教师这里找到了广阔的用武之地。其二，教育行政部门出于决策或执行的工作要求，需要另外一种类型的知识，即逻辑明确、论证有力的知识，所以教育行政部门对源自扎根理论的本土理论并不是很感兴趣，对诞生这种知识类型的叙事研究自然也不会很关注。但从方法的角度来讲，这种类型的知识能帮助决策者更有效地把握住政策所指向的公共问题。

(二) 叙述方法：怎样叙述故事

1. 叙述是一种结构化的行为

叙事学在发展过程中曾有一种倾向，即结构主义。"叙事学"的经典定义是："关于叙事结构的理论。为了发现结构或描写结构，叙事学研究者将叙事现象分解成组件，然后努力确定它们的功能和相互关系。"因此，"事件"研究是叙事学的发迹之处与强项。不管是后经典叙事学，还是经典叙事学，首先关注的是事件及其结构。脱胎于叙事学的教育叙事研究，应属于找寻结构的研究。

在"叙述"故事时，都必须考虑"结构"。首先，故事本身的结构化。故事，就是把一系列的人物与事件以某种合理的方式组合在一起，使之成为一个有意义的关系结构。其次，叙述的结构化。通过关系结构可以为独立的各个事件赋予特定的意义，使之成为一个整体的各个部分。也正是在"结构化"这一意义上，法国学者托多罗夫将叙事研究称为一种科学，即通过结构主义的成果对叙事进行深度发掘，试图找到控制文本的框架性的结构。

2. 叙述是创造性的意义建构，而不仅仅是事件描述

为什么要叙事？因为我们想通过"叙述""故事"去"告诉其他人发生了一些事情"，想传递出这些事情后面所承载着的教育学意义。叙事要做到这一点，必须经过创造，而不仅仅是描述，即"叙述""故事"并不只是按照时间、空间的不断转换把所发生的"事件"描述出来。叙事，不是日常生活意义上的讲故事，而是对故事进行了多次选择（以便于更有效地承载意义）与严谨重构（以便于结构能更有效地表现意义）的"叙述"。正因如此，当代叙事理论普遍地认同这样一个思想，即叙事只是构筑了关于事件的一种说法，而不是描述了它们的真实状况；叙事是实践的而不是陈述的；叙述是创造性的，而不是描述性的。

3. 叙述需要"深描"

质的教育研究对意义、互动关系和情境的关注，内在地契合了教育的实践性质，它特有的深描方式也有利于意义的理解和解释。

"深描"的第一层意义是生动描述，即对特定的事件丰富、细致的描述（与摘要、标准化、通则化或变量相反）。它抓住对所发生事件的感觉以及事件中的那些冲突，从而获得多种解释的机会。叙事研究正是在这种真实的、生动的、细腻的描述中，使人与人之间、不同的文化之间达到一种真正的理解。即深描的目的是使阅读它的人"能因此而像该社会或社群的成员一样恰当地参与和解释发生在群体中的事"，甚至能像该成员一样恰当地去行动、去感受、去生活。

"深描"的第二层意义是深度描述。生活体验研究是此方面的典范，叙事研究应该借鉴生活体验研究中的体验描述，以期使叙事文本更能打动阅读者，使他们频频"点头"。正是在"点头"的过程中，视域融合实现了，意义世界诞生了。

链接

> 描述即是把你要诠释的行为或过程描述出来。描述或深或浅，而浅度描述只是列出事实，例如：2005 年 12 月 20 日，上午 8 点，W 校长来到办公室，准备打开电脑，看看老师们的"博客"。这样的事情，深度描述则可能是这样的：W 校长先倒了杯水。他每天都有个习惯，一上班先打开电脑上学校的网站看看昨天老师们发表的新的网络日志。因为自从学校建立了"博客"，老师们的积极性很高，这成了老师们敞开心扉、分享专业经验的共同平台。他还记得这几天大家对一位老师关于课堂纪律的日志讨论十分热烈。他把电脑打开，开始浏览。他昨天就在想应该参与一下，谈谈自己的看法，与老师们做些讨论。
>
> 比较一下，就可以发现，浅度描述只是交代了行动的事实，而没有描述行动的意图和情景等。

四、教育叙事研究的过程

（一）确定研究问题

确定研究问题是进行研究的前提。教师的叙事研究虽然已明确了总框架是教师研究，但是教师研究的范围仍然很广泛，教育观念、教育机智、素质结构、日常生活、体态行为、课堂教学等都可能成为研究的问题。教师的叙事研究更注重以"小叙事"来繁荣"大生活"，更关注微观层面细小的普通的教育事件，更强调对教育中特殊现象的描述和体察。

教师叙事研究的问题应是有意义的问题。所谓有意义的问题起码有两重含义，一是研究者对该问题确实不了解，希望通过此项研究获得一个答案；二是该问题所涉及的地点、时间、人物和事件在现实生活中确实存在，对被研究者来说具有实际意义，是他们真正关心的问题。只有当研究者确定了问题后，教师叙事研究才有了适当的边界，研究也才有了宽窄的界限。

（二）选择研究对象

选择研究对象是研究得以进行的保证。由于这样的研究充满着对教师的关怀、对教师过去及现在的生活故事的关注，对教师课堂教学与教育实践的感受，因而它需要研究者与被研究者的互动与合作。首先，研究者要有敏感的心灵，能够细致入微地把握研究环境和研究对象,真正理解研究对象,才能赢得研究对象的信任和合作。其次,研究者对研究本身要有足够的热情,真正成为"热情学术"的探究者。再次,研究者的研究活动要得到被研究者的认同、理解与合作,双方应有从研究中共同进步的要求。没有这样的前提,叙事就无法获得真实的第一手资料,研究也就无法顺利进行。

选择研究对象是抽样的需要,样本的选择不仅与要研究的典型问题相关,也与研究者与被研究者的关系相关。年龄、空间、性别、个性、地位等,都对研究者与被研究者的关系有一定的影响。因此,选择好的合作伙伴,真正实现研究者与被研究者的互动是教师叙事研究的重要一步。

(三) 进入研究现场

研究现场是研究者观察、了解研究对象的真实环境。由于教师的工作、生活环境主要是在校园、在学生中,因此,进入研究现场就意味着走进教师活动的时空,与教师一道同呼吸、共生活。没有这样的现场研究,就难以获得"原汁原味"的现场资料,就无法把握教师的行为、观念所赖以产生的深层原因。没有对教师生活的现场观察,就无法理解教师做法的背景。因此,研究现场是教师叙事研究获取真实资料的直接来源。

进入研究现场的方式是多种多样的。可以在自然状态下轻松地融入,也可以创设特殊的情境快速地融入;可以直接通过他人的介绍而走进现场,也可以间接地在观察中逐渐走进现场。但是无论什么方式都必须征得研究对象的同意,得到研究对象的许可。这不仅是研究伦理的要求,也是叙事研究需要研究对象多方面合作的要求。

(四) 进行观察、访谈

观察、访谈是在研究现场收集资料的过程,是清理研究者的纷繁思路、使研究更加清晰明确的过程,也是促使研究逐步走向深入的过程。对于教师的叙事研究来说,观察是在自然状态下进行的,在课堂、操场上进行的自然观察为研究者提供了来自视、听、嗅、触、味等五官感觉或眼、耳、身等多种渠道获得的经验。它是形象的、生动的、活泼的,它为教师的叙事研究带来了真实感、情境感、现场感,叙事研究也因此具有了不竭的源泉。访谈则是研究者与研究对象进行的有目的的谈话,双方在教室、走廊、办公室、小树林围绕着专门问题进行的访谈,又使研究者在观察中获得的外部感受得以深化,使外显的行为得到意义解释,使研究由表及里、由外至内,从而将叙事研究推向更深处。

观察、访谈是围绕着研究问题而进行的。观察力求客观,尽量悬置研究者先前已有的主观偏见,避免"先见"或"前设"对研究的干扰。访谈力求开放,使访谈者在研究者设计的系列开放性问题中轻松思考并回答问题。观察、访谈主要是获取尽可能多的信息,因而研究者一方面要具有敏锐的观察力,能够捕捉有意义的事件作为所叙之事;另一方面要具有亲和力,能较快地为研究对象所接受,使访谈顺利进行。这显然与研究者个人的性格、气质、能力密切相关。

(五) 整理分析资料

"资料有它自己的生命,具有当我们与它待在一起到一定的时间,与它有足够的互动以后,它才会相信我们,才会向我们展现自己的真实面貌。"教师的叙事研究离不开对所收集事件的整理分析,而整理分析资料就是与这些事件的生命进行对话的过程。每一次清理资料、阅读资料的过程,都是研究者与这些事件的遭遇,都会令研究者产生对事件的新感受和新体悟,进而产生新的意义解释。所以,资料的整理与分析是叙事研究极为重要的环节。

整理分析资料特别要注意避免研究者原有偏见的影响。研究者要尊重事实,尊重研究对象的声音,要让资料自己说话。当然,每个研究者都会拥有自己的价值判断体系,都会有自己对事件的看法。但是,叙事研究强调的是对事件本身的分析,是基于资料事实进行的符合材料实际的分析。切不可脱离资料另起炉灶,或是撇开事实主观臆测。否则,研究就偏离了叙事研究规范的要求。

在整理分析资料的过程中,研究者一项重要的任务就是从所收集的大量资料中寻找出"本土概念","即那些能够表达被研究者自己观点和情感感受的语言,将这些概念作为登录的符号,'本土概念'应该是被研究者经常使用的、用来表达他们自己看世界的方式的概念"。唯此,研究才具有了独特的"个性"的特征,研究报告才具有了个性色彩。概念必须来源于原始资料,扎根于其中。这是扎根理论的要求。

(六) 撰写研究报告

研究报告的撰写是在前面大量工作的基础上进行的总结性归纳。它既包含研究者对所观察到的"事"的故事性描述,也包含研究者对"事"的论述性分析,两者并行不悖,相辅相成,构成了研究报告中细腻的情感氛围和浓郁的叙事风格。教师叙事研究所分析的根基便来源于事件,论述过程也是对事件的论述。叙事研究强调细致的描述和深刻的分析,写作采取人类学的深描,工笔画般的繁复翔实的叙事方式,力图在具体、偶然、多变的现场中去透析种种关系,去解释滑翔在事实表面的实证研究所看到的"想象的事实""数字臆造的事实""你所期望的事实"之后的"社会隐蔽"。这使教师生活故事得以更丰富地呈现,也因此而具有教育研究中不可替代的意义。

叙事研究报告既要详尽描述,又要整体分析,特别要创设出一种"现场感",把教师的生活淋漓尽致地展现在读者面前,从而使教师的生活故事焕发出理性的光辉、智慧的魅力,使教师的生活走向人文的殿堂。

本章小结

本章内容主要涉及五个教师常用的教育研究方法。观察方法种类繁多,各有特点,在研究中应根据实际情况灵活加以运用。调查方法中的问卷调查及访谈调查广泛运用于教育研究领域。问卷调查的关键是问卷的设计;访谈调查的关键是掌握访谈技巧。实验研究的关键是对实验变量进行控制,做好实验设计,揭示研究变量之间的因果关系。行动研究是目前国际上流行的一种教师研究和教师校本培训模式,它把解决问题放在第一位,使实际教育工作过程本身变为一个研究的过程。叙事研究是质的研究的一种形式,行动价值是教师叙事研究的最高价值,它通过对教师经验的审视,提升教师的认识,引发教师教育行为的改变。

复习参考题

1. 教师为什么要进行教育研究？
2. 教师从事教育研究的优势在哪里？
3. 教育研究对教师提出了哪些要求？
4. 怎样开展观察研究？
5. 怎样开展调查研究？
6. 怎样开展实验研究？
7. 怎样开展行动研究？
8. 怎样开展叙事研究？
9. 案例分析：

开学不久，校长召开了全校教职工大会，在会上宣布，今年学校要求每一位教师都要进行教育、教学研究，每位教师都要申报课题，并由学校的特级教师组成的评审委员会进行评审，然后要将研究的成果公布并进行评价，同时教师的教育、教学研究将作为晋升职称的一项标准。校长还没有说完，下面便议论纷纷。我觉得学校的这项要求对我有一定的难度，因为我是教数学的，平时除了教学就是看一些有关教学方面的杂志和书籍。我不知道如何去进行教育、教学研究。怀着沉重的心情回到家里，我做的第一件事是找出以前在师范学院学的教育学书，翻阅了教育研究方法这一章，了解到教育研究的方法有很多种：观察法、调查法、实验法、历史法、比较法等，教育研究的过程包括确定选题、收集资料、整理分析资料、论文撰写等。可是教育研究的第一步"确定研究的问题"就把我难住了。我思考了很久，不是我想到的问题早就有教育专家研究过了，就是觉得没有什么问题可以研究。第二天一大早我就来到了学校，在办公室里等许老师来。许老师在公开发行的杂志上已经发表了3篇文章，是我们学校在正式刊物上发表论文最多的教师。我想他的教育、教学研究开展得这么好，我一定要认真向他请教。许老师来了，他说：教育教学研究并不是什么困难的事，首先因为我们是中学老师，缺乏深厚的教育理论知识，也缺乏必要的研究条件，要想像教育家式地进行实验研究，这是不可能的；要想通过大量的调查来进行研究，也不现实。你可以先找几本教育、教学方面的书籍，再找几期教育类的杂志，将这些内容翻阅一下，看看别人是怎么写文章的，再看看当前教育、教学的研究热点问题是什么。如果这些文章中有几篇是关于同一个主题的，将这些文章复印下来，回家以后仔细琢磨。根据这些问题所提供的材料，对这些文章进行重新编排、组合，就成了一篇新的文章。如果你觉得这种方法太麻烦，还有更简单的方法，你只要看一本教育学书，然后选择里面的一个原理，先将这一原理介绍一下，然后根据教育学书的叙述，写你是如何根据教育理论从事教育、教学工作的。其实，教师的教育、教学研究很简单，你按照我的说法做，一定会有收获的，我的几篇文章就是这样写成的。上课铃响了，我急忙走向教室，心中十分困惑，教育、教学研究就是这样的吗？中学教师的教育、教学研究就这么简单？

问题：（1）你对案例中许老师的做法有什么看法？（2）作为教师应该如何开展教育、教学研究？

附　录

附录一　中学教师专业标准(试行)

教育部　教师〔2012〕1号

为促进中学教师专业发展,建设高素质中学教师队伍,根据《中华人民共和国教师法》和《中华人民共和国义务教育法》,特制定《中学教师专业标准(试行)》(以下简称《专业标准》)。

中学教师是履行中学教育教学工作职责的专业人员,需要经过严格的培养与培训,具有良好的职业道德,掌握系统的专业知识和专业技能。《专业标准》是国家对合格中学教师的基本专业要求,是中学教师实施教育教学行为的基本规范,是引领中学教师专业发展的基本准则,是中学教师培养、准入、培训、考核等工作的重要依据。

一、基本理念

(一) 师德为先

热爱中学教育事业,具有职业理想,践行社会主义核心价值体系,履行教师职业道德规范,依法执教。关爱中学生,尊重中学生人格,富有爱心、责任心、耐心和细心;为人师表,教书育人,自尊自律,以人格魅力和学识魅力教育感染中学生,做中学生健康成长的指导者和引路人。

(二) 学生为本

尊重中学生权益,以中学生为主体,充分调动和发挥中学生的主动性;遵循中学生身心发展特点和教育教学规律,提供适合的教育,促进中学生生动活泼学习、健康快乐成长,全面而有个性地发展。

(三) 能力为重

把学科知识、教育理论与教育实践有机结合,突出教书育人实践能力;研究中学生,遵循中学生成长规律,提升教育教学专业化水平;坚持实践、反思、再实践、再反思,不断提高专业能力。

(四) 终身学习

学习先进中学教育理论,了解国内外中学教育改革与发展的经验和做法;优化知识结构,提高文化素养;具有终身学习与持续发展的意识和能力,做终身学习的典范。

二、基本内容

维度	领域	基本要求
专业理念与师德	（一）职业理解与认识	1. 贯彻党和国家教育方针政策,遵守教育法律法规。 2. 理解中学教育工作的意义,热爱中学教育事业,具有职业理想和敬业精神。 3. 认同中学教师的专业性和独特性,注重自身专业发展。 4. 具有良好职业道德修养,为人师表。 5. 具有团队合作精神,积极开展协作与交流。
	（二）对学生的态度与行为	6. 关爱中学生,重视中学生身心健康发展,保护中学生生命安全。 7. 尊重中学生独立人格,维护中学生合法权益,平等对待每一位中学生。不讽刺、挖苦、歧视中学生,不体罚或变相体罚中学生。 8. 尊重个体差异,主动了解和满足中学生的不同需要。 9. 信任中学生,积极创造条件,促进中学生的自主发展。
	（三）教育教学的态度与行为	10. 树立育人为本、德育为先的理念,将中学生的知识学习、能力发展与品德养成相结合,重视中学生的全面发展。 11. 尊重教育规律和中学生身心发展规律,为每一位中学生提供适合的教育。 12. 激发中学生的求知欲和好奇心,培养中学生学习兴趣和爱好,营造自由探索、勇于创新的氛围。 13. 引导中学生自主学习、自强自立,培养良好的思维习惯和适应社会的能力。 14. 尊重和发挥好共青团、少先队组织的教育引导作用。
	（四）个人修养与行为	15. 富有爱心、责任心、耐心和细心。 16. 乐观向上、热情开朗、有亲和力。 17. 善于自我调节情绪,保持平和心态。 18. 勤于学习,不断进取。 19. 衣着整洁得体,语言规范健康,举止文明礼貌。
专业知识	（五）教育知识	20. 掌握中学教育的基本原理和主要方法。 21. 掌握班级、共青团、少先队建设与管理的原则与方法。 22. 掌握教育心理学的基本原理和方法,了解中学生身心发展的一般规律与特点。 23. 了解中学生世界观、人生观、价值观形成的过程及其教育方法。 24. 了解中学生思维能力、创新能力和实践能力发展的过程与特点。 25. 了解中学生群体文化特点与行为方式。
	（六）学科知识	26. 理解所教学科的知识体系、基本思想与方法。 27. 掌握所教学科内容的基本知识、基本原理与技能。 28. 了解所教学科与其他学科的联系。 29. 了解所教学科与社会实践及共青团、少先队活动的联系。

专业知识	（七）学科教学知识	30. 掌握所教学科课程标准。 31. 掌握所教学科课程资源开发与校本课程开发的主要方法与策略。 32. 了解中学生在学习具体学科内容时的认知特点。 33. 掌握针对具体学科内容进行教学和研究性学习的方法与策略。
	（八）通识性知识	34. 具有相应的自然科学和人文社会科学知识。 35. 了解中国教育基本情况。 36. 具有相应的艺术欣赏与表现知识。 37. 具有适应教育内容、教学手段和方法现代化的信息技术知识。
专业能力	（九）教学设计	38. 科学设计教学目标和教学计划。 39. 合理利用教学资源和方法设计教学过程。 40. 引导和帮助中学生设计个性化的学习计划。
	（十）教学实施	41. 营造良好的学习环境与氛围，激发与保护中学生的学习兴趣。 42. 通过启发式、探究式、讨论式、参与式等多种方式，有效实施教学。 43. 有效调控教学过程，合理处理课堂偶发事件。 44. 引发中学生独立思考和主动探究，发展学生创新能力。 45. 发挥好共青团、少先队组织生活、集体活动、信息传播等教育功能。 46. 将现代教育技术手段整合应用到教学中。
	（十一）班级管理与教育活动	47. 建立良好的师生关系，帮助中学生建立良好的同伴关系。 48. 注重结合学科教学进行育人活动。 49. 根据中学生世界观、人生观、价值观形成的特点，有针对性地组织开展德育活动。 50. 针对中学生青春期生理和心理发展特点，有针对性地组织开展有益身心健康发展的教育活动。 51. 指导学生理想、心理、学业等多方面发展。 52. 有效管理和开展班级、共青团、少先队活动。 53. 妥善应对突发事件。
	（十二）教育教学评价	54. 利用评价工具，掌握多元评价方法，多视角、全过程评价学生发展。 55. 引导学生进行自我评价。 56. 自我评价教育教学效果，及时调整和改进教育教学工作。
	（十三）沟通与合作	57. 了解中学生，平等地与中学生进行沟通交流。 58. 与同事合作交流，分享经验和资源，共同发展。 59. 与家长进行有效沟通合作，共同促进中学生发展。 60. 协助中学与社区建立合作互助的良好关系。
	（十四）反思与发展	61. 主动收集分析相关信息，不断进行反思，改进教育教学工作。 62. 针对教育教学工作中的现实需要与问题，进行探索和研究。 63. 制定专业发展规划，积极参加专业培训，不断提高自身专业素质。

三、实施建议

（一）各级教育行政部门要将《专业标准》作为中学教师队伍建设的基本依据。根据中学教育改革发展的需要，充分发挥《专业标准》引领和导向作用，深化教师教育改革，建立教师教育质量保障体系,不断提高中学教师培养培训质量。制定中学教师准入标准,严把中学教师入口关;制定中学教师聘任(聘用)、考核、退出等管理制度,保障教师合法权益,形成科学有效的中学教师队伍管理和督导机制。

(二)开展中学教师教育的院校要将《专业标准》作为中学教师培养培训的主要依据。重视中学教师职业特点,加强中学教育学科和专业建设。完善中学教师培养培训方案,科学设置教师教育课程,改革教育教学方式;重视中学教师职业道德教育,重视社会实践和教育实习;加强从事中学教师教育的师资队伍建设,建立科学的质量评价制度。

(三)中学要将《专业标准》作为教师管理的重要依据。制定中学教师专业发展规划,注重教师职业理想与职业道德教育,增强教师育人的责任感与使命感;开展校本研修,促进教师专业发展;完善教师岗位职责和考核评价制度,健全中学教师绩效管理机制。中等职业学校教师参照执行。

(四)中学教师要将《专业标准》作为自身专业发展的基本依据。制定自我专业发展规划,爱岗敬业,增强专业发展自觉性;大胆开展教育教学实践,不断创新;积极进行自我评价,主动参加教师培训和自主研修,逐步提升专业发展水平。

附录二　中小学教师职业道德规范

教育部　教师〔2008〕2 号

一、爱国守法。热爱祖国，热爱人民，拥护中国共产党领导，拥护社会主义。全面贯彻国家教育方针，自觉遵守教育法律法规，依法履行教师职责权利。不得有违背党和国家方针政策的言行。

二、爱岗敬业。忠诚于人民教育事业，志存高远，勤恳敬业，甘为人梯，乐于奉献。对工作高度负责，认真备课上课，认真批改作业，认真辅导学生。不得敷衍塞责。

三、关爱学生。关心爱护全体学生，尊重学生人格，平等公正对待学生。对学生严慈相济，做学生良师益友。保护学生安全，关心学生健康，维护学生权益。不讽刺、挖苦、歧视学生，不体罚或变相体罚学生。

四、教书育人。遵循教育规律，实施素质教育。循循善诱，诲人不倦，因材施教。培养学生良好品行，激发学生创新精神，促进学生全面发展。不以分数作为评价学生的唯一标准。

五、为人师表。坚守高尚情操，知荣明耻，严于律己，以身作则。衣着得体，语言规范，举止文明。关心集体，团结协作，尊重同事，尊重家长。作风正派，廉洁奉公。自觉抵制有偿家教，不利用职务之便谋取私利。

六、终身学习。崇尚科学精神，树立终身学习理念，拓宽知识视野，更新知识结构。潜心钻研业务，勇于探索创新，不断提高专业素养和教育教学水平。

参考文献

（一）著作

1. ［德］马克思，恩格斯著.马克思恩格斯全集（第1卷）[M].中共中央马克思恩格斯列宁斯大林著作编译局译.北京：人民出版社，1972.

2. ［德］马克思，恩格斯著.马克思恩格斯全集（第3卷）[M].中共中央马克思恩格斯列宁斯大林著作编译局译.北京：人民出版社，1972.

3. ［德］马克思，恩格斯著.马克思恩格斯全集（第23卷）[M].中共中央马克思恩格斯列宁斯大林著作编译局译.北京：人民出版社，1972.

4. ［苏联］列宁著.列宁全集（第29卷）[M].中共中央马克思恩格斯列宁斯大林著作编译局译.北京：人民出版社，1957.

5. 毛泽东著.毛泽东选集（第一卷）[M].北京：人民出版社，1991.

6. 金良年.论语译注[M].上海：上海古籍出版社，2004.

7. 杨天宇.礼记译注（下册）[M].上海古籍出版社，2004.

8. 李山.管子译注[M].上海：上海古籍出版社，2012.

9. 朱熹著.四书章句集注[M].北京：中华书局，1983.

10. 朱熹著.孟子集注[M].上海：上海古籍出版社，1987.

11. 孙昌武.韩愈诗文选评[M].上海：上海古籍出版社，2002.

12. 李逸安译注.中华大字经典：三字经、百家姓、千字文、弟子规[M].北京：中华书局，2010.

13. 沈志华，张宏儒主编.白话资治通鉴（第1册）[M].北京：中华书局，1993.

14. 程端礼.程氏家塾读书分年日程（卷3）[M].天津：津河广仁堂，清光绪八年刻本.

15. ［德］赫尔巴特著.普通教育学·教育学讲授纲要[M].李其龙译.北京：人民教育出版社，1989.

16. ［法］卢梭著.爱弥尔（上卷）[M].李平沤译.北京：人民教育出版社，2001.

17. 赵祥麟，王承绪编译.杜威教育论著选[M].上海：华东师范大学出版社，1981.

18. ［美］杜威著.学校与社会·明日之学校[M].赵祥麟等译.北京：人民教育出版社，1994.

19. ［俄］乌申斯基著.人是教育的对象[M].郑文樾译.北京：人民教育出版社，1989.

20. ［苏联］马卡连柯著.论共产主义教育[M].刘长松等译.北京：人民教育出版社，1962.

21. ［瑞士］皮亚杰著.教育科学与儿童心理学[M].傅统先译.北京：文化教育出版社，1981.

22. ［苏联］巴班斯基著.论教学过程最优化[M].吴文侃等译.北京：教育科学出版社，1982.

23. ［苏联］巴班斯基主编.中学教学方法的选择[M].张定璋，高文译.北京：教育科学出版社，1985.

24. ［苏联］苏霍姆林斯基著.给教师的建议[M].杜殿坤译.北京：教育科学出版社，1984.

25. ［苏联］苏霍姆林斯基著.苏霍姆林斯基选集（第四卷）[M].蔡汀，王义高，祖晶主编.北京：教育科学出版社，2001.

26. ［苏联］苏霍姆林斯基著.教育的艺术[M].肖勇译.长沙：湖南教育出版社，1983.

27. ［德］博尔诺夫著.教育人类学[M].李其龙译.上海：华东师范大学出版社，1999.

28. ［英］梅森著.自然科学史[M].上海外国自然科学哲学著作编译组译.上海：上海人民出版社，1977.

29. ［日］筑波大学教育学研究会编.现代教育学基础[M].钟启泉译.上海：上海教育出版社，1986.

30. ［日］佐藤正夫著.教学原理[M].钟启泉译.北京：人民教育出版社，1996.

31. 陶行知.陶行知全集（第1卷）[M].长沙：湖南教育出版社，1985.

32. 顾明远主编.教育大辞典（简编本）[M].上海：上海教育出版社，1999.

33. 张焕庭主编.西方资产阶级教育论著选[M].北京：人民教育出版社，1979.

34. 陈友松主编. 当代西方教育哲学[M]. 北京：教育科学出版社，1982.

35. 吴俊升. 教育哲学大纲[M]. 上海：商务印书馆，1943.

36. 江山野编译. 简明国际教育百科全书·课程[M]. 北京：教育科学出版社，1995.

37. 滕大春主编. 外国教育通史（第一卷）[M]. 济南：山东教育出版社，1989.

38. 吴式颖主编. 外国教育史教程[M]. 北京：人民教育出版社，1999.

39. [英]霍姆斯等著. 世界教育概览[M]. 吕千飞，张曼真等译. 北京：知识出版社，1980.

40. 瞿葆奎主编. 教育学文集（上册）[M]. 北京：人民教育出版社，1993.

41. 瞿葆奎主编. 教育学文集·教学（中）[M]. 北京：人民教育出版社，1988.

42. 叶澜. 教育概论[M]. 北京：人民教育出版社，1991.

43. 钟启泉等编. 新课程的理念与创新——师范生读本[M]. 北京：高等教育出版社，2003.

44. 钟启泉主编. 课程与教学概论[M]. 上海：华东师范大学出版社，2004.

45. 联合国教科文组织国际教育发展委员会编. 学会生存——教育世界的今天和明天[M]. 华东师范大学比较教育研究所译. 北京：教育科学出版社，1996.

46. 赵中建编. 教育的使命——面向二十一世纪的教育宣言和行动纲领[M]. 北京：教育科学出版社，1996.

47. 南京师范大学教育系编. 教育学[M]. 北京：人民教育出版社，1984.

48. 王道俊，王汉澜主编. 教育学[M]. 北京：人民教育出版社，1989.

49. 王道俊，郭文安主编. 教育学[M]. 北京：人民教育出版社，2009.

50. 李秉德主编. 教学论[M]. 北京：人民教育出版社，2001.

51. 孙喜亭. 教育原理[M]. 北京：北京师范大学出版社，1993.

52. 施良方. 课程理论——课程的基础、原理和问题[M]. 北京：教育科学出版社，1996.

53. 袁振国主编. 教育原理[M]. 上海：华东师范大学出版社，2001.

54. 袁振国主编. 当代教育学[M]. 北京：教育科学出版社，1999.

55. 张华. 课程与教学论[M]. 上海：上海教育出版社，2000.

56. 廖哲勋，田慧生主编. 课程新论[M]. 北京：教育科学出版社，2003.

57. 黄甫全主编. 课程与教学论[M]. 北京：高等教育出版社，2002.

58. 董远骞等. 教学论[M]. 杭州：浙江教育出版社，1984.

59. 全国十二所重点师范大学联合编写. 教育学基础[M]. 北京：教育科学出版社，2002.

60. 傅道春. 教师行为访谈（一）[M]. 哈尔滨：黑龙江教育出版社，1996.

61. 李明德，金锵主编. 教育名著评介·外国卷[M]. 福州：福建教育出版社，1992.

62. 张天宝. 新课程与课堂教学改革[M]. 北京：人民教育出版社，2003.

63. 冯建军. 现代教育原理[M]. 南京：南京师范大学出版社，2001.

64. 扈中平. 教育目的论[M]. 武汉：湖北教育出版社，1997.

65. 扈中平等. 现代教育学[M]. 北京：高等教育出版社，2000.

66. 郑金洲. 教育通论[M]. 上海：华东师范大学出版社，2000.

67. 陈永明. 现代教师论[M]. 上海：上海教育出版社，1999.

68. 段作章等. 基础教育课程改革透视与展望[M]. 合肥：安徽教育出版社，2003.

69. 刘捷. 专业化：挑战 21 世纪的教师[M]. 北京：教育科学出版社，2002.

70. [美]珍妮特·沃斯，[新西兰]戈登·德莱顿著，学习的革命[M]. 顾瑞荣，陈标，许静译. 上海：上海三联书店，1997.

71. 教育部师范教育司组织编写. 教师专业化的理论与实践[M]. 北京：人民教育出版社，2003.

72. 陈佑清. 教育目的论[M]. 武汉：湖北教育出版社，1994.

73. 李臣之. 综合实践活动课程开发[M]. 北京：人民教育出版社，2003.

74. 宁虹. 教师成为研究者——国际运动 理论 路径 实践[M]. 北京：首都师范大学出版社，2002.

75. 丁锦宏主编. 教育学[M]. 南京：南京大学出版社，2005.

76. 徐玉珍. 校本课程开发的理论与案例[M]. 北京：人民教育出版社，2003.

77. 侯怀银主编. 教育研究方法[M]. 北京：高等教育出版社，2009.

78. 宁虹主编. 教育研究导论[M]. 北京：北京师范大学出版社，2010.

79. 高帆主编. 拿什么吸引学生：名师营造课堂氛围的经典细节[M]. 北京：九州出版社，2006.

80. 叶澜."新基础教育"论：关于当代中国学校变革的探究与认识[M]. 北京：教育科学出版社，2006.

81. 阮成武编著. 小学教育概论[M]. 上海：华东师范大学出版社，2011.

82. 陈桂生. 教育原理[M]. 上海：华东师范大学出版社，1993.

（二）期刊及学位论文

1. 金一鸣. 教育目的论[J]. 湖北大学学报（哲社版），1996(06).

2. 吴文侃. 教育目的论比较[J]. 外国教育研究，1997(03).

3. 陈华杰. 现代教育目的探讨[J]. 北京大学学报（哲社版），1998(03).

4. 扈中平. 教育目的中个人本位论与社会本位论的对立与历史统一[J]. 华南师范大学学报（社科版），2000(02).

5. 陈正夫. 教育目的论的哲学思考[J]. 江西师范大学学报（哲社版），1995(02).

6. 陈桂生. 关于"教育目的"问题的再认识[J]. 河北师范大学学报（教育科学版），2005(02).

7. 叶澜. 让课堂焕发出生命活力——论中小学教学改革的深化[J]. 教育研究，1997(09).

8. 叶澜. 在学校教育改革实践中造就新型教师——面向21世纪新基础教育探索性研究提供的启示与经验[J]. 中国教育学刊，2000(04).

9. 高慎英. 教师成为研究者："教师专业化"问题探讨[J]. 教育理论与实践，1998(03).

10. 吴义昌. 苏霍姆林斯基的教师研究思想[J]. 外国教育研究，2003(08)

11. 余文森. 论以校为本的教学研究[J]. 教育研究，2003(04).

12. 冯新瑞. 探究性学习的特点——一个国外案例的分析[J]. 课程·教材·教法，2002(05).

13. 许文杰. 掌握知识技能与发展智力[J]. 西北师院学报，1983(02).

14. 李希贵."素质"：在学生的感受与思考中提升[J]. 人民教育，2001(11).

15. 王丽华. 教师：请保护学生的创造性[J]. 教育参考，2001(03)

16. 丁钢. 教育叙事练习：从生手到熟手[J]. 中国教师，2009(05).

17. 叶澜. 新世纪教师专业素养初探[J]. 教育研究与实验，1998(01).

18. 丁钢. 教育叙事研究的方法论[J]. 全球教育展望，2008(03).

19. 刘良华. 教育叙事研究：是什么与怎么做[J]. 教育研究，2007(07).

20. 王枬，唐荣德. 论教师的教育叙事研究[J]. 中国教师，2009(17).

21. 钟启泉等. 为了每一个学生的发展：新世纪中国基础教育课程改革刍议[J]. 全球教育展望，2001(02).

22. 华国栋，高宝立. 实施优质教育，促进全体学生全面发展[J]. 教育研究，2005(06).

23. 熊华生. 为了儿童的幸福与发展——教育目的新论[D]. 华中师范大学硕士学位论文，2006.

24. 方剑锋. 论影响我国教育目的实现的主要原因[D]. 华东师范大学硕士学位论文，2001.

25. 郑金洲. 行动研究：一种日益受到关注的研究方法[J]. 上海高教研究，1997(01).

（三）报纸及网络资料

1. 苏令. 校长如何当好学校发展的"引擎"[N]. 中国教育报，2007.10.23.

2. 高钢. 我看到的美国小学教育[N]. 报刊文摘，1996.5.30.

3. 李海秀. 体验教育：为素质教育带来生机[N]. 光明日报，2001.10.31.

4. 郭元祥. 教育是慢的艺术. http://teacher. yqedu. com. cn/tresearch/a/1479389904 cid00048

5. 向蓓莉. 现代人的教育——应试教育与素质教育的比较研究. http://www. xmsonger. net

6. 萧宗六. 推进素质教育应澄清的几个认识问题. http://www. xmsonger. net

7. 陈钟梁. 美国教师教"蚯蚓". http://gljy. nje. cn/gljyy/bbs/bbs34/topicdisp. asp? bd＝15&id＝177&ttid＝0

8. 胡勇. 学会提问. http://www. pep. com. cn/czyw/jszx/syqfc/zhzyzx/jxgs/hkys/200805/t20080504_464659. htm

9. 王海洋. 打造名师工程，凸现名师效应. http://www. cqyz. cn/n785c6. aspx